여러분의 합격을 응원하는
해커스공무원의 특별 혜택

FREE 공무원 영어 특강

해커스공무원(gosi.Hackers.com) 접속 후 로그인 ▶ 상단의 [무료강좌] 클릭하여 이용

해커스공무원 온라인 단과강의 20% 할인쿠폰

6CAEDF73DA4A4929

해커스공무원(gosi.Hackers.com) 접속 후 로그인 ▶ 상단의 [나의 강의실] 클릭 ▶
좌측의 [쿠폰등록] 클릭 ▶ 위 쿠폰번호 입력 후 이용

* 등록 후 7일간 사용 가능(ID당 1회에 한해 등록 가능)

공무원 보카 어플 이용권

GOSIVOCAFREE400

구글 플레이스토어/애플 앱스토어에서 [해커스공무원 기출보카]검색 ▶
어플 설치 후 실행 ▶ [인증코드 입력하기] 클릭 ▶ 위 인증코드 입력 후 이용

* 등록 후 30일간 사용 가능(ID당 1회에 한해 등록 가능)
* 해당 자료는 [해커스공무원 기출 보카 3000+] 교재 내용으로 제공되는 자료로, 공무원 시험 대비에 도움이 되는 유용한 자료입니다.

합격예측 온라인 모의고사 응시권 + 해설강의 수강권

BC2568F789CC5D77

해커스공무원(gosi.Hackers.com) 접속 후 로그인 ▶ 상단의 [나의 강의실] 클릭 ▶
좌측의 [쿠폰등록] 클릭 ▶ 위 쿠폰번호 입력 후 이용

* ID당 1회에 한해 등록 가능

단어시험지 자동제작 프로그램

해커스공무원(gosi.Hackers.com) 접속 후 로그인 ▶ 상단의 [교재·서점 → 단어시험지 생성기] 클릭하여 이용

쿠폰 이용 관련 문의 1588-4055

단기 합격을 위한 해커스공무원 커리큘럼

입문
탄탄한 기본기와 핵심 개념 완성!
누구나 이해하기 쉬운 개념 설명과 풍부한 예시로 부담없이 쌩기초 다지기
TIP 베이스가 있다면 **기본 단계**부터!

기본+심화
필수 개념 학습으로 이론 완성!
반드시 알아야 할 기본 개념과 문제풀이 전략을 학습하고
심화 개념 학습으로 고득점을 위한 응용력 다지기

기출+예상 문제풀이
문제풀이로 집중 학습하고 실력 업그레이드!
기출문제의 유형과 출제 의도를 이해하고 최신 출제 경향을 반영한
예상문제를 풀어보며 본인의 취약영역을 파악 및 보완하기

동형모의고사
동형모의고사로 실전력 강화!
실제 시험과 같은 형태의 실전모의고사를 풀어보며 실전감각 극대화

마무리
시험 직전 실전 시뮬레이션!
각 과목별 시험에 출제되는 내용들을 최종 점검하며 실전 완성

PASS

단계별 교재 확인 및 수강신청은 여기서!
gosi.Hackers.com

* 커리큘럼 및 세부 일정은 상이할 수 있으며, 자세한 사항은 해커스공무원 사이트에서 확인하세요.

2026 공무원 영어 합격 가이드

매년 치열해지는 공무원 시험 경쟁에서 영어가 합격의 당락을 좌우하고 있습니다. 공무원 영어 시험에서 고득점을 달성할 수 있도록, <해커스공무원 영어 적중 문법 400제>는 공무원 시험에 반드시 나올 출제예상문제와 명쾌하고 상세한 해설을 제공하며, 가장 효율적으로 학습하여 빠르게 합격할 수 있는 전략과 학습 플랜을 제공합니다.

1. 공무원 영어 시험 구성 및 최신 출제 경향
2. 공무원 영어 문법 출제 유형
3. 적중 문법 400제 학습 플랜

공무원 영어 시험 구성 및 최신 출제 경향

1. 시험 구성

공무원 영어 시험은 총 20~25문항으로 구성되며 크게 3개의 영역으로 나눌 수 있습니다. 공무원 영어 시험의 약 50%를 차지하는 독해 영역과, 나머지 50%를 차지하는 문법 영역, 어휘 영역으로 구분되는데, 어휘 영역의 경우, 세부적으로 어휘, 표현, 생활영어로 구분할 수 있습니다.
(법원직의 경우 독해 약 80%, 문법 및 어휘 약 20%)

시험 구분	총 문항 수	영역별 출제 문항 수		
		문법	독해	어휘
국가직 9급	총 20 문항	3~4 문항	9~13 문항	4~8 문항
지방직 9급	총 20 문항	3~4 문항	9~13 문항	4~8 문항
서울시 9급*	총 20 문항	3~5 문항	9~10 문항	6~7 문항
법원직 9급	총 25 문항	3~5 문항	20~22 문항	0~1 문항
국회직 9급	총 20 문항	4~5 문항	10~11 문항	4~5 문항

* 서울시 9급 영어과목 시험은 2020년부터 지방직과 동일하게 인사혁신처에서 출제했습니다.

2. 최신 출제 경향 및 대비 전략

문법 문장 안에서 주요 문법 개념이 어떻게 활용되는지 파악해야 합니다.

문법 영역에서는 동사구, 접속사와 절, 준동사구를 묻는 문제가 자주 출제되며, 세부 빈출 포인트로는 수 일치, 관계절, 분사가 있습니다. 최근에는 출제 의도가 명확한 지문형 또는 빈칸형 문제 등 활용성 높은 문법 문제가 출제되고 있습니다.

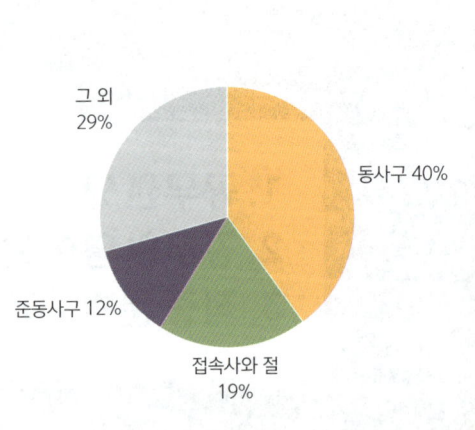

대비전략
문법 학습에서는 영문법 이론에 대한 기본 개념을 탄탄히 다진 뒤 각 문제의 문법 포인트를 정확하게 파악하고, 반복적인 문제풀이를 통해 공무원 영어 시험에 자주 출제되는 포인트를 집중적으로 훈련하는 것이 좋습니다.

gosi.Hackers.com

독해 구문을 정확하게 해석하고 유형별 풀이 전략을 적용하는 연습을 해야 합니다.

독해 영역에서는 빈칸 완성(단어·구·절), 주제·제목·요지·목적 파악, 내용 일치·불일치 파악 유형의 출제 비중이 순서대로 높은 편입니다. 최근에는 글의 내용 파악 유형과 논리적 흐름 파악 유형의 출제가 증가하고 있으며, 한 지문에서 두 문항이 출제되는 다문항과 이메일·안내문·웹페이지 등의 실용문을 활용한 신유형 문제도 등장하고 있습니다.

대비전략
독해 학습에서는 기존 문제 유형들에 대한 감각을 유지하면서 다문항과 실용문 같은 신유형 지문에도 익숙해져야 합니다. 유형별 문제풀이 전략을 숙지하고 이를 실제 문제풀이에 적용해 보는 연습이 중요하며, 신유형에 대비하기 위해 공무원 직무 관련 어휘를 학습하고, 관련 소재 및 정책에 대해서도 알아두는 것이 좋습니다.

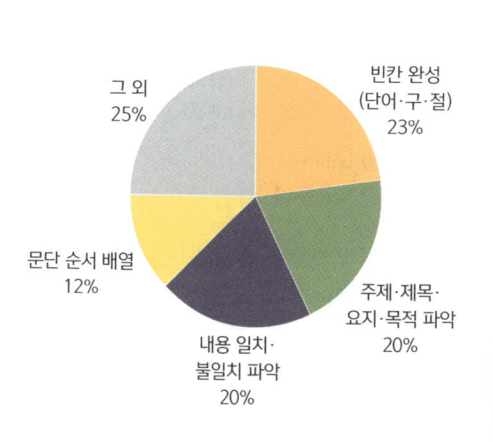

- 빈칸 완성 (단어·구·절) 23%
- 주제·제목·요지·목적 파악 20%
- 내용 일치·불일치 파악 20%
- 문단 순서 배열 12%
- 그 외 25%

어휘 단어, 표현, 생활영어까지 모든 유형을 대비하기 위해 폭넓게 학습해야 합니다.

어휘 영역에서는 기존에 자주 출제되던 유의어 찾기 유형이 아닌 문맥 속에서 빈칸에 적절한 단어를 추론하여 정답을 찾는 유형의 문제가 주로 출제되고 있습니다. 생활영어에서는 실생활과 밀접한 주제의 대화가 주로 출제되지만, 비대면 의사소통이나 직무 관련 소재를 활용한 대화도 함께 출제되고 있습니다.

대비전략
어휘 학습에서는 유의어·다의어 중심의 폭넓은 어휘 암기가 필요하며, 혼동하기 쉬운 표현들도 함께 알아두는 것이 좋습니다. 생활영어 문제에 대비하기 위해서는 직무 관련 표현이나 비대면 의사소통 상황에서 쓰일 수 있는 표현들을 익혀 두는 것이 중요합니다.

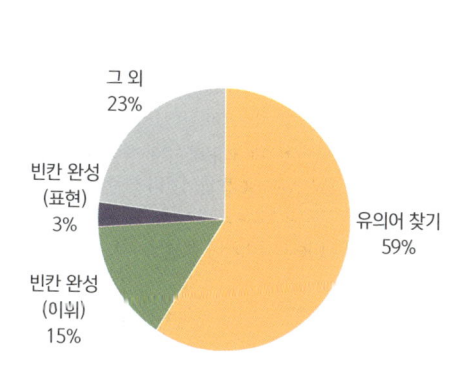

- 유의어 찾기 59%
- 빈칸 완성 (어휘) 15%
- 빈칸 완성 (표현) 3%
- 그 외 23%

공무원 영어 문법 출제 유형

1. 어법상 빈칸에 적절한 것 고르기

빈칸에 들어갈 어법상 가장 적절한 보기를 고르는 문제입니다. 빈칸이 하나인 문제가 출제되며, 빈칸이 2~4개인 문제가 출제되기도 합니다.

3. 밑줄 친 부분에 들어갈 말로 가장 적절한 것을 고르시오. [2025년 지방직 9급]

> Preliminary investigations indicate that some, if not all, of the clients' money, _____ to be $6 million in total, has found its way into unquoted companies and property purchases.

① believe ② believing
③ believed ④ believes

해설 빈칸은 수식어 거품 자리입니다. 수식받는 명사(the clients' money)와 분사가 '고객들의 돈이 총 600만 달러로 추정되다'라는 의미의 수동 관계이므로, 빈칸에는 과거분사인 ③ believed가 들어가는 것이 적절합니다.

15. 밑줄 친 (A), (B), (C)에 들어갈 표현으로 가장 적절한 것은? [2022년 국회직 9급]

> Why did communicative sound take so long to evolve? Bacterial and single-celled life existed for three billion years with no known sonic signals. Although all these cells could sense water motions and vibrations, none reached out to ___(A)___ with sound. The first three hundred million years of animal evolution, too, seem to have lacked any communicative signals. No known fossil from this time has a rasp or other sound-making structure. The expert paleontologists ___(B)___ advice I sought all said that they knew of no physical evidence of sound-making structures from animals until the first cricket-and cicada-like insects evolved. Of course, the fossil record is incomplete and some sound-making structures, such as the swim bladders of fish, leave ___(C)___ or no trace in rock, and so we hear imperfectly across these great stretches of time.

	(A)	(B)	(C)
①	other	whose	a little
②	other	what	little
③	others	whose	a little
④	others	what	a little
⑤	others	whose	little

해설 (A) 부정형용사 other(다른)는 명사 없이 전치사(to)의 목적어 자리에 올 수 없고, 문맥상 '다른 것들에게'라는 의미가 되어야 자연스러우므로 부정대명사 others가 들어가야 적절합니다.
(B) 선행사(The expert paleontologists)가 사람이고, 관계절 내에서 advice가 누구의 조언인지를 나타내므로 사람을 가리키는 소유격 관계대명사 whose가 들어가야 적절합니다.
(C) 문맥상 '일부 소리 생성 구조들은 바위에 흔적을 거의 남기지 않는다'라는 의미가 되어야 자연스러우므로, '거의 없는'이라는 의미의 수량 표현 little이 들어가야 적절합니다. 따라서 ⑤번이 정답입니다.

2. 지문에서 밑줄 친 부분 중 어법상 틀린 것 또는 옳은 것 고르기

지문의 밑줄 친 4~5개의 보기 중 어법상 틀린 것 또는 옳은 것을 고르는 문제입니다.

13. 밑줄 친 부분 중 어법상 옳지 않은 것을 고르시오. [2025년 국가직 9급]

> Fire served humans in many ways besides ① <u>cooking</u>. With it they could begin ② <u>rearranging</u> environments to suit themselves, clearing land to stimulate the growth of wild foods and ③ <u>opening</u> landscapes to encourage the proliferation of food animals that could be later driven by fire to a place ④ <u>choosing</u> to harvest them.

해설   수식받는 명사(a place)와 분사가 '장소가 선택되다'라는 의미의 수동 관계이므로 현재분사 choosing을 과거분사 chosen으로 고쳐야 합니다.

6. 밑줄 친 부분 중 어법상 가장 옳은 것은? [2018년 서울시 9급]

> More than 150 people ① <u>have fell ill</u>, mostly in Hong Kong and Vietnam, over the past three weeks. And experts ② <u>are suspected</u> that ③ <u>another 300 people</u> in China's Guangdong province had the same disease ④ <u>begin in</u> mid-November.

해설   부정형용사 another(또 다른)는 일반적으로 단수 가산 명사를 수식하지만 특정한 숫자와 함께 오면 복수 명사 앞에 올 수 있으므로, another 뒤에 '수사 + 복수 명사'가 온 형태인 another 300 people이 올바르게 쓰였습니다.

적중 문법 400제 학습 플랜

20일 완성 학습 플랜

단기간에 공무원 영어 문법 영역의 실전 감각을 끌어올리고 싶은 수험자에게 추천합니다.

20일만에 공무원 영어 문법 완전 정복!
- 20일 동안 매일 1 DAY씩 출제예상문제 20문항을 풉니다.
- 하루치 문제를 모두 푼 후, 해설을 이용하여 각 문제의 기출포인트, 정·오답의 근거와 관련 문법 이론을 복습합니다.
- 각 DAY의 '적중 예상 문제'의 기출포인트를 복습하여 마무리합니다.

1일	2일	3일	4일	5일
DAY 01	DAY 02	DAY 03	DAY 04	DAY 05
6일	7일	8일	9일	10일
DAY 06	DAY 07	DAY 08	DAY 09	DAY 10
11일	12일	13일	14일	15일
DAY 11	DAY 12	DAY 13	DAY 14	DAY 15
16일	17일	18일	19일	20일
DAY 16	DAY 17	DAY 18	DAY 19	DAY 20

gosi.Hackers.com

40일 완성 학습 플랜

공무원 영문법을 완벽하게 정리하여 실전에 적용하고 싶은 수험자에게 추천합니다.

공무원 영어 문법 기출포인트를 빈틈없이 정리!
- 1 DAY 분량을 이틀에 나누어 하루에 출제예상문제 10문항을 풉니다.
- 1 DAY의 문제를 모두 푼 후, 해설을 이용하여 각 문제의 기출포인트, 정·오답의 근거와 관련 문법 이론을 복습합니다.
- 1 DAY의 문제풀이 및 복습이 모두 완료되면 '적중 예상 문제'의 기출포인트를 한번 더 꼼꼼하게 복습하여 마무리합니다.

1일	2일	3일	4일	5일
DAY 01	DAY 01	DAY 02	DAY 02	DAY 03
6일	**7일**	**8일**	**9일**	**10일**
DAY 03	DAY 04	DAY 04	DAY 05	DAY 05
11일	**12일**	**13일**	**14일**	**15일**
DAY 06	DAY 06	DAY 07	DAY 07	DAY 08
16일	**17일**	**18일**	**19일**	**20일**
DAY 08	DAY 09	DAY 09	DAY 10	DAY 10
21일	**22일**	**23일**	**24일**	**25일**
DAY 11	DAY 11	DAY 12	DAY 12	DAY 13
26일	**27일**	**28일**	**29일**	**30일**
DAY 13	DAY 14	DAY 14	DAY 15	DAY 15
31일	**32일**	**33일**	**34일**	**35일**
DAY 16	DAY 16	DAY 17	DAY 17	DAY 18
36일	**37일**	**38일**	**39일**	**40일**
DAY 18	DAY 19	DAY 19	DAY 20	DAY 20

해커스공무원에서 제공하는 합격 가능성을 높이는 프리미엄 콘텐츠!

01
**공무원 학원 및
시험 정보·동영상 강의
(gosi.Hackers.com)**

공무원 학원 및 시험에 관한 각종 정보 및 다양한 무료 자료, 교재별 핵심정리 동영상강의 및 실전 문제풀이 동영상 강의 등을 제공합니다.

02
**문법·독해·어휘
동영상 강의
(gosi.Hackers.com)**

공무원 영어 학습자들이 꼭 알아야 할 개념을 혼자서도 완벽하게 정복할 수 있도록 동영상강의를 제공합니다.

03
**단어시험지 자동제작
프로그램**

해커스공무원 영어 어휘 단어시험지 자동생성기를 통해 맞춤형 시험지로 공무원 영어 어휘를 학습할 수 있습니다.

04
무료 공무원 보카 어플

공무원 영어 기출 어휘로 구성된 단어 암기 어플을 통해 언제 어디서든 편리하게 기출 어휘를 학습할 수 있습니다.

05
합격예측 모의고사

실제 시험과 가장 유사한 난이도와 시험장 분위기로 실전대비가 가능하며, 당일 해설강의를 제공하여 출제포인트를 명쾌하게 이해할 수 있습니다.

해커스공무원
영어
적중문법
400제

해커스공무원 영어
적중 문법 400제

CONTENTS

gosi.Hackers.com

DAY 01 (001번-020번) ········ 6

DAY 02 (021번-040번) ········ 22

DAY 03 (041번-060번) ········ 38

DAY 04 (061번-080번) ········ 56

DAY 05 (081번-100번) ········ 74

DAY 06 (101번-120번) ········ 90

DAY 07 (121번-140번) ········ 108

DAY 08 (141번-160번) ········ 126

DAY 09 (161번-180번) ········ 144

DAY 10 (181번-200번) ········ 162

DAY 11 (201번-220번) ········ 182

DAY 12 (221번-240번) ········ 200

DAY 13 (241번-260번) ········ 220

DAY 14 (261번-280번) ········ 238

DAY 15 (281번-300번) ········ 256

DAY 16 (301번-320번) ········ 274

DAY 17 (321번-340번) ········ 290

DAY 18 (341번-360번) ········ 308

DAY 19 (361번-380번) ········ 326

DAY 20 (381번-400번) ········ 346

책의 특징과 구성

공무원 영어 최신 경향이 반영된 문제로 문법 영역 완벽 정복

공무원 시험에 반드시 출제되는 문법 기출포인트로 구성된 출제예상문제를 권장 풀이 시간에 맞추어 풀고, 다음 시험에 반드시 나올 문법 포인트를 확인해 공무원 문법 영역을 완벽하게 대비하고 실전 감각을 높일 수 있습니다.

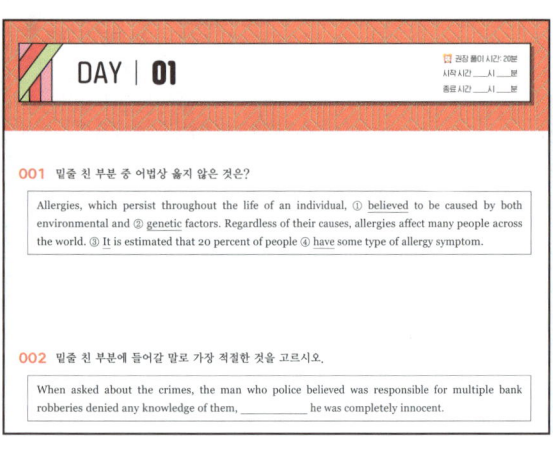

DAY별 출제예상문제

공무원 영어 최신 경향을 완벽 반영한 실전 출제예상문제를 매일 20문제씩 풀어보며 문법 영역에 완벽하게 대비할 수 있습니다. 매일 실제 문제풀이에 걸린 시간과 권장 풀이 시간을 비교해 보며, 실전 시험에 대비하는 감각을 높일 수 있습니다.

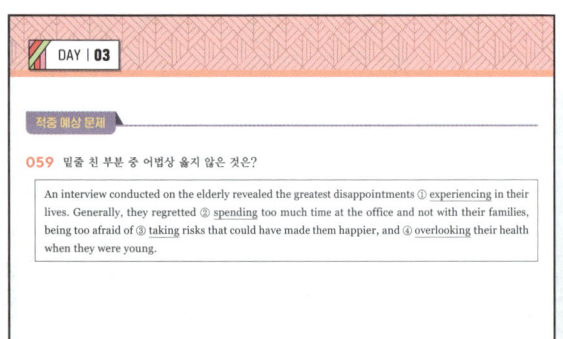

적중 예상 문제

공무원 영어 문법 영역에서 가장 자주 출제되는 기출포인트로 엄선된 '적중 예상 문제'를 통해, 시험에 반드시 출제될 공무원 문법 포인트를 효율적으로 학습할 수 있습니다.

명쾌하고 상세한 해설로 문법 기출포인트를 빈틈없이 정리

각 문제의 기출포인트를 통해 추가 학습과 복습할 부분을 빠르게 확인하고, 모든 문제에 대한 상세한 해설 및 해석을 통해 각 문제의 출제포인트를 완벽하게 이해하여 놓치는 부분 없이 철저하게 학습할 수 있습니다.

기출포인트

모든 문제와 보기에 기출포인트를 제공하여, 각 문법 포인트가 실전 문제에 어떻게 적용되었는지를 쉽게 파악하고, 추가 학습 및 복습할 부분을 빠르게 확인할 수 있습니다.

정답·해설·해석·어휘

모든 문제의 정답뿐만 아니라 오답의 이유까지 설명하는 상세한 해설과 문제 해석 및 어휘를 통해 헷갈리거나 틀린 문제의 출제 포인트를 완벽하게 이해할 수 있습니다.

DAY | 01

001 밑줄 친 부분 중 어법상 옳지 않은 것은?

> Allergies, which persist throughout the life of an individual, ① believed to be caused by both environmental and ② genetic factors. Regardless of their causes, allergies affect many people across the world. ③ It is estimated that 20 percent of people ④ have some type of allergy symptom.

002 밑줄 친 부분에 들어갈 말로 가장 적절한 것을 고르시오.

> When asked about the crimes, the man who police believed was responsible for multiple bank robberies denied any knowledge of them, _____ he was completely innocent.

① claim
② claims
③ claiming
④ claimed

003 어법상 밑줄 친 곳에 가장 적절한 것은?

> In order to protect the company's sensitive data and maintain overall cybersecurity, employees should avoid _____ personal devices for work-related emails.

① use
② to use
③ using
④ to using

001 기출포인트 능동태·수동태 구별 정답 ①

해설 타동사 believe 뒤에 목적어 없이 목적격 보어(to be caused)만 있고, 주어(Allergies)와 동사가 '알레르기가 여겨지다'라는 의미의 수동 관계이므로 능동태 believed를 수동태 are believed로 고쳐야 한다.

오답 분석
② 기출포인트 **병치 구문** 상관접속사 both A and B로 연결된 병치 구문에서는 같은 품사끼리 연결되어야 하는데, and 앞에 형용사 environmental이 왔으므로 and 뒤에도 형용사 genetic이 올바르게 쓰였다.
③ 기출포인트 **가짜 주어 구문** that절(that 20 percent ~ allergy symptom)과 같이 긴 주어가 오면 진주어인 that절을 뒤로 보내고 가주어 it이 주어 자리에 대신 쓰이므로 가주어 It이 올바르게 쓰였다.
④ 기출포인트 **부분 표현의 수 일치** 부분을 나타내는 표현(20 percent of)을 포함한 주어는 of 뒤 명사에 동사를 수 일치시켜야 하는데, of 뒤에 복수 명사 people이 왔으므로 복수 동사 have가 올바르게 쓰였다.

해석 알레르기는 한 개인의 생애 내내 지속되는데, 이는 환경적 요인과 유전적 요인 모두에 의해 야기된다고 여겨진다. 원인에 상관없이, 알레르기는 전 세계의 많은 사람에게 영향을 미친다. 20퍼센트의 사람들이 어떤 종류의 알레르기 증상이 있는 것으로 추정된다.

어휘 persist 지속되다 genetic 유전의 factor 요인 regardless of ~에 상관없이 estimate 추정하다 symptom 증상

002 기출포인트 분사구문의 형태 정답 ③

해설 빈칸은 분사구문을 완성하는 분사 자리이므로, 현재분사 ③ claiming과 과거분사 ④ claimed가 정답 후보이다. 문맥상 주절의 주어(the man)와 분사구문이 '그 남자가 주장하다'라는 의미의 능동 관계이므로 현재분사 ③ claiming이 정답이다.

해석 범죄에 관한 질문을 받았을 때, 경찰이 여러 은행 강도 사건에 책임이 있다고 믿었던 그 남자는 자신이 완전히 무죄라고 주장하며, 그것들에 대해 아는 것이 있다는 것을 부인했다.

어휘 responsible 책임이 있는 robbery 강도 사건, 강도 deny 부인하다 innocent 무죄의, 결백한

003 기출포인트 동명사를 목적어로 취하는 동사 정답 ③

해설 빈칸은 동사 avoid의 목적어 자리이다. 동사 avoid(피하다)는 동명사를 목적어로 취하는 동사이므로 동명사 ③ using이 정답이다.

해석 회사의 민감한 자료를 보호하고 전반적인 사이버 보안을 유지하기 위해, 직원들은 업무와 관련된 이메일을 위해 개인 기기를 사용하는 것을 피해야 한다.

어휘 sensitive 민감한 maintain 유지하다 cybersecurity 사이버 보안

DAY | 01

004 밑줄 친 부분 중 어법상 옳지 않은 것을 고르시오.

In my experience, any company ① striving for a green future must chase innovation as well as ② be transparent. For the future to progress ③ beyond the current conditions, businesses must be willing to openly share their failures and shortcomings ④ which the rest of the industry can find success.

005 밑줄 친 부분 중 어법상 옳지 않은 것은?

In 1776, a committee ① was formed to create a document ② that would declare America to be an independent nation. The committee requested Thomas Jefferson ③ write the document, now ④ known as the Declaration of Independence.

004 기출포인트 전치사 + 관계대명사   정답 ④

해설 관계사 뒤에 완전한 절(the rest of ~ success)이 왔으므로 관계부사나 '전치사 + 관계대명사'가 쓰여야 하고, 문맥상 '기업들이 그들의 실패와 결점을 기꺼이 공개적으로 공유하여 그것에 의해 나머지 업계가 성공할 수 있도록 해야 한다'는 의미가 되어야 자연스러우므로 관계대명사 which를 전치사 by(~에 의해)가 관계대명사 which 앞에 쓰인 by which로 고쳐야 한다.

오답 분석
① 기출포인트 **현재분사 vs. 과거분사** 수식받는 명사(any company)와 분사가 '기업이 노력하다'라는 의미의 능동 관계이므로 현재분사 striving이 올바르게 쓰였다.
② 기출포인트 **병치 구문** 상관접속사(as well as)로 연결된 병치 구문에서는 같은 구조끼리 연결되어야 하는데, as well as 앞에 동사구(must chase innovation)가 왔으므로 as well as 뒤에도 동사구인 be transparent가 올바르게 쓰였다. 참고로, as well as 뒤에 반복되는 조동사 must는 생략되었다.
③ 기출포인트 **기타 전치사** '현재의 조건을 뛰어넘어'라는 의미를 나타내기 위해 '~을 넘어'를 의미하는 전치사 beyond가 명사구 the current conditions 앞에 올바르게 쓰였다.

해석 제 경험상, 환경 친화적인 미래를 위해 노력하는 모든 기업은 투명해야 할 뿐만 아니라 혁신을 추구해야 합니다. 미래가 현재의 조건을 뛰어넘어 발전하기 위해서는, 기업들이 그들의 실패와 결점을 기꺼이 공개적으로 공유하여 그것에 의해 나머지 업계가 성공할 수 있도록 해야 합니다.

어휘 strive 노력하다, 힘쓰다   green 환경 친화적인   chase 추구하다, 좇다   transparent 투명한   shortcoming 결점, 단점

005 기출포인트 5형식 동사   정답 ③

해설 동사 request는 목적격 보어로 to 부정사를 취하는 5형식 동사이므로 동사원형 write를 to 부정사 to write로 고쳐야 한다.

오답 분석
① 기출포인트 **능동태·수동태 구별** 주어(a committee)와 동사가 '위원회가 구성되다'라는 의미의 수동 관계이므로 수동태 was formed가 올바르게 쓰였다.
② 기출포인트 **관계대명사 that** 선행사(a document)가 사물이고, 관계절 내에서 동사(would declare)의 주어 역할을 하고 있으므로 주격 관계대명사 that이 올바르게 쓰였다.
④ 기출포인트 **현재분사 vs. 과거분사** 수식받는 명사(the document)와 분사가 '문서가 ~로 알려지다'라는 의미의 수동 관계이므로 과거분사 known이 올바르게 쓰였다.

해석 1776년에 미국을 독립 국가로 선언할 문서를 작성하기 위해 위원회가 구성되었다. 위원회는 Thomas Jefferson에게 오늘날 독립 선언문이라고 알려진 그 문서를 작성할 것을 요청하였다.

어휘 committee 위원회   document 문서   declare 선언하다   independent 독립적인

006 어법상 빈칸에 들어가기에 가장 적절한 것은?

> Scientific journals work hard to ensure that coherently _____ the results of studies has an impact, as they do not want significant breakthroughs to go unnoticed or be misunderstood.

① conveying
② conveyed
③ convey
④ be conveyed

007 어법상 빈칸에 들어가기에 가장 적절한 것은?

> The committee will discuss _____ and improving operational efficiency during tomorrow's meeting, focusing on cost reduction strategies and resource allocation priorities.

① implementing new budget policies
② with implementing new budget policies
③ implementation new budget policies
④ about implementation of new budget policies

008 밑줄 친 부분 중 어법상 옳지 않은 것은?

> An auction house ① was fined when police discovered that one of their bidding items ② was the tusk of an endangered Asian elephant. The establishment stated that it strongly condemns poaching and does not carry modern ivory pieces but ③ conceded they did not have the proper paperwork to sell the antique ivories. They paid the fine and issued a statement ④ apologized for their negligence.

006 기출포인트 동명사의 역할   정답 ①

해설 빈칸은 뒤에 나온 the results of studies를 이끌며 that절(that ~ impact)의 주어를 완성하는 것의 자리이므로, 주어 자리에서 목적어(the results of studies)를 가지면서 부사(coherently)의 꾸밈을 받을 수 있는 동명사 ① conveying이 정답이다.

해석 과학 학술지들은 의미 있는 돌파구들이 간과되거나 오해받는 것을 원하지 않으므로, 연구 결과를 논리 정연하게 전달하는 것이 영향이 있도록 보장하기 위해 열심히 일한다.

어휘 journal 학술지   ensure 보장하다   coherently 논리 정연하게   impact 영향   breakthrough 돌파구   unnoticed 간과되는   misunderstand 오해하다

007 기출포인트 타동사 & 병치 구문   정답 ①

해설 빈칸은 동사 discuss의 목적어 자리이다. 동사 discuss(~에 대해 토론하다)는 전치사 없이 목적어를 바로 취하는 타동사이므로 전치사가 쓰인 ②, ④번을 제외한 ①, ③번이 정답 후보이다. 빈칸 뒤 접속사(and)로 연결된 병치 구문에서는 같은 구조끼리 연결되어야 하는데 and 뒤에 동명사구(improving ~ efficiency)가 왔으므로 동명사구 ① implementing new budget policies가 정답이다.

해석 위원회는 내일의 회의 동안 비용 절감 전략과 자원 배분 우선순위에 초점을 맞춰 새로운 예산 정책의 시행과 운영 효율성 향상에 대해 토론할 것이다.

어휘 committee 위원회   operational 운영의   efficiency 효율성, 능률   reduction 절감, 삭감   allocation 배분, 할당   implement 시행하다   budget 예산   policy 정책

008 기출포인트 현재분사 vs. 과거분사   정답 ④

해설 수식받는 명사(a statement)와 분사가 문맥상 '성명서가 사과하다'라는 의미의 능동 관계이므로 과거분사 apologized를 현재분사 apologizing으로 고쳐야 한다.

오답분석
① 기출포인트 **능동태·수동태 구별** 문맥상 주어(An auction house)와 동사가 '경매 전문 회사가 벌금을 부과받다'라는 의미의 수동 관계이므로 수동태 was fined가 올바르게 쓰였다.
② 기출포인트 **수량 표현의 수 일치** that절의 주어 자리에 단수 취급하는 수량 표현 'one of + 복수 명사(their bidding items)'가 왔으므로 단수 동사 was가 올바르게 쓰였다.
③ 기출포인트 **병치 구문** 접속사(but)로 연결된 병치 구문에서는 같은 구조끼리 연결되어야 하는데, but 앞에 과거 동사 stated가 쓰였으므로 but 뒤에도 과거 동사 conceded가 올바르게 쓰였다.

해석 한 경매 전문 회사는 경찰이 경매 물품 중 하나가 멸종 위기에 처한 아시아 코끼리의 상아라는 것을 발견했을 때 벌금을 부과받았다. 그 시설은 그것이 밀렵을 강력히 규탄하며 현대의 상아 조각은 취급하지 않는다고 말했지만 그들이 그 오래된 상아를 팔기 위해 필요한 적절한 서류가 없었다는 것을 인정했다. 그들은 벌금을 물었으며 그들의 부주의에 대해 사과하는 성명서를 발표했다.

어휘 auction house 경매 전문 회사   fine 벌금을 부과하다   bidding item 경매 물품   tusk (코끼리의) 상아   establishment 시설, 기관   state 말하다   condemn 규탄하다   poaching 밀렵   concede 인정하다   statement 성명서   negligence 부주의, 태만

DAY | 01

009 밑줄 친 부분 중 어법상 옳지 않은 것은?

As ① tired as I was last weekend, I joined an event to ② rise awareness of corporate management's inaction on employee safety and working conditions. I am frustrated with ③ their doing little to address the problem. If they ④ had solved it years ago, we would not be talking about it today.

010 밑줄 친 부분 중 어법상 옳지 않은 것은?

Inventions can be a boon, but at times, we must consider bans ① for innovations. This may seem counterintuitive, as they ostensibly give rise to the very technologies ② through which life gets better. For example, scientists learned as time went by ③ that Freon was destroying the ozone layer, and despite its usefulness, world leaders saw that they needed ④ to end Freon production permanently.

011 밑줄 친 부분에 들어갈 말로 가장 적절한 것을 고르시오.

The research team _____ that climate change will have significant impacts on marine ecosystems, including loss of biodiversity and disruption of natural food chains.

① recognizes
② recognizing
③ to recognize
④ is recognizing

009 기출포인트 혼동하기 쉬운 자동사와 타동사   정답 ②

해설 문맥상 '의식을 높이다'라는 의미가 되어야 자연스럽고, 뒤에 목적어(awareness)를 바로 취하는 동사는 타동사이므로 자동사 rise(떠오르다)를 타동사 raise(~을 높이다, 올리다)로 고쳐야 한다.

오답분석
① 기출포인트 **부사절 접속사 2: 양보** 문맥상 '비록 나는 지난 주말에 피곤했지만'이라는 의미가 되어야 자연스러운데, as가 '비록 ~이지만'이라는 의미의 양보를 나타내는 부사절 접속사로 쓰이면 '(As +) 보어(tired) + as + 주어(I) + 동사(was)'의 어순이 되어야 하므로 부사절 접속사 As 뒤에 tired as I was가 올바르게 쓰였다.
③ 기출포인트 **동명사의 의미상 주어** 문장의 주어(I)와 동명사의 행위 주체(corporate management)가 달라 동명사의 의미상 주어가 필요한 경우 대명사의 소유격을 동명사 앞에 써서 나타낼 수 있으므로 동명사(doing) 앞에 소유격 대명사 their가 올바르게 쓰였다.
④ 기출포인트 **혼합 가정법** 주절에서 현재임을 나타내는 today와 함께 현재 상황의 반대를 표현하고 있지만, if절에서는 '만약 그들이 몇 년 전에 그것을 해결했다면'이라는 과거 상황을 반대로 가정하는 의미가 되어야 자연스러우므로, 혼합 가정법 'If + 주어 + had p.p. ~, 주어 + would + 동사원형 ~'의 형태가 와야 한다. 따라서 If they 뒤에 had solved가 올바르게 쓰였다.

해석 비록 나는 지난 주말에 피곤했지만, 직원 안전과 근무 환경에 대한 회사 경영진의 무대책과 관련된 의식을 높이기 위한 한 행사에 참여했다. 나는 문제를 해결하기 위해 그들이 거의 노력하지 않는 것이 불만스럽다. 만약 그들이 몇 년 전에 그것을 해결했다면, 오늘날 우리는 그것에 대해 이야기하고 있지 않을 것이다.

어휘 awareness (무엇의 중요성에 대한) 의식, 관심   inaction 무대책, 행동하지 않음   address 해결하다

010 기출포인트 전치사 4: ~에 관하여   정답 ①

해설 명사 ban은 전치사 on과 함께 ban on(~에 대한 금지)의 형태로 쓰이므로 전치사 for를 on으로 고쳐야 한다.

오답분석
② 기출포인트 **전치사 + 관계대명사** 관계사 뒤에 완전한 절(life gets better)이 왔으므로 관계부사나 '전치사 + 관계대명사'가 쓰여야 하고, 문맥상 '기술을 통해 삶이 더 나아지다'라는 의미가 되어야 자연스러우므로 전치사 through(~을 통해)를 사용하여 through which가 올바르게 쓰였다.
③ 기출포인트 **명사절 접속사 1: that** 완전한 절(Freon ~ layer)을 이끌며 동사(learned)의 목적어 자리에 올 수 있는 명사절 접속사 that이 올바르게 쓰였다.
④ 기출포인트 **to 부정사를 취하는 동사** 동사 need는 to 부정사를 목적어로 취하는 동사이므로 to 부정사 to end가 올바르게 쓰였다.

해석 발명은 요긴한 것이 될 수 있지만, 때로는 혁신에 대한 금지를 고려해야만 한다. 이 혁신들이 표면적으로는 삶이 더 나아지도록 하는 바로 그 기술로 이끄는 듯하기 때문에, 이것은 직관에 어긋나는 것처럼 보일 수도 있다. 예를 들면, 과학자들은 시간이 지남에 따라 프레온 가스가 오존층을 파괴하고 있다는 것을 알게 되었고, 그것의 유용함에도 불구하고, 세계의 지도자들은 프레온 가스 생산을 영구적으로 끝낼 필요가 있다고 보았다.

어휘 invention 발명   boon 요긴한 것, 혜택   at times 때로는, 가끔   innovation 혁신   counterintuitive 직관에 어긋나는   ostensibly 표면적으로   permanently 영구적으로

011 기출포인트 동사 자리   정답 ①

해설 빈칸은 문장의 동사 자리이다. 동사 자리에 준동사는 올 수 없고, 인지 동사 recognize(인지하다)는 진행 시제로 쓰일 수 없으므로 현재분사 ② recognizing, to 부정사 ③ to recognize, 현재진행 시제 ④ is recognizing은 정답이 될 수 없다. 따라서 현재 시제 ① recognizes가 정답이다.

해석 연구팀은 기후 변화가 생물 다양성의 상실과 자연적인 먹이사슬의 붕괴를 포함하여 해양 생태계에 중대한 영향을 미칠 것이라는 점을 인지하고 있다.

어휘 significant 중대한, 의미 있는   marine 해양의, 바다의   ecosystem 생태계   biodiversity 생물 다양성   food chain 먹이사슬

012 밑줄 친 부분 중 어법상 옳지 않은 것을 고르시오.

> A flat world ① arose from globalization. In this context, "flat" refers to "fair" and "boundless," as the boundaries between businesses in different countries were gradually ② disposed of with the rise of the Internet, outsourcing, and multinational companies. As technology spread, the understanding of the global economy ③ was being altered by emerging markets that started to compete with old companies, demonstrating that they ④ are belonged to this new flat world.

013 빈칸에 들어갈 말로 가장 적절한 것을 고르시오.

> According to emerging data, a number of traditional teaching methods _____ to be less effective than previously thought in promoting student engagement.

① appears
② appear
③ appearing
④ to appear

012 기출포인트 수동태로 쓸 수 없는 동사 정답 ④

해설 동사 belong(속하다)은 목적어를 갖지 않는 자동사이며 수동태로는 쓰일 수 없으므로 수동태 are belonged를 능동태 belong으로 고쳐야 한다.

오답분석
① 기출포인트 자동사 동사 arise(arose)는 '비롯되다, 기인하다'라는 의미를 나타낼 때 전치사 from과 함께 쓰이는 자동사이므로 arose from이 올바르게 쓰였다.
② 기출포인트 동사구의 수동태 '자동사(dispose) + 전치사(of)' 형태의 동사구가 수동태가 되어 목적어(the boundaries ~ countries)가 주어가 된 경우, 전치사(of)는 수동태 동사 뒤에 그대로 남아야 하므로 be 동사(were) 뒤에 disposed of가 올바르게 쓰였다. 참고로, 부사 gradually가 '조동사(be) + p.p.' 사이에 올바르게 쓰였다.
③ 기출포인트 과거진행 시제 & 능동태·수동태 구별 문맥상 '세계 경제에 대한 이해는 달라지고 있었다'라는 과거에 진행되고 있었던 일을 표현하고 있고, 주어(the understanding ~ economy)와 동사가 '세계 경제에 대한 이해가 달라지다'라는 의미의 수동 관계이므로 과거진행 수동태 was being altered가 올바르게 쓰였다.

해석 평평한 세계는 세계화에서 비롯되었다. 이 맥락에서 '평평'은 '공정'하고 '무한'한 것을 의미하는데, 이는 인터넷, 아웃소싱, 그리고 다국적 기업의 부상으로 인해 서로 다른 국가의 기업 간 경계가 점차 없어졌기 때문이다. 기술이 확산되면서, 세계 경제에 대한 이해는 기존 기업들과 경쟁하기 시작한 신흥 시장에 의해 달라지고 있었는데, 이는 그들이 이 새로운 평평한 세계에 속해 있음을 보여주었다.

어휘 flat 평평한 arise 비롯되다, 기인하다 fair 공정한 boundless 무한한, 끝없는 boundary 경계 dispose of ~을 없애다, 처리하다 alter 달라지다, 바꾸다 demonstrate 보여주다, 설명하다 belong 속하다

013 기출포인트 수량 표현의 수 일치 정답 ②

해설 빈칸은 문장의 동사 자리이다. 동사 자리에 준동사는 올 수 없으므로 분사 ③ appearing과 to 부정사 ④ to appear를 제외한 동사 ①, ②번이 정답 후보인데, 주어 자리에 복수 취급하는 수량 표현 'a number of + 복수 명사(traditional teaching methods)'가 왔으므로 복수 동사 ② appear가 정답이다.

해석 새롭게 떠오르는 자료에 따르면, 많은 전통적인 교수법이 학생들의 참여를 촉진하는 데 있어 이전에 여겨졌던 것보다 덜 효과적인 것으로 보인다.

어휘 emerging 새롭게 떠오르는, 최근 생겨난 method 방법 effective 효과적인 previously 이전에 promote 촉진하다 engagement 참여

DAY | 01

014 밑줄 친 부분 중 어법상 옳지 않은 것은?

Technology progressing far more quickly than futurists across a variety of countries ever anticipated ① has provided us with advanced machines, like touch screens and talking computers. But where are the flying cars that we've seen in every utopian future in popular culture since the 1950s? Unfortunately, we are nowhere near ② being able to actualize highways in the sky. The mechanisms ③ that allow an automobile to function cannot simply be transferred to the air. It's pretty fair to say ④ what flying cars may never become the standard form of transportation.

015 밑줄 친 부분 중 어법상 옳지 않은 것은?

As a parent, ① it is important to give your child the freedom ② to make mistakes even when you can prevent them. It is foolish ③ with you to think that you can control the decisions your child makes or that he or she will live their life ④ according to your plans.

016 밑줄 친 부분에 들어갈 말로 가장 적절한 것을 고르시오.

_____ society so fully and so quickly as the Internet did at the turn of the 21st century.

① Never had transformed a technology
② Never had a technology transformed
③ Never a technology had transformed
④ Never a technology transformed had

014 | 기출포인트 what vs. that | 정답 ④

해설 완전한 절(flying cars ~ transportation)을 이끌면서 동사(say)의 목적어 자리에 올 수 있는 것은 명사절 접속사 that이므로 불완전한 절을 이끄는 명사절 접속사 what을 완전한 절을 이끄는 명사절 접속사 that으로 고쳐야 한다.

오답분석
① 기출포인트 **주어와 동사의 수 일치** 주어 자리에 단수 명사 Technology가 왔으므로 단수 동사 has가 올바르게 쓰였다. 참고로, 주어와 동사 사이의 수식어 거품(progressing ~ anticipated)은 동사의 수 결정에 영향을 주지 않는다.
② 기출포인트 **현재진행 시제** 미래에 일어나기로 예정되어 있는 일이나 곧 일어나려고 하는 일을 표현하기 위해 현재진행 시제를 사용할 수 있으므로 be 동사(are)와 함께 현재진행 시제를 완성하는 현재분사 being이 올바르게 쓰였다.
③ 기출포인트 **관계대명사** 선행사(The mechanisms)가 사물이고, 관계절 내에서 동사 allow의 주어 역할을 하므로 주격 관계대명사 that이 올바르게 쓰였다.

해석 다양한 국가의 미래학자들이 지금까지 예상했던 것보다 훨씬 더 빠르게 발전하는 기술은 우리에게 터치스크린과 말하는 컴퓨터와 같은 발달된 기계들을 제공해 왔다. 하지만 1950년대 이래로 우리가 대중문화의 모든 이상적인 미래에서 봤던 날아다니는 자동차들은 어디에 있는가? 불행히도, 우리는 하늘에 있는 고속도로를 실현해 낼 수 있는 것과는 매우 동떨어져 있다. 자동차가 작동하게 하는 기계 구조는 단순히 공중으로 이동될 수가 없다. 날아다니는 자동차는 결코 일반적인 형태의 교통수단이 되지 못할 수도 있다고 말하는 것은 꽤 타당하다.

어휘 futurist 미래학자 anticipate 예상하다, 기대하다 utopian 이상적인 nowhere near ~와는 매우 동떨어지게, 도저히 미치지 못하는 actualize 실현하다 mechanism 기계 구조 automobile 자동차 function 작동하다 transfer 이동하다

015 | 기출포인트 to 부정사의 의미상 주어 | 정답 ③

해설 성질을 나타내는 형용사(foolish)가 to 부정사(to think) 앞에 쓰일 경우, to 부정사의 의미상 주어는 'of + 명사(you)' 형태가 되어야 하므로 전치사 with를 of로 고쳐야 한다.

오답분석
① 기출포인트 **가짜 주어 구문** to 부정사구(to give ~ mistakes)와 같이 긴 주어가 오면 가주어 it이 진주어인 to 부정사구를 대신해서 주어 자리에 쓰이므로 가주어 it이 올바르게 쓰였다.
② 기출포인트 **to 부정사의 역할** 명사 freedom 뒤에 형용사처럼 명사를 수식할 수 있는 to 부정사 to make가 올바르게 쓰였다.
④ 기출포인트 **분사구문 관용 표현** 문맥상 '그들이 당신의 계획에 따라 삶을 살 것'이라는 의미가 되어야 자연스러우므로, '~에 따라'라는 의미를 나타내는 분사구문 관용 표현 according to가 올바르게 쓰였다.

해석 부모로서, 당신이 그것을 방지할 수 있을 때도 아이에게 실수를 할 자유를 주는 것은 중요하다. 당신이 당신의 아이가 내리는 결정을 통제할 수 있다거나 그들이 당신의 계획에 따라 삶을 살 것으로 생각하는 것은 어리석다.

어휘 prevent 방지하다, 예방하다 foolish 어리석은

016 | 기출포인트 도치 구문: 부사구 도치 1 | 정답 ②

해설 부정을 나타내는 부사(Never)가 강조되어 문장의 맨 앞에 나오면 주어와 조동사가 도치되어 '조동사(had) + 주어(a technology) + 동사(transformed)'의 어순이 되므로 ② Never had a technology transformed가 정답이다.

해석 21세기의 전환기에 인터넷이 그랬던 것만큼 사회를 그렇게 완전히 그리고 그렇게 빠르게 변화시켰던 기술은 없었다.

어휘 society 사회 transform 변화시키다, 바꾸다

017 밑줄 친 부분 중 어법상 옳지 않은 것은?

> According to the Department of Transportation, the new highway ① <u>will open</u> next week. Construction crews ② <u>have been working</u> on the highway for three years. Vehicles will be able to use the highway ③ <u>to bypass</u> the city, so it is expected ④ <u>reducing</u> some of the traffic congestion downtown.

018 밑줄 친 부분 중 어법상 옳지 않은 것은?

> ① <u>The most talented</u> violinist in the orchestra ② <u>may have practiced</u> the challenging concerto more thoroughly before the performance, as there ③ <u>were</u> several noticeable mistakes during the technically demanding passages. Unfortunately, in the front row ④ <u>sat distinguished music critics</u> who immediately recognized the errors.

017 기출포인트 5형식 동사의 수동태   정답 ④

해설 to 부정사를 목적격 보어로 취하는 5형식 동사 expect가 수동태가 되면 to 부정사 목적격 보어(to reduce)는 수동태 동사(is expected) 뒤에 그대로 남아야 하므로 reducing을 to 부정사 to reduce로 고쳐야 한다.

오답분석
① 기출포인트 시제 일치 미래 시점을 나타내는 'next + 시간 표현(week)'이 왔으므로 미래 시제 will open이 올바르게 쓰였다.
② 기출포인트 시제 일치 현재완료 시제와 자주 함께 쓰이는 'for + 시간 표현'(for three years)이 왔고, '인부들이 3년 동안 작업해 왔다'라는 과거에 시작된 일이 현재까지 계속되는 경우를 표현하고 있으므로 현재완료진행 시제 have been working이 올바르게 쓰였다.
③ 기출포인트 to 부정사의 역할 to 부정사는 부사처럼 쓰여 목적을 나타낼 수 있으므로 '도시를 우회하기 위해'라는 의미를 나타내기 위해 to 부정사 to bypass가 올바르게 쓰였다.

해석 교통부에 따르면, 새로운 고속도로는 다음 주에 개통될 것이다. 공사 인부들은 그 고속도로를 3년 동안 작업해 왔다. 차량이 도시를 우회하기 위해 고속도로를 이용할 수 있게 될 것이므로 시내의 교통 혼잡을 일부 줄일 것으로 예상된다.

어휘 highway 고속도로   vehicle 차량, 탈것   bypass 우회하다; 우회로   traffic congestion 교통 혼잡   downtown 시내, 도심

018 기출포인트 조동사 관련 표현   정답 ②

해설 문맥상 '그 어려운 협주곡을 더 철저하게 연습했었어야 했다'라는 의미가 되어야 자연스러운데, '~했었어야 했다'는 조동사 관련 표현 should have p.p.를 사용하여 나타낼 수 있으므로 may have practiced(연습했을지 모른다)를 should have practiced(연습했었어야 했다)로 고쳐야 한다.

오답분석
① 기출포인트 최상급 '최상급(most talented) + 명사(violinist)' 앞에는 반드시 정관사 the나 소유격이 와야 하므로 The most talented가 올바르게 쓰였다.
③ 기출포인트 가짜 주어 구문 'there + 동사 + 진짜 주어' 구문에서 동사는 진짜 주어에 수 일치시켜야 하는데, 진짜 주어 자리에 복수 명사(several noticeable mistakes)가 왔으므로 가짜 주어 there 뒤에 복수 동사 were가 올바르게 쓰였다.
④ 기출포인트 도치 구문: 부사구 도치 2 장소를 나타내는 부사구(in the front row)가 강조되어 문장의 맨 앞에 오면 주어(distinguished music critics)와 동사(sat)가 도치되어 '동사 + 주어'의 어순이 되어야 하므로 sat distinguished music critics가 올바르게 쓰였다.

해석 관현악단에서 가장 재능 있는 바이올린 연주자는 공연 전에 그 어려운 협주곡을 더 철저하게 연습했었어야 했는데, 기술적으로 까다로운 악절 동안 몇 가지 눈에 띄는 실수가 있었기 때문이다. 공교롭게도, 맨 앞줄에는 그 오류를 즉시 알아차린 저명한 음악 평론가들이 앉아 있었다.

어휘 concerto 협주곡   thoroughly 철저하게   noticeable 눈에 띄는, 뚜렷한   technically 기술적으로   demanding 까다로운, 힘든   passage (음악의) 악절   row (극장 등의 좌석) 줄   distinguished 저명한, 성공한   critic 평론가, 비평가

적중 예상 문제

019 밑줄 친 부분 중 어법상 옳지 않은 것은?

> After a week of discussion, the family went back to the ① animal shelter to adopt a dog. Filling out all the ② required documents ③ was time-consuming, but the family felt such joy when their new dog wagged its tail excitedly, jumped onto their laps, and ④ licking their faces.

020 밑줄 친 부분 중 어법상 잘못된 것은?

> Those who ① inhabit a neighborhood surrounding the building project that has been suspended for over three years now want answers. The developer says that after the city cut its budget for the project, money ② dried up. Neither the contractor nor its representatives ③ know when it will resume, and workers ④ finished only 20 percent of it so far.

019 기출포인트 병치 구문 정답 ④

해설 접속사(and)로 연결된 병치 구문에서는 같은 구조끼리 연결되어야 하는데 and 앞에 과거 동사 wagged, jumped가 왔으므로 and 뒤에도 과거 동사가 와야 한다. 따라서 현재분사 licking을 과거 동사 licked로 고쳐야 한다.

오답 분석
① 기출포인트 **명사 자리** 문맥상 '동물 보호소'라는 의미가 되어야 자연스럽고, 명사 앞에 명사가 올 수 있으므로 '명사(animal) + 명사(shelter)' 형태의 복합명사를 완성하는 명사 animal이 올바르게 쓰였다.
② 기출포인트 **현재분사 vs. 과거분사** 수식받는 명사(documents)와 분사가 '서류가 요구되다'라는 의미의 수동 관계이므로 과거분사 required가 올바르게 쓰였다.
③ 기출포인트 **주어와 동사의 수 일치** 동명사구 주어(Filling out ~ documents)는 단수 취급하므로 단수 동사 was가 올바르게 쓰였다.

해석 일주일간의 토론 후에, 그 가족은 강아지를 입양하기 위해 동물 보호소로 돌아갔다. 요구되는 서류를 모두 작성하는 것은 시간이 걸렸지만, 그 가족은 그들의 새 강아지가 꼬리를 신나게 흔들고, 무릎 위로 뛰어들고, 얼굴을 핥을 때 큰 기쁨을 느꼈다.

어휘 animal shelter 동물 보호소   adopt 입양하다   time-consuming 시간이 걸리는   wag (개가 꼬리를) 흔들다
lap (자리에 앉았을 때 양 다리 위의 넓적한 부분에 해당하는) 무릎   lick 핥다

020 기출포인트 시제 일치 정답 ④

해설 현재완료 시제와 자주 함께 쓰이는 시간 표현 so far(지금까지)가 왔고 문맥상 '근로자들은 지금까지 그것의 20퍼센트만 완료했다'라는 과거에 시작된 일이 현재의 결과에 영향을 미치는 경우를 표현하고 있으므로 과거 시제 finished를 현재완료 시제 have finished로 고쳐야 한다.

오답 분석
① 기출포인트 **타동사** 동사 inhabit(~에 살다)은 전치사 없이 목적어(a neighborhood)를 바로 취하는 타동사이므로 inhabit이 올바르게 쓰였다.
② 기출포인트 **과거 시제** 문맥상 '돈이 고갈되었다'라는 이미 끝난 과거의 상태를 표현하고 있으므로 과거 시제 dried up이 올바르게 쓰였다.
③ 기출포인트 **접속사로 연결된 주어의 수 일치** 상관접속사 neither A nor B(A도 B도 아닌)로 연결된 주어(Neither the contractor nor its representatives)는 B에 동사를 수 일치시켜야 하므로 복수 동사 know가 올바르게 쓰였다.

해석 3년 넘게 중단된 그 건축 사업 인근의 동네에 사는 사람들은 이제 답을 원한다. 개발업자는 시가 사업을 위한 예산을 삭감한 후에 돈이 고갈되었다고 말한다. 시공사나 대표자 모두 언제 그것이 재개될지 알지 못하며, 근로자들은 지금까지 그것(사업)의 20퍼센트만 완료했다.

어휘 inhabit ~에 살다   suspend 중단하다, 유예하다   developer (부동산) 개발업자   cut ~을 삭감하다, 줄이다   budget 예산
dry up 고갈되다   contractor 시공사, 계약자   representative 대표자   resume 재개하다, 다시 시작하다

DAY | 02

021 어법상 빈칸에 들어가기에 가장 적절한 것은?

> A group of men first noticed the burning building, _____ they rescued some children.

① from which
② however
③ that
④ for which

022 밑줄 친 부분 중 어법상 옳지 않은 것은?

> ① <u>To survive</u> in the desert, the thorny dragon, which is a type of Australian lizard, has a unique adaptation ② <u>by which</u> the water its scales ③ <u>touch</u> is absorbed into its body and ④ <u>travel</u> to its mouth.

023 밑줄 친 부분 중 어법상 가장 옳지 않은 것은?

> The inventor of the wheel ① <u>couldn't have understood</u> how it would change the world. ② <u>Using for</u> transportation, manufacturing, and other purposes, wheels today are very different from the earliest wheels, which were made to allow ③ <u>the creative</u> to make pottery; ④ <u>but for the innovative idea</u> to turn the potter's wheel on its side, its true usefulness might never have been realized.

021 기출포인트 전치사 + 관계대명사   정답 ①

해설 빈칸 뒤에 완전한 절(they rescued some children)이 왔으므로 '전치사 + 관계대명사' 형태를 쓴 ①, ④번이 정답 후보이다. 선행사 the burning building이 장소이며 문맥상 '불타는 건물에서 어린이들을 구조했다'라는 의미가 되어야 자연스러우므로 전치사 from(~에서)을 쓴 ① from which가 정답이다.

해석 한 무리의 남자들이 그 불타는 건물을 처음 알아차렸는데, 그곳에서 그들은 몇 명의 어린이들을 구조했다.

어휘 rescue 구조하다

022 기출포인트 주어와 동사의 수 일치   정답 ④

해설 주어 자리에 단수 취급하는 불가산 명사(water)가 왔으므로 복수 동사 travel을 단수 동사 travels로 고쳐야 한다.

오답분석
① 기출포인트 **to 부정사의 역할** 문맥상 '살아남기 위해'라는 의미가 되어야 자연스러우므로 부사 역할을 하며 목적을 나타내는 to 부정사 To survive가 올바르게 쓰였다.
② 기출포인트 **전치사 + 관계대명사** '전치사 + 관계대명사'에서 전치사는 선행사 또는 관계절의 동사에 따라 결정되는데, 문맥상 '적응 방법에 의한'이라는 의미가 되어야 자연스러우므로 전치사 by(~에 의해)를 사용하여 by which가 올바르게 쓰였다.
③ 기출포인트 **관계절 자리와 쓰임** 선행사(water) 뒤에 목적격 관계대명사가 생략된 관계절이 온 형태이므로, 관계절의 주어(its scales) 뒤에 복수 동사 touch가 올바르게 쓰였다.

해석 사막에서 살아남기 위해, 호주 도마뱀의 일종인 가시용은 그것의 비늘에 닿는 물이 그것의 몸에 흡수되어서 입으로 이동하는 독특한 적응 방법을 가지고 있다.

어휘 thorny 가시가 있는, 곤란한   lizard 도마뱀   adaptation 적응, 순응, 각색

023 기출포인트 분사구문의 형태   정답 ②

해설 문맥상 주절의 주어(wheels today)와 분사구문이 '오늘날의 바퀴가 사용되다'라는 의미의 수동 관계이므로 현재분사 Using을 과거분사 Used로 고쳐야 한다.

오답분석
① 기출포인트 **조동사 관련 표현** 문맥상 '바퀴의 발명가는 바퀴가 세상을 어떻게 변화시킬지 이해했을 리가 없다'라는 의미가 되어야 자연스러운데, '~했을 리가 없다'는 조동사 관련 표현 couldn't have p.p.를 사용하여 나타낼 수 있으므로 couldn't have understood가 올바르게 쓰였다.
③ 기출포인트 **정관사 the** 문맥상 '창의적인 사람들'이라는 의미가 되어야 자연스러운데, '~한 사람들'은 'the + 형용사' 형태로 나타낼 수 있으므로 the creative가 올바르게 쓰였다.
④ 기출포인트 **가정법 도치** 주절에 가정법 과거완료 형태인 'might + (never) + have p.p.(have been realized)'가 왔으므로, if절에도 가정법 과거완료 형태가 와야 한다. 이때, if절에 if가 생략된 가정법 과거완료 구문 'Had it not been for + 명사'(~가 없었다면)는 'But for + 명사'로 바꿔 쓸 수 있으므로 but for the innovative idea가 올바르게 쓰였다.

해석 바퀴의 발명가는 그것(바퀴)이 세상을 어떻게 변화시킬지 이해했을 리가 없다. 교통, 제조업 및 기타 목적으로 사용되는 오늘날의 바퀴는 가장 초기의 바퀴와 매우 다른데, 가장 초기의 바퀴는 창의적인 사람들이 도자기를 만들 수 있도록 하기 위해 만들어졌다. 도예가의 바퀴를 옆으로 돌리는 혁신적인 아이디어가 없었다면, 그것의 진정한 유용성이 실현되지 않았을지도 모른다.

어휘 wheel 바퀴   transportation 교통   manufacturing 제조업   pottery 도자기   innovative 혁신적인   usefulness 유용성

024 밑줄 친 부분 중 어법상 가장 옳지 않은 것은?

It is well known that dolphins communicate with ① each other through complex sound patterns, ② where demonstrate their remarkable intelligence in problem-solving situations. What researchers lately ③ have discovered is that these mammals can also change the volume and length of their calls to offset the louder noises around ④ them.

025 밑줄 친 부분 중 어법상 옳지 않은 것은?

Members of the United Nations ① convened a few days ago to discuss further intervention in Zimbabwe to help ② stop the civil unrest ③ that has been ongoing. UN leaders are ④ particular concerned about the injuries to civilians and the lack of food and medical supplies.

026 밑줄 친 부분에 들어갈 말로 가장 적절한 것을 고르시오.

The high-tech tools used by police, _____ augmented reality (AR) glasses, drones, and facial recognition software, allow officers to find and track suspects more efficiently than in the past.

① which include
② that include
③ which includes
④ that includes

024 기출포인트 관계부사와 관계대명사 비교 정답 ②

해설 선행사가 사물(complex sound patterns)이고 관계사 뒤에 주어가 없는 불완전한 절(demonstrate their remarkable intelligence)이 왔으므로, 완전한 절을 이끌며 장소를 나타내는 관계부사 where를 주격 관계대명사 which로 고쳐야 한다. 참고로, 계속적 용법으로 쓰인 관계절에는 관계대명사 that이 올 수 없다.

오답분석
① 기출포인트 **부정대명사: one·another·other** 문맥상 '서로 의사소통하다'라는 의미가 되어야 자연스러우므로 '서로'를 의미하는 부정대명사 each other가 올바르게 쓰였다.
③ 기출포인트 **현재완료 시제** 현재완료 시제와 자주 함께 쓰이는 시간 표현 lately(최근에)가 쓰였으므로 현재완료 시제 have discovered가 올바르게 쓰였다.
④ 기출포인트 **인칭대명사** 대명사(them)가 지시하는 명사(these mammals)가 복수이고, 전치사(around)의 목적어 자리에는 목적격 대명사가 와야 하므로 복수 목적격 대명사 them이 올바르게 쓰였다.

해석 돌고래들이 복잡한 소리 패턴을 통해 서로 의사소통하는 것은 잘 알려져 있는데, 이것은 문제 해결 상황에서 그들의 놀라운 지능을 보여준다. 연구자들이 최근에 발견한 것은 이러한 포유동물들이 또한 주변의 더 큰 소음을 상쇄하기 위해 그들의 울음소리의 음량과 길이를 바꿀 수 있다는 것이다.

어휘 communicate 의사소통하다 complex 복잡한 demonstrate 보여주다 remarkable 놀라운 intelligence 지능 mammal 포유동물 length 길이 offset 상쇄하다 noise 소음

025 기출포인트 부사 자리 정답 ④

해설 '조동사 + p.p.' 사이에 와서 수동태 동사(are concerned)를 수식할 수 있는 것은 형용사가 아닌 부사이므로 형용사 particular(특정한)를 부사 particularly(특히)로 고쳐야 한다.

오답분석
① 기출포인트 **시제 일치** 특정 과거 시점을 나타내는 표현(a few days ago)이 왔으므로 이미 끝난 과거의 일을 나타내는 과거 시제 convened가 올바르게 쓰였다.
② 기출포인트 **원형 부정사를 목적격 보어로 취하는 동사** 준 사역동사 help는 목적어로 원형 부정사를 취할 수 있으므로 목적어 자리에 원형 부정사 stop이 올바르게 쓰였다.
③ 기출포인트 **관계대명사** 선행사(the civil unrest)가 사물이고, 관계절 내에서 동사 has been의 주어 역할을 하므로 사물을 가리키는 주격 관계대명사 that이 올바르게 쓰였다.

해석 국제연합의 회원국들은 계속 진행 중인 민간 소요사태를 멈추는 것을 돕기 위해 짐바브웨에 추가 개입하는 것에 대해 논의하고자 며칠 전 회합했다. UN 지도자들은 특히 민간인의 부상과 식량 및 의약품의 부족에 대해 염려하고 있다.

어휘 convene 회합하다, 소집하다 intervention 개입 civil unrest 민간 소요사태 ongoing 계속 진행 중인 injury 부상 civilian 민간인 lack 부족, 결핍 medical supplies 의약품

026 기출포인트 관계절의 용법 & 주격 관계절의 수 일치 정답 ①

해설 관계절이 콤마(,) 뒤에서 계속적 용법으로 쓰여 앞에 나온 선행사(The high-tech tools)에 대한 부가 설명을 하고 있으므로 관계대명사 that이 아닌 which를 써야 한다. 선행사가 관계절 내에서 주어 역할을 하고 있는 주격 관계절에서 동사는 선행사에 수 일치시켜야 하는데, 선행사가 복수 명사(The high-tech tools)이므로 복수 동사 include를 쓴 ① which include가 정답이다.

해석 증강 현실(AR) 안경, 드론, 그리고 안면 인식 소프트웨어를 포함하는 경찰에 의해 쓰이는 최첨단 도구들은 경찰이 과거보다 용의자를 더 효율적으로 찾고 추적할 수 있게 한다.

어휘 hich-tech 최첨단의 recognition 인식 track 추적하다 suspect 용의자 efficiently 효율적으로, 효과적으로

DAY | 02

027 밑줄 친 부분 중 어법상 옳지 않은 것은?

For ① <u>much</u> of modern history, the British Navy was the greatest armed force in the world. ② <u>Its</u> superiority over its competitors allowed the British to expand their empire around the globe. In the middle of the 20th century, however, the US Navy surpassed them. It became more than twice as large ③ <u>than</u> the British forces in both size and strength and ④ <u>remains</u> the world's most powerful naval force to this day.

028 밑줄 친 부분 중 어법상 옳지 않은 것은?

The image of a jester in a brightly colored outfit and hat with bells can make us ① <u>laugh</u> today, but in the past, these entertaining characters actually ② <u>do</u> play important roles in the royal court. Rulers were not only ③ <u>amused</u> by their antics, but they also ④ <u>concurrently</u> saw them as friends who could offer advice in a humorous way.

027 기출포인트 원급 정답 ③

해설 문맥상 '그것은 영국 군대의 두 배 이상만큼 되었다'라는 의미가 되어야 자연스러운데, '~배만큼 -하다'는 원급 표현 '배수사(twice) + as + 원급(large) + as'를 사용하여 나타낼 수 있으므로 than을 as로 고쳐야 한다.

오답분석
① 기출포인트 **대명사의 역할** 문맥상 '근대사의 많은 시간'이라는 의미가 되어야 자연스러우므로, '많음, 대부분'이라는 의미의 대명사 much가 올바르게 쓰였다.
② 기출포인트 **인칭대명사** 명사(superiority) 앞에서 소유의 의미를 나타내기 위해서는 소유격 대명사가 와야 하고, 대명사가 지시하는 명사(the British Navy)가 단수 사물이므로 사물을 가리키는 단수 소유격 인칭대명사 Its가 올바르게 쓰였다.
④ 기출포인트 **시제 일치** 현재 시제와 자주 함께 쓰이는 시간 표현 to this day(현재까지)가 왔으므로 현재 시제 remains가 올바르게 쓰였다.

해석 근대사의 많은 시간 동안, 영국 해군은 세계에서 가장 위대한 군대였다. 경쟁 상대들에 대한 그것(영국 해군)의 우월성은 영국이 그들의 제국을 전 세계로 확장하는 것을 가능하게 했다. 하지만, 20세기 중반에 미국 해군이 그들을 뛰어넘었다. 그것은 규모와 힘 둘 다에 있어 모두 영국 군대의 두 배 이상만큼 되었고, 현재까지 세계에서 가장 강력한 해군으로 남아있다.

어휘 modern 근대의, 현대의 armed force 군대, 무력 superiority 우월성 competitor 경쟁 상대, 경쟁자 empire 제국 surpass 뛰어넘다, 능가하다 naval 해군의

028 기출포인트 강조 구문 정답 ②

해설 do 동사가 일반동사(play) 앞에 와서 일반동사의 의미를 강조하는 경우, do 동사는 자신이 속한 절의 주어와 시제가 일치해야 한다. 문장에 과거를 나타내는 시간 표현 in the past(과거에는)가 왔고, 문맥상 '과거에는 이러한 재미있는 인물이 실제로 궁중에서 중요한 역할을 정말 했다'라는 이미 끝난 과거의 동작을 표현하고 있으므로 현재 시제 do를 과거 시제 did로 고쳐야 한다.

오답분석
① 기출포인트 **5형식 동사** 사역동사 make는 목적어와 목적격 보어가 능동 관계이면 목적격 보어로 동사원형을 취하는 5형식 동사인데, 문맥상 목적어(us)와 목적격 보어가 '우리가 웃다'라는 의미의 능동 관계가 되어야 하므로 동사원형 laugh가 올바르게 쓰였다.
③ 기출포인트 **3형식 동사의 수동태** 감정을 나타내는 동사(amuse)는 주어가 감정을 느끼면 수동태를, 주어가 감정의 원인이면 능동태를 써야 하는데, 문맥상 '통치자들은 그들의 익살스러운 행동에 즐거워했다'라는 의미로 주어(Rulers)가 즐거움을 느끼는 주체이므로 be 동사(were)와 함께 수동태를 완성하는 과거분사 amused가 올바르게 쓰였다.
④ 기출포인트 **부사 자리** 동사(saw)를 앞에서 수식할 수 있는 것은 부사이므로 부사 concurrently가 saw 앞에 올바르게 쓰였다.

해석 밝은색 의상과 종이 달린 모자를 쓴 어릿광대의 이미지는 오늘날 우리를 웃게 만들 수 있지만, 과거에는 이러한 재미있는 인물이 실제로 궁중에서 중요한 역할을 정말 했다. 통치자들은 그들의 익살스러운 행동에 즐거워했을 뿐만 아니라, 동시에 재미있는 방식으로 조언을 해줄 수 있는 친구로 보았다.

어휘 jester (과거 왕이 부리던) 어릿광대 outfit 의상 entertaining 재미있는, 즐거움을 주는 royal court 궁중 ruler 통치자 antics 익살스러운 행동 concurrently 동시에

DAY | 02

029 밑줄 친 부분 중 어법상 옳지 않은 것은?

> I wanted to give ① her a chance to explain why ② did she leave me waiting at the restaurant ③ by myself without ④ so much as a phone call, but I was too angry to listen to anything she said.

030 밑줄 친 부분에 들어갈 말로 가장 적절한 것을 고르시오.

> Sleep clinic participants who stopped _____ social media content within two hours of bedtime experienced an improvement in sleep onset time.

① to consume
② consume
③ consuming
④ to consuming

031 밑줄 친 부분에 들어갈 말로 가장 적절한 것을 고르시오.

> Climate change is having a dramatic effect on species with temperature-dependent sex determination like sea turtles: _____ increasing due to higher temperatures in nesting sites.

① the number of females is
② the number of females are
③ a number of female are
④ a number of females is

029 기출포인트 의문문의 어순 정답 ②

해설 의문문이 다른 문장 안에 포함된 간접 의문문은 '의문사 + 주어 + 동사'의 어순으로 쓰여야 하므로 의문사(why) 뒤에 did she leave를 she left로 고쳐야 한다.

오답 분석
① 기출포인트 **4형식 동사** 동사 give는 '간접 목적어(her) + 직접 목적어(a chance)'의 형태를 취하는 4형식 동사이므로 her a chance가 올바르게 쓰였다.
③ 기출포인트 **재귀대명사** 문맥상 '나를 혼자 기다리도록'이라는 의미가 되어야 자연스러우므로 재귀대명사 관용 표현 by oneself(혼자서)를 사용하여 by myself가 올바르게 쓰였다.
④ 기출포인트 **원급 관련 표현** 문맥상 '전화 한 통조차 없이'라는 의미가 되어야 자연스러운데 '~조차 없이'는 원급 관련 표현 not so much as를 사용하여 나타낼 수 있으므로 부정어 without 뒤에 so much as가 올바르게 쓰였다.

해석 나는 그녀가 왜 전화 한 통조차 없이 나를 식당에서 혼자 기다리도록 내버려두었는지 그녀에게 변명할 기회를 주고 싶었지만, 너무 화가 나서 그녀가 하는 말을 들을 수 없었다.

어휘 give ~ a chance ~에게 기회를 주다   explain 변명하다, 설명하다   by oneself 혼자서   without so much as ~조차 없이

030 기출포인트 동명사를 목적어로 취하는 동사 정답 ③

해설 빈칸은 동사(stopped)의 목적어 자리인데, 동사 stop은 동명사를 목적어로 취하는 동사이므로 동명사 ③ consuming이 정답이다. 참고로, stop 뒤에 to 부정사를 사용할 경우 '~하기 위해 (하던 일을) 멈추다'라는 의미의 부사적 용법으로 쓰인다.

해석 취침 시간 2시간 이내에 소셜 미디어 콘텐츠를 소비하는 것을 중단한 수면 클리닉 참가자들은 수면 시작 시간이 개선되는 것을 경험했다.

어휘 participant 참가자   onset 시작   consume 소비하다

031 기출포인트 수량 표현의 수 일치 정답 ①

해설 문맥상 '암컷의 수가 증가하고 있다'는 내용이 되어야 자연스러운데, '~의 수'는 단수 취급하는 수량 표현 the number of를 사용하여 나타낼 수 있고 주어 자리에 단수 취급하는 수량 표현이 오면 단수 동사가 쓰여야 하므로 단수 동사 is를 쓴 ① the number of females is가 정답이다.

해석 기후 변화는 바다거북과 같이 온도에 의존하여 성을 결정하는 종에 극적인 영향을 미치고 있으며, 둥지 영역의 더 높은 기온으로 인해 암컷의 수가 증가하고 있다.

어휘 climate 기후   nesting site 둥지 영역

032 밑줄 친 부분 중 어법상 잘못된 것은?

People who have studied historical homes find ① it remarkable that larger families ② live in the much smaller homes common 100 years ago managed to exist comfortably in the limited space available, while today, almost ③ everyone involved in modern nuclear families assumes that larger homes and open layouts ④ are necessary.

033 밑줄 친 부분 중 어법상 가장 옳지 않은 것은?

Literature was once a more conservative art form in which few authors dared to ① strayed from traditional themes and structures, which may surprise modern readers considering its diversity in modern times. Over time, the more new ideas authors included in their work, ② the more readers accepted them, and eventually, literature came to include new voices, perspectives, and ③ elements that reshaped how ④ stories were told.

032 기출포인트 분사의 역할 정답 ②

해설 한 문장에 동사(live, managed)가 두 개 올 수 없고, 문맥상 '더 작은 집에 살던 대가족이 ~ 편안하게 살아갈 수 있었다'라는 의미가 되어야 자연스러우므로 명사(larger families) 뒤에 온 동사 live를 명사를 수식할 수 있는 분사 형태로 고쳐야 한다. 수식받는 명사(larger families)와 분사가 '대가족이 살다'라는 능동의 의미이므로 동사 live를 현재분사 living으로 고쳐야 한다. 참고로, 사람을 나타내는 주격 관계대명사 who를 써서 who lived로 고쳐도 맞다.

오답 분석
① 기출포인트 **목적어 자리** 동사 find는 '~을 -로 여기다'라는 의미를 나타낼 때 목적어와 목적격 보어를 갖는 5형식 동사인데, that절(that larger families ~ available)과 같이 긴 목적어가 오면 진짜 목적어인 that절을 목적격 보어 뒤로 보내고 목적어가 있던 자리에 가짜 목적어 it을 써서 '가짜 목적어(it) + 목적격 보어(remarkable) + 진짜 목적어(that larger families ~ available)'의 형태가 되어야 하므로 it이 올바르게 쓰였다.

③ 기출포인트 **명사를 수식하는 여러 요소들의 어순** -one으로 끝나는 명사(everyone)는 형용사(involved)가 뒤에서 수식하므로 everyone involved가 올바르게 쓰였다.

④ 기출포인트 **접속사로 연결된 주어의 수 일치** 접속사(and)로 연결된 주어(larger homes and open layouts)는 복수 취급하므로 복수 동사 are가 올바르게 쓰였다.

해석 역사적인 주택을 연구해 온 사람들은 100년 전에 흔했던 훨씬 더 작은 집에 살던 대가족이 이용 가능한 공간이 제한된 곳에서 편안하게 살아갈 수 있었던 것을 놀랍게 여기는 한편, 오늘날에는, 현대의 핵가족에 포함되는 거의 모든 사람들은 더 넓은 집과 개방형 배치가 필수적이라고 생각한다.

어휘 remarkable 놀라운, 놀랄 만한 nuclear family 핵가족 assume 생각하다, 추정하다 layout 배치

033 기출포인트 조동사 관련 표현 정답 ①

해설 조동사처럼 쓰이는 표현 dare to(감히 ~하다) 뒤에는 동사원형이 와야 하므로 과거분사 strayed를 동사원형 stray로 고쳐야 한다.

오답 분석
② 기출포인트 **비교급** 문맥상 '작가들이 새로운 아이디어를 더 많이 포함할수록, 독자들은 그것들을 더 많이 받아들였다'라는 의미가 되어야 자연스러운데, '더 ~하면 할수록, 더 -하다'는 비교급 표현 'The + 비교급 + 주어 + 동사 ~, the + 비교급 + 주어 + 동사 -'로 나타낼 수 있고, 콤마(,) 앞에 the more new ideas authors included in their work가 왔으므로 콤마 뒤에도 the more readers accepted가 올바르게 쓰였다.

③ 기출포인트 **병치 구문** 접속사(and)로 연결된 병치 구문에서는 같은 품사끼리 연결되어야 하는데, and 앞에 명사 voices, perspectives가 왔으므로 and 뒤에도 명사 elements가 올바르게 쓰였다.

④ 기출포인트 **의문문의 어순** 동사(reshaped)의 목적어 자리에 명사 역할을 하는 간접 의문문이 왔고, 의문문이 다른 문장 안에 포함된 간접 의문문은 '의문사(how) + 주어(stories) + 동사(were told)'의 어순으로 쓰여야 하므로 의문사 how 뒤에 stories were told가 올바르게 쓰였다.

해석 문학은 한때 감히 전통적인 주제와 구조에서 벗어나려는 작가가 거의 없었던 더 보수적인 예술 형태로, 현대에서 그것의 다양성을 고려할 때 현대 독자들을 놀라게 할 수 있다. 시간이 지나면서, 작가들이 그들의 작품에 새로운 아이디어를 더 많이 포함할수록, 독자들은 그것들을 더 많이 받아들였고, 결국, 문학에는 이야기가 전달되는 방식을 재구성하는 새로운 목소리, 관점, 그리고 요소가 포함되기 시작했다.

어휘 literature 문학 conservative 보수적인 author 작가 stray (딴 생각·이야기로) 벗어나다 structure 구조 diversity 다양성 perspective 관점 element 요소 reshape 재구성하다, 개조하다

034 밑줄 친 부분 중 어법상 옳지 않은 것을 고르시오.

> It is often a lack of communication ① <u>that</u> can cause conflict in the workplace. Sometimes, employees feel they ② <u>are taken advantage of</u> by their colleagues or superiors. They ③ <u>are believing</u> too much is expected of them. Often, ④ <u>whether</u> these negative feelings go away or not depends entirely on the offended employee saying something.

035 밑줄 친 부분 중 어법상 옳지 않은 것을 고르시오.

> I used to worry about ① <u>what</u> other people thought of me. I always made others happy ② <u>for fear that</u> I wouldn't have any friends. I was stressing ③ <u>myself</u> out living like this. Eventually, I realized that most people are actually preoccupied with their own lives and ④ <u>is</u> therefore completely unconcerned with me.

034 기출포인트 현재진행 시제   정답 ③

해설 인지동사 believe는 진행 시제로 쓸 수 없는 동사이고, 문장의 전체 시제가 현재 시제이므로, are believing을 현재 시제 동사 believe로 고쳐야 한다.

오답 분석
① 기출포인트 **It – that 강조 구문** 문맥상 '직장 내 갈등을 유발할 수 있는 것은 바로 커뮤니케이션 부족이다'라는 의미가 되어야 자연스러운데, '-한 것은 바로 ~이다'는 It – that 강조 구문을 써서 나타낼 수 있으므로 that이 올바르게 쓰였다.
② 기출포인트 **동사구의 수동태** '타동사 + 명사 + 전치사'(take advantage of) 형태의 동사구가 수동태가 되는 경우, 동사구의 명사(advantage)와 전치사(of) 모두 수동태 동사 뒤에 그대로 남아야 하므로 are taken advantage of가 올바르게 쓰였다.
④ 기출포인트 **명사절 접속사 2: whether** 문맥상 '이러한 부정적인 감정이 사라지는지 아닌지의 여부는'이라는 의미가 되어야 자연스러우므로, 주어 자리에 '~인지 아닌지'를 의미하는 명사절 접속사 whether가 올바르게 쓰였다.

해석 직장 내 갈등을 유발할 수 있는 것은 많은 경우에 바로 커뮤니케이션 부족이다. 때때로, 직원들은 그들의 동료나 상사로부터 그들이 이용 당한다고 느낀다. 그들은 자신에게 너무 많은 것이 기대된다고 믿는다. 종종 이러한 부정적인 감정이 사라지는지 아닌지의 여부는 전적으로 기분이 상한 직원이 무언가를 말하는 것에 달려 있다.

어휘 lack 부족   conflict 갈등   take advantage of ~을 이용하다   colleague 동료   superior 상사, 윗사람   offend 기분을 상하게 하다

035 기출포인트 병치 구문   정답 ④

해설 접속사(and)로 연결된 병치 구문에서는 같은 품사끼리 연결되어야 하고, 동사끼리 연결된 병치 구문에서는 수·시제가 일치해야 하는데 and 앞에 복수 동사 are가 왔으므로 and 뒤의 단수 동사 is를 복수 동사 are로 고쳐야 한다.

오답 분석
① 기출포인트 **what vs. that** 목적어가 없는 불완전한 절(other people thought of me)을 이끌며 전치사 about의 목적어 자리에 올 수 있는 명사절 접속사 what이 올바르게 쓰였다.
② 기출포인트 **부사절 접속사 2: 기타** 문맥상 '친구가 없을까 두려워서'라는 의미가 되어야 자연스러우므로, 부사절 접속사 for fear that(~할까 두려워서)이 올바르게 쓰였다.
③ 기출포인트 **재귀대명사** 문맥상 '나 자신에게 스트레스를 주다'라는 의미로, 동사 was stressing out의 목적어가 지칭하는 대상이 문장의 주어(I)와 동일하므로 재귀대명사 myself가 올바르게 쓰였다.

해석 나는 다른 사람들이 나를 어떻게 생각하는지 걱정하곤 했다. 나는 항상 친구가 없을까 두려워서 다른 사람들을 행복하게 해줬다. 나는 이렇게 살면서 나 자신에게 스트레스를 주고 있었다. 결국, 나는 대부분의 사람들이 사실은 자신의 삶에만 몰두하기 때문에 나에게 완전히 무관심하다는 것을 깨달았다.

어휘 stress out 스트레스를 주다[받다]   preoccupied 몰두한, 사로잡힌   unconcerned 무관심한, 개의치 않는

036 밑줄 친 부분에 들어갈 말로 가장 적절한 것을 고르시오.

> Literary critics praised the book _____ by the first-time author for portraying the lives of modern teenagers without relying on clichés often found in other works in the young adult genre.

① write
② written
③ writing
④ to write

037 밑줄 친 부분에 들어갈 가장 적절한 것은?

> It is predicted that by the time next summer arrives, the drought in this region _____ for more than two years, severely affecting agriculture and water supplies.

① will persist
② will have persisted
③ has persisted
④ has been persisted

038 밑줄 친 부분 중 어법상 옳지 않은 것은?

> ① That coffee had negative impacts was a foregone conclusion for much of history, but modern studies into the beverage ② show that moderate consumption can offer health benefits. Drinking coffee in reasonable amounts may be ③ the easiest way to reduce the risk of diabetes and cognitive decline due to its high antioxidant content. If physicians had recognized the benefits of careful coffee consumption centuries ago, many people ④ might avoided certain health problems earlier.

036 기출포인트 현재분사 vs. 과거분사   정답 ②

해설 문장에 주어(Literary critics)와 동사(praised)가 모두 있으므로 빈칸은 앞에 있는 명사 the book을 수식하는 것의 자리이다. 문맥상 '처음 써보는 작가에 의해 쓰여진 책'이라는 의미가 되어야 자연스러운데, 수식받는 명사 the book과 분사가 '책이 쓰이다'라는 의미의 수동 관계이므로 과거분사인 ② written이 정답이다.

해석 문학 평론가들은 처음 써보는 작가에 의해 쓰여진 책이 10대 후반 청소년 장르의 다른 작품에서 흔히 발견되는 진부한 표현에 의존하는 것 없이 현대 청소년들의 삶을 묘사한 것에 대해 칭찬했다.

어휘 literary critic 문학 평론가   cliché 진부한 표현, 상투적인 문구   young adult 10대 후반 청소년, 성년 초반의 사람

037 기출포인트 미래완료 시제   정답 ②

해설 빈칸은 문장의 동사 자리이다. 부사절에 미래나 미래완료 시제와 자주 함께 쓰이는 시간 표현 by the time(~할 때쯤에)이 왔으므로 미래 시제 ①번과 미래완료 시제 ②번이 정답 후보인데, 문맥상 '가뭄이 2년 이상 지속되었을 것이다'라고 하며 특정 미래 시점(내년 여름이 될 때쯤) 이전에 시작된 일이 그 시점에 완료될 것임을 표현하고 있으므로 미래완료 시제 ② will have persisted가 정답이다.

해석 내년 여름이 될 때쯤이면, 이 지역의 가뭄이 2년 이상 지속되었을 것이며, 농업과 수자원 공급에 심각하게 영향을 미칠 것이라고 예측된다.

어휘 drought 가뭄   region 지역   severely 심각하게   agriculture 농업   persist 지속되다

038 기출포인트 가정법 과거완료   정답 ④

해설 if절에 과거 상황을 반대로 가정하는 가정법 과거완료 'If + 주어(physicians) + had p.p.(had recognized)'가 왔으므로, 주절에도 가정법 과거완료를 만드는 '주어(many people) + might + have p.p.'의 형태가 와야 한다. 따라서 might avoided를 might have avoided로 고쳐야 한다.

오답분석
① 기출포인트 **명사절 접속사 1: that** 완전한 절(coffee had negative impacts)을 이끌며 문장의 주어 자리에 올 수 있는 명사절 접속사 That이 올바르게 쓰였다.
② 기출포인트 **주어와 동사의 수 일치** 주어 자리에 복수 명사 modern studies가 왔으므로 복수 동사 show가 올바르게 쓰였다. 참고로, 주어와 동사 사이의 수식어 거품(into the beverage)은 동사의 수 결정에 영향을 주지 않는다.
③ 기출포인트 **최상급** '최상급(easiest) + 명사(way)' 앞에는 반드시 the나 소유격이 와야 하므로 명사(way) 앞에 the easiest가 올바르게 쓰였다.

해석 커피가 부정적인 영향을 가진다는 것은 역사의 많은 부분에서 필연적 결론이었지만, 그 음료에 대한 현대의 연구는 적당한 섭취가 건강상의 이점을 제공할 수 있다는 것을 보여준다. 커피를 적정한 양으로 마시는 것은 그것의 높은 항산화 성분 때문에 당뇨병과 인지 저하의 위험을 줄이는 가장 쉬운 방법일 수 있다. 만약 의사들이 수 세기 전에 신중한 커피 섭취의 이점을 알아봤다면, 많은 사람들이 더 일찍 특정 건강 문제를 피할 수 있었을 것이다.

어휘 foregone conclusion 필연적 결론, 처음부터 정해져 있는 결론   beverage 음료   moderate 적당한, 중간의   consumption 섭취, 소비   reasonable 적정한   diabetes 당뇨병   cognitive 인지의, 인식의   antioxidant 항산화의; 산화 방지제   physician 의사

적중 예상 문제

039 밑줄 친 부분 중 어법상 옳지 않은 것은?

> Most restaurants have extra food ① <u>available</u> at the end of the day, ② <u>some of which</u> must be discarded due to safety or logistical reasons. Fortunately, responsible businesses are ③ <u>committed to reduce</u> food waste through programs ④ <u>designed</u> to donate surplus meals to people in need.

040 어법상 밑줄 친 곳에 가장 적절한 것은?

> Most people realize that excessive exposure to sunlight increases the risk of skin cancer, but _____ they might not know is that there is also a benefit to getting more sunlight.

① that
② what
③ whatever
④ whether

039 기출포인트 동명사 관련 표현 정답 ③

해설 문맥상 '책임감 있는 기업들은 음식물 쓰레기를 줄이는 것에 전념한다'라는 의미가 되어야 자연스러운데, '-에 전념하다'는 동명사 관련 표현 be committed to -ing를 사용하여 나타낼 수 있으므로 committed to reduce를 committed to reducing으로 고쳐야 한다.

오답분석
① 기출포인트 **형용사 자리** -able로 끝나는 형용사(available)는 명사를 뒤에서 수식할 수 있으므로, 명사(extra food) 뒤에 형용사 available이 올바르게 쓰였다.

② 기출포인트 **수량 표현 + 관계대명사** 문맥상 '그것(여분의 음식) 중 일부'라는 의미가 되어야 자연스러운데, 선행사(extra food)의 부분을 나타낼 때는 관계대명사 앞에 수량 표현을 써서 '수량 표현 + of + 관계대명사'의 형태로 쓸 수 있으므로, 관계대명사 which 앞에 부분을 나타내는 수량 표현 some을 사용하여 some of which가 올바르게 쓰였다. 참고로, 선행사가 사물이므로 사물을 나타내는 목적격 관계대명사 which가 전치사 of 뒤에 올바르게 쓰였다.

④ 기출포인트 **현재분사 vs. 과거분사** 수식받는 명사(programs)와 분사가 '프로그램이 설계되다'라는 의미의 수동 관계이므로 과거분사 designed가 올바르게 쓰였다.

해석 대부분의 식당은 하루가 끝날 때 사용 가능한 여분의 음식이 있으며, 그것 중 일부는 안전 또는 물류 상의 이유로 폐기되어야 한다. 다행히도, 책임감 있는 기업들은 도움이 필요한 사람들에게 잉여 식량을 기부하도록 설계된 프로그램을 통해 음식물 쓰레기를 줄이는 것에 전념한다.

어휘 available 사용 가능한 discard 폐기하다, 버리다 logistical 물류의, 수송의 donate 기부하다 surplus 잉여의, 과잉의

040 기출포인트 what vs. that 정답 ②

해설 빈칸은 문장의 주어 역할을 하는 명사절을 이끄는 명사절 접속사 자리이다. 빈칸 뒤에 목적어가 없는 불완전한 절(they might not know)이 왔으므로 완전한 절을 이끄는 명사절 접속사 ①, ④번은 정답이 될 수 없고, 불완전한 절을 이끄는 명사절 접속사 ②, ③번이 정답 후보인데, 문맥상 '그들이 모를 수도 있는 것'이라는 의미가 되어야 자연스러우므로 '~한 것'이라는 의미의 ② what이 정답이다. 참고로, ③ whatever는 '무엇이든'이라는 의미로 '그들이 모를 수도 있는 무엇이든'이라는 어색한 의미를 만들기 때문에 정답이 될 수 없다.

해석 대부분의 사람들은 햇빛에의 과도한 노출이 피부암 위험을 높인다는 것을 알고 있지만, 그들이 모를 수도 있는 것은 더 많은 햇빛을 받는 것에는 이점도 있다는 것이다.

어휘 excessive 과도한, 지나친 exposure 노출 cancer 암

DAY | 03

041 빈칸에 들어갈 말로 알맞은 것은?

> Before the conference on renewable energy began, the engineering team _____ the prototype solar panels under various environmental conditions to ensure accurate performance data.

① had tested
② has tested
③ had been tested
④ was tested

042 밑줄 친 부분 중 어법상 옳지 않은 것은?

> Among the nations that have the same borders today as they had 150 years ago, Ireland is the only country that ① <u>has</u> a smaller population now than it did then. The decline was due to the Great Famine of the 19th century, ② <u>which</u> Ireland's population still ③ <u>has not fully recovered</u>. In large part, this derives from a long-term historical trend, where ④ <u>the young</u> have sought employment in other English-speaking countries, seldom returning to the land of their birth.

041　기출포인트 능동태·수동태 구별 & 과거완료 시제　　정답 ①

해설 빈칸은 문장의 동사 자리이다. 빈칸 뒤에 목적어(the prototype solar panels)가 있고, 주어(the engineering team)와 동사가 '공학 기술팀이 시험하다'라는 의미의 능동 관계이므로, 능동태로 쓰인 ①, ②번이 정답 후보이다. 문맥상 '공학 기술팀이 견본 태양광 패널을 시험한 것'이 '회의가 시작된' 과거 시점보다 이전에 일어난 일이므로 과거완료 시제를 사용해야 한다. 따라서 능동태의 과거완료형 ① had tested가 정답이다.

해석 재생 에너지에 관한 회의가 시작되기 전에, 공학 기술팀은 정확한 성능 자료를 보장하기 위해 다양한 환경 조건에서 견본 태양광 패널을 시험했다.

어휘 conference 회의, 회담　renewable energy 재생 에너지　engineering 공학 기술　prototype 견본　accurate 정확한

042　기출포인트 전치사 + 관계대명사　　정답 ②

해설 완전한 절(Ireland's population ~ recovered) 앞에는 '전치사 + 관계대명사' 형태가 와야 하고, 문맥상 '대기근으로부터 회복되지 않았다'라는 의미가 되어야 자연스러우므로 전치사 from(~로부터)을 써서 관계대명사 which를 from which로 고쳐야 한다.

오답분석
① 기출포인트 주격 관계절의 수 일치 선행사(the only country)가 단수 명사이므로 주격 관계절(that ~ then)의 동사 자리에 단수 동사 has가 올바르게 쓰였다.
③ 기출포인트 현재완료 시제 문맥상 '아직도 회복되지 않았다'라는 의미로 과거에 시작된 일이 현재까지 계속되는 경우를 표현하고 있으므로 현재완료 시제 has not ~ recovered가 올바르게 쓰였다. 참고로, 완료형 동사를 수식하는 부사(fully)가 '조동사(has not) + p.p.(recovered)' 사이에 올바르게 쓰였다.
④ 기출포인트 정관사 the 종속절의 주어 자리에는 명사 역할을 하는 것이 와야 하는데, 'the + 형용사(young)'는 '~한 사람들'이라는 의미로 복수 명사 역할을 할 수 있으므로 the young이 올바르게 쓰였다.

해석 오늘날 150년 전과 같은 국경선을 가지고 있는 국가 중, 아일랜드는 그 당시의 인구보다 현재에 더 적은 인구를 가지고 있는 유일한 국가이다. 이 감소는 19세기의 대기근 때문이었는데, 아일랜드의 인구는 이로부터 아직도 완전히 회복되지 않았다. 이는 대부분 젊은이들이 다른 영어권 국가에서 일자리를 모색하고, 모국으로는 거의 돌아오지 않았던 오래된 역사적 추세로부터 기인한다.

어휘 border 국경선, 국경　population 인구　decline 감소　famine 기근　recover 회복하다　derive 기인하다

DAY | 03

043 어법상 밑줄 친 곳에 들어갈 말로 가장 적절한 것은?

> The plan for the museum, which is being financed entirely by a private donor, needs _____ by next week in order to start construction on time.

① revise
② to revise
③ revised
④ to be revised
⑤ to have revised

044 밑줄 친 부분에 들어갈 말로 가장 적절한 것을 고르시오.

> It is reasonable to attribute the persistent increase in urban housing costs _____ high demand, limited supply, and speculative investment practices.

① with
② by
③ to
④ for

045 밑줄 친 부분 중 어법상 가장 옳지 않은 것은?

> GPS technology greatly improved agricultural output as ① <u>allowed</u> precise field mapping. ② <u>Once</u> this technology was adopted, farmers could monitor crop growth and adjust their methods through satellite guidance. Their tractors and drones equipped with GPS systems ③ <u>were</u> able to pinpoint exactly where fertilization, irrigation, or other treatments were required, reducing waste. Without this new technology, many farmers ④ <u>could not have increased</u> their crop yields as greatly as they did.

043 기출포인트 to 부정사를 취하는 동사 & 능동태·수동태 구별 정답 ④

해설 빈칸은 동사 need의 목적어 자리이다. 동사 need는 to 부정사를 목적어로 취하는 동사이므로 to 부정사가 쓰인 ②, ④, ⑤번이 정답 후보이다. 주어(The plan)와 to 부정사가 '계획이 수정되다'라는 의미의 수동 관계이므로 to 부정사의 수동형 ④ to be revised가 정답이다.

해석 개인 기증자에 의해서 전체 자금이 대어지고 있는 박물관을 위한 계획은 공사가 시간에 맞춰 시작하도록 다음 주까지 수정되어야 한다.

어휘 finance 자금을 대다   revise 수정하다, 변경하다

044 기출포인트 기타 전치사 정답 ③

해설 빈칸은 명사구(high demand, ~ practices)를 이끄는 것의 자리이다. 문맥상 '도시 주택 비용의 지속적인 상승을 높은 수요 등의 결과로 보다'라는 의미가 되어야 자연스러운데, 'A를 B의 결과로 보다'는 전치사 숙어 표현 attribute A to B를 사용하여 나타낼 수 있으므로, ③ to가 정답이다.

해석 도시 주택 비용의 지속적인 상승을 높은 수요, 제한된 공급, 그리고 투기적 투자 관행의 결과로 보는 것은 타당하다.

어휘 reasonable 타당한, 합당한   attribute (~을 …의) 결과로 보다   persistent 지속적인   urban 도시의   demand 수요   supply 공급   speculative 투기적인, 추측에 근거한   investment 투자

045 기출포인트 부사절의 형태 정답 ①

해설 필수 성분(GPS technology greatly improved agricultural output) 뒤에 온 부사절은 '부사절 접속사(as) + 주어 + 동사'로 이루어져야 하므로, allowed를 주어 it을 써서 it(GPS technology) allowed로 고쳐야 한다.

오답분석
② 기출포인트 부사절 접속사 1: 조건 문맥상 '일단 이 기술이 채택되자'라는 의미가 되어야 자연스러운데, '일단 ~하자'는 조건을 나타내는 부사절 접속사 once를 사용하여 나타낼 수 있으므로 Once가 올바르게 쓰였다.
③ 기출포인트 접속사로 연결된 주어의 수 일치 접속사 and로 연결된 주어(Their tractors and drones)는 복수 취급하므로 복수 동사 were가 올바르게 쓰였다.
④ 기출포인트 가정법 도치 문맥상 '이 새로운 기술이 없었다면, 많은 농부들이 그들의 작물 수확량을 크게 향상시키지 못했을 것이다'라는 과거의 상황을 반대하는 의미가 되어야 자연스럽고, if절에 if가 생략된 가정법 과거완료 구문 Had it not been for가 Without으로 바뀌어 사용되었으므로, 주절에도 가정법 과거완료를 만드는 '주어 + could + have p.p.' 형태인 could not have increased가 올바르게 쓰였다.

해석 GPS 기술은 정밀한 영역 지도화를 가능하게 하면서 농업 생산량을 크게 향상시켰다. 일단 이 기술이 채택되자, 농부들은 위성 유도를 통해 작물 성장을 모니터링하고 그들의 방법을 조정할 수 있었다. GPS 시스템이 갖추어진 그들의 트랙터와 드론은 비옥화, 관개 또는 기타 처리가 필요한 곳을 정확히 찾아내 낭비를 줄일 수 있었다. 이 새로운 기술이 없었다면, 많은 농부들이 그들의 작물 수확량을 그들이 했던 것처럼 크게 향상시키지 못했을 것이다.

어휘 agricultural 농업의   output 생산량   precise 정밀한, 정확한   crop 작물   adjust 조정하다   satellite 위성   guidance 유도, 안내   pinpoint 정확히 찾아내다   fertilization (토지의) 비옥화   irrigation 관개   treatment 처리, 처치   yield 수확량, 산출량

DAY | 03

046 밑줄 친 부분 중 어법상 옳지 않은 것은?

① Inherited physical traits, such as height or hair color, which ② are entirely determined by a person's ③ genetic makeup and lineage, are hardly ④ never identical, even among family members.

047 밑줄 친 부분 중 어법상 옳지 않은 것은?

A "1% flood" is a flood category that ① rarely occurs, only happening once in a hundred years, on average. Missouri dealt with such a flood in 1993, ② not having faced a flood of this size since 1927. The flood was one of the worst they'd seen, ③ causing property damage on a wide scale. ④ These inspired city leaders to reevaluate flood mitigation protocols.

048 밑줄 친 부분에 들어갈 말로 가장 적절한 것을 고르시오.

Teaching financial literacy is not as straightforward as _____ lectures, because students need hands-on practice managing real budgets.

① give   ② gives
③ giving   ④ to give

046 기출포인트 빈도 부사   정답 ④

해설 이미 부정의 의미를 내포하고 있는 빈도 부사 hardly(거의 ~않다)는 부정어(never)와 함께 올 수 없으므로 never를 ever로 고치거나 삭제해야 한다.

오답분석
① 기출포인트 **현재분사 vs. 과거분사** 수식받는 명사(physical traits)와 분사가 '신체적 특징을 물려받다'라는 의미의 수동 관계이므로 과거분사 Inherited가 올바르게 쓰였다.
② 기출포인트 **주격 관계절의 수 일치** 주격 관계절(which ~ lineage)의 동사는 선행사에 수 일치시켜야 하는데, 선행사(physical traits)가 복수 명사이므로 복수 동사 are가 올바르게 쓰였다.
③ 기출포인트 **형용사 자리** 명사(makeup)를 앞에서 수식할 수 있는 형용사 genetic(유전적인)이 올바르게 쓰였다.

해석 신장이나 머리카락 색처럼, 물려받은 신체적 특징은 전적으로 개인의 유전적 구조와 혈통에 의해 결정되는데, 이들은 가족 구성원들 사이에서조차 거의 동일하지 않다.

어휘 inherit 물려받다 trait 특징 determine 결정하다 genetic 유전적 makeup 구조, 구성 lineage 혈통 identical 동일한

047 기출포인트 지시대명사   정답 ④

해설 대명사가 지시하는 명사가 단수 명사(The flood)이므로 복수 지시대명사 These를 단수 지시대명사 This로 고쳐야 한다.

오답분석
① 기출포인트 **빈도 부사** 일반동사 occurs 앞에 빈도 부사 rarely(거의 ~않다)가 올바르게 쓰였다.
② 기출포인트 **분사구문의 형태** '이러한 규모의 홍수를 맞은 적이 없었던' 시점이 '1993년에 이러한 홍수를 겪은' 시점보다 이전이므로 분사구문의 완료형인 having p.p.를 써야 하는데, 분사구문의 부정형은 분사 앞에 not이나 never이 와야 하므로 not having faced가 올바르게 쓰였다.
③ 기출포인트 **분사구문의 형태** 주절의 주어(The flood)와 분사구문이 '홍수가 야기하다'라는 의미의 능동 관계이므로 현재분사 causing이 올바르게 쓰였다.

해석 '1% 홍수'란 평균적으로 100년에 한 번 일어나는, 거의 발생하지 않는 홍수의 범주이다. 미주리는 1993년에 이러한 홍수를 겪었는데, 1927년 이래로는 이러한 규모의 홍수를 맞은 적이 없었다. 그 홍수는 그들이 본 중 최악의 홍수 중 하나였고, 광범위한 재산상 피해를 야기했다. 이것은 시 지도자들이 홍수 경감 대책을 재고하도록 자극했다.

어휘 flood 홍수 property 재산 reevaluate 재고하다 mitigation 경감, 완화 protocol 대책

048 기출포인트 병치 구문   정답 ③

해설 빈칸은 원급 비교 구문에서 비교 대상이 되는 것의 자리이다. 원급 비교 구문에서 비교의 대상은 같은 품사나 구조끼리 연결되어야 하는데, 원급 구문 as straightforward as 앞에 동명사구 Teaching financial literacy가 왔으므로, 뒤에도 동명사구를 이끄는 것이 와야 한다. 따라서 동명사 ③ giving이 정답이다.

해석 금융 지식을 가르치는 것은 강의하는 것만큼 간단하지 않은데, 왜냐하면 학생들은 실제 예산을 관리하는 실습이 필요하기 때문이다.

어휘 financial 금융의 literacy (특정 분야의) 지식, 능력, 글을 읽고 쓸 줄 아는 능력 straightforward 간단한, 쉬운 hands-on 실습의, 직접 해 보는

DAY | 03

049 빈칸에 들어갈 말로 가장 적절한 것을 고르시오.

> Given the importance of the meeting and the potential consequences of any mistakes the new member could make, I was deeply concerned about _____ a presentation.

① himself giving
② him gives
③ his giving
④ he gives

050 밑줄 친 부분 중 어법상 잘못된 것은?

> Gobies are small marine fish that ① engage in a mutualistic relationship with the pistol shrimp ② whose they share burrows with. This is a relationship that each half of the couple ③ benefits from, and it would put them in danger if it ④ should break down.

049 기출포인트 동명사의 역할과 의미상 주어 정답 ③

해설 빈칸은 전치사(about)의 목적어 자리이므로, 전치사 뒤에 와서 명사 역할을 할 수 있는 동명사 giving이 쓰인 ①, ③번이 정답 후보이다. 문맥상 '나는 그(새로운 팀원)가 발표하는 것에 대해 크게 걱정했다'라는 의미가 되어야 자연스러운데, 문장의 주어(I)와 동명사의 행위 주체(the new member)가 달라 동명사의 의미상 주어가 필요하다. 동명사의 의미상 주어는 명사나 대명사의 소유격을 동명사 앞에 써서 나타낼 수 있으므로 소유격 대명사 his가 쓰인 ③ his giving이 정답이다.

해석 그 회의의 중요성과 그 새로운 팀원이 만들 수 있는 어떠한 실수로 인한 잠재적 결과를 고려할 때, 나는 그가 발표하는 것에 대해 크게 걱정했다.

어휘 potential 잠재적인, (~이 될) 가능성이 있는 consequence 결과 deeply 크게, 깊이

050 기출포인트 관계대명사 정답 ②

해설 선행사(the pistol shrimp)가 사물이고 관계절 내에서 전치사(with)의 목적어 역할을 하므로 소유격 관계대명사 whose를 사물을 가리키는 목적격 관계대명사 that으로 고쳐야 한다.

오답분석
① 기출포인트 자동사 동사 engage는 전치사(in) 없이 목적어(a mutualistic relationship)를 취할 수 없는 자동사이므로 engage in이 올바르게 쓰였다.
③ 기출포인트 부분 표현의 수 일치 부분을 나타내는 표현(half of)을 포함한 주어는 of 뒤 명사에 동사를 수 일치시켜야 하는데, of 뒤에 단수 명사 the couple이 왔으므로 단수 동사 benefits가 올바르게 쓰였다.
④ 기출포인트 가정법 미래 주절에 가정법 미래 '주어(it) + would + 동사원형(put)'의 형태가 왔으므로, if절에도 가정법 미래 'if + 주어 + should + 동사원형' 형태인 should break down이 올바르게 쓰였다.

해석 망둥이는 그들이 굴을 공유하는 딱총새우와 상리 공생 관계를 맺는 작은 바닷물고기인데, 짝의 각 절반(망둥이와 딱총새우)이 이 관계로부터 이익을 얻지만, 만약 그것(관계)이 깨진다면 그것은 둘 다 위험에 처할 것이다.

어휘 goby 망둥이(망둑엇과의 바닷물고기를 통틀어 이르는 말) mutualistic 상리 공생의 pistol shrimp 딱총새우 burrow (토끼 등의) 굴

DAY | 03

051 밑줄 친 부분 중 어법상 옳지 않은 것은?

> Every year, a vast majority of children ① visit a medical facility due to preventable injuries. Many of their parents have childproofed their homes, only ② to learn the hard way that they overlooked something. In fact, statistics show that ③ as many as one-third of all childhood emergency room visits are due to preventable household accidents and poisonings. While most of these are in-and-out visits, at least one million children are temporarily ④ hospitalizing due to their injuries.

052 밑줄 친 부분 중 어법상 옳지 않은 것은?

> Rural streets in Japan ① where many homes sit abandoned, attract photographers who travel from locations around the world ② such that they can see these unique properties, many of which were left filled with furniture and mementos of their previous owners. They hope to get the homes' stories ③ documented in pictures before they ④ are lost to time and the elements.

051 기출포인트 능동태·수동태 구별 정답 ④

해설 주절의 주어(one million children)와 동사가 '백만 명의 아이들이 입원하게 되다'라는 의미의 수동 관계이므로 be 동사(are) 뒤의 현재분사 hospitalizing을 수동태를 만드는 과거분사 hospitalized로 고쳐야 한다.

오답분석
① 기출포인트 **부분 표현의 수 일치** 부분을 나타내는 표현(a vast majority of)을 포함한 주어는 of 뒤 명사에 동사를 수 일치시켜야 하는데, of 뒤에 복수 명사 children이 왔으므로 복수 동사 visit가 올바르게 쓰였다.
② 기출포인트 **to 부정사 관련 표현** 문맥상 '결국 간과했다는 것을 어렵게 깨닫는다'라는 의미가 되어야 자연스러운데, '결국 ~하게 되다'는 to 부정사 관련 표현 only to를 사용하여 나타낼 수 있으므로 only 뒤에 to 부정사 to learn이 올바르게 쓰였다.
③ 기출포인트 **원급** 원급 표현 as ~ as(~만큼 ~한) 사이의 수량 형용사는 뒤의 명사에 따라 선택해야 하는데, 뒤에 가산 명사 visits가 왔으므로 가산 명사와 함께 쓰이는 수량 표현 many와 함께 as many as가 올바르게 쓰였다.

해석 매년, 대다수의 아이들이 예방 가능한 부상으로 인해 의료 시설을 방문한다. 그들의 부모 중 많은 이들은 집을 아이들에게 안전하도록 만들었는데, 결국 그들이 무언가를 간과했다는 것을 어렵게 깨닫는다. 실제로, 통계자료는 어린 시절 모든 응급실 방문 중 무려 3분의 1이나 되는 경우가 예방 가능한 가정 내 사고와 식중독으로 인한 것임을 보여준다. 이들 중 대부분이 단기 방문이긴 하지만, 최소 백만 명의 아이들이 그들의 부상으로 인해 일시적으로 입원하게 된다.

어휘 preventable 예방 가능한 childproof 아이들에게 안전하도록 만들다; 아이들에게 안전한
learn the hard way 어렵게 (고생을 하면서) 깨닫다 overlook 간과하다 in-and-out 단기의 hospitalize 입원하다

052 기출포인트 부사절 접속사 2: 기타 정답 ②

해설 뒤에 완전한 절(they ~ properties)이 왔고, 문맥상 '일본의 시골 거리는 전 세계 각지에서 여행하는 사진작가들을 끌어들여 그들이 이러한 독특한 건물들을 볼 수 있도록 한다'라는 의미가 되어야 자연스러운데, '~하도록'은 부사절 접속사 so that ~ can을 사용하여 나타낼 수 있으므로 such that을 so that으로 고쳐야 한다.

오답분석
① 기출포인트 **관계부사** 선행사(Rural streets in Japan)가 장소이고, 관계사 뒤에 완전한 절(many homes sit abandoned)이 왔으므로 완전한 절을 이끌며 장소를 나타내는 관계부사 where가 올바르게 쓰였다.
③ 기출포인트 **5형식 동사** 동사 get은 목적어와 목적격 보어가 수동 관계일 때 목적격 보어로 과거분사를 취하는 5형식 동사인데, 문맥상 목적어(the homes' stories)와 목적격 보어가 '집들의 이야기가 기록되다'라는 의미의 수동 관계이므로 과거분사 documented가 올바르게 쓰였다.
④ 기출포인트 **능동태·수동태 구별** 동사(lose) 뒤에 목적어가 없고 주어(they)와 동사가 문맥상 '그것들이 파괴되다'라는 의미의 수동 관계이므로 수동태 are lost가 올바르게 쓰였다.

해석 많은 집들이 버려진 채로 있는 일본의 시골 거리는 전 세계 각지에서 여행하는 사진작가들을 끌어들여 그들이 이러한 독특한 건물들을 볼 수 있도록 하는데, 이것들 중 상당수는 이전 주인의 가구와 기념품이 가득 차 있는 채로 남겨졌다. 그들(사진작가들)은 시간과 악천후에 파괴되기 전에 집들의 이야기가 사진으로 기록되도록 하고 싶어 한다.

어휘 rural 시골의, 지방의 abandon 버리다, 떠나다 attract 끌어들이다 property 건물, 재산 furniture 가구 memento 기념품
document 기록하다 the elements 악천후, 비바람

053 밑줄 친 부분 중 어법상 가장 옳지 않은 것은?

> Prior to President Kennedy's speech ① <u>in which</u> he first proposed a Moon landing, NASA astronauts ② <u>spend</u> only 15 total minutes in space; the rockets were not suitable for such a long journey through space, and neither ③ <u>were the spacesuits</u>. However, over the next eight years, technological developments made ④ <u>it</u> feasible to land a human on the Moon and return safely.

054 밑줄 친 부분 중 어법상 옳지 않은 것은?

> Automobiles are significantly safer compared to ① <u>those</u> in the past, with ② <u>a variety of</u> new features to keep occupants safe. The standardization of using three-point seatbelts ③ <u>meet</u> today's more stringent safety regulations. This is but one example of the improvements ④ <u>made</u>.

053 [기출포인트] 과거완료 시제   정답 ②

해설 문맥상 '우주비행사들이 겨우 총 15분을 우주에서 보낸 것'이 '케네디 대통령이 처음 달 착륙을 제안한 연설을 한' 특정 과거 시점보다 더 이전 시점에 일어난 일이므로 현재 시제 spend를 과거완료 시제 had spent로 고쳐야 한다.

오답분석
① [기출포인트] **전치사 + 관계대명사** 관계사 뒤에 완전한 절(he first proposed a Moon landing)이 왔으므로 '전치사 + 관계대명사' 형태가 올 수 있다. '전치사 + 관계대명사'에서 전치사는 선행사 또는 관계절의 동사에 따라 결정되는데, 문맥상 '연설에서 처음 달 착륙을 제안하다'라는 의미가 되어야 자연스러우므로 전치사 in(~에서)이 관계대명사 which 앞에 온 in which가 올바르게 쓰였다.

③ [기출포인트] **도치 구문: 기타 도치** 부사 neither가 '(마찬가지로) ~하지 않는다'라는 의미로 쓰여 절의 앞에 오면 주어와 조동사가 도치되어 'neither + 조동사 + 주어'의 어순이 되어야 하므로 neither 뒤에 were the spacesuits가 올바르게 쓰였다.

④ [기출포인트] **목적어 자리** to 부정사구 목적어(to land ~ return safely)가 목적격 보어(feasible)와 함께 오면 진짜 목적어인 to 부정사구를 목적격 보어 뒤로 보내고 목적어가 있던 자리에 가짜 목적어 it을 써야 하므로 it이 올바르게 쓰였다.

해석 케네디 대통령이 처음 달 착륙을 제안한 연설 이전에는, NASA 우주비행사들이 겨우 총 15분을 우주에서 보냈는데, 로켓은 우주를 통과하는 그러한 긴 여정에 적합하지 않았고, 우주복도 적합하지 않았다. 하지만, 이후 8년 동안, 기술의 발전은 달에 사람을 착륙시키고 안전하게 돌아오도록 하는 것을 실현 가능하게 만들었다.

어휘 propose 제안하다   astronaut 우주비행사   suitable 적합한, 적절한   spacesuit 우주복   feasible 실현 가능한

054 [기출포인트] 주어와 동사의 수 일치   정답 ③

해설 주어 자리에 단수 명사 standardization(표준화)이 왔으므로 복수 동사 meet을 단수 동사 meets로 고쳐야 한다. 참고로, 주어와 동사 사이의 수식어 거품(of using ~ seatbelts)은 동사의 수 결정에 영향을 주지 않는다.

오답분석
① [기출포인트] **지시대명사** 대명사가 지시하는 명사가 복수 명사 Automobiles이므로 복수 지시대명사 those가 올바르게 쓰였다.

② [기출포인트] **부정관사 a(n)** 문맥상 '다양한 새 특징들'이라는 의미가 되어야 자연스러우므로 '다양한'이라는 의미의 부정관사 관련 숙어 표현 a variety of가 올바르게 쓰였다.

④ [기출포인트] **현재분사 vs. 과거분사** 수식받는 명사(improvements)와 분사가 '개선이 이루어지다'라는 의미의 수동 관계이므로 과거분사 made가 올바르게 쓰였다.

해석 자동차는 탑승자들을 보호하기 위한 다양한 새 특징들과 함께, 과거의 그것들(자동차들)에 비해서 상당히 안전하다. 3점식 안전벨트 사용의 표준화는 오늘날의 더욱 엄격한 안전 규정을 충족시킨다. 이것은 이루어진 개선 중 한 가지 예시일 뿐이다.

어휘 automobile 자동차   occupant 탑승자, 사용자   standardization 표준화   stringent 엄격한   regulations 규정

055 밑줄 친 부분에 들어갈 말로 가장 적절한 것을 고르시오.

> So confidently _____ the question that no one in the room dared doubt whether his response was correct.

① he did answer
② did he answer
③ he answered
④ answered he

056 밑줄 친 부분 중 어법상 옳지 않은 것은?

> Known for her cautious and calculated approach, the investment advisor was not used to ① making mistakes with her clients' portfolios. However, she ② was frustrated after selling the stock ③ much earlier than she had originally planned. If she had followed her normal selling strategy, the profits ④ would have been higher now.

055 [기출포인트] 도치 구문: 부사구 도치 1   정답 ②

해설   'so + 부사/형용사'가 강조되어 문장의 맨 앞에 나오면, 조동사와 주어가 도치되어 '조동사(did) + 주어(he) + 동사(answer)'의 어순이 되어야 하므로 ② did he answer이 정답이다.

해석   그가 너무 자신 있게 질문에 답해서 방 안의 아무도 감히 그의 대답이 맞는지 의심하지 않았다.

어휘   doubt 의심하다   response 대답

056 [기출포인트] 혼합 가정법   정답 ④

해설   if절에 과거 상황을 반대로 가정하는 가정법 과거완료 If she had followed가 왔지만, 주절에 현재임을 나타내는 시간 표현 now(지금)가 와서 현재 상황의 반대를 표현하고 있으므로, 혼합 가정법 'If + 주어 + had p.p. ~, 주어 + would + 동사원형 ~'의 형태가 와야 한다. 따라서 would have been을 would be로 고쳐야 한다.

오답분석

① [기출포인트] **동명사 관련 표현** 문맥상 '실수를 저지르는 데 익숙하지 않았다'라는 의미가 되어야 자연스러운데, '~에 익숙하지 않았다'는 동명사 관련 표현 be used to -ing(~에 익숙하다)의 부정형을 사용하여 나타낼 수 있으므로 was not used to 뒤에 동명사 making이 올바르게 쓰였다.

② [기출포인트] **3형식 동사의 수동태** 감정을 나타내는 동사(frustrate)의 경우 주어가 감정을 느끼는 주체이면 수동태를 써야 하는데, 주어(she)가 좌절감을 느끼는 주체이므로 수동태 was frustrated가 올바르게 쓰였다.

③ [기출포인트] **비교급 강조 표현** 부사 much는 비교급을 강조할 수 있으므로, 비교급 earlier 앞에 much가 올바르게 쓰였다.

해석   신중하고 계산적인 접근 방식으로 알려진 그 투자 고문은 고객의 포트폴리오에서 실수를 저지르는 데 익숙하지 않았다. 하지만, 그녀는 원래 계획했던 것보다 훨씬 일찍 주식을 매도한 후 좌절감을 느꼈다. 만약 그녀가 그녀의 일반적인 매도 전략을 따랐다면, 지금은 수익이 더 높을 것이다.

어휘   known for ~로 알려진   cautious 신중한, 조심스러운   approach 접근 방식   investment 투자   advisor 고문, 조언자   stock 주식   profit 수익, 이윤

057 밑줄 친 부분 중 어법상 옳지 않은 것은?

In econometrics, economists ① applying the study of mathematics, statistics, and computer science to economic data. ② Breaking down the real numbers of the global economy, economists create models to test theories. A number of formulas ③ are derived from this and then used to predict how financial events will ④ affect the global market.

058 밑줄 친 부분 중 어법상 잘못된 것은?

Most people think of East Asian self-defense techniques like Karate, Kung-Fu, or Taekwondo ① as "martial arts" ② nevertheless the term originated in ancient Rome prior ③ to being associated with the East. In fact, Roman soldiers would pray to Mars, their god of war, for guidance in the "arts of Mars," or "martial arts," upon ④ entering battle.

057 기출포인트 동사 자리 정답 ①

해설 동사 자리에 '동사원형 + -ing'(applying) 형태는 올 수 없고, 주어(economists)가 복수 명사이므로 applying을 복수 동사 apply나 현재진행 시제를 만드는 are applying으로 고쳐야 한다.

오답분석
② 기출포인트 **분사구문의 형태** 주절의 주어(economists)와 분사가 문맥상 '경제학자들이 분석하다'라는 의미의 능동 관계이므로 현재분사 Breaking이 올바르게 쓰였다.
③ 기출포인트 **능동태·수동태 구별** 주어(A number of formulas)와 동사가 문맥상 '많은 공식들이 유래되다'라는 의미의 수동 관계이므로 수동태 are derived from이 올바르게 쓰였다. 참고로, 주어 자리에 복수 취급하는 수량 표현 'A number of + 복수 명사(formulas)'가 왔으므로 복수 동사 are가 쓰였다.
④ 기출포인트 **능동태·수동태 구별** 동사 뒤에 목적어(the global market)가 있고, 문맥상 명사절의 주어(financial events)와 동사가 '재정적 문제들이 영향을 주다'라는 의미의 능동 관계가 되어야 자연스러우므로 능동태 affect가 올바르게 쓰였다.

해석 계량경제학에서, 경제학자들은 수학, 통계학, 그리고 컴퓨터 과학의 연구를 경제 통계에 적용하고 있다. 세계 경제의 실수를 분석하여, 경제학자들은 학설들을 시험할 모델들을 만들어 낸다. 많은 공식들은 이것으로부터 유래되고 나서 재정적 문제들이 세계 시장에 어떻게 영향을 줄지 예측하는 데 사용된다.

어휘 econometrics 계량경제학 economist 경제학자 mathematics 수학 statistics 통계학 break down 분석하다, 해독하다 real number 실수(유리수와 무리수의 총칭) theory 학설, 이론 formula 공식 derive from ~에서 유래하다

058 기출포인트 부사절 자리와 쓰임 정답 ②

해설 완전한 절(the term ~ Rome)을 이끄는 부사절 접속사 자리에 부사는 올 수 없고, 문맥상 '비록 그 용어가 고대 로마에서 유래했지만'이라는 의미가 되어야 자연스러우므로, 부사 nevertheless(그럼에도 불구하고)를 '비록 ~이지만'이라는 의미의 부사절 접속사 although/though/even though 중 하나로 고쳐야 한다.

오답분석
① 기출포인트 **목적어 뒤에 as나 to be를 취하는 동사** 동사 think of(~을 -라고 생각하다)는 'think of + 목적어 + as + 명사'의 형태로 나타낼 수 있으므로 목적어(East Asian self-defense techniques ~)와 명사("martial arts") 사이에 as가 올바르게 쓰였다.
③ 기출포인트 **비교급** 문맥상 '그 용어가 동양과 연관되기 이전에'라는 의미가 되어야 자연스러운데, '~보다 이전에'는 비교급 표현 prior to로 나타낼 수 있으므로 prior 뒤에 to가 올바르게 쓰였다.
④ 기출포인트 **동명사 관련 표현** 문맥상 '전투를 시작하자마자'라는 의미가 되어야 자연스러운데, '-하자마자'는 동명사구 관용 표현 upon -ing를 사용하여 나타낼 수 있으므로 upon 뒤에 동명사 entering이 올바르게 쓰였다.

해석 비록 그 용어(무술)는 동양과 연관되기 이전에 고대 로마에서 유래했지만, 대부분의 사람들은 가라테, 쿵후, 또는 태권도와 같은 동아시아 호신술을 '무술'로 생각한다. 사실, 로마 군인들은 전투를 시작하자마자, 전쟁의 신인 마르스에게 '마르스의 예술', 즉 '무술'에 대한 지도를 요청하기 위해 기도하곤 했다.

어휘 self-defense 호신, 자기방어 martial arts (동양의 무기를 사용하지 않는) 무술 term 용어 originate 유래하다 associate 연관시키다 pray 기도하다, 빌다

DAY | 03

적중 예상 문제

059 밑줄 친 부분 중 어법상 옳지 않은 것은?

An interview conducted on the elderly revealed the greatest disappointments ① <u>experiencing</u> in their lives. Generally, they regretted ② <u>spending</u> too much time at the office and not with their families, being too afraid of ③ <u>taking</u> risks that could have made them happier, and ④ <u>overlooking</u> their health when they were young.

060 밑줄 친 부분에 들어갈 말로 가장 적절한 것을 고르시오.

We _____ to be at the airport by 11 a.m., but we were late due to traffic on the highway.

① expect
② expecting
③ had expected
④ were expecting

059 기출포인트 현재분사 vs. 과거분사 정답 ①

해설 수식받는 명사(disappointments)와 분사가 '실망감이 경험되다'라는 의미의 수동 관계이므로 현재분사 experiencing을 과거분사 experienced로 고쳐야 한다.

오답분석
② 기출포인트 **동명사와 to 부정사 둘 다 목적어로 취하는 동사** 문맥상 '가족과 함께하지 않고 사무실에서 너무 많은 시간을 보낸 것, ~ 젊었을 때 건강을 간과한 것을 후회했다'라는 의미가 되어야 자연스러운데, 동사 regret은 '~한 것을 후회하다'라는 과거의 의미를 나타낼 때는 동명사를 목적어로 취하므로 동명사 spending이 올바르게 쓰였다.
③ 기출포인트 **동명사의 역할** 전치사(of)의 목적어 자리에는 명사 역할을 하는 것이 와야 하므로, 동명사 taking이 올바르게 쓰였다.
④ 기출포인트 **병치 구문** 접속사(and)로 연결된 병치 구문에서는 같은 구조끼리 연결되어야 하는데, and 앞에 동명사 spending, taking이 왔으므로 and 뒤에도 동명사 overlooking이 올바르게 쓰였다.

해석 노인들을 대상으로 시행된 한 인터뷰는 그들의 인생에서 경험된 가장 큰 실망감을 밝혔다. 대체로, 그들은 가족과 함께하지 않고 사무실에서 너무 많은 시간을 보낸 것, 그들을 더 행복하게 만들 수 있었던 위험을 감수하는 것을 두려워한 것, 그리고 젊었을 때 건강을 간과한 것을 후회했다.

어휘 conduct 시행하다, (특정한 활동을) 하다 elderly 노인의, 연세가 드신 reveal 밝히다, 드러내다 regret 후회하다 overlook 간과하다

060 기출포인트 시제 일치 & 과거완료 시제 정답 ③

해설 주절의 시제가 과거(were)인 경우 종속절에는 주로 과거나 과거완료가 쓰이므로 ③번과 ④번이 정답 후보이다. 문맥상 '우리가 오전 11시에 도착할 것으로 예상한 것'은 '늦은 것'보다 명백히 이전에 일어난 일이므로 과거완료 시제인 ③ had expected가 정답이다.

해석 우리는 오전 11시까지 공항에 도착할 것으로 예상했지만, 고속도로에서의 교통체증으로 인해 늦었다.

어휘 expect 예상하다, 기대하다

061 밑줄 친 부분에 들어갈 말로 가장 적절한 것을 고르시오.

> Whether genetic modifications in crops can solve global food shortages _____ a topic of intense debate among agricultural experts.

① remain
② remains
③ remain as
④ remains as

062 밑줄 친 부분 중 어법상 잘못된 것은?

> Because hydrogen cars transform water molecules ① into fuel, they produce no emissions, charge faster than electric vehicles, and are ② the quietest cars on the market. Despite these benefits, a lack of infrastructure is ③ which hydrogen cars have not become more popular among environmentally conscious drivers. Even in cities, drivers can ④ hardly find fueling stations, making owning one of these vehicles highly inconvenient.

063 밑줄 친 부분에 들어갈 말로 가장 적절한 것을 고르시오.

> After decades of extensive fieldwork and advanced technological analysis, archaeologists discovered ancient settlements _____ early civilizations developed sophisticated agricultural systems and established permanent communities thousands of years ago.

① when
② where
③ why
④ how

061 | 기출포인트 주어와 동사의 수 일치 & 자동사 | 정답 ②

해설 빈칸은 문장의 동사 자리이다. 주어 자리에 단수 취급하는 명사절(Whether ~ shortages)이 왔으므로, 단수 동사 ②, ④번이 정답 후보이다. 동사 remain(여전히 ~이다)은 주격 보어(a topic of intense debate)를 취하는 2형식 동사이므로, ② remains가 정답이다.

해석 농작물의 유전자 조작이 전 세계 식량 부족을 해결할 수 있는지는 농업 전문가들 사이에서 여전히 치열한 논쟁의 주제이다.

어휘 genetic modification 유전자 조작, 유전자 변형 · shortage 부족 · intense 치열한, 극심한 · agricultural 농업의

062 | 기출포인트 관계부사와 관계대명사 비교 | 정답 ③

해설 관계사 뒤에 완전한 절(hydrogen cars ~ drivers)이 왔고, 문맥상 '인프라의 부족은 수소차가 환경적으로 의식하는 운전자들 사이에서 더 인기 있어지지 못한 이유이다'라는 의미가 되어야 자연스러우므로, 불완전한 절을 이끄는 관계대명사 which를 완전한 절을 이끌며 이유를 나타내는 관계부사 why로 고쳐야 한다. 참고로, 관계부사 why는 선행사(the reason)와 관계부사를 모두 쓰거나 둘 중 하나를 생략할 수 있으므로, the reason 또는 the reason why로 고쳐도 맞다.

오답 분석
① 기출포인트 기타 전치사 문맥상 '물 분자를 연료로 변환하다'라는 의미가 되어야 자연스럽고, 'A를 B로 변환하다'는 전치사 숙어 표현 transform A into B를 사용하여 나타낼 수 있으므로, into가 올바르게 쓰였다.
② 기출포인트 최상급 형용사 quiet(조용한)의 최상급은 '원급 + est'의 형태로 나타낼 수 있고, '최상급 + 명사(cars)' 앞에는 반드시 the나 소유격을 써야 하므로 the quietest가 올바르게 쓰였다.
④ 기출포인트 혼동하기 쉬운 형용사와 부사 문맥상 '주유소를 거의 찾을 수 없다'라는 의미가 되어야 자연스러운데, '거의 ~않다'는 부사 hardly로 나타낼 수 있으므로 hardly가 올바르게 쓰였다.

해석 수소차는 물 분자를 연료로 변환하기 때문에 배기가스를 만들어 내지 않고, 전기차보다 빠르게 충전되며, 시장에서 가장 조용한 자동차이다. 이러한 이점에도 불구하고, 인프라의 부족은 수소차가 환경적으로 의식하는 운전자들 사이에서 더 인기 있어지지 못한 이유이다. 도시에서도, 운전자들은 주유소를 거의 찾을 수 없기 때문에, 이러한 차량을 소유하는 것을 매우 불편하게 만든다.

어휘 hydrogen 수소 · molecule 분자 · fuel 연료 · emission 배기가스 · charge 충전하다 · infrastructure 인프라, 사회 기반 시설 · conscious 의식하는, 자각하는 · inconvenient 불편한

063 | 기출포인트 관계부사 | 정답 ②

해설 빈칸은 선행사(ancient settlements)를 꾸며주는 관계절을 이끄는 관계사 자리이다. 선행사(ancient settlements)가 장소이고 빈칸 뒤에 완전한 절(early civilizations developed ~ systems)이 왔으므로 완전한 절을 이끌며 장소를 나타내는 관계부사 ② where가 정답이다.

해석 수십 년간의 광범위한 현장 연구와 고급 기술적 분석 후에, 고고학자들은 수천 년 전 초기 문명이 정교한 농업 시스템을 개발하고 영구적인 공동체를 설립한 고대 정착지를 발견했다.

어휘 decade 10년 · extensive 광범위한 · fieldwork 현장 연구 · advanced 고급의, 선진의 · analysis 분석 · archaeologist 고고학자 · settlement 정착지 · civilization 문명 · sophisticated 정교한 · agricultural 농업의 · establish 설립하다 · permanent 영구적인

DAY | 04

064 밑줄 친 부분 중 어법상 가장 옳지 않은 것은?

> Even though the producers ① were interested in making the film, ② it took some time to convince the studio's executives of its merit and eventually get them ③ to fund the script by a filmmaker ④ who previous works were not commercially successful.

065 밑줄 친 부분 중 어법상 옳지 않은 것은?

> Winning is not an objective evaluation of performance but simply ① a result of the individual game, so for players and teams who consider their ranking as the goal ② that they care most about, winning while performing poorly may ultimately be more detrimental than losing, because after a game ③ will be won, little urgency for change or improvement ④ is felt.

064 기출포인트 관계대명사   정답 ④

해설 선행사(a filmmaker)가 사람이고, 관계절 내에서 previous works가 누구의 이전 작품인지를 나타내므로 사람을 나타내는 주격 관계대명사 who를 소유격 관계대명사 whose로 고쳐야 한다.

오답분석
① 기출포인트 **3형식 동사의 수동태** 감정을 나타내는 동사(interest)는 주어가 감정을 느끼는 주체인 경우 수동태를 써야 하는데, 주어(the producers)가 관심 있는 감정을 느끼는 주체이므로 수동태 were interested가 올바르게 쓰였다.
② 기출포인트 **가짜 주어 구문** to 부정사구(to convince ~ successful)와 같이 긴 주어가 오면 진주어인 to 부정사구를 문장 맨 뒤로 보내고 가짜 주어 it이 주어 자리에 대신해서 쓰이므로 it이 올바르게 쓰였다.
③ 기출포인트 **5형식 동사** 동사 get은 목적어와 목적격 보어가 능동 관계일 때 목적격 보어로 to 부정사를 취하는 5형식 동사인데, 문맥상 목적어(them)와 목적격 보어가 '그들이 자금을 지원하다'라는 의미의 능동 관계이므로 to 부정사 to fund가 올바르게 쓰였다.

해석 비록 제작자들은 그 영화를 제작하는 데 관심이 있었지만, 그것의 가치에 대해 스튜디오의 경영진을 설득하고 이전 작품들이 상업적으로 성공하지 못한 영화 제작자의 대본에 결국 자금을 지원하도록 하는 데에는 약간의 시간이 걸렸다.

어휘 executive 경영진 merit 가치 fund 자금을 지원하다 script 대본 previous 이전의 commercially 상업적으로

065 기출포인트 현재 시제   정답 ③

해설 시간을 나타내는 부사절(after ~ won)에서는 미래를 나타내기 위해 미래 시제 대신 현재 시제를 사용하므로 미래 시제 will be won을 현재 시제 is won으로 고쳐야 한다.

오답분석
① 기출포인트 **병치 구문** 상관접속사(not A but B)로 연결된 병치 구문에서는 같은 구조끼리 연결되어야 하는데, not 뒤에 명사구 an objective evaluation of performance가 왔으므로 but 뒤에도 명사구 a result of the individual game이 올바르게 쓰였다.
② 기출포인트 **관계대명사** 선행사(the goal)가 사물이고 관계절 내에서 전치사(about)의 목적어 역할을 하므로 사물을 가리키는 목적격 관계대명사 that이 올바르게 쓰였다.
④ 기출포인트 **능동태·수동태 구별** 동사(feel) 뒤에 목적어가 없고, 문맥상 주어(little urgency for change or improvement)와 동사가 '변화나 개선에 대한 절박함이 거의 느껴지지 않다'라는 의미의 수동 관계가 되어야 자연스러우므로 수동태 is felt가 올바르게 쓰였다.

해석 승리는 성과에 대한 객관적인 평가가 아니라 단순히 개별 경기의 결과이므로, 순위를 그들이 가장 관심을 가지는 목표로 여기는 선수와 팀에게는, 경기에서 승리한 후에 변화나 개선에 대한 절박함이 거의 느껴지지 않기 때문에 성적이 저조한 상태에서 승리하는 것이 패배하는 것보다 결국 더 해로울 수 있다.

어휘 objective 객관적인 evaluation 평가 ultimately 결국, 궁극적으로 detrimental 해로운 urgency 절박함, 긴급함 improvement 개선

066 밑줄 친 부분 중 어법상 옳지 않은 것을 고르시오.

> Many historians criticize Napoleon's rule, ① <u>citing</u> the ambition that ultimately led to his downfall. Among his most strategic missteps ② <u>was</u> his relentless pursuit of expansion. With the country ③ <u>locked</u> in a power struggle with Britain, Napoleon saw it as a way to weaken the British and increase his own power. However, the campaigns ④ <u>what</u> he launched caused other European countries to form a coalition that defeated the French army.

067 밑줄 친 부분에 들어갈 말로 가장 적절한 것을 고르시오.

> The laboratory safety warning reminded everyone _____ that proper ventilation and protective equipment were mandatory for all procedures.

① for responsible handling chemicals
② chemicals handling responsible for
③ responsible for handling chemicals
④ handling for chemicals responsible

066　기출포인트　관계대명사　　정답 ④

해설　선행사(the campaigns)가 사물이고 관계절 내에서 동사 launched의 목적어 역할을 하므로 명사절 접속사 what을 목적격 관계대명사 that으로 고쳐야 한다.

오답 분석
① 기출포인트 **분사구문의 형태** 문맥상 주절의 주어(Many historians)와 분사구문이 '많은 역사학자들이 예로 들다'라는 의미의 능동 관계이므로 현재분사 citing이 올바르게 쓰였다.
② 기출포인트 **도치 구문: 부사구 도치 2 & 주어와 동사의 수 일치** 부사구(Among his ~ missteps)가 강조되어 문장 맨 앞에 나오면 주어와 동사가 도치되어 '동사 + 주어'의 어순이 되어야 하는데, 주어 자리에 단수 명사 his relentless pursuit이 왔으므로 단수 동사 was가 올바르게 쓰였다.
③ 기출포인트 **분사구문의 역할** 동시에 일어나는 상황은 'with + 명사 + 분사'의 형태로 나타낼 수 있는데, 문맥상 명사(the country)와 분사가 '그 나라가 영국과 권력 다툼에 휘말리게 되다'라는 의미의 수동 관계이므로 과거분사 locked가 올바르게 쓰였다.

해석　많은 역사학자들은 궁극적으로 그의 몰락으로 이끈 야망을 예로 들며 나폴레옹의 통치를 비판한다. 그의 가장 전략적인 실수 중에는 끊임없는 확장 추구가 있었다. 그 나라(프랑스)가 영국과 권력 다툼에 휘말린 상황에서, 나폴레옹은 이를 영국을 약화시키고 자신의 힘을 키우기 위한 방법으로 여겼다. 그러나, 그가 시작한 캠페인은 다른 유럽 국가들이 프랑스 군대를 물리치는 연합을 결성하는 것을 야기했다.

어휘　criticize 비판하다　cite 예로 들다, 인용하다　ambition 야망, 포부　downfall 몰락　misstep 실수　relentless 끊임없는, 냉혹한　pursuit 추구　expansion 확장, 확대　lock (곤경, 언쟁 등에) 휘말리다, 걸려들다　weaken 약화시키다　coalition 연합

067　기출포인트　형용사 자리　　정답 ③

해설　빈칸은 명사 everyone을 뒤에서 수식할 수 있는 것의 자리이다. -one으로 끝나는 명사(everyone)는 형용사가 뒤에서 수식하므로 형용사 responsible과 형용사 역할을 하는 현재분사 handling이 앞에 온 ③, ④번이 정답 후보인데, 문맥상 '화학물질을 다루는 데 책임이 있는 모든 사람들'이라는 의미가 되어야 자연스러우므로 '~에 책임이 있는'이라는 의미의 responsible for가 쓰인 ③ responsible for handling chemicals가 정답이다.

해석　실험실 안전 경고는 화학물질을 다루는 데 책임이 있는 모든 사람들에게 모든 절차에 적절한 환기 및 보호 장비가 의무적임을 상기시켰다.

어휘　laboratory 실험실　ventilation 환기　protective 보호하는, 보호용　mandatory 의무적인, 법에 정해진　procedure 절차　responsible 책임이 있는　handle 다루다　chemical 화학물질

068 밑줄 친 부분 중 어법상 가장 옳지 않은 것은?

> One of the many criticisms ① <u>directed</u> at artificial intelligence chatbots is that they use up a lot of energy. Astounding ② <u>is the current rate of consumption</u> which already represents nearly 2 percent of all global energy usage, and this figure is expected to double by 2030. The greatest factor that contributes to ③ <u>make</u> these chatbots so energy-intensive is the vast amount of processed data ④ <u>on which</u> the AI language models are trained.

069 밑줄 친 부분에 들어갈 말로 가장 적절한 것을 고르시오.

> Either the lead scientist from the research institute or the team members from an international university _____ presenting their findings at next week's conference.

① is
② are
③ has been
④ have been

068 기출포인트 동명사 관련 표현   정답 ③

해설 문맥상 '이러한 챗봇이 많은 에너지를 소비하도록 만드는 데 공헌하는 가장 큰 요인'이라는 의미가 되어야 자연스러운데, '-에 공헌하다'는 동명사 관련 표현 contribute to -ing의 형태로 나타낼 수 있으므로 동사원형 make를 동명사 making으로 고쳐야 한다.

오답분석
① 기출포인트 **현재분사 vs. 과거분사** 수식받는 명사(One of the many criticisms)와 분사가 '많은 비판 중 하나가 (인공지능 챗봇에) 겨냥되다'라는 의미의 수동 관계이므로 과거분사 directed가 올바르게 쓰였다.
② 기출포인트 **도치 구문: 기타 도치** 형용사 보어(Astounding)가 강조되어 문장의 맨 앞에 나오면 주어와 동사가 도치되어 '동사(is) + 주어(the current rate of consumption)'의 어순이 되어야 하므로 Astounding 뒤에 is the current rate of consumption이 올바르게 쓰였다.
④ 기출포인트 **전치사 + 관계대명사** 관계사 뒤에 완전한 절(the AI language models are trained)이 왔으므로 '전치사 + 관계대명사' 형태가 올 수 있다. '전치사 + 관계대명사'에서 전치사는 선행사 또는 관계절의 동사에 따라 결정되는데, 문맥상 'AI 언어 모델이 방대한 양의 가공된 데이터에서 학습되다'라는 의미가 되어야 자연스러우므로 전치사 on(~에서)을 사용하여 on which가 올바르게 쓰였다.

해석 인공지능 챗봇에 겨냥된 많은 비판 중 하나는 그것들이 많은 에너지를 소비한다는 것이다. 믿기 어려운 것은 이미 전 세계 에너지 사용량의 거의 2퍼센트를 차지하는 현재 소비율이며, 이 수치는 2030년까지 두 배로 증가할 것으로 예상된다. 이러한 챗봇이 많은 에너지를 소비하도록 만드는 데 공헌하는 가장 큰 요인은 AI 언어 모델이 학습되는 방대한 양의 가공된 데이터이다.

어휘 criticism 비판, 비난   astounding 믿기 어려운, 경악스러운   current 현재의   consumption 소비(량)   figure 수치, 숫자   factor 요인   contribute 공헌하다, 기여하다   energy-intensive 많은 에너지를 소비하는   vast 방대한, 막대한

069 기출포인트 접속사로 연결된 주어의 수 일치 & 현재진행 시제   정답 ②

해설 빈칸은 문장의 동사 자리이다. 상관접속사 either A or B(A 또는 B 둘 중 하나)로 연결된 주어(Either the lead scientist ~ or the team members ~)는 B에 동사를 수 일치시켜야 하는데, B 자리에 복수 명사(the team members)가 왔으므로 복수 동사 ②, ④번이 정답 후보이다. 미래를 나타내는 시간 표현 next week's conference(다음 주 회의)가 쓰였고, 현재진행 시제를 사용해 미래에 일어나기로 예정되어 있는 일을 표현할 수 있으므로 현재분사(presenting) 앞에 쓰여 현재진행 시제를 완성하는 be 동사 ② are가 정답이다.

해석 연구 기관의 수석 과학자나 국제 대학의 팀원들이 다음 주 회의에서 그들의 연구 결과를 발표할 예정이다.

어휘 institute 기관, 협회   conference 회의, 회담

070 밑줄 친 부분 중 어법상 잘못된 것은?

> People who ① enter the workforce recently need help with written communications because they are so accustomed to casual messaging ② that they are not sure ③ how they should compose a professional email. Since no one in today's fast-paced workplace ④ has time to read a lengthy, unfocused message, using short paragraphs, bullet points, and clear subject lines can greatly improve effectiveness.

071 밑줄 친 부분 중 어법상 옳지 않은 것을 고르시오.

> The local council, ① through which many community projects are funded, appeared ② satisfied when the city government ③ addressed to its concerns about the traffic problems ④ occurring in town.

070 기출포인트 시제 일치   정답 ①

해설 현재완료 시제와 자주 함께 쓰이는 시간 표현 recently(최근에)가 왔고, 문맥상 '최근에 노동 인구에 진입했다'라는 과거의 일이 현재의 결과에 영향을 미치는 것을 표현하고 있으므로 현재 시제 enter를 현재완료 시제 have entered로 고쳐야 한다.

오답 분석
② 기출포인트 **부사절 접속사 2: 기타** 문맥상 '일상적인 문자 보내기에 너무 익숙해서 직업상의 이메일을 어떻게 작성해야 할지 잘 모른다'라는 의미가 되어야 자연스러운데, '매우 ~해서 -하다'는 부사절 접속사 so ~ that을 사용하여 나타낼 수 있으므로 so accustomed to casual messaging 뒤에 that이 올바르게 쓰였다.
③ 기출포인트 **의문문의 어순** 의문문이 다른 문장 안에 포함된 간접 의문문은 '의문사(how) + 주어(they) + 조동사(should) + 동사(compose)'의 어순이 되어야 하므로, how they should compose가 올바르게 쓰였다.
④ 기출포인트 **수량 표현의 수 일치** 주어 자리에 단수 취급하는 수량 표현 no one이 왔으므로 단수 동사 has가 올바르게 쓰였다.

해석 최근에 노동 인구에 진입한 사람들은 일상적인 문자 보내기에 너무 익숙해서 직업상의 이메일을 어떻게 작성해야 할지 잘 모르기 때문에 서면 의사소통에 도움이 필요하다. 오늘날의 빠르게 움직이는 직장에서는 아무도 길고 목적이 불분명한 메시지를 읽을 시간이 없기 때문에 짧은 단락, 중요 항목, 그리고 명확한 제목란을 사용하는 것은 효율성을 크게 향상시킬 수 있다.

어휘 workforce 노동 인구, 노동자 be accustomed to ~에 익숙한 compose 작성하다, 구성하다 professional 직업(상)의, 전문적인 lengthy 긴, 장황한 unfocused 목적이 불분명한 paragraph 단락 bullet point 중요 항목(강조하기 위해 찍은 원·네모 등의 큰 점) effectiveness 효율성, 효과

071 기출포인트 타동사   정답 ③

해설 동사 address는 전치사(to) 없이 목적어(its concerns)를 바로 취하는 타동사이므로 addressed to를 addressed로 고쳐야 한다.

오답 분석
① 기출포인트 **전치사 + 관계대명사** '전치사 + 관계대명사'에서 전치사는 선행사 또는 관계절의 동사에 따라 결정되는데, 선행사(The local council)가 사물이고, 문맥상 '지역 의회를 통해 많은 지역사회 사업이 자금을 지원받았다'는 의미가 되어야 자연스러우므로 전치사 through(~을 통해)가 관계대명사 which 앞에 온 through which가 올바르게 쓰였다.
② 기출포인트 **보어 자리** 동사 appear는 '~인 것 같다'라는 의미로 쓰일 때 주격 보어를 갖는 동사이므로 보어 자리에 올 수 있는 형용사 satisfied(만족한)가 올바르게 쓰였다.
④ 기출포인트 **현재분사 vs. 과거분사** 수식받는 명사(the traffic problems)와 분사가 '교통 문제가 발생하다'라는 의미의 능동 관계이므로 현재분사 occurring이 올바르게 쓰였다.

해석 많은 지역사회 사업에 자금을 지원하는 지역 의회는 시 정부가 마을에서 발생하는 교통 문제에 대한 그들의 우려를 해결했을 때 만족한 것 같았다.

어휘 council 의회 fund 자금을 대다 satisfied 만족한 address 해결하다, 처리하다

DAY | 04

072 밑줄 친 부분 중 어법상 옳지 않은 것은?

> Sand is a large accumulation of small but tangible rocks and minerals ① collected together. The texture of sand that is determined by the size of its particles ② are affected by its environmental conditions. Some types of sand feel soft and smooth while ③ others can be so rough that people try ④ not to step on them.

073 밑줄 친 부분 중 어법상 옳지 않은 것은?

> The wildlife biologist whose work caused the term "alpha wolf", meaning the dominant male in a wolf pack, ① to become popular not only renounced his claim but also ② ceased publication of his research. It turns out that male wolves ③ rarely fight with ④ another for dominance.

072 기출포인트 주어와 동사의 수 일치   정답 ②

해설 주어 자리에 단수 명사(The texture)가 왔으므로 복수 동사 are를 단수 동사 is로 고쳐야 한다. 참고로, 주어와 동사 사이의 수식어 거품(of sand ~ its particles)은 동사의 수 결정에 영향을 주지 않는다.

오답 분석
① 기출포인트 **현재분사 vs. 과거분사** 수식받는 명사(rocks and minerals)와 분사가 '암석과 광물들이 모아지다'라는 의미의 수동 관계이므로 과거분사 collected가 올바르게 쓰였다.
③ 기출포인트 **부정대명사: other** 문맥상 '(어떤 종류의 모래 이외의) 다른 것들'이라는 의미가 되어야 자연스러우므로, '이미 언급한 것 이외의 것들 중 몇몇'을 나타내는 부정대명사 others가 올바르게 쓰였다.
④ 기출포인트 **to 부정사의 형태** to 부정사의 부정형은 to 앞에 not을 붙이므로, not to step on이 올바르게 쓰였다.

해석 모래는 작지만 만질 수 있는 암석과 광물들이 함께 모인 축적물이다. 그 입자의 크기에 따라 결정되는 모래의 감촉은 환경적 조건에 의해 영향을 받는다. 어떤 종류의 모래는 부드럽고 매끄럽게 느껴지는 반면 다른 것들은 너무 거칠어서 사람들은 그것을 밟지 않으려고 한다.

어휘 accumulation 축적물, 누적 tangible 만질 수 있는, 실재하는 texture 감촉, 질감 particle 입자 step on ~을 밟다, ~을 해치다

073 기출포인트 부정대명사: one · another · other   정답 ④

해설 대명사가 지시하는 명사가 복수 명사(male wolves)이고, 문맥상 '서로 싸우다'라는 의미가 되어야 자연스러우므로, '이미 언급된 것 이외의 또 다른 하나'를 의미하는 단수 부정대명사 another를 '서로'라는 의미의 one another 또는 each other로 고쳐야 한다.

오답 분석
① 기출포인트 **5형식 동사** 문맥상 '그가 용어를 널리 알리게 하다'라는 의미가 되어야 자연스럽고, 동사 cause는 '~이 –하게 하다'라는 의미로 쓰일 때 목적격 보어로 to 부정사를 취하는 5형식 동사이므로 목적격 보어 자리에 to 부정사 to become이 올바르게 쓰였다.
② 기출포인트 **병치 구문** 상관접속사 not only A but also B로 연결된 병치 구문에서는 같은 품사끼리 연결되어야 하는데, not only 뒤에 과거 동사 renounced가 왔으므로 but also 뒤에도 과거 동사 ceased가 올바르게 쓰였다.
③ 기출포인트 **빈도 부사** 빈도 부사(rarely)는 보통 일반동사(fight) 앞에 쓰이므로 fight 앞에 rarely가 올바르게 쓰였다.

해석 그의 연구가 늑대 무리에서 우세한 수컷을 의미하는 '알파 늑대'라는 용어를 널리 알리게 한 그 야생동물 생물학자는 그의 주장을 그만뒀을 뿐만 아니라 그의 연구 조사 발표도 중단했다. 수컷 늑대는 우위를 놓고 서로 싸우는 일이 거의 없는 것으로 드러난다.

어휘 wildlife 야생동물; 야생의 biologist 생물학자 dominant 우세한, 지배적인 pack (사람·동물의) 무리, 떼 renounce (어떤 신조·행위 등을 공식적으로 선언하며) 그만두다, 버리다 cease 중단하다, 그치다 publication 발표, 발행 dominance 우위

DAY | 04

074 밑줄 친 부분에 들어갈 말로 가장 적절한 것을 고르시오.

> The university administration decided _____ the proposed budget cuts for the humanities department, citing concerns about educational quality and academic diversity.

① to oppose
② to oppose against
③ opposing
④ opposing against

075 밑줄 친 부분 중 어법상 옳지 않은 것은?

> How does coffee consumption affect the human body? Research ① <u>done</u> on coffee drinkers has turned up some ② <u>interesting</u> results. Data collected from recent studies suggest that drinking coffee can lower the risk of Alzheimer's, boost metabolism, and ③ <u>stimulate</u> the brain. It seems that coffee may have more benefits than simply helping us ④ <u>waking up</u> in the morning.

076 밑줄 친 부분에 들어갈 말로 가장 적절한 것을 고르시오.

> Although he _____ to concerts, he rarely has time to attend them.

① does enjoy going   ② do enjoy to go
③ do enjoy going   ④ does enjoy to go

074 | 기출포인트 to 부정사를 취하는 동사 & 혼동하기 쉬운 자동사와 타동사 | 정답 ①

해설 빈칸은 동사(decided)의 목적어 자리이다. 동사 decide는 to 부정사를 목적어로 취하는 동사이므로 to 부정사가 쓰인 ①, ②번이 정답 후보인데, 동사 oppose는 전치사 없이 목적어(the proposed budget ~ department)를 바로 취하는 타동사이므로 ① to oppose가 정답이다.

해석 대학 행정부는 교육의 질과 학문적 다양성에 대한 우려를 이유로 들며 인문학과에 대해 제안된 예산 삭감에 반대하기로 결정했다.

어휘 administration 행정(부)   budget 예산   cut 삭감   humanities 인문학   cite (이유·예를) 들다   diversity 다양성   oppose 반대하다

075 | 기출포인트 원형 부정사를 목적격 보어로 취하는 동사 | 정답 ④

해설 준 사역동사 help는 목적격 보어로 to 부정사와 원형 부정사를 취할 수 있으므로 waking up을 원형 부정사 wake up 또는 to 부정사 to wake up으로 고쳐야 한다.

오답분석
① 기출포인트 **현재분사 vs. 과거분사** 수식받는 명사(Research)와 분사가 '연구가 시행되다'라는 의미의 수동 관계이므로 과거분사 done이 올바르게 쓰였다.
② 기출포인트 **현재분사 vs. 과거분사** 감정을 나타내는 동사(interest)의 경우 분사가 수식하는 명사가 감정의 원인이면 현재분사를 써야 하는데, 문맥상 수식받는 명사(results)가 흥미로운 감정의 원인이므로 현재분사 interesting이 올바르게 쓰였다.
③ 기출포인트 **병치 구문** 접속사(and)로 연결된 병치 구문에서는 같은 구조끼리 연결되어야 하는데, and 앞 조동사 can 뒤에 동사원형 lower, boost가 나열되고 있으므로 and 뒤에도 동사원형 stimulate가 올바르게 쓰였다.

해석 커피 섭취는 인체에 어떻게 영향을 미칠까? 커피를 마시는 사람들을 대상으로 시행된 연구는 흥미로운 결과를 발견했다. 최근의 연구로부터 수집된 자료는 커피를 마시는 것이 알츠하이머의 위험을 낮추고, 신진대사를 증진하며, 뇌를 자극할 수 있다고 시사한다. 커피는 단순히 우리가 아침에 잠에서 깨도록 돕는 것 말고도 더 많은 이점을 가진 듯하다.

어휘 metabolism 신진대사   stimulate 자극하다

076 | 기출포인트 강조 구문 & 동명사를 목적어로 취하는 동사 | 정답 ①

해설 do 동사가 일반동사(enjoy) 앞에 와서 일반동사의 의미를 강조하는 경우, do 동사는 자신이 속한 절의 주어(he)와 수·시제가 일치해야 하므로 단수 조동사 does를 사용한 ①번과 ④번이 정답 후보이다. 동사 enjoy는 동명사를 목적어로 취하는 동사이므로 enjoy 뒤에 동명사 going이 온 ① does enjoy going이 정답이다.

해석 그는 콘서트에 가는 것을 좋아하지만, 그것에 참석할 시간이 거의 없다.

어휘 attend 참석하다

DAY | 04

077 밑줄 친 부분 중 어법상 가장 옳지 않은 것은?

> The multi-year construction project that added two additional lanes to the highway ① cost the state millions of dollars. Despite this major investment, commuters so far are experiencing few advantages from the extra lanes. No sooner ② had the lanes opened than demand for the renovated highway increased, ③ where has led to traffic jams that are as ④ serious as before the project.

078 밑줄 친 부분 중 어법상 옳지 않은 것은?

> There have been many studies ① published about how to stop eating junk food. Most of these suggest ② identifying what triggers you to want it in the first place. Find out what ③ pushes you toward your cravings. Once you can pinpoint the things ④ what lead to junk food consumption, you will want to avoid them. This will make it much easier to follow a healthier diet.

077 기출포인트 관계부사와 관계대명사 비교   정답 ③

해설 관계사 뒤에 주어가 없는 불완전한 절(has led to traffic jams)이 왔으므로, 완전한 절을 이끄는 관계부사 where를 불완전한 절을 이끌며 콤마(,) 뒤에서 계속적 용법으로 쓰일 수 있는 주격 관계대명사 which로 고쳐야 한다.

오답분석
① 기출포인트 **수동태로 쓸 수 없는 동사** 동사 cost((비용이) ~들다)는 수동태로 쓸 수 없는 타동사이므로 능동태 cost가 올바르게 쓰였다.
② 기출포인트 **도치 구문: 부사구 도치 1** 부정을 나타내는 부사구(No sooner)가 강조되어 문장의 맨 앞에 나오면 주어와 조동사가 도치되어 '조동사(had) + 주어(the lanes) + 동사(opened)'의 어순이 되므로 had the lanes opened가 올바르게 쓰였다.
④ 기출포인트 **원급** 원급 표현 'as + 형용사/부사의 원급 + as'에서 as ~ as 사이가 형용사 자리인지 부사 자리인지는 as, as를 지우고 구별하는데, be 동사(are)의 보어 자리에 올 수 있는 것은 형용사이므로 형용사 serious가 올바르게 쓰였다.

해석 고속도로에 두 개의 추가 차선을 더한 다년간의 공사 사업은 주정부에게 수백만 달러의 비용을 들게 했다. 이러한 대규모 투자에도 불구하고, 지금까지 통근자들은 추가 차선으로 인한 이점을 거의 경험하지 못하고 있다. 차선이 개통되자마자 개조된 고속도로에 대한 수요가 증가했는데, 이는 사업 이전만큼 심각한 교통 체증으로 이어졌다.

어휘 construction 공사, 건설   lane 차선, 길   highway 고속도로   investment 투자   commuter 통근자   demand 수요, 요구   renovate 개조하다   traffic jam 교통 체증

078 기출포인트 관계절 자리와 쓰임   정답 ④

해설 선행사(the things)를 수식하는 관계절을 이끄는 관계대명사가 와야 하는데 선행사가 사물이고 관계절 내에서 동사 lead의 주어 역할을 하므로 what lead를 주격 관계대명사 that을 쓴 that lead로 고쳐야 한다.

오답분석
① 기출포인트 **현재분사 vs. 과거분사** 수식받는 명사(many studies)와 분사가 '많은 연구가 발표되다'라는 의미의 수동 관계이므로 과거분사 published가 올바르게 쓰였다.
② 기출포인트 **동명사를 목적어로 취하는 동사** 동사 suggest(제안하다)는 동명사를 목적어로 취하는 동사이므로 suggest 뒤에 동명사 identifying이 올바르게 쓰였다.
③ 기출포인트 **혼동하기 쉬운 어순** '동사(pushes) + 부사(toward)'로 이루어진 구동사의 경우, 목적어가 대명사(you)인 경우 '동사 + 대명사 + 부사' 순으로 와야 하므로 pushes you toward가 올바르게 쓰였다.

해석 정크푸드 섭취를 중단하는 방법에 대한 많은 연구가 발표되었다. 이 중 대부분은 처음에 당신이 그것을 원하도록 유발하는 것을 확인하는 것을 제안한다. 무엇이 당신을 갈망하게 만드는지 알아보아라. 정크푸드 섭취를 유발하는 요인을 정확히 찾아낼 수 있으면, 그것들을 피하고 싶을 것이다. 이것은 더 건강한 식단을 따르는 것을 훨씬 더 쉽게 만들 것이다.

어휘 publish 발표하다, 출판하다   identify 확인하다, 알아보다   craving 갈망, 열망   pinpoint 정확히 찾아내다   consumption 섭취, 소비

적중 예상 문제

079 밑줄 친 부분 중 어법상 잘못된 것은?

> Rarely has ① America seen a housing boom as large as the one that occurred after World War II, when the government recommended that returning soldiers ② use the GI Bill to purchase homes, leaving the supply of available houses overwhelmed by demand and ③ prompting construction companies to have new homes ④ build across the country.
>
> * GI Bill: 제대군인 원호법(미군의 제대 군인과 현역 군인을 위한 교육·주택·취업 지원 제도)

080 밑줄 친 부분에 들어갈 말로 가장 적절한 것을 고르시오.

> Contemporary artificial intelligence algorithms increasingly _____ human cognitive processing mechanisms in their pattern recognition and decision-making capabilities.

① resembles to
② resemble to
③ resembles
④ resemble

079 | 기출포인트 5형식 동사 | 정답 ④

해설 사역동사 have는 목적어와 목적격 보어가 수동 관계일 때 목적격 보어로 과거분사를 취할 수 있는 5형식 동사인데, 문맥상 목적어(new homes)와 목적격 보어가 '새 주택이 건설되다'라는 의미의 수동 관계이므로 동사원형 build를 과거분사 built로 고쳐야 한다.

오답분석
① 기출포인트 **도치 구문: 부사구 도치 1** 부정을 나타내는 부사(Rarely)가 강조되어 문장의 맨 앞에 나오면 주어와 조동사가 도치되어 '조동사(has) + 주어(America) + 동사(seen)'의 어순이 되므로 has 뒤에 America seen이 올바르게 쓰였다.
② 기출포인트 **조동사 should의 생략** 주절에 제안을 나타내는 동사 recommend가 오면 종속절에는 '(should +) 동사원형'이 와야 하므로 동사원형 use가 올바르게 쓰였다.
③ 기출포인트 **병치 구문** 접속사(and)로 연결된 병치 구문에서는 같은 구조끼리 연결되어야 하는데, and 앞에 현재분사 leaving이 왔으므로 and 뒤에도 현재분사 prompting이 올바르게 쓰였다.

해석 미국은 정부가 귀환 군인들에게 제대군인 원호법을 활용해 주택을 구입할 것을 권장하여, 구할 수 있는 주택의 공급이 수요에 의해 압도되고(수요가 공급을 초과하고) 건설 회사들이 전국적으로 새 주택을 건설하도록 부추겼던 제2차 세계대전 이후만큼 큰 주택 호황을 거의 본 적이 없다.

어휘 boom 호황, 대유행 soldier 군인 overwhelm 압도하다 prompt 부추기다, 재촉하다

080 | 기출포인트 주어와 동사의 수 일치 & 타동사 | 정답 ④

해설 빈칸은 문장의 동사 자리이다. 주어 자리에 복수 명사(Contemporary artificial intelligence algorithms)가 왔으므로 복수 동사 ②, ④번이 정답 후보이다. 동사 resemble(닮다)은 전치사 없이 목적어를 바로 취하는 타동사이므로 ④ resemble이 정답이다.

해석 현대의 인공지능 알고리즘은 패턴 인식 및 의사 결정 능력에서 점점 더 인간의 인지 처리 메커니즘을 닮아가고 있다.

어휘 contemporary 현대의, 당대의 artificial intelligence 인공지능 algorithm 알고리즘 cognitive 인지의, 인식의 mechanism 메커니즘, 기제 recognition 인식, 알아봄 capability 능력 resemble 닮다

DAY | 05

081 밑줄 친 부분에 들어갈 말로 가장 적절한 것을 고르시오.

> By the end of the month, the video game company _____ two new role-playing games.

① launches
② is launching
③ will launch
④ will have launched

082 밑줄 친 부분 중 어법상 옳지 않은 것은?

> The number of college graduates ① living with their parents is rising. This is because not enough recent graduates are ② being hired. Due to the difficult job market, many young adults are finding ③ it necessary to move back home. Experts expect the trend to continue as the economy shows no signs of ④ improve.

083 어법상 빈칸에 들어가기에 가장 적절한 것은?

> According to the emergency measures established by the international film festival's organizers, all screenings might be transferred to alternative theaters across the city if the main venue _____ any issue during the event.

① should suffer
② had suffered
③ have suffer
④ suffered

081 기출포인트 시제 일치 정답 ④

해설 미래완료 시제와 자주 함께 쓰이는 'by + 미래 시간 표현(the end of the month)'이 왔고, 문맥상 '이번 달 말까지 그 비디오 게임 회사가 출시할 것이다'라는 의미로 특정 미래 시점(the end of the month) 이전에 시작된 일이 미래의 그 시점에 완료될 것임을 표현하고 있으므로, 미래완료 시제 ④ will have launched가 정답이다.

해석 이번 달 말까지 그 비디오 게임 회사는 두 개의 새로운 롤플레잉 게임을 출시할 것이다.

어휘 launch 출시하다

082 기출포인트 전치사 자리 정답 ④

해설 전치사(of)는 명사 역할을 하는 것 앞에 와야 하므로, 동사 improve를 동명사 improving 또는 명사 improvement로 고쳐야 한다.

오답분석
① 기출포인트 **현재분사 vs. 과거분사** 수식받는 명사(graduates)와 분사가 문맥상 '대학 졸업자가 살다'라는 의미의 능동 관계이므로 현재분사 living이 올바르게 쓰였다.
② 기출포인트 **능동태·수동태 구별** 부사절의 주어(recent graduates)와 동사가 문맥상 '최근 졸업자가 고용되다'라는 의미의 수동 관계이므로 수동태를 써야 하는데, '고용되고 있다'라는 '현재 일어나고 있는 상황을 나타내고 있으므로 be 동사(are) 뒤에서 수동태의 진행형을 완성하는 being hired가 올바르게 쓰였다.
③ 기출포인트 **5형식 동사 & 목적어 자리** 동사 find는 '~이 −임을 알게 되다'라는 의미를 나타낼 때 목적어와 목적격 보어를 취하는 5형식 동사로 쓰이는데, 이때 to 부정사구 목적어(to move back home)가 목적격 보어(necessary)와 함께 오면 진짜 목적어인 to 부정사구를 목적격 보어 뒤로 보내고 목적어가 있던 자리에 가짜 목적어 it을 써야 하므로 it necessary가 올바르게 쓰였다.

해석 부모와 함께 사는 대학 졸업자의 수가 증가하고 있다. 이는 충분하지 않은 최근 졸업자들이 고용되고 있기 때문이다. 어려운 취업 시장으로 인해, 많은 청년들은 집으로 돌아가는 것이 필요하다고 생각하고 있다. 경기가 나아질 조짐을 보이지 않기에 전문가들은 이러한 추세가 계속될 것이라고 예상한다.

어휘 rise 증가하다 expert 전문가 trend 추세, 동향 sign 조짐, 징후

083 기출포인트 가정법 미래 정답 ①

해설 빈칸은 if절의 동사 자리이다. 문맥상 '만약 행사 기간 동안 주요 행사장이 어떤 문제를 겪는다면'이라는 가능성이 희박한 미래를 가정하고 있고, 주절에 가정법 미래 '주어(all screenings) + might + 동사원형(be)'의 형태가 왔으므로, if절에도 가정법 미래 'if + 주어 + should + 동사원형'의 형태가 와야 한다. 따라서 ① should suffer가 정답이다.

해석 국제 영화제 주최 측에 의해 수립된 비상 조치에 따르면, 만약 행사 기간 동안 주요 행사장이 어떤 문제를 겪는다면, 모든 상영이 도시 전역의 대체 상영관으로 이관될 것이다.

어휘 measure 조치, 정책 establish 수립하다, 설립하다 international 국제의, 국제적인 organizer 주최 측 screening 상영 transfer 이관되다, 옮기다 alternative 대체의, 대안적인 venue (콘서트·스포츠 경기·회담 등의) 장소

DAY | 05

084 밑줄 친 부분에 들어갈 말로 가장 적절한 것을 고르시오.

> The very best meal _____ I ever had was at this small restaurant in Paris, France.

① which
② that
③ whose
④ where

085 밑줄 친 부분에 들어갈 말로 가장 적절한 것을 고르시오.

> The plastic pollution campaign, as well as various recycling initiatives _____ significant progress in reducing ocean waste across multiple countries.

① have made
② have been made
③ has made
④ has been made

086 밑줄 친 부분 중 어법상 가장 옳지 않은 것은?

> Although ① it did not take Julius Caesar and the 13th Legion ② much time to traverse the Rubicon River in 49 BCE, deciding ③ crossing this specific stream, which marked the border between Italy and Gaul, made Caesar ④ as many enemies as he had ever had in Rome.

084 | 기출포인트 관계대명사 that | 정답 ②

해설 선행사에 최상급(The very best) 표현이 포함되는 경우 관계대명사 that을 사용해야 하므로 ② that이 정답이다.

해석 내가 했던 최고의 식사는 프랑스 파리에 있는 이 작은 레스토랑에서 했던 것이다.

어휘 meal 식사, 끼니

085 | 기출포인트 접속사로 연결된 주어의 수 일치 & 능동태·수동태 구별 | 정답 ③

해설 빈칸은 문장의 동사 자리이다. 상관접속사 A as well as B(B뿐만 아니라 A도)로 연결된 주어는 A에 동사를 수 일치시켜야 하는데, A 자리에 단수 명사(The plastic pollution campaign)가 왔으므로 단수 동사 ③, ④번이 정답 후보이다. 문맥상 주어(The plastic ~ initiatives)와 동사가 '다양한 재활용 계획뿐만 아니라 플라스틱 오염 방지 캠페인도 진전을 이루었다'라는 의미의 능동 관계이므로 능동태 ③ has made가 정답이다.

해석 다양한 재활용 계획뿐만 아니라 플라스틱 오염 방지 캠페인도 여러 국가에서 해양 폐기물을 줄이는 데 상당한 진전을 이루었다.

어휘 pollution 오염, 공해 initiative (특정한 문제 해결·목적 달성을 위한 새로운) 계획 significant 상당한, 의미 있는 progress 진전, 진척

086 | 기출포인트 to 부정사를 취하는 동사 | 정답 ③

해설 동사 decide(결정하다)는 to 부정사를 목적어로 취하는 동사이므로 동명사 crossing을 to 부정사 to cross로 고쳐야 한다.

오답분석
① 기출포인트 **가짜 주어 구문** to 부정사구(to traverse ~ 49 BCE)와 같이 긴 주어가 오면 진짜 주어인 to 부정사구를 뒤로 보내고 가주어 it이 주어 자리에 대신해서 쓰이므로 it이 올바르게 쓰였다.
② 기출포인트 **수량 표현** 명사 time(시간)은 불가산 명사이므로 불가산 명사 앞에 오는 수량 표현 much가 time 앞에 올바르게 쓰였다.
④ 기출포인트 **원급** 문맥상 '그가 여태껏 가져본 적이 있었던 만큼이나 많은 적'이라는 의미가 되어야 자연스러운데 '~만큼 많은 -'은 'as + many + 명사 + as'를 사용하여 나타낼 수 있으므로 as many enemies as가 올바르게 쓰였다.

해석 기원전 49년에 율리우스 카이사르와 제13군단이 루비콘강을 건너는 데 긴 시간이 걸리지 않았지만, 이탈리아와 갈리아 사이의 국경을 표시했던 이 특정한 개울을 건너기로 결정한 것은 카이사르가 로마에서 그가 여태껏 가져본 적이 있었던 만큼이나 많은 적을 두게 만들었다.

어휘 legion (특히 고대 로마의) 군단, 부대 traverse 건너다, 가로지르다 stream 개울, 시내 border 국경
Gaul 갈리아(고대 켈트 사람의 땅; 지금의 북이탈리아·프랑스·벨기에 등을 포함함)

087 밑줄 친 부분 중 어법상 옳지 않은 것은?

> A bakery café ① specializing in baking cakes that ② resemble to animals, people, and everyday objects remains ③ popular in spite of an incident ④ during which a kitchen fire broke out.

088 밑줄 친 부분에 들어갈 말로 가장 적절한 것을 고르시오.

> The wearable monitoring device collected samples from each participant twice _____ to ensure statistical accuracy in its study on cognitive development patterns.

① a day
② days
③ the day
④ day

089 밑줄 친 부분 중 어법상 옳지 않은 것은?

> In the past, people with inadequate iron levels were told to consume spinach, ① which was thought to contain a lot of this necessary mineral. People believed that ingesting the leafy green vegetable naturally ② increase their iron levels. However, this turned out ③ to be woefully incorrect, as spinach might actually inhibit iron absorption. Therefore, doctors these days recommend such people take iron supplements to remain ④ healthy.

087 기출포인트 혼동하기 쉬운 자동사와 타동사   정답 ②

해설 동사 resemble은 전치사 없이 목적어(animals ~ objects)를 바로 취하는 타동사이므로 resemble to를 resemble로 고쳐야 한다.

오답분석
① 기출포인트 **현재분사 vs. 과거분사** 수식받는 명사(A bakery café)와 분사가 '베이커리 카페가 전문적으로 다루다'라는 의미의 능동 관계이므로 현재분사 specializing이 올바르게 쓰였다.
③ 기출포인트 **보어 자리** 동사 remain은 주격 보어를 취하는 동사인데, 보어 자리에는 명사나 형용사 역할을 하는 것이 와야 하므로 형용사 popular(인기 있는)가 올바르게 쓰였다.
④ 기출포인트 **전치사 + 관계대명사** 관계사 뒤에 완전한 절(a kitchen fire broke out)이 왔으므로 '전치사 + 관계대명사' 형태가 와야 하는데, 선행사 an incident가 사물이고 문맥상 '주방 화재가 발생한 사건 동안'이라는 의미가 되어야 자연스러우므로 전치사 during(~ 동안)을 사용하여 during which가 올바르게 쓰였다.

해석 동물, 사람, 그리고 일상적인 물건을 닮은 케이크를 굽는 것을 전문적으로 다루는 베이커리 카페는 주방 화재가 발생한 사건에도 불구하고 여전히 인기가 있다.

어휘 specialize 전문적으로 다루다 resemble 닮다, 유사하다 incident 사건, 일 break out 발생하다

088 기출포인트 부정관사 a(n)   정답 ①

해설 빈칸은 twice와 함께 부사구를 완성하는 것의 자리이다. 문맥상 '하루에 두 번'이라는 의미가 되어야 자연스러운데, '하루에'는 가산 단수 명사 앞에서 '~당', '~마다'의 의미로 쓰이는 부정관사(a/an)로 나타낼 수 있으므로 ① a day가 정답이다.

해석 웨어러블 모니터링 기기는 인지 발달 양상에 대한 연구에서 통계적 정확성을 보장하기 위해 각 참가자로부터 하루에 두 번 표본을 수집했다.

어휘 wearable device 웨어러블 기기(입거나 몸에 붙여 휴대할 수 있는 정보통신 기기) ensure 보장하다 statistical 통계적 accuracy 정확성 cognitive 인지의, 인식의

089 기출포인트 주어와 동사의 수 일치   정답 ②

해설 that절의 주어 자리에 단수 취급하는 동명사구(ingesting ~ vegetable)가 왔으므로 복수 동사 increase를 단수 동사 increases로 고쳐야 한다.

오답분석
① 기출포인트 **관계대명사** 선행사(spinach)가 사물이고 관계절 내에서 동사(was thought)의 주어 역할을 하므로 콤마(,) 뒤에서 계속적 용법으로 쓰일 수 있는 주격 관계대명사 which가 올바르게 쓰였다.
③ 기출포인트 **to 부정사의 역할** 문맥상 '사실이 아닌 것으로 드러났다'라는 의미가 되어야 자연스러우므로, 부사 역할을 하며 결과를 나타낼 수 있는 to 부정사 to be가 올바르게 쓰였다.
④ 기출포인트 **보어 자리** 동사(remain)의 보어 자리에 올 수 있는 형용사 healthy가 올바르게 쓰였다.

해석 과거에는 철분 수치가 부족한 사람들은 시금치를 먹으라는 말을 들었는데, 그것은 그 필수적인 무기물(철분)을 많이 함유하고 있는 것으로 여겨졌다. 사람들은 그 잎이 무성한 녹색 채소를 섭취하는 것이 철분 수치를 저절로 높인다고 생각했다. 그러나 시금치는 사실 철분 흡수를 저해할 수도 있기 때문에, 이것은 사실과 심하게 어긋나는 것으로 드러났다. 따라서, 요즘에는 의사들이 그러한 사람들에게 건강을 유지하기 위해 철분 보충제를 복용할 것을 권고한다.

어휘 inadequate 부족한 consume 먹다, 섭취하다 spinach 시금치 mineral 무기물 ingest 섭취하다 leafy 잎이 무성한 woefully 심하게 inhibit 저해하다 absorbtion 흡수 supplement 보충제

090 밑줄 친 부분 중 어법상 잘못된 것은?

> Researchers ① are undertaking a study next month on why immigrants often have difficulty ② adapting to their new homes. The findings may show that new arrivals worry about ③ accepting by the community as a whole and, therefore, limit ④ themselves to their own cultural group rather than engaging with the broader community.

091 밑줄 친 부분 중 어법상 옳지 않은 것은?

> King Lucius Tarquinius Priscus, ① who celebrated reign came 500 years before the formation of the Roman Empire, commissioned the construction of the Circus Maximus, which hosted *ludi*, events that were held ② annually. *Ludi* were typically ③ one-day affairs full of parades, feasts, chariot races, and plays that attracted visitors from all over Rome. The Circus Maximus has been recently renovated into a public park and ④ was used as the site of a virtual reality experience in 2019.

090 기출포인트 능동태·수동태 구별 & 동명사의 형태 정답 ③

해설 동사(accept) 뒤에 목적어가 없고, 문맥상 동명사(accepting)의 의미상 주어(new arrivals)와 동명사가 '새로 도착한 사람들이 받아들여지다'라는 의미의 수동 관계이므로 동명사의 능동형 accepting을 동명사의 수동형 being accepted로 고쳐야 한다.

오답 분석
① 기출포인트 **시제 일치** 미래 시점을 나타내는 시간 표현 next month(다음 달)가 쓰였고, 미래에 일어나기로 예정되어 있는 일을 표현하기 위해 현재진행 시제를 사용할 수 있으므로 현재진행 시제 are undertaking이 올바르게 쓰였다.
② 기출포인트 **동명사 관련 표현** 문맥상 '새로운 터전에 적응하는 데 어려움을 겪다'라는 의미가 되어야 자연스러운데, '-하는 데 어려움을 겪다'는 동명사구 관용 표현 have difficulty -ing를 사용하여 나타낼 수 있으므로 have difficulty 뒤에 동명사 adapting이 올바르게 쓰였다.
④ 기출포인트 **재귀대명사** 문맥상 동사(limit)의 목적어가 지칭하는 대상이 주어(new arrivals)와 동일하므로 목적어 자리에 재귀대명사가 쓰여야 하고, 대명사가 지칭하는 명사(new arrivals)가 복수이므로 복수 재귀대명사 themselves가 올바르게 쓰였다.

해석 연구원들은 다음 달에 이민자들이 종종 그들의 새로운 터전에 적응하는 데 어려움을 겪는 이유에 대한 연구에 착수할 예정이다. 연구 결과는 새로 도착한 사람들(이민자들)이 전체로서 지역 사회에서 받아들여지는 것에 대해 걱정하며, 따라서 더 넓은 지역 사회와 관계를 맺기보다는 자신의 문화 집단에 자신들을 스스로 국한한다는 것을 보여줄 수도 있다.

어휘 **undertake** 착수하다, 하다 **immigrant** 이민자 **adapt** 적응하다 **finding** (조사·연구 등의) 결과 **arrival** 도착한 사람(것) **engage with** ~와 관계 맺다 **broad** 넓은, 광대한

091 기출포인트 관계대명사 정답 ①

해설 선행사(King Lucius Tarquinius Priscus)가 사람이고 관계절 내에서 reign(통치)의 주체가 누구인지를 나타내므로, 주격 관계대명사 who를 소유격 관계대명사 whose로 고쳐야 한다.

오답 분석
② 기출포인트 **부사 자리** 동사(were held)를 뒤에서 수식할 수 있는 것은 부사이므로 부사 annually가 올바르게 쓰였다.
③ 기출포인트 **수량 표현** '수사 + 하이픈(-) + 단위 표현'이 명사(affairs)를 수식하는 경우 단위 표현은 단수형이 되어야 하므로 one-day가 올바르게 쓰였다.
④ 기출포인트 **능동태·수동태 구별** 타동사 use 뒤에 목적어가 없고, 문맥상 'Circus Maximus가 부지로 사용되었다'라는 의미의 수동 관계가 되어야 자연스러우므로 수동태 was used가 올바르게 쓰였다. 참고로, 2019년이라는 특정 과거 시점에 끝난 일을 나타내고 있으므로 과거 시제 was가 쓰였다.

해석 Lucius Tarquinius Priscus 왕은 매년 열렸던 'ludi'라는 행사를 주관한 Circus Maximus의 건축을 의뢰했는데, 그의 유명한 통치는 로마 제국 형성보다 500년 앞섰다. 'Ludi'는 일반적으로 행진, 연회, 전차 경주, 그리고 연극으로 가득 차서 로마 전역으로부터 온 방문객들의 마음을 끈 하루짜리 행사였다. Circus Maximus는 최근 들어 공립 공원으로 개조되었으며 2019년 가상 현실 체험을 위한 부지로 사용되었다.

어휘 **celebrated** 유명한 **commission** 의뢰하다; 위원회 **chariot** 전차 **renovate** 개조하다 **virtual reality** 가상 현실

092 밑줄 친 부분 중 어법상 옳지 않은 것을 고르시오.

> Some workers experience imposter syndrome, which causes them to question their abilities even when they are very capable and ① doubt their achievements. They may even feel ② inferior than their colleagues and as though they are ③ more incompetent than competent. Confronting these feelings and ④ building self-confidence with this condition can be very challenging.

093 밑줄 친 부분 중 어법상 옳지 않은 것은?

> It is through mentorship ① that employees grow and develop their skills. Soon after starting, mentees gain valuable insights. But mentoring is also helpful for mentors ② themselves. Both parties ③ benefit. One absorbs knowledge that will help them in their career, and ④ other improves leadership abilities.

092 기출포인트 비교급   정답 ②

해설 문맥상 '그들은 심지어 동료들보다 열등하다고 느끼다'라는 의미가 되어야 자연스러운데, '~보다 열등한'은 than 대신 to를 쓰는 비교급 표현 inferior to(~보다 열등한)를 사용하여 나타낼 수 있으므로 inferior than을 inferior to로 고쳐야 한다.

오답분석
① 기출포인트 **병치 구문** 접속사(and)로 연결된 병치 구문에서는 같은 구조끼리 연결되어야 하는데, and 앞에 to 부정사구(to question ~ capable)가 왔으므로 and 뒤에도 to 부정사구가 와야 한다. to 부정사구 병치 구문에서 두 번째 나온 to는 생략될 수 있으므로 doubt이 올바르게 쓰였다.
③ 기출포인트 **비교급** 문맥상 '그들은 유능하기보다는 무능한'이라는 의미가 되어야 자연스러운데, 이는 비교급 형태인 '형용사의 비교급(more incompetent) + than'으로 나타낼 수 있으므로 more incompetent가 올바르게 쓰였다.
④ 기출포인트 **병치 구문** 접속사(and)로 연결된 병치 구문에서는 같은 구조끼리 연결되어야 하는데 and 앞에 동명사구(Confronting these feelings)가 왔으므로 and 뒤에도 동명사구(building ~ condition)를 이끄는 동명사 building이 올바르게 쓰였다.

해석 일부 근로자는 가면 증후군을 경험하는데, 이는 그들이 매우 유능할 때에도 자신의 능력에 의문을 제기하고 자신의 성취를 의심하도록 한다. 그들은 심지어 동료들보다 열등하다고 느끼고 그들이 마치 유능하기보다는 무능한 것처럼 느낄 수도 있다. 이러한 감정에 직면하고 이 상태에 대한 자신감을 쌓는 것은 매우 어려울 수 있다.

어휘 imposter syndrome 가면 증후군(자신이 사기꾼이고 모든 사람이 그 사실을 알게 될 것이라는 불안)　capable 유능한　incompetent 무능한　confront 직면하다, 맞서다

093 기출포인트 부정대명사: other   정답 ④

해설 문맥상 '나머지 한 쪽은 리더십 능력을 향상시킨다'라는 의미가 되어야 자연스러운데, other은 '이미 언급한 것 이외의 것의'를 의미하는 부정형용사이므로 other을 '정해진 것 중 남은 것'을 의미하는 부정대명사 the other로 고쳐야 한다.

오답분석
① 기출포인트 **It – that 강조 구문** 문맥상 '직원들이 ~ 발전시키는 것은 바로 멘토링을 통해서이다'라는 의미가 되어야 자연스러운데 '~한 것은 바로 -이다'는 It – that 강조 구문을 써서 나타낼 수 있으므로 that이 올바르게 쓰였다.
② 기출포인트 **강조 구문** 앞서 언급된 명사(mentors)를 강조하기 위해 재귀대명사(themselves)를 명사 바로 뒤나 문장 맨 뒤에 쓸 수 있으므로, themselves가 명사 mentors 뒤에 올바르게 쓰였다.
③ 기출포인트 **자동사 & 주어와 동사의 수 일치** 동사 benefit(이익을 얻다)은 목적어를 취하지 않는 자동사이고, 주어 자리에 복수 명사 Both parties가 왔으므로 복수 동사 benefit이 올바르게 쓰였다.

해석 직원들이 자신의 기술을 성장시키고 발전시키는 것은 바로 멘토링을 통해서이다. 시작하자마자, 멘티는 귀중한 통찰력을 얻는다. 하지만 멘토링은 멘토 자신에게도 도움이 된다. 양측 모두 이익을 얻는다. 한쪽은 경력에 도움이 되는 지식을 흡수하고, 나머지 한쪽은 리더십 능력을 향상시킨다.

어휘 insight 통찰력　benefit 이익을 얻다　absorb 흡수하다

094 밑줄 친 부분 중 어법상 가장 옳지 않은 것은?

> Recent improvements in AI ① raise serious concerns about the spread of misinformation because many people can no longer tell when images are fake, and neither ② some experts can, at least not immediately. But even the tiny image artifacts that let experts identify fakes could end up ③ disappearing as AI technology advances further. People will need to get accustomed to ④ questioning every image they encounter online.

095 밑줄 친 부분 중 어법상 옳지 않은 것은?

> When people ① make plans with someone, they often feel upset if those plans ② are broken. For instance, if a friend forgets ③ to call or cancels unexpectedly, it can cause disappointment. However, when the friend later reaches out to make new plans, the person ④ will likely forgive them by the time they meet again.

094 [기출포인트] 도치 구문: 기타 도치   정답 ②

해설 문맥상 '일부 전문가들도 알 수 없다'라는 의미가 되어야 자연스러운데, '~역시 그렇다'라는 의미의 표현 neither 뒤에는 주어와 조동사가 도치되어 'neither + 조동사 + 주어'의 어순이 되어야 하므로 some experts can을 can some experts로 고쳐야 한다.

오답분석
① [기출포인트] **타동사** 동사 raise는 전치사 없이 목적어(serious concerns ~ misinformation)를 바로 취하는 타동사이므로 raise가 올바르게 쓰였다.

③ [기출포인트] **동명사 관련 표현** 문맥상 '결국 사라지게 되다'라는 의미가 되어야 자연스러운데, '결국 -하다'는 동명사구 관용 표현 end up -ing를 사용하여 나타낼 수 있으므로 동명사 disappearing이 올바르게 쓰였다.

④ [기출포인트] **동명사 관련 표현** 문맥상 '모든 이미지에 의문을 제기하는 데 익숙해져야 할 것이다'라는 의미가 되어야 자연스러운데, '-에 익숙해지다'는 동명사 관련 표현 get accustomed to -ing를 사용하여 나타낼 수 있으므로 동명사 questioning이 올바르게 쓰였다.

해석 AI에서의 최근의 향상은 잘못된 정보의 확산에 대한 심각한 우려를 불러일으키는데, 많은 사람들은 언제 이미지가 가짜인지를 더 이상 알 수 없으며, 일부 전문가들도 적어도 즉시는 알 수 없기 때문이다. 하지만 전문가들이 가짜를 식별할 수 있도록 하는 이미지의 작은 인위적인 부분조차도 AI 기술이 더 발전함에 따라 결국 사라지게 될 수 있다. 사람들은 온라인에서 접하는 모든 이미지에 의문을 제기하는 데 익숙해져야 할 것이다.

어휘 improvement 향상, 개선 concern 우려 misinformation 잘못된 정보 immediately 즉시 artifact 인위적인 것, 인공물 identify 식별하다 accustomed to ~에 익숙한 question 의문을 제기하다 encounter 접하다, 마주치다

095 [기출포인트] 미래완료 시제   정답 ④

해설 미래완료 시제와 자주 함께 쓰이는 시간 표현 'by the time + 주어(they) + 현재 동사(meet)'가 왔고, 문맥상 특정 미래 시점 이전에 시작된 일(그들을 용서하는 것)이 특정 미래 시점(그들이 다시 만날 때)에 완료될 것임을 표현하고 있으므로 미래 시제 will likely forgive를 미래완료 시제 will likely have forgiven으로 고쳐야 한다.

오답분석
① [기출포인트] **현재 시제** 시간을 나타내는 부사절(When ~ someone)에서는 미래를 나타내기 위해 미래 시제 대신 현재 시제를 써야 하므로 현재 시제 make가 올바르게 쓰였다.

② [기출포인트] **능동태·수동태 구별** 동사(break) 뒤에 목적어가 없고, 문맥상 주어(those plans)와 동사가 '그 계획이 깨지다'라는 의미의 수동 관계이므로 수동태 are broken이 올바르게 쓰였다.

③ [기출포인트] **동명사와 to 부정사 둘 다 목적어로 취하는 동사** 문맥상 '전화하는 것을 잊다'라는 의미가 되어야 자연스러운데, 동사 forget은 '~할 것을 잊다'라는 미래의 의미를 나타낼 때 to 부정사를 목적어로 취하므로 to call이 올바르게 쓰였다.

해석 사람들이 누군가와 계획을 세울 때, 그 계획이 깨지면 종종 화가 난다. 예를 들어, 친구가 전화하는 것을 잊거나 예기치 못하게 취소하면, 그것은 실망감을 유발할 수 있다. 하지만, 나중에 친구가 새로운 계획을 세우기 위해 연락을 취하면, 그 사람은 그들이 다시 만날 때쯤에는 그들을 용서했을 가능성이 높다.

어휘 unexpectedly 예기치 못하게 disappointment 실망감 reach out 연락을 취하다 forgive 용서하다

096 밑줄 친 부분에 들어갈 말로 가장 적절한 것을 고르시오.

> Hardly _____ the door upon returning home from the store when my dog dashed outside.

① had I opened
② has I opened
③ did I open
④ was I opened

097 밑줄 친 부분에 들어갈 말로 가장 적절한 것을 고르시오.

> The elderly gentleman sat in the garden café _____, enjoying the warm afternoon sunshine while reading his favorite novel. He felt a profound sense of contentment as the aromatic scent of freshly brewed coffee mingled with the fragrance of blooming flowers.

① with steamed his coffee gently beside him
② with steaming his coffee gently beside him
③ with his coffee steamed gently beside him
④ with his coffee steaming gently beside him

098 밑줄 친 부분 중 어법상 옳지 않은 것은?

> Doctors have tried for decades ① to understand Alzheimer's disease so that treatments could be developed. A new blood test offers substantial progress ② with regard to that goal, however, as it can predict the onset of the disease. While not a cure, the test is ③ definite a step toward the development of one. ④ Not yet covered by US insurance companies, the test remains expensive and inaccessible to most.

096 [기출포인트] 시제 일치 정답 ①

해설 주절에 hardly가 오고 종속절에 when이 오는 경우, 주절에는 과거완료 시제를 사용하고 종속절에는 과거 시제(dashed)를 사용하므로, 과거완료 시제인 ① had I opened가 정답이다.

해석 내가 가게에서 집으로 돌아와서 문을 열자마자 나의 반려견이 밖으로 황급히 달려 나갔다.

어휘 dash 황급히 달려가다

097 [기출포인트] 분사구문의 관용 표현 정답 ④

해설 빈칸은 부사절 역할을 하는 분사구문 자리이다. 문맥상 '커피가 그의 옆에서 김이 나는 채로'라는 의미가 되어야 자연스러운데, 동시에 일어나는 상황은 'with + 명사 + 분사'(~하면서)의 형태로 쓸 수 있으므로, ③, ④번이 정답 후보이다. 명사(his coffee)와 분사가 '커피가 김이 나다'라는 의미의 능동 관계이므로 현재분사(steaming)가 쓰인 ④ with his coffee steaming gently beside him이 정답이다.

해석 노신사는 커피가 그의 옆에서 부드럽게 김이 나는 채로 정원 카페에 앉아 그가 가장 좋아하는 소설을 읽는 동안 따뜻한 오후 햇살을 즐겼다. 그는 갓 끓인 커피의 향긋한 냄새가 피어나는 꽃의 향기와 어우러질 때 깊은 만족감을 느꼈다.

어휘 profound 깊은, 심오한 contentment 만족 aromatic 향긋한 scent 냄새, 향기 brew (커피·차를) 끓이다
mingle 어우러지다, 섞이다 fragrance 향기 bloom 꽃이 피다 steam 김이 나다

098 [기출포인트] 부사 자리 정답 ③

해설 동사(is)를 수식할 수 있는 것은 부사이므로 형용사 definite를 부사 definitely로 고쳐야 한다. 참고로, 형용사 definite가 명사(step)를 수식하기 위해서는 관사(a) 뒤에 와서 a definite step의 형태가 되어야 한다.

오답분석
① [기출포인트] 동명사와 to 부정사 둘 다 목적어로 취하는 동사 동사 try는 '~하려고 노력하다'라는 미래의 의미를 나타낼 때 to 부정사를 목적어로 취하므로 동사 tried의 목적어 자리에 to 부정사 to understand가 올바르게 쓰였다.
② [기출포인트] 전치사 4: ~에 관하여 명사(that goal) 앞에 '~에 관하여'라는 의미의 전치사 with regard to가 올바르게 쓰였다.
④ [기출포인트] 분사구문의 형태 주절의 주어(the test)와 분사구문이 '검사가 다뤄지다'라는 의미의 수동 관계이므로 과거분사 covered를 써야 하고, 분사구문의 부정형은 분사(covered) 앞에 not이나 never를 쓰므로 Not yet covered가 올바르게 쓰였다. 참고로, 부사(yet)는 동사 이외의 것을 수식할 때 수식받는 것(covered) 앞에 온다.

해석 의사들은 치료 방법이 개발될 수 있도록 몇십 년 동안 알츠하이머병을 이해하려고 노력해 왔다. 그러나 새로운 혈액 검사가 그 질병의 발병을 예측할 수 있으므로, 그 목표에 대한 상당한 진보를 제공한다. 비록 치료법은 아니지만, 이 검사는 분명히 그것(치료법)으로 향하는 한 걸음이다. 아직 미국 보험사에 의해 다뤄지지 않아서, 그 검사는 대부분의 사람에게 비싸고 접근하기 어려운 것으로 남아 있다.

어휘 treatment 치료 방법 substantial 상당한 predict 예측하다, 예언하다 onset 발병, 습격 inaccessible 접근하기 어려운

099 밑줄 친 부분 중 어법상 가장 옳지 않은 것은?

> The company ought to ① <u>provide</u> clear guidelines for any new procedures, as it ② <u>updates</u> the protocols every three months. Management recently stated that it requires all employees to complete their training on the new safety protocols ③ <u>until</u> next Friday, and will give a bonus twice ④ <u>as much as</u> the amount they received last year to those with high scores on the new safety training comprehension tests.

100 밑줄 친 부분 중 어법상 옳지 않은 것은?

> According to various studies ① <u>conducting</u> on the four-day workweek, working fewer hours ② <u>increases</u> employee satisfaction, and one of the main benefits ③ <u>is</u> an improved work-life balance. ④ <u>Whether</u> the four-day workweek is suitable for all industries and business models, however, remains to be seen.

099 | 기출포인트 전치사 2: 시점 | 정답 ③

해설 문맥상 '다음 주 금요일까지 교육을 완료할 것'이라는 의미가 되어야 자연스러우므로, '특정 시점까지 어떤 행동이나 상황이 계속되는 것'을 의미하는 전치사 until을 '정해진 시점까지 어떤 행동이나 상황이 완료되는 것'을 의미하는 전치사 by로 고쳐야 한다.

오답분석
① 기출포인트 **조동사 관련 표현** 조동사처럼 쓰이는 표현 ought to(~해야 한다) 뒤에는 동사원형이 와야 하므로 ought to 뒤에 동사원형 provide가 올바르게 쓰였다.
② 기출포인트 **현재 시제** 문맥상 '회사가 3개월마다 통신 규약을 갱신한다'라는 반복되는 동작을 묘사하고 있으므로 현재 시제 updates가 올바르게 쓰였다.
④ 기출포인트 **원급** 문맥상 '작년에 받은 금액의 두 배만큼 많은'이라는 의미가 되어야 자연스러운데, '~배만큼 -하다'는 '배수사 + as + 원급 + as'를 사용하여 나타낼 수 있으므로 twice 뒤에 as much as가 올바르게 쓰였다.

해석 회사는 3개월마다 통신 규약을 갱신하기 때문에, 새로운 절차에 대한 명확한 지침을 제공해야 한다. 경영진은 최근에 모든 직원이 다음 주 금요일까지 새로운 안전 규약에 대한 교육을 완료할 것을 요구하고, 새로운 안전 교육 이해도 시험에서 높은 점수를 받은 직원들에게는 작년에 받은 금액의 두 배만큼 많은 금액의 상여금을 지급할 것이라고 알렸다.

어휘 guideline 지침 procedure 절차 protocol 통신 규약, 프로토콜 management 경영(진) state 알리다, 말하다 comprehension 이해도

100 | 기출포인트 현재분사 vs. 과거분사 | 정답 ①

해설 수식받는 명사(various studies)와 분사가 '다양한 연구가 실시되다'라는 의미의 수동 관계이므로 현재분사 conducting을 과거분사 conducted로 고쳐야 한다.

오답분석
② 기출포인트 **주어와 동사의 수 일치** 동명사구(working fewer hours) 주어는 단수 취급하므로 단수 동사 increases가 올바르게 쓰였다.
③ 기출포인트 **수량 표현의 수 일치** 주어 자리에 단수 취급하는 수량 표현 'one of + 명사(the main benefits)'가 왔으므로 단수 동사 is가 올바르게 쓰였다.
④ 기출포인트 **명사절 접속사 2: whether** 문맥상 '주 4일 근무가 모든 산업과 사업 모델에 적합한지 아닌지'라는 의미가 되어야 자연스러우므로, 주어 자리에 '~인지 아닌지'를 의미하면서 명사절(Whether ~ models)을 이끄는 명사절 접속사 Whether가 올바르게 쓰였다.

해석 주 4일 근무에 대해 실시된 다양한 연구에 따르면, 더 적은 시간을 일하는 것은 직원 만족감을 증가시키며, 주요 이점 중 하나는 향상된 일과 삶의 균형이다. 그러나, 주 4일 근무가 모든 산업과 사업 모델에 적합한지 아닌지는 아직 두고 볼 일이다.

어휘 conduct 실시하다, (특정한 활동을) 하다 four-day workweek 주 4일 근무 satisfaction 만족(감) suitable 적합한, 알맞은 industry 산업 remain to be seen 두고 볼 일이다

101 밑줄 친 부분 중 어법상 가장 옳지 않은 것은?

> Cryptocurrency users can send money to ① <u>whomever</u> they choose, and as long as they have a recipient's wallet address, it matters little ② <u>whose</u> account it is. However, many have lost money believing they ③ <u>had invested</u> in legitimate schemes that were actually scams. While only a small portion of transactions ④ <u>is</u> lost to scams, the value lost is in the billions.

102 밑줄 친 부분 중 어법상 옳지 않은 것은?

> The Tower of Pisa, ① <u>which</u> is known for its distinctive tilt, took nearly 200 years to build. Unfortunately, before ② <u>completing</u> it, workers noticed that the tower had begun to lean. The ground upon which it was being built was ③ <u>unstable</u>, and the tower's weight was causing it to compress. Surprisingly, the tower with its heavy lean and delicate columns ④ <u>were</u> saved by the soft soil, which stopped the vibrations emanating from the earthquakes that destroyed nearby structures.

101 기출포인트 부분 표현의 수 일치   정답 ④

해설 부분을 나타내는 표현(portion of)을 포함한 주어는 of 뒤 명사에 동사를 수 일치시켜야 하는데, of 뒤에 복수 명사 transactions가 왔으므로 단수 동사 is를 복수 동사 are로 고쳐야 한다.

오답 분석
① 기출포인트 명사절 접속사 4: 복합관계대명사 목적어가 없는 불완전한 절(they choose)을 이끌며 전치사(to)의 목적어 자리에 올 수 있는 목적격 복합관계대명사 whomever(누구든)가 올바르게 쓰였다.
② 기출포인트 명사절 접속사 3: 의문사 뒤에 나온 명사(account)를 수식하며 보어가 없는 불완전한 절(it is)을 이끄는 의문형용사 whose(누구의 ~)가 올바르게 쓰였다.
③ 기출포인트 과거완료 시제 문맥상 '합법적인 계획에 투자했던 것'이 '돈을 잃은' 특정 과거 시점보다 명백히 이전에 일어난 일이므로, 과거완료 시제 had invested가 올바르게 쓰였다.

해석 암호화폐 사용자는 자신이 선택하는 누구에게든 돈을 보낼 수 있고 그들이 수신자의 지갑 주소를 가지고 있는 한, 그것이 누구의 계좌인지는 거의 중요하지 않다. 그러나, 많은 사람들이 자신들이 실제로는 사기였던 합법적인 계획에 투자했다고 믿고 돈을 잃었다. 거래의 적은 부분만이 사기로 인해 손실되지만, 손실되는 가치는 수십억 달러에 달한다.

어휘 cryptocurrency 암호화폐, 가상화폐 recipient 수신자, 수령인 wallet 지갑 account 계좌, 계정 legitimate 합법적인, 정당한 scheme 계획, 제도 scam (신용) 사기 portion 부분, 일부 transaction 거래, 처리

102 기출포인트 주어와 동사의 수 일치   정답 ④

해설 주어 자리에 단수 명사(tower)가 왔으므로 복수 동사 were를 단수 동사 was로 고쳐야 한다. 참고로, 주어와 동사 사이의 수식어 거품(with ~ columns)은 동사의 수 결정에 영향을 주지 않는다.

오답 분석
① 기출포인트 관계대명사 선행사(The Tower of Pisa)가 사물이고, 관계절 내에서 동사(is known)의 주어 역할을 하고 있으므로 콤마(,) 뒤에서 계속적 용법으로 쓰인 관계절을 이끌 수 있으며 사물을 가리키는 주격 관계대명사 which가 올바르게 쓰였다.
② 기출포인트 동명사의 역할 전치사(before)의 목적어 자리에 명사 역할을 하는 동명사 completing이 올바르게 쓰였다.
③ 기출포인트 보어 자리 주격 보어를 취하는 be 동사(was)의 보어 자리에 형용사 unstable이 올바르게 쓰였다.

해석 특유의 기울어짐으로 알려진 피사의 사탑은 짓는 데 거의 200년이 걸렸다. 유감스럽게도, 그것을 완성하기 전에, 노동자들은 탑이 기울기 시작했었다는 것을 알아챘다. 그것이 지어지고 있었던 지반은 불안정했고, 그 탑의 무게는 그것(지반)이 압축되게 만들고 있었다. 놀랍게도, 심한 기울기와 섬세한 기둥을 가진 이 탑은 부드러운 토양에 의해 보호되었는데, 이는 주변의 구조물들을 파괴한 지진에서 발산된 진동을 멈추게 했다.

어휘 distinctive 특유의, 눈에 띄는 tilt 기울어짐, 경사 lean 기울다, 숙이다 unstable 불안정한 compress 압축되다, 압축하다

DAY | 06

103 빈칸에 들어갈 가장 알맞은 것을 고르시오.

> Some evidence points to there being _____ between early music training and enhanced mathematical reasoning skills in children.

① intriguing relationship quite
② quite an intriguing relationship
③ quite intriguing relationship
④ quite intriguing a relationship

104 밑줄 친 부분에 들어갈 말로 가장 적절한 것을 고르시오.

> _____ as a young journalist for *Rolling Stone* magazine in the early 1970s, Cameron Crowe was inspired to make *Almost Famous*, a movie based on some of his experiences.

① Work
② Worked
③ Working
④ Being worked

105 밑줄 친 부분 중 어법상 옳지 않은 것은?

> *Cloud Gate*, a massive sculpture by Anish Kapoor, ① <u>resembles</u> a shiny silver bean. By the time I arrived in Chicago's Millennium Park to visit it several years ago, other tourists ② <u>had formed</u> a long line to take pictures in front of it. I was told that a regime of daily cleaning sessions ③ <u>are</u> necessary to maintain the sculpture's reflective surface, ④ <u>lest</u> fingerprints and smudges damage its appearance.

103 기출포인트 혼동하기 쉬운 어순   정답 ②

해설 빈칸은 전치사(to)의 목적어를 완성하는 것의 자리이다. 강조 부사 quite는 'quite + a/an + 형용사 + 명사' 순으로 와야 하므로 ② quite an intriguing relationship이 정답이다.

해석 일부 증거는 조기 음악 교육과 아동의 향상된 수학적 추론 능력 사이에 꽤 흥미로운 관계가 있음을 시사한다.

어휘 evidence 증거 point to ~을 시사하다, 암시하다 mathematical 수학적인 reasoning 추론, 추리 intriguing 흥미로운

104 기출포인트 분사구문의 형태   정답 ③

해설 빈칸은 수식어 역할을 하는 분사구문 자리이므로 분사 형태인 ②, ③, ④번이 정답 후보이다. 주절의 주어(Cameron Crowe)와 분사구문이 '카메론 크로우가 일하다'라는 의미의 능동 관계이므로 현재분사 ③ Working이 정답이다.

해석 1970년대 초 『롤링스톤』지의 젊은 보도 기자로 일하면서, 카메론 크로우는 그의 경험 중 일부를 바탕으로 한 영화인 「올모스트 페이머스」를 제작하는 데 영감을 받았다.

어휘 journalist 보도 기자, 저널리스트 inspire 영감을 주다

105 기출포인트 주어와 동사의 수 일치   정답 ③

해설 주어 자리에 단수 명사(a regime)가 왔으므로 복수 동사 are를 단수 동사 is로 고쳐야 한다. 참고로, 주어와 동사 사이의 수식어 거품(of daily cleaning sessions)은 동사의 수 결정에 영향을 주지 않는다.

오답분석
① 기출포인트 **타동사** 동사 resemble은 전치사 없이 목적어를 바로 취하는 타동사이므로 목적어 a shiny silver bean 앞에 resembles가 올바르게 쓰였다.
② 기출포인트 **과거완료 시제** '다른 관광객들이 긴 줄을 형성했던 것'이 '내가 시카고의 밀레니엄 파크에 도착한' 특정 과거 시점보다 명백히 이전에 일어난 일이므로, 과거완료 시제 had formed가 올바르게 쓰였다.
④ 기출포인트 **부사절 접속사 2: 기타** 문맥상 '지문과 자국이 그것의 모습을 손상하지 않도록'이라는 의미가 되어야 자연스러우므로, '~하지 않도록'이라는 의미의 부사절 접속사 lest가 올바르게 쓰였다.

해석 아니쉬 카푸어의 거대한 조각품인 '클라우드 게이트'는 반짝이는 은빛 콩을 닮았다. 내가 몇 년 전에 그것(클라우드 게이트)을 방문하기 위해 시카고의 밀레니엄 파크에 도착했을 때, 다른 관광객들이 그것 앞에서 사진을 찍기 위해 긴 줄을 형성하고 있었다. 그 조각품의 반사하는 표면을 유지하기 위해서는 지문과 자국이 그것의 모습을 손상하지 않도록 매일 청소하는 시간 체계가 필요하다는 말을 들었다.

어휘 massive 거대한 sculpture 조각품 resemble 닮다, 비슷하다 regime 체계, 제도 reflective (빛을) 반사하는 surface 표면 fingerprint 지문 smudge (더러운) 자국, 얼룩 appearance (겉)모습

106 밑줄 친 부분 중 어법상 가장 옳지 않은 것은?

> Try as we might, we cannot help but ① growing old, and perhaps the reason we try so hard to avoid it is because we fear the fate that usually comes next and ② from which there is no escape. ③ Had anyone succeeded, without dispute, we would have known. Unfortunately, no one has cheated death yet, and likely ④ neither will we.

107 밑줄 친 부분 중 어법상 옳지 않은 것은?

> A problem many people have is ① what they're scared to try new things. They're worried challenging ② themselves will lead to failure or embarrassment. I was like that, too, but my friend convinced me ③ to enroll in an art class with her. Although I was not a talented artist, it was such a positive experience ④ that it changed my outlook.

106 기출포인트 조동사 관련 표현 정답 ①

해설 조동사 관련 숙어 cannot (help) but(~할 수밖에 없다) 뒤에는 동사원형이 와야 하므로, 동명사 growing을 동사원형 grow로 고쳐야 한다.

오답분석
② 기출포인트 **전치사 + 관계대명사** 관계사 뒤에 완전한 절(there is no escape)이 왔으므로 '전치사 + 관계대명사'가 올 수 있다. 전치사 + 관계대명사'에서 전치사는 선행사 또는 관계절의 동사에 따라 결정되는데, 문맥상 '운명으로부터의 탈출구'라는 의미가 되어야 자연스러우므로 전치사 from(~로부터)이 관계대명사 which 앞에 온 from which가 올바르게 쓰였다.
③ 기출포인트 **가정법 도치** 주절에 가정법 과거완료 '주어(we) + would + have p.p.(have known)' 형태가 왔으므로 if절에도 가정법 과거완료 형태인 'if + 주어 + had p.p.'가 와야 하는데, if가 생략되면 주어와 조동사의 자리가 바뀌어 'Had + 주어(anyone) + p.p.(succeeded)'의 어순이 되므로 Had anyone succeeded가 올바르게 쓰였다.
④ 기출포인트 **도치 구문: 기타 도치** 문맥상 '우리도 역시 그러지 않을 것이다'라는 의미가 되어야 자연스럽고, 부사 neither가 '~도 역시 -않다'라는 의미로 쓰여 절의 맨 앞에 나오면 주어와 조동사가 도치되어 '조동사(will) + 주어(we)'의 어순이 되어야 하므로 neither will we가 올바르게 쓰였다.

해석 우리가 아무리 노력해도, 우리는 늙을 수밖에 없고, 우리가 이것을 피하기 위해 그렇게 열심히 노력하는 이유는 아마도 보통 (늙음) 이후에 오고 탈출구가 없는 운명을 두려워하기 때문일 것이다. 만약 누구라도 성공했다면, 우리는 분명히 알 수 있었을 것이다. 안타깝게도, 아직 아무도 죽음을 면하지 않았고, 아마 우리도 역시 그러지(면하지) 않을 것이다.

어휘 avoid 피하다 fate 운명 escape 탈출(구) without dispute 분명히, 논란의 여지없이 cheat 면하다, 벗어나다

107 기출포인트 what vs. that 정답 ①

해설 완전한 절(they're scared to try new things)을 이끌며 동사 is의 보어 자리에 올 수 있는 것은 명사절 접속사 that이므로 불완전한 절을 이끄는 명사절 접속사 what을 that으로 고쳐야 한다.

오답분석
② 기출포인트 **재귀대명사** 목적어가 주어(They)와 같은 사람을 지칭할 때 목적어 자리에 재귀대명사가 올 수 있으므로 동명사 challenging의 목적어 자리에 재귀대명사 themselves가 올바르게 쓰였다.
③ 기출포인트 **to 부정사를 취하는 동사** 동사 convince는 '~가 -하게 부추기다'라는 의미로 쓰일 때 to 부정사를 목적격 보어로 취하므로, 동사 convinced의 목적격 보어 자리에 to 부정사 to enroll이 올바르게 쓰였다.
④ 기출포인트 **부사절 접속사 2: 기타** 문맥상 '너무 긍정적인 경험이었기 때문에 내 관점을 바꾸었다'라는 의미가 되어야 자연스러운데, '매우 ~해서 -하다'는 부사절 접속사 such ~ that을 사용하여 나타낼 수 있으므로 that이 올바르게 쓰였다.

해석 많은 사람들이 가지고 있는 문제는 그들이 새로운 것을 시도하는 걸 두려워한다는 것이다. 그들은 그들 스스로에게 도전하는 것이 실패나 당황으로 이어질 것을 걱정한다. 나 역시 그랬지만, 내 친구가 그녀와 함께 미술 수업에 등록하도록 나를 부추겼다. 나는 재능 있는 예술가는 아니었지만, 그것이 너무 긍정적인 경험이었기 때문에 내 관점을 바꾸었다.

어휘 failure 실패 embarrassment 당황, 난처함 convince 부추기다, 설득하다 enroll 등록하다 outlook 관점, 전망

DAY | 06

108 밑줄 친 부분 중 어법상 잘못된 것은?

> Meredith entered college more independent and self-aware because she ① has traveled a lot by herself before starting college. Recently, universities are increasingly encouraging young people ② to take gap years if they ③ have the opportunity. An extended break between high school and college provides a chance to recharge, and many young people come away from ④ it with a renewed sense of purpose.

109 어법상 빈칸에 들어가기에 가장 적절한 것은?

> The workers _____ the factory machinery thoroughly after the last inspection revealed safety issues.

① were made check
② were made to check
③ make checking
④ make to check

108 기출포인트 과거완료 시제   정답 ①

해설 문맥상 '여행을 했던 것'이 '대학에 들어간' 특정 과거 시점보다 명백히 이전에 일어난 일이므로, 현재완료 시제 has traveled를 과거완료 시제 had traveled로 고쳐야 한다.

오답분석
② 기출포인트 **to 부정사를 취하는 동사** 동사 encourage는 to 부정사를 목적격 보어로 취하는 5형식 동사이므로 목적격 보어 자리에 to 부정사 to take가 올바르게 쓰였다.
③ 기출포인트 **현재 시제** 조건을 나타내는 부사절(if they ~ opportunity)에서는 미래를 나타내기 위해 미래 시제 대신 현재 시제를 써야 하므로 현재 시제 have가 올바르게 쓰였다.
④ 기출포인트 **인칭대명사** 대명사가 지시하는 명사(An extended break)가 단수 명사이므로 단수 목적격 대명사 it이 올바르게 쓰였다.

해석 Meredith는 대학에 입학하기 전에 혼자 여행을 했기 때문에 더 독립적이고 자신을 잘 아는 상태로 대학에 들어갔다. 최근에, 대학들은 젊은이들이 기회가 있다면 갭이어를 가질 것을 점점 더 권장하고 있다. 고등학교와 대학교 사이의 늘어난 휴식 기간은 재충전의 기회를 제공하며, 많은 젊은이들이 그것에서 새로워진 목적의식을 얻고 돌아온다.

어휘
independent 독립적인   self-aware 자신을 잘 아는, 자기를 인식하는
gap year 갭이어(흔히 고교 졸업 후 대학 생활을 시작하기 전에 일을 하거나 여행을 하면서 보내는 1년)   opportunity 기회
extended 늘어난, 길어진   recharge 재충전하다   renewed 새로워진

109 기출포인트 능동태·수동태 구별 & 5형식 동사의 수동태   정답 ②

해설 빈칸은 문장의 동사 자리이다. 주어(The workers)와 동사가 '작업자들이 공장 기계를 철저히 점검하게 되다'라는 의미의 수동 관계이므로 be + p.p. 형태의 수동태가 쓰인 ①, ②번이 정답 후보이다. 목적격 보어로 동사원형을 취하는 5형식 동사 make가 수동태가 되는 경우, 목적격 보어는 to 부정사가 되어 수동태 동사(were made) 뒤에 남아야 하므로 ② were made to check이 정답이다.

해석 마지막 점검이 안전 문제를 드러낸 후에 작업자들은 공장 기계를 철저히 점검하게 되었다.

어휘 factory 공장   machinery 기계   thoroughly 철저히, 완전히   inspection 점검   reveal 드러내다

110 밑줄 친 부분 중 어법상 옳지 않은 것은?

> Sunk-cost fallacy describes our tendency to persist in unproductive work because we ① <u>have already invested</u> in it. People often think they should finish everything they start, so most of us ② <u>have</u> pursued activities long after they ③ <u>should have ended</u>. However, ④ <u>being irrational</u>, people should guard against this belief.

111 밑줄 친 부분 중 어법상 옳지 않은 것은?

> ① <u>As soon as</u> we woke up the next morning, we had a quick breakfast, grabbed our bags, and headed to the train station. From there, we boarded the train ② <u>for</u> Assam, a region near India's border with China and Bangladesh that ③ <u>are</u> famous for its beautiful landscapes. Along the way, not only ④ <u>were</u> we sipping on delicious tea, but also making new friends. It was a very long journey, but it seemed ⑤ <u>as though</u> we reached our destination in no time.

110 기출포인트 분사구문의 의미상 주어   정답 ④

해설 주절의 주어(people)와 분사구문의 행위 주체가 달라 분사 구문의 의미상 주어가 필요한 경우 명사 또는 주격 대명사를 분사구문 앞에 써야 하므로, being irrational을 '끝났어야 했던 때보다 한참 후에도 활동들을 계속하는 것'을 나타내는 비인칭 주어 it을 분사구문 앞에 써서 it being irrational로 고쳐야 한다.

오답분석
① 기출포인트 **현재완료 시제** 문맥상 '우리가 이미 그것에 투자했다'라는 과거에 시작된 일이 현재까지 영향을 미치는 경우를 나타내고 있으므로 현재완료 시제 have already invested가 올바르게 쓰였다. 참고로, 완료형 동사를 수식할 때 부사(already)는 '조동사(have) + p.p.(invested)' 사이나 그 뒤에 오므로, have와 invested 사이에 already가 올바르게 쓰였다.
② 기출포인트 **부분 표현의 수 일치** 부분을 나타내는 표현(most of)을 포함한 주어는 of 뒤의 명사에 동사를 수 일치시켜야 하는데, of 뒤에 복수 명사(us)가 왔으므로 복수 동사 have가 올바르게 쓰였다.
③ 기출포인트 **조동사 관련 표현** 문맥상 '그것들이 끝났어야 했다'라는 의미가 되어야 자연스러운데, '~했어야 했다'는 조동사 관련 표현 should have p.p.를 사용하여 나타낼 수 있으므로 should have ended가 올바르게 쓰였다.

해석 매몰 비용 오류는 우리가 이미 그것에 투자했기 때문에 비생산적인 일을 계속하는 우리의 경향을 설명한다. 사람들은 흔히 그들이 시작한 모든 일을 끝내야 한다고 생각해서, 우리 대부분이 그것들이 끝났어야 했던 때보다 한참 후에도 활동들을 계속한다. 하지만, 그것은 비합리적이기 때문에, 사람들은 이러한 믿음을 경계해야 한다.

어휘 sunk cost 매몰 비용(의사 결정을 하여 지출한 비용 중 회수할 수 없는 비용) fallacy 오류, 틀린 생각 tendency 경향, 성향 persist (집요하게) 계속하다 unproductive 비생산적인 pursue 계속하다, 추구하다 irrational 비합리적인 guard 경계하다, 보호하다

111 기출포인트 주어와 동사의 수 일치   정답 ③

해설 주어 자리에 단수 명사(a region)가 왔으므로 복수 동사 are를 단수 동사 is로 고쳐야 한다. 참고로, 주어와 동사 사이의 수식어 거품(near ~ Bangladesh)은 동사의 수 결정에 영향을 주지 않는다.

오답분석
① 기출포인트 **부사절 접속사 1: 시간** 문맥상 '일어나자마자'라는 의미가 되어야 자연스러우므로 시간을 나타내는 부사절 접속사 As soon as(~하자마자)가 올바르게 쓰였다.
② 기출포인트 **전치사 3: 방향** 문맥상 'Assam으로 향하는'이라는 의미가 되어야 자연스러우므로 방향을 나타내는 전치사 for(~을 향해)가 올바르게 쓰였다.
④ 기출포인트 **도치 구문: 부사구 도치 1 & 주어와 동사의 수 일치** 부정을 나타내는 부사구(not only)가 강조되어 절의 맨 앞에 나오면 주어와 조동사가 도치되어 '조동사 + 주어'의 어순이 되어야 하는데, 주어 자리에 복수 명사 we가 왔으므로 복수형 were가 올바르게 쓰였다.
⑤ 기출포인트 **부사절 접속사 2: 기타** 문맥상 '마치 목적지에 금방 도착한 것처럼 느꼈다'라는 의미가 되어야 자연스러우므로 부사절 접속사 as though(마치 ~처럼)가 올바르게 쓰였다.

해석 우리는 다음 날 아침에 일어나자마자, 빨리 아침을 먹고 가방을 챙겨서 기차역으로 향했다. 거기서 우리는 중국과 방글라데시에 인접한 인도 국경과 가까우며 아름다운 풍경으로 유명한 지역인 Assam으로 향하는 기차에 탑승했다. 가는 길에, 우리는 맛있는 차를 홀짝였을 뿐만 아니라 새로운 친구도 사귀었다. 그것은 매우 긴 여행이었지만, 우리는 마치 목적지에 금방 도착한 것처럼 느꼈다.

어휘 board 탑승하다, 승차하다 landscape 풍경 sip on (음료를) 홀짝이다, 조금씩 마시다 destination 목적지 in no time 금방, 즉시

112 밑줄 친 부분 중 어법상 옳지 않은 것은?

Since first being proposed, vertical farming has struggled to ① be recognized as a viable alternative to traditional farming globally. The increase in cost is ② seen as extremely prohibitive by critics of the practice. In Victoria, Australia, for example, it requires ③ investing more than 850 times the cost of a traditional farm to build a vertical farm with the same yield. Contrary to ④ which the critics claim, some South Korean companies seem to have achieved the goal, creating a number of cost-effective vertical farms.

113 밑줄 친 부분 중 어법상 가장 옳지 않은 것은?

The number of students who are not familiar with basic vocabulary ① is increasing. ② According to a recent survey of teachers, more students responded as if they ③ have never heard the words we use on a daily basis. To solve this problem, many educators insist that parents and teachers ④ create an environment that keeps students focused on reading.

112 [기출포인트] 명사절 접속사 3: 의문사   정답 ④

해설 의문사 which는 '무엇(어느 것)'이라는 의미로 특정한 범위의 대상이 정해져 있을 때 쓸 수 있는데, 문맥상 '비평가들이 주장하는 것'이라는 의미로 막연한 '무엇'을 의미하고 있으므로, 의문사 which를 불완전한 절(the critics claim)을 이끌면서 전치사(to) 뒤에서 명사절을 이끌 수 있는 명사절 접속사 what으로 고쳐야 한다.

오답분석
① [기출포인트] **능동태·수동태 구별** 주어(vertical farming)와 to 부정사가 문맥상 '수직 농법이 인정받다'라는 의미의 수동 관계이므로 to 부정사의 수동형을 만드는 be recognized가 올바르게 쓰였다.
② [기출포인트] **보어 자리** be 동사(is)의 주격 보어 자리에 형용사 역할을 하는 과거분사 seen이 올바르게 쓰였다.
③ [기출포인트] **동명사를 목적어로 취하는 동사** 동사 require는 동명사를 목적어로 취하는 동사이므로 목적어 자리에 동명사 investing이 올바르게 쓰였다.

해석 처음 제안된 이래로, 수직 농법은 전 세계적으로 전통적인 농장에 대해 실행 가능한 대안으로 인정받기 위해 고군분투해 왔다. 비용의 인상은 이 관행의 비평가들에 의해 몹시 비싼 것으로 여겨진다. 예를 들어, 호주 빅토리아에서, (전통적인 농장과) 같은 수확량의 수직 농장을 지으려면 전통적인 농장의 850배도 넘는 비용을 투자하는 것이 요구된다. 비평가들이 주장하는 것과 반대로, 몇몇 한국 회사들은 여러 비용 효율이 높은 수직 농장들을 만듦으로써 목표를 이룬 것으로 보인다.

어휘 vertical 수직의   prohibitive 몹시 비싼, 금지하는

113 [기출포인트] 기타 가정법   정답 ③

해설 문맥상 '더 많은 학생들이 마치 우리가 일상적으로 사용하는 단어를 들어본 적이 없었던 것처럼'이라는 과거의 상황을 반대로 가정하는 의미가 되어야 자연스러운데, '마치 ~이었던 것처럼'은 As if 가정법 과거완료 형태인 '주어 + 동사 + as if + 주어 + had p.p.'로 나타낼 수 있으므로, have never heard를 had never heard로 고쳐야 한다.

오답분석
① [기출포인트] **수량 표현의 수 일치** 주어 자리에 단수 취급하는 수량 표현 The number of(~의 수)가 왔으므로 단수 동사 is가 올바르게 쓰였다.
② [기출포인트] **분사구문의 관용 표현** 문맥상 '교사들을 대상으로 한 최근의 설문조사에 따르면'이라는 의미가 되어야 자연스러운데, '~에 따르면'은 분사구문 관용 표현 according to를 사용하여 나타낼 수 있으므로 According to가 올바르게 쓰였다.
④ [기출포인트] **조동사 should의 생략** 문맥상 '많은 교육자들이 학생들이 읽기에 집중할 수 있는 환경을 조성해야 한다고 주장한다'라는 의미가 되어야 자연스러운데, 주절의 동사 insist가 '~할 것을 주장하다'라는 의미로 쓰일 때 종속절에는 '(should +) 동사원형'이 와야 하므로, 동사원형 create가 올바르게 쓰였다.

해석 기본적인 어휘에 익숙하지 않은 학생들의 수가 증가하고 있다. 교사들을 대상으로 한 최근의 설문조사에 따르면, 더 많은 학생들이 마치 우리가 일상적으로 사용하는 단어를 들어본 적이 없었던 것처럼 응답했다. 이 문제를 해결하기 위해, 많은 교육자들은 부모와 교사가 학생들이 읽기에 집중할 수 있는 환경을 조성해야 한다고 주장한다.

어휘 familiar 익숙한   survey 설문조사   respond 응답하다, 대답하다   on a daily basis 일상적으로, 매일   insist 주장하다

DAY | 06

114 빈칸에 들어갈 말로 가장 적절한 것을 고르시오.

> Humans, when reflecting on their lives, often regret _____ mistakes in the past, emphatically wishing they had done things differently.

① make
② making
③ to make
④ to making

115 밑줄 친 부분 중 어법상 옳지 않은 것은?

> A wide range of new laws ① <u>is</u> needed to regulate behavior, maintain order, and ② <u>protect people's rights</u>; and ideally, every law ③ <u>adheres</u> to standards of fairness while being guided by principles of justice. ④ <u>Had we never formulated</u> something so powerful as the law, our world might have evolved very differently.

114 기출포인트 동명사와 to 부정사 둘 다 목적어로 취하는 동사
정답 ②

해설 빈칸은 동사 regret의 목적어 자리이다. 동사 regret은 동명사와 to 부정사를 둘 다 목적어로 취하므로 ②, ③번이 정답 후보인데, 문맥상 '실수를 저지른 것을 후회하다'라는 의미가 되어야 자연스럽고, 동사 regret은 '~한 것을 후회하다'라는 과거의 의미를 나타낼 때 동명사를 목적어로 취하므로 ② making이 정답이다. 참고로, regret 뒤에 to 부정사가 올 경우 '~하게 되어 후회하다'라는 미래의 의미를 나타내어 '실수를 저지르게 되어(저지르게 될 것을) 후회하다'라는 어색한 문맥을 만들기 때문에 정답이 될 수 없다.

해석 그들의 인생에 대해 성찰할 때면, 인간들은 종종 과거에 실수를 저지른 것을 후회하며, 다르게 행동했을 것을 강력히 소망한다.

어휘 reflect 성찰하다, 깊이 생각하다   emphatically 강력히

115 기출포인트 수량 표현의 수 일치
정답 ①

해설 주어 자리에 복수 취급하는 수량 표현 'a range of + 복수 명사'(A wide range of new laws)가 왔으므로 단수 동사 is를 복수 동사 are로 고쳐야 한다.

오답분석
② 기출포인트 **병치 구문** 접속사(and)로 연결된 병치 구문에서는 같은 구조끼리 연결되어야 하는데, and 앞에 동사구(regulate behavior, maintain order)가 왔으므로 and 뒤에도 동사구 protect people's rights가 올바르게 쓰였다.
③ 기출포인트 **수량 표현의 수 일치** 주어 자리에 단수 취급하는 수량 표현 'every + 명사(law)'가 왔으므로 단수 동사 adheres가 올바르게 쓰였다.
④ 기출포인트 **가정법 도치** 주절에 가정법 과거완료를 만드는 '주어(our world) + might + have p.p.(have evolved)' 형태가 왔으므로 If절에도 가정법 과거완료가 와야 하는데, If절에 if가 생략되면 주어와 조동사가 도치되어 '조동사(Had) + 주어(we) + p.p.(formulated)'의 어순이 되므로 Had we never formulated가 올바르게 쓰였다. 참고로, 빈도 부사(never)는 보통 일반동사(formulated) 앞에 오므로, formulated 앞에 never가 올바르게 쓰였다.

해석 행동을 규제하고, 질서를 유지하며, 사람들의 권리를 보호하기 위해서는 다양한 새로운 법이 필요하다. 그리고 이상적으로, 모든 법은 정의의 원칙을 따르면서 공정성의 기준을 준수한다. 만약 우리가 법만큼 강력한 것을 만들어낸 적이 없었다면, 우리의 세상은 매우 다르게 진화했을지도 모른다.

어휘 regulate 규제하다, 통제하다   behavior 행동   maintain 유지하다   order (사회적) 질서   ideally 이상적으로
adhere to ~을 준수하다, ~을 충실히 지키다   fairness 공정성   principle 원칙, 주의   justice 정의, 공정성   formulate 만들어내다

DAY | 06

116 밑줄 친 부분 중 어법상 옳지 않은 것은?

> The impact ① <u>that</u> humans have had on the environment is blindingly apparent. We have drastically ② <u>affected</u> the composition of our atmosphere, which has in turn altered the climate. Our use of fossil fuels has allowed for tremendous technological advantages and ③ <u>problematical</u> led to a dependence on this technology. As a result, many fossil fuel companies ④ <u>have been protested</u> for years.

117 빈칸에 들어갈 가장 적절한 것은?

> The restaurant offers a range of dishes, and _____.

① all of it is same price
② all of it are the same price
③ all of them is same price
④ all of them are the same price

118 밑줄 친 부분에 들어갈 말로 가장 적절한 것을 고르시오.

> Hardly _____ when the fire alarm suddenly went off, forcing everyone to evacuate the building.

① had the meeting begun
② had begun the meeting
③ has the meeting begun
④ has begun the meeting

116 기출포인트 부사 자리 정답 ③

해설 동사(led)를 앞에서 수식할 수 있는 것은 부사이므로 형용사 problematical을 부사 problematically로 고쳐야 한다.

오답분석
① 기출포인트 **관계대명사 that** 선행사(impact)가 사물이고, 관계절 내에서 동사(have had)의 목적어 역할을 하므로 목적격 관계대명사 that이 올바르게 쓰였다.
② 기출포인트 **타동사** 동사 affect는 전치사 없이 목적어를 바로 취하는 타동사이므로 목적어(the composition) 앞에 affected가 올바르게 쓰였다.
④ 기출포인트 **능동태·수동태 구별** 주어(many fossil fuel companies)와 동사가 문맥상 '많은 화석연료 기업들이 항의를 받다'라는 의미의 수동 관계이므로 수동태 have been protested가 올바르게 쓰였다.

해석 인간들이 환경에 미쳐 온 영향은 매우 분명하다. 우리는 우리의 대기권의 구성에 극단적으로 악영향을 미쳤고, 이것이 결국 기후도 변화시켰다. 우리의 화석연료 사용은 엄청난 기술적 장점을 허용해 왔고 문제적으로 이 기술에 대한 의존을 초래했다. 그 결과로, 많은 화석연료 기업들은 수년간 항의를 받아왔다.

어휘 blindingly 매우, 몹시   apparent 분명한   drastically 극단적으로   composition 구성   alter 변화시키다   tremendous 엄청난

117 기출포인트 전체 표현의 수 일치 & 정관사 the 정답 ④

해설 전체를 나타내는 표현(all of)을 포함한 주어는 of 뒤 명사에 동사를 수 일치시켜야 하므로 단수 명사(it)와 단수 동사(is)가 쓰인 ①번과 복수 명사(them)와 복수 동사(are)가 쓰인 ④번이 정답 후보이다. 'same + 명사(same price)'는 정관사 the와 함께 쓰이는 표현이므로, ④ all of them are the same price가 정답이다.

해석 그 식당은 다양한 요리를 제공하며, 모든 요리는 같은 가격이다.

어휘 a range of 다양한   dish 요리, 접시

118 기출포인트 도치 구문: 부사구 도치 1 & 시제 일치 정답 ①

해설 빈칸은 문장의 주어와 동사 자리이다. 부정을 나타내는 부사(Hardly)가 강조되어 문장의 맨 앞에 나올 때 주어와 조동사가 도치되어 '조동사 + 주어 + 동사'의 어순이 되므로 ①, ③번이 정답 후보이다. 주절에 hardly가 오고 종속절에 when이 오는 경우, 주절에는 과거완료 시제를 사용하고 종속절에는 과거 시제를 사용하는데, 종속절에 과거 시제(went off)가 왔으므로 과거완료 시제가 사용된 ① had the meeting begun이 정답이다.

해석 회의가 시작되자마자 갑자기 화재경보기가 울려서, 모두가 건물 밖으로 대피하도록 했다.

어휘 fire alarm 화재경보기   go off (경보기 등이) 울리다   evacuate (위험한 장소에서) 대피하다

DAY | 06

적중 예상 문제

119 밑줄 친 부분에 들어갈 말로 가장 적절한 것을 고르시오.

> Most customers who shop at this boutique _____ designer handbags over mass-produced accessories because of the superior craftsmanship and unique designs.

① prefers
② prefer
③ is preferring
④ are preferring

120 밑줄 친 부분 중 어법상 잘못된 것은?

> Cognitive psychologists seem ① to be recommending reading out loud over reading silently ② so that people can improve their ability to memorize lists, but this is not a ③ strong enough technique when studying for knowledge-based tests, ④ which comprehension is required.

119 기출포인트 현재진행 시제 & 주어와 동사의 수 일치   정답 ②

해설 빈칸은 문장의 동사 자리이다. 감정을 나타내는 동사 prefer(선호하다)는 진행 시제로 쓸 수 없으므로 현재 시제 ①, ②번이 정답 후보인데, 주어 자리에 복수 명사(Most customers)가 왔으므로 복수 동사 ② prefer가 정답이다. 참고로, 주어와 동사 사이의 수식어 거품(who shop at this boutique)은 동사의 수 결정에 영향을 주지 않는다.

해석 이 상점에서 쇼핑하는 대부분의 고객들은 뛰어난 솜씨와 독특한 디자인 때문에 대량 생산된 액세서리보다 디자이너 핸드백을 선호한다.

어휘 boutique 상점, 가게   superior 뛰어난, 우수한   craftsmanship 솜씨, 손재주

120 기출포인트 전치사 + 관계대명사   정답 ④

해설 관계사 뒤에 완전한 절(comprehension is required)이 왔으므로 콤마(,) 뒤에서 완전한 절을 이끄는 '전치사 + 관계대명사'가 와야 한다. '전치사 + 관계대명사'에서 전치사는 선행사 또는 관계절의 동사에 따라 결정되는데 문맥상 '이해력이 지식 기반 시험을 위해 필요하다'라는 의미가 되어야 자연스러우므로 which를 전치사 for(~을 위해)를 써서 for which로 고쳐야 한다.

오답분석
① 기출포인트 **to 부정사의 형태** 문맥상 '인지 심리학자들이 큰 소리로 읽는 것을 권장하고 있다'는 의미가 되어야 자연스러운데, 특정 시점에 동작이 계속 진행되고 있는 것을 나타낼 때는 진행 시제를 사용하고, to 부정사의 진행형은 'to be -ing'의 형태로 나타낼 수 있으므로 to be recommending이 올바르게 쓰였다.

② 기출포인트 **부사절 접속사 2: 기타** 문맥상 '사람들이 그들의 능력을 향상시킬 수 있도록'이라는 의미가 되어야 자연스러운데, '~하도록'은 부사절 접속사 so that ~ can을 사용하여 나타낼 수 있으므로 뒤의 can과 짝을 이루는 so that이 올바르게 쓰였다.

③ 기출포인트 **혼동하기 쉬운 어순** enough는 형용사(strong)와 명사(technique)와 함께 쓰일 때 '형용사 + enough + 명사'의 어순으로 쓰이므로 strong enough technique이 올바르게 쓰였다.

해석 인지 심리학자들은 사람들이 목록을 암기하는 그들의 능력을 향상시킬 수 있도록 조용히 읽는 것보다 큰 소리로 읽는 것을 권장하고 있는 것처럼 보이지만, 이해력이 필요한 지식 기반 시험을 공부할 때 그것은 충분히 강력한 기술이 아니다.

어휘 cognitive 인지의   psychologist 심리학자   silently 조용히   memorize 암기하다   technique 기술   comprehension 이해력

121 밑줄 친 부분 중 어법상 옳지 않은 것은?

① It has become more difficult for UK households to afford groceries due to drought and other climate events, and ② struggling families have been hit the hardest. ③ Prices being so high, lower-income households had to cut back or stop buying brand-name items, a factor that must ④ consider as interest rates are set for the coming year.

122 밑줄 친 부분 중 어법상 잘못된 것은?

Only about half of workers worldwide ① hold jobs corresponding to their education level. ② Worried about the implications of this mismatch, some governments, in partnership with educational institutions, are reforming curricula ③ so that students gain practical skills, and progress has not been as ④ significantly as hoped.

121 기출포인트 능동태·수동태 구별 정답 ④

해설 동사(consider) 뒤에 목적어가 없고, 문맥상 선행사(a factor)와 관계절의 동사가 '그 요소가 고려되다'라는 의미의 수동 관계이므로 능동태 consider를 수동태 be considered로 고쳐야 한다.

오답 분석
① 기출포인트 **가짜 주어 구문** to 부정사구(to afford groceries due to ~ climate events)와 같이 긴 주어가 오면 진짜 주어인 to 부정사구를 문장 맨 뒤로 보내고 가짜 주어 it이 주어 자리에 대신해서 쓰이므로 It이 올바르게 쓰였다.
② 기출포인트 **현재분사 vs. 과거분사** 수식받는 명사(families)와 분사가 '가정들이 어려움을 겪다'라는 의미의 능동 관계이므로 현재분사 struggling이 올바르게 쓰였다.
③ 기출포인트 **분사구문의 의미상 주어** 주절의 주어(lower-income households)와 분사구문의 행위 주체(Prices)가 달라 분사구문의 의미상 주어가 필요한 경우 명사 또는 주격 대명사를 분사구문 앞에 써야 하므로, being 앞에 명사 Prices가 온 Prices being이 올바르게 쓰였다.

해석 가뭄과 다른 기후 현상들로 인해 영국 가정들이 식료품을 감당하기가 더욱 어려워졌고, 어려움을 겪고 있는 가정들은 가장 큰 타격을 받아 왔다. 가격이 너무 높기 때문에, 저소득 가정들은 지출을 줄이거나 유명 브랜드 제품 구매를 중단해야 했으며, 이것은 내년도 금리가 설정될 때 고려되어야 할 요소이다.

어휘 household 가정 afford 감당하다 grocery 식료품 drought 가뭄 struggle 어려움을 겪다 hit 타격을 받다 cut back 지출을 줄이다 brand-name 유명 브랜드의 factor 요소 consider 고려하다 interest rate 금리

122 기출포인트 원급 정답 ④

해설 원급 표현 'as + 형용사/부사의 원급 + as'에서 as ~ as 사이가 형용사 자리인지 부사 자리인지는 as, as를 지우고 구별하는데, be 동사(been)의 보어 자리에 올 수 있는 것은 형용사이므로 부사 significantly를 형용사 significant로 고쳐야 한다.

오답 분석
① 기출포인트 **부분 표현의 수 일치** 부분을 나타내는 표현(half of)을 포함한 주어는 of 뒤 명사에 동사를 수 일치시켜야 하는데, of 뒤에 복수 명사 workers가 왔으므로 복수 동사 hold가 올바르게 쓰였다.
② 기출포인트 **분사구문의 형태** 감정을 나타내는 동사(worry)의 경우 분사가 수식하는 대상이 감정을 느끼는 주체이면 과거분사를 써야 하는데, 주절의 주어(some governments)가 우려를 하는 주체이므로 과거분사 Worried가 올바르게 쓰였다.
③ 기출포인트 **부사절 접속사 2: 기타** 문맥상 '교육과정을 개혁하여 학생들이 실용적인 기술을 얻게 하다'라는 의미가 되어야 자연스러우므로 '~해서 -하다'라는 의미의 부사절 접속사 so that이 올바르게 쓰였다.

해석 전 세계적으로 근로자 중 약 절반만이 그들의 교육 수준에 상응하는 직업을 갖고 있다. 이러한 불일치의 영향에 대해 우려하여, 일부 정부들은 교육 기관과의 협력으로 교육과정을 개혁하여 학생들이 실용적인 기술을 얻게 하지만, 진전이 희망했던 만큼 상당하지 않다.

어휘 correspond to ~에 상응하다 implication 영향, 결과 mismatch 불일치 institution 기관, 제도 reform 개혁하다 curriculum 교육과정 practical 실용적인 progress 진전

DAY | 07

123 다음 빈칸에 들어갈 말로 가장 적절한 것을 고르시오.

> A variety of tasty dishes from around the world were available at the buffet, but because she hasn't been home in an incredibly long time, _____ was the simple food from her native country.

① most attracted her what
② what attracted her most
③ what attracted most her
④ most what attracted her

124 빈칸에 들어갈 가장 적절한 것은?

> To ensure safety, _____ for wear and tear before traveling long distances.

① always check your tires
② check always your tires
③ always check for your tires
④ check always for your tires

125 밑줄 친 부분 중 어법상 옳지 않은 것은?

> A nice yard can ① be maintained quite easily by following a few simple steps. First off, keeping your flowers, trees, and shrubs ② water is vital. Grass ③ ought to be mowed regularly to keep out rodents and weeds. Also, remember to use a high-quality fertilizer ④ to make sure your lawn stays healthy.

123 [기출포인트] 명사절의 형태 & 부사 자리   정답 ②

[해설] 빈칸은 동사(was)의 주어 역할을 하는 명사절 자리이다. 명사절은 '명사절 접속사 (+ 주어) + 동사' 형태로 쓰이므로 what attracted 가 앞에 온 ②, ③번이 정답 후보인데, 부사(most)는 동사를 수식할 때 '동사(attracted) + 목적어(her)'의 앞이나 뒤에 올 수 있으므로 attracted her 뒤에 most가 온 ② what attracted her most가 정답이다.

[해석] 세계 각국의 다양한 맛있는 요리들이 뷔페에서 이용 가능했지만, 그녀는 아주 오랫동안 고향에 가지 못하였기 때문에 그녀의 마음을 가장 끈 것은 고국의 소박한 음식이었다.

[어휘] **dish** 요리, 음식 **available** 이용 가능한 **buffet** 뷔페 **incredibly** 아주, 매우 **attract** (마음을) 끌다

124 [기출포인트] 빈도 부사 & 타동사   정답 ①

[해설] 문맥상 '타이어를 항상 점검하세요'라는 의미가 되어야 자연스러운데, '항상'은 빈도 부사 always를 사용하여 나타낼 수 있고, 빈도 부사는 일반동사(check)의 앞에 와야 하므로 always check로 나타낸 ①, ③번이 정답 후보이다. 동사 check(점검하다)는 전치사(for) 없이 바로 목적어(your tires)를 취할 수 있는 타동사이므로 ① always check your tires가 정답이다.

[해석] 안전을 보장하기 위해, 장거리 여행을 하기 전에 타이어의 마모를 항상 점검하세요.

[어휘] **wear and tear** 마모 **distance** 거리

125 [기출포인트] 수식어 거품 자리 & 현재분사 vs. 과거분사   정답 ②

[해설] 주어(keeping your ~), 동사(is), 보어(vital)를 모두 갖춘 완전한 절에 또 다른 동사(water)가 올 수 없으므로 water를 동사 keep의 목적어(your flowers, trees, and shrubs) 뒤에서 목적격 보어로 쓰일 수 있는 분사로 고쳐야 하는데, 목적어와 분사가 '당신의 꽃, 나무, 그리고 관목이 물을 공급받다'라는 의미의 수동 관계이므로 과거분사 watered로 고쳐야 한다.

[오답분석]
① [기출포인트] 능동태·수동태 구별 주어(A ~ yard)와 동사가 '마당이 유지되다'라는 의미의 수동 관계이므로 수동태 be maintained가 올바르게 쓰였다.
③ [기출포인트] 조동사 관련 표현 문맥상 '잔디는 깎아져야 한다'는 의미가 되어야 자연스러운데, '~해야 한다'는 조동사처럼 쓰이는 표현 ought to를 사용하여 나타낼 수 있고, 조동사처럼 쓰이는 표현 뒤에는 동사원형이 와야 하므로 ought to be가 올바르게 쓰였다.
④ [기출포인트] to 부정사의 역할 문맥상 '보장하기 위해'라는 의미가 되어야 자연스러우므로 목적의 의미를 나타내는 to 부정사 to make sure가 올바르게 쓰였다.

[해석] 멋진 마당은 몇 가지 간단한 단계를 따름으로써 꽤 쉽게 유지될 수 있다. 첫 번째로, 당신의 꽃, 나무, 그리고 관목을 물이 공급된 상태로 유지하는 것이 중요하다. 잔디는 설치류와 잡초를 막기 위해 정기적으로 깎아져야 한다. 또한, 당신의 잔디가 건강하게 유지되도록 보장하기 위해 고급 비료를 사용하는 것을 기억하라.

[어휘] **shrub** 관목 **vital** 중요한, 필수적인 **rodent** 설치류 **fertilizer** 비료 **lawn** 잔디

126 밑줄 친 부분 중 어법상 잘못된 것은?

> Health problems often ① arise lifestyle choices that are completely avoidable, and some people find that if they had seen a doctor before their diagnosis, they ② could have prevented serious complications. The reality is that by the time warning signs appear, many conditions ③ will require interventions that are ④ very costly and invasive.

127 밑줄 친 부분 중 어법상 잘못된 것은?

> In ancient Greece, ① can be found many respected thinkers, but Socrates is more revered than any other ② thinker because in no way ③ can anyone else be considered the father of Western philosophy, as his teachings ④ describing the Socratic method influenced Plato and Aristotle.

126 기출포인트 자동사 정답 ①

해설 동사 arise는 전치사 없이 목적어(lifestyle choices)를 취할 수 없는 자동사이고, 문맥상 '생활 방식의 선택으로부터 발생하다'라는 의미가 되어야 자연스러우므로, arise를 '~로부터'라는 의미의 전치사 from을 써서 arise from으로 고쳐야 한다.

오답분석
② 기출포인트 **가정법 과거완료** if절에 과거의 상황을 반대로 가정하는 가정법 과거완료 'If + 주어(they) + had p.p.(had seen)' 형태가 왔으므로, 주절에도 가정법 과거완료 '주어 + could + have p.p.' 형태인 could have prevented가 올바르게 쓰였다.
③ 기출포인트 **시제 일치** 미래 시제와 자주 함께 쓰이는 'By + 미래 시간 표현'(by the time warning signs appear)이 왔으므로 미래 시제 will require가 올바르게 쓰였다.
④ 기출포인트 **강조 부사** 형용사나 부사를 앞에서 강조하는 강조 부사 very가 형용사 costly 앞에 올바르게 쓰였다.

해석 건강 문제들은 완전히 피할 수 있는 생활 방식의 선택으로부터 종종 발생하며, 일부 사람들은 만약 그들이 진단을 받기 전에 의사를 봤었더라면 심각한 합병증을 예방할 수 있었을 것이라고 생각한다. 현실은 경고 신호가 나타날 즈음에는 많은 질환들이 매우 비용이 많이 들고 외과적인 개입을 필요로 할 것이라는 점이다.

어휘 arise 발생하다 avoidable 피할 수 있는 diagnosis 진단 prevent 예방하다 complication 합병증 condition 질환, 상태 intervention 개입 costly 비용이 많이 드는 invasive 외과적인, 몸에 칼을 대는

127 기출포인트 도치 구문: 부사구 도치 2 정답 ①

해설 장소를 나타내는 부사구(In ancient Greece)가 강조되어 문장의 맨 앞에 나올 때, 부사구 뒤에 콤마(,)가 있으면 주어와 동사의 도치가 일어나지 않으므로 '동사 + 주어'의 어순인 can be found many respected thinkers를 '주어 + 동사'의 어순인 many respected thinkers can be found로 고쳐야 한다.

오답분석
② 기출포인트 **비교급 형태로 최상급 의미를 만드는 표현** 문맥상 '다른 어떤 사상가보다 더 존경받는'이라는 의미가 되어야 자연스러운데, '다른 어떤 -보다 더 ~한'은 '비교급 + than any other + 단수 명사'의 형태를 사용하여 나타내므로 more revered than any other 뒤에 단수 명사 thinker가 올바르게 쓰였다.
③ 기출포인트 **도치 구문: 부사구 도치 1** 부정을 나타내는 부사구(in no way)가 문장의 맨 앞에 오면 주어와 조동사가 도치되어 '조동사(can) + 주어(anyone else) + 동사(be considered)'의 어순이 되어야 하므로 can anyone else be considered가 올바르게 쓰였다.
④ 기출포인트 **현재분사 vs. 과거분사** 수식받는 명사(teachings)와 분사가 '가르침이 (소크라테스식 문답법을) 설명하다'라는 의미의 능동 관계이므로 현재분사 describing이 올바르게 쓰였다.

해석 고대 그리스에서는 가장 존경받는 사상가들을 찾을 수 있지만, 소크라테스가 다른 어떤 사상가보다도 더 존경받는데, 이는 소크라테스식 문답법을 설명하는 그의 가르침이 플라톤과 아리스토텔레스에게 영향을 미쳤으므로 다른 누구도 서양 철학의 아버지로 여겨질 수 없기 때문이다.

어휘 thinker 사상가 revere 존경하다 philosophy 철학 the Socratic method 소크라테스식 문답법

DAY | 07

128 빈칸에 들어갈 말로 알맞은 것은?

> I had to wait to meet my favorite author due to the large crowd, and when I did, _____, I managed to stay composed and enjoy a conversation with him.

① though excited I was
② I was excited though
③ excited I was though
④ excited though I was

129 밑줄 친 부분 중 어법상 잘못된 것은?

> The reason for conflicts between parents and teenage children often ① come down to issues regarding independence, which some parents may be ② inclined to restrict. Since most of the disagreements at home ③ are resolved through open communication, both parties need to ④ make an effort to understand the other's perspective.

128 기출포인트 부사절 접속사 2: 양보 정답 ④

해설 빈칸은 부사절의 자리이다. 문맥상 '나는 비록 흥분했지만'이라는 의미가 되어야 자연스러운데, though가 '비록 ~이지만'이라는 의미의 양보를 나타내는 부사절 접속사로 쓰일 때 '보어(excited) + though + 주어(I) + 동사(was)'의 형태로 쓰일 수 있으므로 ④ excited though I was가 정답이다.

해석 많은 인파로 인해 나는 내가 가장 좋아하는 작가를 만나기 위해 기다려야 했고, 작가를 만났을 때, 나는 비록 흥분했지만 침착함을 유지하며 그와 대화를 즐길 수 있었다.

어휘 author 작가 due to ~로 인해 composed 침착한

129 기출포인트 주어와 동사의 수 일치 정답 ①

해설 주어 자리에 단수 명사(The reason)가 왔으므로 복수 동사 come을 단수 동사 comes로 고쳐야 한다. 참고로, 주어와 동사 사이의 수식어 거품(for conflicts ~ teenage children)은 동사의 수 결정에 영향을 주지 않는다.

오답분석
② 기출포인트 **to 부정사 관련 표현** 문맥상 '일부 부모들은 이것을 제한하는 경향이 있을 수 있다'라는 의미가 되어야 자연스러운데, '~하는 경향이 있다'는 to 부정사 관용 표현 be inclined to를 사용하여 나타낼 수 있으므로 be inclined 뒤에 to 부정사 to restrict가 온 inclined to restrict가 올바르게 쓰였다.
③ 기출포인트 **부분 표현의 수 일치** 부분을 나타내는 표현(most of)을 포함한 주어는 of 뒤 명사에 동사를 수 일치시켜야 하는데, of 뒤에 복수 명사 the disagreements가 왔으므로 복수 동사 are가 올바르게 쓰였다.
④ 기출포인트 **조동사 관련 표현** 조동사처럼 쓰이는 표현 need to(~해야 한다) 뒤에는 동사원형이 와야 하므로 동사원형 make가 올바르게 쓰였다.

해석 부모와 십 대 자녀 간의 갈등의 이유는 종종 독립성에 관한 문제로 귀결되는데, 일부 부모들은 이것(독립성)을 제한하는 경향이 있을 수 있다. 가정에서 대부분의 의견 차이는 열린 소통을 통해 해결되므로, 양측 모두 상대방의 관점을 이해하려고 노력할 필요가 있다.

어휘 conflict 갈등 come down to ~로 귀결되다 regarding ~에 관하여 independence 독립성 restrict 제한하다 disagreement 의견 차이 resolve 해결하다 perspective 관점

130 밑줄 친 부분 중 어법상 잘못된 것은?

> If the new apartment building ① had been completed by the original date, the family would have moved into the bigger unit by then. The family ② contacted the contractor to complain as they felt ③ frustrating about having to keep living in ④ a too small and cramped space longer than expected.

131 밑줄 친 부분 중 어법상 옳지 않은 것은?

> Puma Punka is a massive, man-made terraced mound located among the ① towering mountains of Bolivia. Discovered over 500 years ago, archeologists continue ② to visit Puma Punka to examine the stone blocks that make up the platform. Each stone in the walls of Puma Punka ③ were chiseled to link perfectly with the surrounding stones. In fact, the blocks are so uniform that they could be exchanged for ④ one another while maintaining the durability of the structure.

130 기출포인트 현재분사 vs. 과거분사   정답 ③

해설 감정을 나타내는 동사(frustrate)의 경우 분사가 수식 또는 보충 설명하는 대상이 감정을 느끼는 주체이면 과거분사를 써야 하는데, 주어 they(The family)가 좌절감을 느끼는 주체이므로 현재분사 frustrating을 과거분사 frustrated로 고쳐야 한다.

오답분석
① 기출포인트 **가정법 과거완료** 주절에 가정법 과거완료 '주어(the family) + would + have p.p.(have moved)' 형태가 왔고, 문맥상 '그 가족은 그때쯤 이사했을 것이다'라는 과거 상황을 반대로 가정하는 의미가 되어야 자연스러우므로, if절에도 가정법 과거완료 'If + 주어 + had p.p.' 형태인 had been completed가 올바르게 쓰였다.

② 기출포인트 **능동태·수동태 구별** 동사(contact) 뒤에 목적어(the contractor)가 있고, 주어(The family)와 동사가 '그 가족은 도급업체에 연락했다'라는 의미의 능동 관계이므로 능동태 contacted가 올바르게 쓰였다.

④ 기출포인트 **명사를 수식하는 여러 요소들의 어순** 여러 품사가 함께 명사(space)를 수식하는 경우 '관사(a) + 부사(too) + 형용사(small and cramped) + 명사(space)'의 어순이 되어야 하므로 a too small and cramped가 명사 space 앞에 올바르게 쓰였다.

해석 만약 새 아파트 건물이 원래 날짜까지 완공되었다면, 그 가족은 그때쯤 더 큰 집으로 이사했을 것이다. 그 가족은 예상보다 오랫동안 너무 작고 비좁은 공간에서 계속 살아야 하는 것에 좌절감을 느껴서 불만을 표시하기 위해 도급업체(건설업체)에 연락했다.

어휘 complete 완공하다 contractor 도급업체 cramped 비좁은

131 기출포인트 수량 표현의 수 일치   정답 ③

해설 주어 자리에 단수 취급하는 수량 표현 'Each + 명사(stone)'가 왔으므로 복수 동사 were를 단수 동사 was로 고쳐야 한다. 참고로, 주어와 동사 사이의 수식어 거품(in the walls of Puma Punka)은 동사의 수 결정에 영향을 주지 않는다.

오답분석
① 기출포인트 **현재분사 vs. 과거분사** 수식받는 명사(mountains)와 분사가 '산들이 우뚝 솟다'라는 의미의 능동 관계이므로 현재분사 towering이 올바르게 쓰였다.

② 기출포인트 **동명사와 to 부정사 둘 다 목적어로 취하는 동사** 동사 continue는 목적어로 동명사와 to 부정사를 모두 취할 수 있는 동사이므로 목적어 자리에 to 부정사 to visit이 올바르게 쓰였다.

④ 기출포인트 **부정대명사** 문맥상 '서로 교체될 수 있다'라는 의미가 되어야 자연스러우므로 '서로'라는 의미의 부정대명사 one another가 올바르게 쓰였다.

해석 Puma Punka는 볼리비아의 우뚝 솟은 산들 사이에 위치한 거대한 인공 계단식 언덕이다. 500년 전에 발견되어, 고고학자들은 그 단을 이루는 돌덩어리들을 조사하기 위해 계속해서 Puma Punka를 방문한다. Puma Punka의 벽에 있는 각각의 돌은 주위의 돌들과 완벽하게 연결되기 위해 깎아졌다. 실제로, 그 돌들은 너무나 균일하여 그것들은 건물의 내구성을 유지하면서 서로 다른 것으로 교체될 수도 있다.

어휘 man-made 인공의, 사람이 만든 terraced 계단식의 mound 언덕, 돌더미 tower 우뚝 솟다; 탑 chisel 깎다, 조각하다
durability 내구성, 내구도

DAY | 07

132 밑줄 친 부분에 들어갈 말로 가장 적절한 것을 고르시오.

> When Katherine started making videos and posting them online, never _____ that she would attract a large following of people eager to hear her thoughts and opinions.

① she did imagine
② did she imagine
③ imagined she did
④ she imagine

133 빈칸에 들어갈 말로 가장 적절한 것을 고르시오.

> Chinese is a tonal language with quite a large vocabulary, so it can be difficult for learners to master all of _____ components.

① their   ② its
③ they   ④ it

134 밑줄 친 부분 중 어법상 잘못된 것은?

> It was interesting to hear ① that my younger sister went to the cinema alone last weekend ② to watch her favorite film. If I had been in her place, I would definitely ③ ask someone to go with me because one of the things I always felt was lacking as a child ④ was having someone who shared my interests.

132 기출포인트 도치 구문: 부사구 도치 1 정답 ②

해설 부정을 나타내는 부사(never)가 강조되어 절의 맨 앞에 나오면 주어와 조동사가 도치되어 '조동사(did) + 주어(she) + 동사(imagine)'의 어순이 되어야 하므로 ② did she imagine이 정답이다.

해석 Katherine이 동영상을 제작하여 온라인에 게시하기 시작했을 때, 그녀는 자신의 생각과 의견을 간절히 듣고 싶어 하는 많은 추종하는 사람들을 끌어들일 줄은 상상도 못 했다.

어휘 attract 끌어들이다 eager 간절히 ~하고 싶어하는

133 기출포인트 인칭대명사 정답 ②

해설 빈칸은 명사(components)를 앞에서 수식하는 것의 자리이므로 명사 앞에서 사용되는 소유격 인칭대명사 ①, ②번이 정답 후보이다. 문맥상 '그것의 모든 요소'라는 의미가 되어야 자연스러운데, 대명사가 지칭하는 것이 단수 명사(Chinese)이므로 3인칭 단수 소유격 대명사 ② its가 정답이다.

해석 중국어는 상당히 방대한 어휘를 지니고 있는 음조 언어라서 학습자들이 그것의 모든 요소를 숙달하는 것이 어려울 수 있다.

어휘 tonal 음조의, 음색의 component 요소

134 기출포인트 가정법 과거완료 정답 ③

해설 if절에 과거 상황을 반대로 가정하는 가정법 과거완료 'if + 주어 + had p.p.' 형태인 If I had been이 왔으므로 주절에도 가정법 과거완료를 만드는 '주어 + would + have p.p.'의 형태가 와야 한다. 따라서 ask를 have asked로 고쳐야 한다.

오답분석
① 기출포인트 **명사절 접속사 1: that** 완전한 절(my younger sister ~ weekend)을 이끌며 to 부정사(to hear)의 목적어 자리에 올 수 있는 명사절 접속사 that이 올바르게 쓰였다.
② 기출포인트 **to 부정사의 역할** 문맥상 '좋아하는 영화를 보기 위해'라는 의미가 되어야 자연스러우므로, 부사처럼 목적을 나타낼 수 있는 to 부정사구 to watch가 올바르게 쓰였다.
④ 기출포인트 **수량 표현의 수 일치** 주어 자리에 단수 취급하는 수량 표현 'one of + 명사(the things)'가 왔으므로 단수 동사 was가 올바르게 쓰였다. 참고로, 주어와 동사 사이의 수식어 거품(I always ~ as a child)은 동사의 수 결정에 영향을 주지 않는다.

해석 내 여동생이 지난 주말에 자신이 좋아하는 영화를 보기 위해 혼자 영화관에 갔다는 것을 들은 것은 흥미로웠다. 만약 내가 그녀의 입장이었다면, 나는 분명히 누군가에게 같이 가자고 요청했을 것인데, 왜냐하면 내가 어렸을 때 항상 부족하다고 느꼈던 것 중 하나는 나의 관심사를 공유하는 누군가를 갖는 것이었기 때문이다.

어휘 cinema 영화관 place 입장, 처지 definitely 분명히 lack 부족하다

DAY | 07

135 어법상 빈칸에 들어가기에 가장 적절한 것은?

> The director organized a meeting to speak to the new animators who _____ specifically to speed up production for the studio's latest project.

① hire
② hiring
③ were hired
④ were hiring

136 밑줄 친 부분 중 어법상 옳지 않은 것은?

> Tooth pain ① affects many people. The level of pain that sufferers experience, which ② ranges from mild to severe, is often ③ determined by extreme temperatures. Therefore, people with sensitive teeth should avoid ④ to eat foods that are too hot or too cold.

135 기출포인트 능동태·수동태 구별 정답 ③

해설 빈칸은 관계절의 동사 자리이므로, 동사 자리에 올 수 없는 분사 ② hiring을 제외한 동사 ①, ③, ④번이 정답 후보이다. 빈칸 뒤에 목적어가 없고, 선행사(new animators)와 동사가 '신입 만화 영화 제작자들이 채용되다'라는 의미의 수동 관계가 되어야 하므로 수동태 ③ were hired가 정답이다.

해석 감독은 스튜디오의 최신 프로젝트 제작 속도를 높이기 위해 특별히 채용된 신입 만화 영화 제작자들과 이야기를 나누기 위해 회의를 소집했다.

어휘 organize 소집하다   animator 만화 영화 제작자   specifically 특별히, 구체적으로 말하면

136 기출포인트 동명사를 목적어로 취하는 동사 정답 ④

해설 동사 avoid는 동명사를 목적어로 취하는 동사이므로 목적어 자리의 to 부정사 to eat을 동명사 eating으로 고쳐야 한다.

오답분석
① 기출포인트 **타동사 & 주어와 동사의 수 일치** 동사 affect는 전치사 없이 목적어(many people)를 바로 취하는 타동사이고, 주어 자리에 단수 취급하는 불가산 명사(Tooth pain)가 왔으므로 단수 동사 affects가 올바르게 쓰였다.
② 기출포인트 **주격 관계절의 수 일치** 주격 관계절(which ~ to severe)의 동사는 선행사에 수 일치시켜야 하는데, 문맥상 '고통의 정도는 ~ 다양하다'라는 의미로 관계절이 수식하는 선행사가 단수 명사인 The level(정도)이므로 단수 동사 ranges가 올바르게 쓰였다.
③ 기출포인트 **능동태·수동태 구별** 타동사 determine 뒤에 목적어가 없고, 주어(The level of pain)와 동사가 '고통의 정도가 결정되다'라는 의미의 수동 관계이므로 be 동사(is) 뒤에서 수동태를 완성하는 과거분사 determined가 올바르게 쓰였다.

해석 치통은 많은 사람들에게 영향을 미친다. 환자들이 겪는 고통의 정도는 가벼운 것에서 심각한 것까지 다양한데, 보통 극단적인 온도에 의해 결정된다. 따라서, 민감한 치아를 가진 사람들은 너무 뜨겁거나 너무 차가운 음식을 먹는 것을 피해야 한다.

어휘 range from ~ to ~에서 -까지 다양하다   severe 심각한, 가혹한   determine 결정하다   sensitive 민감한

DAY | 07

137 빈칸에 들어갈 말로 알맞은 것은?

> By the time dawn came on January 1, my hiking group _____ the mountain peak, and we stood in awe as we watched the first rays of sunlight were spreading over the ocean.

① was already reaching
② has already reached
③ will have already reached
④ had already reached

138 밑줄 친 부분 중 어법상 가장 옳지 않은 것은?

> For the musician at the awards show, waiting to hear whether he will win album of the year ① is more nerve-wracking than him not ② being nominated for the honor at all. ③ Should he wins, he plans to thank his producer ④ as well as his family since they both supported his success in different ways.

137 기출포인트 시제 일치 정답 ④

해설 빈칸은 문장의 동사 자리이다. 과거나 과거완료 시제와 자주 함께 쓰이는 시간 표현 'By the time + 주어(dawn) + 과거 동사(came)'가 왔고, 문맥상 '하이킹 무리가 산 정상에 도착한 것'은 '1월 1일 새벽이 왔을 때'라는 특정 과거 시점보다 이전에 일어난 일이므로 과거완료 시제 ④ had already reached가 정답이다.

해석 1월 1일 새벽이 왔을 때쯤, 나의 하이킹 무리는 이미 산 정상에 도착해 있었고, 첫 햇살이 바다 위로 퍼져 나가는 것을 지켜보면서 경외감 속에 서 있었다.

어휘 peak 정상, 꼭대기 ray 빛살, 광선 spread 퍼지다, 번지다 awe 경외감

138 기출포인트 가정법 미래 정답 ③

해설 문맥상 '그가 수상한다면'이라는 미래를 가정하고 있고, 가정법 미래는 'If + 주어 + should + 동사원형'의 형태로 나타낼 수 있는데, 이때 if절에 if가 생략되면 주어와 should가 도치되어 'Should + 주어(he) + 동사원형'의 어순이 되므로 Should he wins를 Should he win으로 고쳐야 한다.

오답분석
① 기출포인트 **주어와 동사의 수 일치** 동명사구 주어(waiting to hear ~ of the year)는 단수 취급하므로 단수 동사 is가 올바르게 쓰였다.

② 기출포인트 **병치 구문** 비교 구문에서 비교 대상은 같은 구조끼리 연결되어야 하는데, than 앞에 동명사구(waiting to hear ~ year)가 왔으므로 than 뒤에도 동명사구(being ~ at all)를 이끄는 동명사 being이 올바르게 쓰였다.

④ 기출포인트 **상관접속사** 문맥상 '그의 가족뿐만 아니라 그의 제작자에게도 감사를 표할 계획이다'라는 의미가 되는 것이 자연스러운데 '그의 가족뿐만 아니라 그의 제작자에게도'는 상관접속사 A as well as B(B뿐만 아니라 A도)를 사용하여 나타낼 수 있으므로 as well as가 올바르게 쓰였다.

해석 시상식에서 그 음악가에게 있어서 올해의 앨범상을 받을 것인지 듣기를 기다리는 것이 그 영예의 후보로 아예 지명되지 않는 것보다 더 초조하게 만든다. 그가 수상한다면, 그의 가족뿐만 아니라 그의 제작자에게도 감사를 표할 계획인데 그들 둘 다 서로 다른 방식으로 그의 성공을 지지해 주었기 때문이다.

어휘 nerve-wracking 초조하게 만드는 nominate (후보로) 지명하다 honor 영예

DAY | 07

적중 예상 문제

139 밑줄 친 부분 중 어법상 가장 옳지 않은 것은?

> Despite being a relatively new development, the internet has added much convenience ① <u>from</u> our lives. Over the last three decades, companies ② <u>have found</u> various ways ③ <u>in which</u> the technology could be used, ranging from communication and commerce to information access, and each new use ④ <u>has</u> made life easier.

140 밑줄 친 부분 중 어법상 가장 옳지 않은 것은?

> Museum officials have acquired a Rembrandt painting from an art buyer ① <u>who</u> collection features several works by the Dutch painter. While experts have certified it ② <u>as</u> an authentic work, before the museum can have the piece ③ <u>displayed</u>, it will have to go through an extensive restoration process since it is in ④ <u>such</u> poor condition.

139 기출포인트 기타 전치사 정답 ①

해설 문맥상 '인터넷은 많은 편리함을 우리의 삶에 더했다'라는 의미가 되는 것이 자연스러운데, 'A를 B에 더하다'는 전치사 숙어 표현 add A to B를 사용하여 나타낼 수 있으므로 전치사 from을 to로 고쳐야 한다.

오답분석
② 기출포인트 시제 일치 현재완료 시제와 자주 함께 쓰이는 'over + 시간 표현'(Over the last three decades)이 왔고, '회사들은 다양한 방법들을 찾아왔다'라는 과거에 시작된 일이 현재까지 계속되고 있음을 표현하고 있으므로 현재완료 시제 have found가 올바르게 쓰였다.
③ 기출포인트 전치사 + 관계대명사 관계사 뒤에 완전한 절(the technology ~ access)이 왔으므로 '전치사 + 관계대명사'가 올 수 있다. '전치사 + 관계대명사'에서 전치사는 선행사 또는 관계절의 동사에 따라 결정되는데, 문맥상 '다양한 방법으로 사용되다'라는 의미가 되어야 자연스러우므로 전치사 in(~으로)이 관계대명사 which 앞에 쓰인 in which가 올바르게 쓰였다.
④ 기출포인트 수량 표현의 수 일치 주어 자리에 단수 취급하는 수량 표현 'each + 명사'(each new use)가 왔으므로 단수 동사 has가 올바르게 쓰였다.

해석 비교적 새로운 발전임에도 불구하고, 인터넷은 많은 편리함을 우리의 삶에 더했다. 지난 30년 동안, 회사들은 통신 및 상거래, 정보 접근에 이르기까지 그 기술이 사용될 수 있는 다양한 방법들을 찾아왔고, 각각의 새로운 사용법은 삶을 더 쉽게 만들어왔다.

어휘 relatively 비교적 development 발전 convenience 편리함 decade 10년 range from A to B A에서 B에 이르다 commerce 상거래 access 접근

140 기출포인트 관계대명사 정답 ①

해설 선행사(an art buyer)가 사람이고, 관계절 내에서 collection이 누구의 수집품인지를 나타내므로 주격 관계대명사 who를 사람을 가리키는 소유격 관계대명사 whose로 고쳐야 한다.

오답분석
② 기출포인트 목적어 뒤에 as나 to be를 취하는 동사 동사 certify(~을 -이라고 증명하다)는 목적어 뒤에 'as + 명사'를 취하는 동사이므로 명사(an authentic work) 앞에 as가 올바르게 쓰였다.
③ 기출포인트 5형식 동사 사역동사 have는 목적어와 목적격 보어가 수동 관계일 때 과거분사를 목적격 보어로 취하는 5형식 동사인데, 목적어(the piece)와 목적격 보어가 '작품이 전시되다'라는 의미의 수동 관계이므로 have의 목적격 보어 자리에 과거분사 displayed가 올바르게 쓰였다.
④ 기출포인트 혼동하기 쉬운 형용사와 부사 명사구(poor condition)를 수식할 수 있는 것은 형용사이므로 형용사 such가 올바르게 쓰였다.

해석 박물관 관계자들은 수집품에 네덜란드 화가의 여러 작품을 포함하는 미술품 수집가로부터 렘브란트의 그림을 얻었다. 전문가들은 그것을 진품이라고 증명했지만, 그것이 매우 좋지 않은 상태에 있기 때문에 박물관이 그 작품을 전시할 수 있기 전까지, 그것은 광범위한 복원 과정을 거쳐야 할 것이다.

어휘 certify 증명하다, 인증하다 authentic 진짜의, 진본인 extensive 광범위한 restoration 복원, 회복

DAY | 08

141 밑줄 친 부분 중 어법상 잘못된 것은?

No sooner ① did she quit her job than she purchased a one-way flight to South America, where she traveled for three years before ending up ② living in a town ③ located in the south of Argentina. There, she let herself finally ④ freed from pressure and competition.

142 밑줄 친 부분에 들어갈 말로 가장 적절한 것을 고르시오.

Awaiting the guests in the dining hall _____ prepared by renowned chefs.

① a grand feast is
② a grand feast
③ is a grand feast
④ a grand feast is to be

143 밑줄 친 부분 중 어법상 가장 옳지 않은 것은?

To represent their countries at the Olympic Games ① is the dream of every runner in this qualifying race, so as the athletes turn the corner and make their last push ② toward the finish line, ③ their shoes pounding on the track, they give all the effort they have to complete the race ④ from time to qualify.

141 기출포인트 5형식 동사 정답 ④

해설 사역동사 let은 목적어와 목적격 보어가 수동 관계일 때 목적격 보어로 'be + p.p' 형태를 취하는 5형식 동사인데, 목적어(herself)와 목적격 보어가 '그녀 자신이 자유롭게 되다'라는 의미의 수동 관계이므로, 과거분사 freed를 be freed로 고쳐야 한다.

오답분석
① 기출포인트 **도치 구문: 부사구 도치 1** 부정을 나타내는 부사구(No sooner)가 강조되어 문장의 맨 앞에 나오면 주어와 조동사가 도치되어 '조동사(did) + 주어(she) + 동사(quit)'의 어순이 되어야 하므로 did she quit이 올바르게 쓰였다.
② 기출포인트 **동명사 관련 표현** 문맥상 '결국 아르헨티나 남부에 위치한 마을에서 살게 되다'라는 의미가 되어야 자연스러운데, '결국 ~하다'는 동명사 관련 표현 end up -ing를 사용하여 나타낼 수 있으므로 동명사 living이 올바르게 쓰였다.
③ 기출포인트 **현재분사 vs. 과거분사** 수식받는 명사(town)와 분사가 '마을이 위치되다'라는 의미의 수동 관계이므로 과거분사 located가 올바르게 쓰였다.

해석 그녀가 직장을 그만두자마자 그녀는 남미로 가는 편도 항공편을 구입했고, 그곳에서 결국 아르헨티나 남부에 위치한 마을에서 살게 되기 전까지 그녀는 3년 동안 여행했다. 그곳에서 마침내 그녀 자신을 압박과 경쟁에서 자유로워지게 하였다.

어휘 quit 그만두다 one-way flight 편도 항공편 competition 경쟁

142 기출포인트 도치 구문: 기타 도치 정답 ③

해설 분사 보어(Awaiting the guests)가 강조되어 문장의 맨 앞에 나오면 주어와 동사가 도치되어 '동사(is) + 주어(a grand feast)'의 어순이 되어야 하므로 ③ is a grand feast가 정답이다.

해석 식당에서 손님들을 기다리는 것은 유명한 요리사들로부터 준비된 성대한 잔치이다.

어휘 await 기다리다 renowned 유명한 grand 성대한, 훌륭한 feast 잔치, 연회

143 기출포인트 전치사 1: 시간과 장소 on 정답 ④

해설 문맥상 '제시간에 경주를 완주하다'라는 의미가 되어야 자연스러운데, '제시간에'는 전치사 on을 사용하는 숙어 표현 on time을 사용하여 나타낼 수 있으므로 전치사 from을 on으로 고쳐야 한다.

오답분석
① 기출포인트 **주어와 동사의 수 일치** to 부정사구 주어(To represent ~ Games)는 단수 취급하므로 단수 동사 is가 올바르게 쓰였다.
② 기출포인트 **전치사 3: 방향** 문맥상 '결승선을 향해 마지막 질주를 하다'라는 의미가 되어야 자연스러우므로 '~을 향해'라는 의미의 전치사 toward가 올바르게 쓰였다.
③ 기출포인트 **분사구문의 의미상 주어** 주절의 주어(the athletes)와 분사구문의 행위 주체(their shoes)가 달라 분사구문의 의미상 주어가 분사구문 앞에 와야 하므로 their shoes pounding이 올바르게 쓰였다.

해석 올림픽 경기에서 자신들의 국가를 대표하는 것은 이 예선 경주의 모든 주자들의 꿈이므로, 선수들이 모퉁이를 돌아 결승선을 향해 마지막 질주를 할 때, 그들의 신발이 트랙 위를 내리치면서, 그들은 자격을 얻기 위해 제시간에 경주를 완주하려고 가진 모든 노력을 기울인다.

어휘 represent 대표하다 qualifying 예선의, 적격자 선발을 위한 pound 내리치다, 세게 치다 qualify 자격을 얻다

144 어법상 빈칸에 들어가기에 가장 적절한 것은?

> Most issues with replicability in scientific experiment arise from inconsistent research methods, which can be addressed by _____ full access to methodological details in the original study.

① provide
② provides
③ provided
④ providing

145 밑줄 친 부분 중 어법상 잘못된 것은?

> ① The semester ending, I can now admit that ② but for the extra lessons from my tutor, I would not have passed calculus, and thanks to him, I was made ③ understand all the material and appear ④ to be on track to graduate with all the required credits.

144 기출포인트 전치사 자리   정답 ④

해설 빈칸은 전치사(by)의 목적어 자리인데, 전치사 뒤에는 명사 역할을 하는 것이 와야 하므로 동명사 ④ providing이 정답이다.

해석 과학적 실험에서 반복 가능성과 관련된 문제 대부분은 일관적이지 않은 연구 방법으로부터 비롯되며, 이는 초기 연구의 방법론적 세부 사항에 대한 완전한 접근을 제공함으로써 해결될 수 있다.

어휘 replicability 반복 가능성   inconsistent 일관적이지 않은   address 해결하다   methodological 방법론적인

145 기출포인트 5형식 동사의 수동태   정답 ③

해설 목적격 보어로 동사원형을 취하는 5형식 동사(make)가 수동태가 되는 경우 목적격 보어는 to 부정사가 되어 수동태 동사(was made) 뒤에 남아야 하므로 동사원형 understand를 to 부정사 to understand로 고쳐야 한다.

오답분석
① 기출포인트 **분사구문의 의미상 주어** 주절의 주어(I)와 분사구문의 행위 주체(The semester)가 달라 분사구문의 의미상 주어가 분사구문 앞에 와야 하므로 The semester ending이 올바르게 쓰였다.
② 기출포인트 **가정법 도치** 주절에 가정법 과거완료 '주어 + would + have p.p.' 형태인 I would not have passed가 왔으므로, if절에도 이와 짝을 이루는 가정법 과거완료가 와야 하는데, if절에 if가 생략된 가정법 과거완료 구문 had it not been for는 but for로 바꿔 쓸 수 있으므로 but for가 올바르게 쓰였다.
④ 기출포인트 **to 부정사를 취하는 동사** 동사 appear는 주격 보어로 to 부정사를 취하는 동사이므로 to 부정사 to be가 올바르게 쓰였다.

해석 학기가 끝나면서, 나는 나의 개인 교사로부터의 추가 수업이 없었다면 미적분학을 통과하지 못했을 것이라고 이제 인정할 수 있고, 그 덕분에 나는 모든 내용을 이해하게 되었고 필요한 모든 학점으로 순조롭게 졸업할 수 있는 것처럼 보인다.

어휘 semester 학기   admit 인정하다   tutor 개인 교사   calculus 미적분학   material 내용   be on track 순조롭게 진행되다   graduate 졸업하다   credit 학점

DAY | 08

146 밑줄 친 부분 중 어법상 옳지 않은 것은?

Many an amateur astronomer ① are fascinated by supermoons that look bigger and shine brighter in the night sky. According to astronomical research, supermoons occur when a full moon is at its closest point in its orbit around Earth. This event is relatively infrequent, with supermoons ② appearing every 14 months or so. Because of how rare this phenomenon is, people routinely gather to enjoy its beauty. In fact, the most recent supermoon, ③ which was visible in the fall of 2024, ④ appealed to the curiosity of thousands of onlookers, who went outside to see the dark yellow supermoon.

147 밑줄 친 부분 중 어법상 가장 옳지 않은 것은?

Society will be more equitable when transportation and public facilities ① become more accessible to ② the disabled, who often face barriers that prevent their full participation in such areas as employment, education, and healthcare. While conditions have improved significantly compared to ③ those just a few generations ago, attitudinal barriers prevail, leading many to wonder ④ how much awareness will it take to achieve genuine inclusivity.

146 기출포인트 수량 표현의 수 일치   정답 ①

해설 복수 취급하는 수량 표현 many가 'many a/an + 단수 명사(astronomer)'의 형태로 쓰이면 뒤에 단수 동사가 와야 하므로, 복수 동사 are를 단수 동사 is로 고쳐야 한다.

오답분석
② 기출포인트 **분사구문의 역할** 이유를 나타낼 때 'with + 명사 + 분사'의 형태를 쓸 수 있는데, 명사(supermoons)와 분사가 '슈퍼문이 나타나다'라는 의미의 능동 관계이므로 현재분사 appearing이 올바르게 쓰였다.
③ 기출포인트 **관계대명사** 선행사(the most recent supermoon)가 사물이고, 관계절 내에서 주어 역할을 하므로 주격 관계대명사 that이나 which를 써야 하는데, 관계대명사 that은 콤마(,) 뒤에서 계속적 용법으로 쓰일 수 없으므로 which가 올바르게 쓰였다.
④ 기출포인트 **자동사** 자동사 appeal은 전치사 to와 함께 '~의 관심을 끌다'라는 의미로 쓰이므로 appealed to가 올바르게 쓰였다.

해석 많은 아마추어 천문학자들은 밤하늘에서 더 크게 보이고 더 밝게 빛나는 슈퍼문에 매료된다. 천문학 연구에 따르면, 슈퍼문은 보름달이 그것의 지구 주위의 궤도에서 가장 가까운 위치에 있을 때 나타난다. 슈퍼문은 14개월에 한 번 정도 나타나기 때문에 이 사건은 비교적 흔치 않다. 이 현상이 이렇게 희귀하기 때문에, 사람들은 관례처럼 그것의 아름다움을 즐기기 위해 모인다. 실제로, 가장 최근의 슈퍼문은 2024년 가을에 보였는데, 이는 수천 명의 구경꾼의 호기심을 끌어서, 이들은 짙은 노란색의 슈퍼문을 보기 위해 밖으로 나갔다.

어휘 astronomer 천문학자 fascinate 매료시키다, 현혹하다 orbit 궤도 infrequent 흔치 않은 phenomenon 현상 onlooker 구경꾼

147 기출포인트 의문문의 어순   정답 ④

해설 동사 wonder의 목적어 자리에 간접 의문문이 왔고, 의문문이 다른 문장 안에 포함된 간접 의문문은 '의문사(how much awareness) + 주어(it) + 동사(will)'의 어순이 되어야 하므로 how much awareness will it을 how much awareness it will로 고쳐야 한다.

오답분석
① 기출포인트 **현재 시제** 시간을 나타내는 부사절(when ~ disabled)에서는 미래를 나타내기 위해 미래 시제 대신 현재 시제를 사용하므로 현재 시제 become이 올바르게 쓰였다.
② 기출포인트 **정관사 the** 전치사(to)의 목적어 자리에는 명사 역할을 하는 것이 와야 하고, 문맥상 '장애가 있는 사람들'이라는 의미가 되어야 하므로 복수 명사 역할을 하는 'the + 형용사'(~한 사람들) 형태의 the disabled가 올바르게 쓰였다.
③ 기출포인트 **지시대명사** 대명사가 대신하는 명사(conditions)가 복수이므로 복수 지시대명사 those가 올바르게 쓰였다.

해석 교통수단과 공공시설이 장애가 있는 사람들에게 더 접근 가능하게 될 때 사회는 더욱 공평해질 것인데, 장애가 있는 사람들은 고용, 교육, 의료 분야에서 그들의 완전한 참여를 막는 장벽에 종종 직면한다. 불과 몇 세대 전의 상황과 비교했을 때 상황은 많이 개선되었지만, 태도적 장벽이 만연하여 많은 사람들이 진정한 포용성을 달성하기 위해 얼마나 많은 인식이 필요할지에 대해 궁금해하도록 만든다.

어휘 equitable 공평한 accessible 접근 가능한 disabled 장애가 있는 barrier 장벽 participation 참여 employment 고용 healthcare 의료 significantly 많이, 크게 generation 세대 attitudinal 태도의 prevail 만연하다 awareness 인식 genuine 진정한 inclusivity 포용성

148 밑줄 친 부분 중 어법상 잘못된 것은?

> Many say that no other food is as ① <u>unhealthy</u> as processed meat due to its high fat, salt, and additive content. Some doctors believe that consuming up to 70 grams ② <u>the day</u> of any meat is reasonable but that each gram after that ③ <u>worsens</u> health risks. All things considered, what matters most ④ <u>is</u> that individuals eat a balanced diet.

149 밑줄 친 부분 중 어법상 옳지 않은 것을 고르시오.

> Some people maintain work-life balance better than others ① <u>do</u>. After the workday ends, ② <u>will most employees</u> stop thinking about work. However, some find it difficult to ③ <u>refrain from</u> doing so, even when they have responsibilities at home. It is imperative that employees like this ④ <u>establish</u> boundaries.

150 빈칸에 들어갈 가장 적절한 것은?

> Many people in their 30s realize that they should have learned how to manage money when they were younger, but rarely _____ practical financial skills.

① teach schools do
② schools do teach
③ do teach schools
④ do schools teach

148 [기출포인트] 부정관사 a(n)   정답 ②

해설 문맥상 '하루에 최대 70그램까지 고기를 먹는 것'이라는 의미가 되어야 자연스러운데, '하루에'는 '~당', '~마다'라는 의미의 '부정관사 a(n) + 가산 단수 명사' 형태로 나타낼 수 있으므로 the day를 a day로 고쳐야 한다. 참고로, '~마다'를 뜻하는 전치사 per를 사용하여 per day로 고쳐도 맞다.

오답분석
① [기출포인트] 원급 형태로 최상급 의미를 만드는 표현 문맥상 '다른 어떤 음식도 가공육만큼 해롭지는 않다'라는 의미가 되어야 자연스러운데, '다른 어떤 -도 ~만큼 ~하지 않다'는 원급 형태로 최상급 의미를 만드는 표현 'no other + 단수 명사(food) ~ as + 원급 + as'를 사용하여 나타낼 수 있으므로 as와 as 사이에 원급 형용사 unhealthy가 올바르게 쓰였다.
③ [기출포인트] 수량 표현의 수 일치 주어 자리에 단수 취급하는 수량 표현 'each + 명사(gram)'가 왔으므로 단수 동사 worsens가 올바르게 쓰였다.
④ [기출포인트] 주어와 동사의 수 일치 명사절 주어(what matters most)는 단수 취급하므로 단수 동사 is가 올바르게 쓰였다.

해석 많은 사람들은 다른 어떤 음식도 높은 지방, 소금, 첨가물 함량 때문에 가공육만큼 해롭지는 않다고 말한다. 일부 의사들은 하루에 최대 70그램까지 고기를 먹는 것은 괜찮다고 믿지만 그 이후의 매 1그램은 건강 위험을 더 악화시킨다고 본다. 모든 것을 고려하면, 가장 중요한 것은 개인이 균형 잡힌 식단을 하는 것이다.

어휘 processed 가공된 additive 첨가물, 첨가제 worsen 악화시키다 balanced 균형 잡힌

149 [기출포인트] 도치 구문: 부사구 도치 2   정답 ②

해설 시간을 나타내는 부사구(After the workday ends)가 강조되어 문장의 맨 앞에 나올 때는 도치가 일어나지 않으므로 will most employees를 most employees will로 고쳐야 한다.

오답분석
① [기출포인트] 조동사 do do 동사는 앞에 나온 일반동사가 포함된 어구(maintain work-life balance)가 반복되는 경우 이를 대신할 수 있는데, 이때 do 동사는 자신이 속한 절의 주어(others)와 수가 일치해야 하므로 복수 조동사 do가 올바르게 쓰였다.
③ [기출포인트] 자동사 동사 refrain은 전치사 from과 함께 '~을 삼가다'라는 의미로 쓰이는 자동사이므로 refrain from이 올바르게 쓰였다.
④ [기출포인트] 조동사 should의 생략 주절에 의무를 나타내는 형용사 imperative가 오면 종속절에는 '(should) + 동사원형'이 와야 하므로 동사원형 establish가 올바르게 쓰였다.

해석 어떤 사람들은 다른 사람들이 그러는 것보다 일과 삶의 균형을 더 잘 유지한다. 근무 시간이 끝난 후, 대부분의 직원은 업무에 대한 생각을 멈출 것이다. 하지만, 일부는 가정에서 책임이 있는 경우에도 그렇게 하는 것(업무에 대한 생각을 멈추는 것)을 삼가기 어렵다고 생각한다. 이러한 직원들이 경계를 설정하는 것이 필수적이다.

어휘 maintain 유지하다 refrain from ~을 삼가다 boundary 경계, 한계선

150 [기출포인트] 도치 구문: 부사구 도치 1   정답 ④

해설 빈칸은 문장의 주어와 동사 자리인데, 부정을 나타내는 부사(rarely)가 강조되어 문장 맨 앞에 나오면 주어와 조동사가 도치되어 '조동사(do) + 주어(schools) + 동사(teach)'의 어순이 되므로, ④ do schools teach가 정답이다.

해석 30대의 많은 사람들은 그들이 더 어렸을 때 돈을 관리하는 방법을 배웠어야 했다는 것을 깨닫지만, 학교에서 실용적인 금융 기술을 가르치는 경우는 거의 없다.

어휘 practical 실용적인 financial 금융의

151 밑줄 친 부분 중 어법상 잘못된 것은?

> One of the biggest concerns for voters ① is the increase in healthcare costs, which ② doubles by this time next year. According to public-interest advocates, it's high time this problem ③ was addressed as failure to make healthcare affordable ④ puts people's lives at risk.

152 밑줄 친 부분에 들어갈 말로 가장 적절한 것을 고르시오.

> In spite of the inclement weather, an outdoor ceremony was held for the opening of the new Lafitte Park, which was built in honor of the man _____ the city was named after.

① which
② whose
③ who
④ whom

151 기출포인트 미래완료 시제 정답 ②

해설 문장에 'by + 미래 시간 표현'(by this time next year)이 왔고 문맥상 '의료비가 내년 이맘때까지 두 배가 될 것이다'라며 특정 미래 시점(this time next year) 이전에 시작된 일이 미래의 그 시점까지 완료될 것임을 표현하고 있으므로 현재 시제 doubles를 미래완료 시제 will have doubled로 고쳐야 한다.

오답분석
① 기출포인트 수량 표현의 수 일치 주어 자리에 단수 취급하는 수량 표현 'One of + 명사(the biggest concerns)'가 왔으므로 단수 동사 is가 올바르게 쓰였다.
③ 기출포인트 기타 가정법 It's high time 가정법은 'It's high time + 주어 + 과거 동사'(~해야 할 때이다)의 형태로 나타내므로 과거 동사 was가 올바르게 쓰였다.
④ 기출포인트 주어와 동사의 수 일치 주어 자리에 단수 취급하는 불가산 명사 failure가 왔으므로 단수 동사 puts가 올바르게 쓰였다. 참고로, 주어와 동사 사이의 수식어 거품(to make healthcare affordable)은 동사의 수 결정에 영향을 주지 않는다.

해석 유권자들의 가장 큰 우려 중 하나는 의료비 증가인데, 이는 내년 이맘때까지 두 배가 될 것이다. 공익 옹호자들에 따르면, 의료비를 저렴하게 만드는 데 실패하는 것은 사람들의 생명을 위험에 빠뜨리므로 이 문제가 다뤄져야 할 때이다.

어휘 concern 우려 healthcare 의료 advocate 옹호자 address 다루다 affordable 저렴한 put at risk 위험에 빠뜨리다

152 기출포인트 관계대명사 정답 ④

해설 빈칸은 불완전한 절(the city was named after)을 이끌며 사람을 나타내는 선행사(the man)를 뒤에서 수식할 수 있는 관계절을 이끄는 것의 자리이다. 사물을 수식하는 관계대명사 ① which를 제외하고 사람을 수식할 수 있는 ②, ③, ④번이 정답 후보인데, 빈칸 뒤에 전치사(after)의 목적어가 없는 불완전한 절이 왔으므로 목적격 관계대명사 ④ whom이 정답이다. 참고로, ② whose는 뒤에 관사 없이 명사가 바로 와야 하고, ③ who는 주어가 없는 불완전한 절을 이끌기 때문에 정답이 될 수 없다.

해석 좋지 못한 날씨에도 불구하고, 새로 지어진 라피트 공원의 개장을 위해 야외 기념식이 열렸는데, 이 공원은 그 도시의 이름의 유래가 된 인물에게 경의를 표하기 위해 지어졌다.

어휘 inclement (날씨가) 좋지 못한 outdoor 야외의 in honor of ~에게 경의를 표하여

DAY | 08

153 밑줄 친 부분 중 어법상 잘못된 것은?

> The existence of new continents ① was shown people by Christopher Columbus, who ② had discovered them while seeking a route to Asia. All of his discoveries ③ were important in expanding people's understanding of the world, and had he been aware of their magnitude, he might ④ have realized that his initial failure was more of a success than he could have imagined.

154 밑줄 친 부분 중 어법상 옳지 않은 것은?

> Artificial Intelligence (AI) causes concern for governments worldwide: the most pressing issue is ① the technology to be fairly and effectively regulated. Experts say ② that AI could improve access and quality in a variety of fields including education, healthcare, and finance. Therefore, new regulations are required ③ to ensure that everyone has the means to utilize the technology, but reaching that goal could be ④ more difficult than creating it.

153 기출포인트 4형식 동사의 수동태 정답 ①

해설 동사 show는 두 개의 목적어를 '간접 목적어(people) + 직접 목적어(The existence of new continents)'의 순서로 취하는 4형식 동사인데, 4형식 동사가 수동태가 되어 직접 목적어가 주어로 간 수동태 문장에서는 수동태 동사(was shown) 뒤에 남는 간접 목적어(people) 앞에 전치사(to)를 써야 하므로 was shown people을 was shown to people로 고쳐야 한다.

오답분석
② 기출포인트 **과거완료 시제** '콜럼버스가 신대륙을 발견한 것'은 '신대륙의 존재가 사람들에게 알려진' 특정 과거 시점보다 이전에 일어난 일이므로 과거완료 시제 had discovered가 올바르게 쓰였다.
③ 기출포인트 **전체 표현의 수 일치** 전체를 나타내는 표현(All of)을 포함한 주어는 of 뒤 명사에 동사를 수 일치시켜야 하는데, of 뒤에 복수 명사 his discoveries가 왔으므로 복수 동사 were가 올바르게 쓰였다.
④ 기출포인트 **가정법 도치** if절에 if가 생략되어 주어(he)와 조동사(had)가 도치된 형태인 had he been aware of가 왔으므로, 주절에도 가정법 과거완료 형태인 '주어 + might + have p.p.'가 와야 한다. 따라서 might 뒤에 have realized가 올바르게 쓰였다.

해석 신대륙의 존재는 크리스토퍼 콜럼버스에 의해 사람들에게 알려졌는데, 그는 신대륙을 아시아로 향하는 항로를 찾던 중에 발견했다. 그의 모든 발견들은 사람들의 세계에 대한 이해를 확장하는 데 중요했으며, 만약 그가 그것들의 중요성을 알았다면 그의 초기 실패가 그가 상상할 수 있었던 것보다 더 큰 성공이었다는 것을 깨달았을지도 모른다.

어휘 continent 대륙 route 항로 expand 확장하다 magnitude 중요성, 규모 initial 초기의

154 기출포인트 to 부정사의 의미상 주어 정답 ①

해설 문장의 주어(the most pressing issue)와 to 부정사의 행위 주체(the technology)가 달라서 to 부정사의 의미상 주어가 필요한 경우 'for + 명사'를 to 부정사 앞에 써야 하므로 the technology를 for the technology로 고쳐야 한다.

오답분석
② 기출포인트 **명사절 접속사 1: that** 동사(say)의 목적어 자리에 완전한 절(AI could ~ finance)을 이끄는 명사절 접속사 that이 올바르게 쓰였다.
③ 기출포인트 **to 부정사의 역할** 문맥상 '기술을 활용한 수단을 갖는 것을 보장하기 위해'라는 목적을 나타내는 의미가 되어야 자연스러우므로 부사처럼 목적을 나타낼 수 있는 to 부정사 to ensure가 올바르게 쓰였다.
④ 기출포인트 **비교급 & 병치 구문** 문맥상 '그 목표에 도달하는 것이 그것을 만드는 것보다 더 어려울 수 있다'는 의미가 되어야 자연스러운데, '~보다 더 -한'은 '비교급 + than'의 형태로 나타낼 수 있으므로 more difficult than이 올바르게 쓰였다. 또한, 비교 구문에서 비교의 대상은 같은 구조끼리 연결되어야 하는데 than 앞에 동명사구(reaching that goal)가 왔으므로 than 뒤에도 동명사구를 이끄는 동명사 creating이 올바르게 쓰였다.

해석 인공지능(AI)은 전 세계 정부들에게 우려를 야기하는데, 가장 시급한 사안은 기술이 공정하고 효과적으로 규제되는 것이다. 전문가들은 AI가 교육, 의료, 금융을 포함한 다양한 분야에서 접근성과 품질을 향상할 수 있다고 말한다. 따라서 모든 사람이 그 기술을 활용할 수단을 갖는 것을 보장하기 위해 새로운 규제가 필요하지만, 그 목표에 도달하는 것이 그것을 만드는 것보다 더 어려울 수 있다.

어휘 artificial intelligence 인공지능 concern 우려 pressing 시급한 effectively 효과적으로 regulate 규제하다 access 접근성 finance 금융 ensure 보장하다 means 수단, 방법 utilize 활용하다

155 밑줄 친 부분 중 어법상 옳지 않은 것은?

> The US requires that its citizens ① paid taxes on worldwide income. Originally, it insisted that this policy ② discouraged citizens from abandoning their obligations to the country in times of crisis, and today, the policy ③ is justified by the comprehensive protections afforded to citizens living abroad. It is something people had better ④ grow accustomed to because it seems likely to stay.

156 빈칸에 들어갈 말로 알맞은 것은?

> Passengers sometimes wonder why they are usually only entitled to refunds if an airline _____ to deliver a promised service but not when they themselves cancel.

① will fail   ② fails
③ fail   ④ failed

155 기출포인트 조동사 should의 생략 정답 ①

해설 주절에 요구를 나타내는 동사 require가 오면 종속절에는 '(should +) 동사원형'이 와야 하므로 종속절의 과거 동사 paid를 동사원형 (should) pay로 고쳐야 한다.

오답분석
② 기출포인트 **시제 일치 & 조동사 should의 생략** 과거를 나타내는 시간 표현 Originally(초기에)가 왔고, 문맥상 '정부는 이 정책이 위기 상황에서 시민들이 국가에 대한 의무를 포기하는 것을 막아줬다고 주장했다'라는 의미가 되어야 자연스러운데, 동사 insist가 사실에 대한 주장을 나타낼 때는 종속절에 '(should +) 동사원형'이 아닌 일반동사가 쓰이므로 과거 시제 discouraged가 올바르게 쓰였다.
③ 기출포인트 **능동태·수동태 구별** 동사(justify) 뒤에 목적어가 없고, 주어(the policy)와 동사가 '정책이 정당화되다'라는 의미의 수동 관계이므로 수동태 is justified가 올바르게 쓰였다.
④ 기출포인트 **조동사 관련 표현** 조동사처럼 쓰이는 표현 had better(~하는 것이 좋다) 뒤에는 동사원형이 와야 하므로 동사원형 grow가 올바르게 쓰였다.

해석 미국은 시민들이 전 세계에서 얻는 소득에 대해 세금을 납부할 것을 요구한다. 초기에 정부는 이 정책이 위기 상황에서 시민들이 국가에 대한 의무를 포기하는 것을 막아줬다고 주장했고, 오늘날 이 정책은 해외에 살고 있는 시민들에게 제공되는 포괄적인 보호에 의해 정당화된다. 이는 사람들이 익숙해지는 것이 좋을 일인데, 이것(전 세계에서 얻는 소득에 대해 세금을 납부하는 것)이 계속 유지될 것 같기 때문이다.

어휘 require 요구하다 worldwide 전 세계의 originally 초기에, 원래 discourage 막다 abandon 포기하다 obligation 의무 justify 정당화하다 comprehensive 포괄적인 afford 제공하다

156 기출포인트 현재 시제 정답 ②

해설 빈칸은 조건을 나타내는 부사절(if ~ service)의 동사 자리이다. 문맥상 '항공사가 약속한 서비스를 제공하지 못할 경우'라는 의미가 되어야 자연스럽고, 조건을 나타내는 부사절에서는 미래를 나타내기 위해 현재 시제를 사용하므로 ② fails가 정답이다.

해석 승객들은 때때로 왜 항공사가 약속한 서비스를 제공하지 못할 경우에만 그들이 주로 환불받을 자격이 주어지고, 자신들이 스스로 취소할 때는 그렇지 않은지(환불받을 자격이 없는지) 궁금해한다.

어휘 passenger 승객 wonder 궁금해하다 entitle 자격을 주다 refund 환불 deliver 제공하다 promise 약속하다

DAY | 08

157 밑줄 친 부분 중 어법상 옳지 않은 것은?

> Inventors are people ① <u>that</u> ideas change the way we live. From Archimedes to Alexander Bell, great thinkers have ② <u>always</u> worked to make life better. While not all inventions improve lives, ③ <u>those</u> that do often have a profound impact. Such inventions are ④ <u>called</u> innovations.

158 밑줄 친 부분에 들어갈 말로 가장 적절한 것을 고르시오.

> In the central Mexican highlands _____ : the capital of the vast Aztec Empire that would fall due to the spread of new diseases and violent battles with Spanish invaders.

① were the city of Tenochtitlán
② the city of Tenochtitlán was
③ was the city of Tenochtitlán
④ the city of Tenochtitlán were

157 기출포인트 관계대명사 정답 ①

해설 선행사(people)가 사람이고, 관계절 내에서 ideas가 누구의 것인지 나타내므로 주격 관계대명사 that을 사람을 가리키는 소유격 관계대명사 whose로 고쳐야 한다.

오답 분석
② 기출포인트 **부사 자리** 부사(always)는 완료형 동사를 수식할 때 '조동사(have) + p.p.(worked)' 사이나 그 뒤에 와야 하므로 have와 worked 사이에 always가 올바르게 쓰였다.
③ 기출포인트 **지시대명사** 지시대명사가 가리키는 명사가 복수 명사(inventions)이므로 복수 지시대명사 those가 올바르게 쓰였다.
④ 기출포인트 **능동태·수동태 구별** 주어(Such inventions)와 동사가 '그러한 발명품이 불리다'라는 의미의 수동 관계이므로 be 동사 (are) 뒤에서 수동태를 완성하는 과거분사 called가 올바르게 쓰였다.

해석 발명가들은 그들의 생각이 우리가 사는 방식을 변화시키는 사람들이다. 아르키메데스부터 알렉산더 벨까지, 위대한 사상가들은 삶을 더 낫게 만들기 위해 항상 노력해 왔다. 비록 모든 발명이 삶을 향상시키는 것은 아니지만, 그렇게 하는 것(발명품)은 종종 엄청난 영향을 미친다. 그러한 발명품은 혁신이라고 불린다.

어휘 inventor 발명가 thinker 사상가 profound 엄청난

158 기출포인트 도치 구문: 부사구 도치 2 정답 ③

해설 장소나 방향 등을 나타내는 부사구(In the central Mexican highlands)가 강조되어 문장의 맨 앞에 나오면 주어와 동사가 도치되어 '동사 + 주어(the city of Tenochititlán)'의 어순이 되므로 ①, ③번이 정답 후보인데, 주어 자리에 단수 명사 the city가 왔으므로 단수 동사 was를 써야 한다. 따라서 ③ was the city of Tenochtitlán이 정답이다.

해석 멕시코 중부 고원지대에는 테노치티틀란이라는 도시가 있었는데, 이곳은 새로운 질병의 확산과 스페인 침략자들과의 폭력적인 전투로 인해 멸망했을 광활한 아즈텍 제국의 수도였다.

어휘 vast 광활한 violent 폭력적인 invader 침략자

적중 예상 문제

159 밑줄 친 부분 중 어법상 가장 옳지 않은 것은?

The people of some ancient civilizations found ① it important to monitor the night skies for changes that suggested ② them that their gods were unhappy with events on Earth. These signs caused them ③ to expect their leaders to make changes that ④ could have prevented the gods' anger if they had been made earlier.

160 어법상 빈칸에 들어가기에 가장 적절한 것은?

The athlete, _____ a serious injury to his right knee, will never again be able to play professional basketball.

① to suffering ② had suffered
③ having suffered ④ suffered

159 기출포인트 4형식 동사   정답 ②

해설 that절을 목적어로 가지는 동사 suggest 뒤에는 '사람(them)'이 혼자 올 수 없고 'suggest + to 사람 + that절'의 형태로 와야 하므로, them을 to them으로 고쳐야 한다.

오답분석
① 기출포인트 **5형식 동사 & 목적어 자리** 동사 find(found)는 '~을 -이라고 여기다'라는 의미를 나타낼 때 목적어와 목적격 보어를 취하는 5형식 동사인데, to 부정사구 목적어가 목적격 보어와 함께 오면 진짜 목적어(to 부정사구)를 목적격 보어 뒤로 보내고 목적어가 있던 자리에 가짜 목적어 it을 써서 'find(found) + 가짜 목적어 it + 목적격 보어(important) + 진짜 목적어(to monitor ~ Earth)'의 형태가 되어야 하므로 it이 올바르게 쓰였다.
③ 기출포인트 **5형식 동사** 문맥상 '이러한 징후들은 그들로 하여금 기대하도록 하다'라는 의미가 되어야 자연스럽고, 동사 cause는 '~이 -하게 하다'라는 의미로 쓰일 때 to 부정사를 목적격 보어로 취하는 5형식 동사이므로 목적격 보어 자리에 to expect가 올바르게 쓰였다.
④ 기출포인트 **가정법 과거완료** if절에 '주어(they) + had p.p.(had been made)' 형태가 왔으므로, 주절에도 가정법 과거완료를 만드는 '주어 + could + have p.p.'의 형태가 와야 한다. 따라서 could have prevented가 올바르게 쓰였다.

해석 일부 고대 문명의 사람들은 밤하늘을 관찰하여 신이 지구에서 일어나는 일들에 불만족스러워 한다는 것을 그들에게 암시하는 변화를 감지하는 것이 중요하다고 여겼다. 이러한 징후들은 그들로 하여금 그들의 지도자들이 일찍이 행해졌더라면 신의 분노를 막을 수 있었을 변화를 행할 것을 기대하도록 했다.

어휘 ancient 고대의 civilization 문명 anger 분노

160 기출포인트 분사구문의 형태   정답 ③

해설 빈칸은 명사(athlete)를 수식하는 수식어 거품 자리에 올 수 있는 분사구문의 분사 자리이므로 ③번과 ④번이 정답 후보이다. '부상을 겪은' 시점이 '경기를 할 수 없는' 시점보다 이전이므로 주절의 동사보다 이전의 시점에 일어난 일을 나타내는 분사구문의 완료형 ③ having suffered가 정답이다.

해석 그 운동선수는 그의 오른쪽 무릎에 심각한 부상을 겪었기 때문에, 프로농구에서 다시는 경기를 할 수 없을 것이다.

어휘 suffer (부상을) 겪다

DAY | 09

161 밑줄 친 부분 중 어법상 옳지 않은 것은?

> People often regret ① <u>reacting</u> impulsively during arguments, ② <u>letting</u> their emotions override logic and their genuine thoughts about the other person. This pattern ③ <u>influencing</u> by emotions is neither healthy ④ <u>nor</u> productive and can make the apology, if it eventually comes, more embarrassing.

162 어법상 빈칸에 들어가기에 가장 적절한 것은?

> If I had joined the city tour earlier in my vacation, I _____ more about the city now.

① knew
② would know
③ will have known
④ would have known

161 기출포인트 현재분사 vs. 과거분사 정답 ③

해설 문맥상 수식받는 명사(pattern)와 분사가 '패턴이 영향을 받다'라는 의미의 수동 관계가 되어야 자연스러우므로 현재분사 influencing을 과거분사 influenced로 고쳐야 한다.

오답분석
① 기출포인트 **동명사와 to 부정사 둘 다 목적어로 취하는 동사** 동사 regret은 동명사와 to 부정사를 둘 다 목적어로 취하는데, 문맥상 '사람들이 논쟁 중에 충동적으로 반응한 것을 후회한다'는 의미가 되어야 자연스럽고, '~한 것을 후회하다'라는 과거의 의미를 나타낼 때는 동명사를 목적어로 취하므로 동명사 reacting이 올바르게 쓰였다.
② 기출포인트 **분사구문의 형태** 주절의 주어(People)와 분사구문이 '사람들이 그들의 감정을 앞서게 하다'라는 의미의 능동 관계이므로 현재분사 letting이 올바르게 쓰였다.
④ 기출포인트 **상관접속사** 문맥상 '건전하지도 생산적이지도 않다'는 의미가 되어야 자연스러운데, 'A도 B도 아닌'은 상관접속사 neither A nor B를 사용하여 나타낼 수 있으므로 neither와 짝을 이루는 nor가 올바르게 쓰였다.

해석 사람들은 종종 논쟁 중에 충동적으로 반응하여 그들의 감정을 논리와 상대방에 대한 진심 어린 생각보다 앞서게 하는 것을 후회한다. 감정에 의해 영향을 받는 이러한 패턴은 건전하지도 생산적이지도 않고, 사과가 결국 이루어질 때 그 사과를 더욱 난처한 것으로 만들 수 있다.

어휘 regret 후회하다 react 반응하다 impulsively 충동적으로 override 앞서다, 우위에 서다 genuine 진심 어린, 진정한 productive 생산적인 apology 사과

162 기출포인트 혼합 가정법 정답 ②

해설 빈칸은 문장의 동사 자리이다. if절에 과거 상황을 반대로 가정하는 가정법 과거완료 If I had joined가 왔지만, 주절에는 현재임을 나타내는 now가 와서 현재 상황의 반대를 표현하고 있으므로 혼합 가정법 'If + 주어 + had p.p., 주어 + would + 동사원형'의 형태를 만드는 ② would know가 정답이다.

해석 내가 휴가 중에 더 일찍 도시 관광에 참여했었더라면, 지금 그 도시에 대해 더 많이 알고 있을 텐데.

어휘 join 참여하다 city tour 도시 관광 vacation 휴가

163 밑줄 친 부분 중 어법상 잘못된 것은?

Prior to the mid-15th century, the only books available for anyone to own ① were those that had been hand-copied, but publishers managed ② to reuse characters efficiently with the invention of the printing press, which enabled mass production and, in turn, helped the general population ③ gain access to knowledge. So profoundly transformed ④ European society was by this revolutionary innovation.

164 밑줄 친 부분 중 어법상 잘못된 것은?

Researchers studied a woman who lived to be 117, and ① that they found highlights the importance of a healthy lifestyle. However, the woman's genes also seemed unusually robust, ② as though they belonged to someone younger, due to genetic variations that ③ are known to contribute to longevity. The findings are useful, but experts caution people to avoid ④ drawing too many conclusions from a single case.

163 기출포인트 도치 구문: 기타 도치 정답 ④

해설 분사 보어(transformed)가 강조되어 문장의 맨 앞에 나오면 주어와 동사가 도치되어 '동사(was) + 주어(European society)'의 어순이 되어야 하므로 European society was를 was European society로 고쳐야 한다. 참고로, 부사(profoundly)는 분사(transformed)를 앞에서 수식하고 강조 부사(So)는 부사(profoundly)를 앞에서 수식하므로 So profoundly가 transformed 앞에 올바르게 쓰였다.

오답 분석
① 기출포인트 **주어와 동사의 수 일치** 주어 자리에 복수 명사 the only books가 왔으므로 단수 동사 were가 올바르게 쓰였다. 참고로, 주어와 동사 사이의 수식어 거품(available ~ own)은 동사의 수 결정에 영향을 주지 않는다.
② 기출포인트 **to 부정사를 취하는 동사** 동사 manage는 to 부정사를 목적어로 취하는 동사이므로 to 부정사 to reuse가 올바르게 쓰였다.
③ 기출포인트 **원형 부정사를 목적격 보어로 취하는 동사** 준 사역동사 help는 목적격 보어로 원형 부정사 또는 to 부정사를 취하므로 목적격 보어 자리에 원형 부정사 gain이 올바르게 쓰였다.

해석 15세기 중반 이전에 누구나 소유할 수 있는 유일한 책들은 손으로 옮겨 적은 것이었지만, 출판업자들이 인쇄기의 발명으로 문자를 효율적으로 재사용 할 수 있게 되었는데, 이는 대량 생산을 가능하게 하여 결과적으로 일반 대중이 지식에 접근하는 것을 도왔다. 이 혁신적인 발명에 의해 유럽 사회는 완전히 변화되었다.

어휘 character 문자, 글자 printing press 인쇄기 mass production 대량 생산 in turn 결과적으로 transform 변화시키다 profoundly 완전히, 깊이 revolutionary 혁신적인 innovation 발명, 혁신

164 기출포인트 what vs. that 정답 ①

해설 목적어가 없는 불완전한 절(they found)을 이끌며 문장의 주어 자리에 올 수 있는 것은 명사절 접속사 what이므로, 완전한 절을 이끄는 명사절 접속사 that을 what으로 고쳐야 한다.

오답 분석
② 기출포인트 **부사절 접속사 2: 기타** 문맥상 '마치 더 젊은 사람의 것에 속하는 것처럼'이라는 의미가 되어야 자연스러우므로, 부사절 접속사 as though(마치 ~처럼)가 올바르게 쓰였다.
③ 기출포인트 **3형식 동사의 수동태** 동사(know) 뒤에 목적어가 없고 선행사(genetic variations)와 관계절의 동사가 '유전적 변이가 장수에 기여한다고 알려지다'라는 의미의 수동 관계이므로 수동태 동사 are known이 올바르게 쓰였다.
④ 기출포인트 **동명사를 목적어로 취하는 동사** 동사 avoid는 동명사를 목적어로 취하는 동사이므로 목적어 자리에 동명사 drawing이 올바르게 쓰였다.

해석 연구자들은 117세까지 산 여성을 연구했고, 그들이 발견한 것은 건강한 생활방식의 중요성을 강조한다. 하지만 그 여성의 유전자 또한 마치 더 젊은 사람에 속하는 것처럼 몹시 건강해 보였는데, 이는 장수에 기여한다고 알려진 유전적 변이 때문이다. 그 연구 결과는 유용하지만, 전문가들은 사람들이 하나의 사례로부터 너무 많은 결론을 내리는 것을 피하라고 주의를 준다.

어휘 researcher 연구자 highlight 강조하다 lifestyle 생활방식 gene 유전자 unusually 몹시, 대단히 robust 건강한, 튼튼한 belong 속하다 genetic variation 유전적 변이 contribute 기여하다 longevity 장수 finding 연구 결과 expert 전문가 caution 주의를 주다 conclusion 결론

165 빈칸에 들어갈 가장 적절한 것은?

> Staying up late and eating whatever is convenient are habits that clearly affect our physical health, _____ we rarely consider how significantly they impact our mental well-being.

① what
② so
③ but
④ which

166 밑줄 친 부분 중 어법상 옳지 않은 것은?

> Thomas Edison is renowned ① to his incredible inventions that won him fame and fortune, both of which he enjoyed ② during his life. One of his inventions that ③ awarded him even more acclaim after his death was the kinetoscope. This was a motion picture device he did not expect ④ to serve as an inspiration for the blockbuster movies enjoyed today.

165 기출포인트 등위접속사   정답 ③

해설 빈칸은 절(Staying up late ~ physical health)과 절(we rarely consider ~ well-being)을 연결하는 접속사 자리이므로 불완전한 절을 이끄는 명사절 접속사 ① what과 관계대명사 ④ which를 제외한 등위접속사 ②, ③번이 정답 후보이다. 문맥상 '늦게까지 깨어 있는 것과 간편한 것은 무엇이든 먹는 것은 신체 건강에 명백히 영향을 미치는 습관들이지만, 그것들이 정신적 건강에 얼마나 크게 영향을 미치는지는 거의 고려하지 않는다'라는 의미가 되어야 자연스러우므로, 역접의 관계를 나타내는 등위접속사 ③ but이 정답이다.

해석 늦게까지 깨어 있는 것과 간편한 것은 무엇이든 먹는 것은 우리의 신체 건강에 명백히 영향을 미치는 습관들이지만, 우리는 그것들이 우리의 정신적 건강에 얼마나 크게 영향을 미치는지는 거의 고려하지 않는다.

어휘 stay up late 늦게까지 깨어 있다   convenient 간편한, 편리한   rarely 거의 ~않다   significantly 크게   impact 영향을 미치다

166 기출포인트 기타 전치사   정답 ①

해설 문맥상 '에디슨은 발명품으로 유명하다'라는 의미가 되어야 자연스러운데, 형용사 renowned와 함께 쓰여 '~로 유명한'이라는 의미를 나타내는 전치사는 to가 아닌 for이므로 전치사 to를 for로 고쳐야 한다.

오답분석
② 기출포인트 전치사 2: 기간 명사구(his life) 앞에 와서 '언제 일어나는가'를 나타내는 전치사 during(~ 동안)이 올바르게 쓰였다.
③ 기출포인트 4형식 동사 동사 award는 '수여하다'라는 의미로 쓰일 때 'award + 간접 목적어(him) + 직접 목적어(even more acclaim)'의 형태를 취하는 4형식 동사이므로 awarded가 올바르게 쓰였다.
④ 기출포인트 to 부정사를 취하는 동사 동사 expect는 to 부정사를 목적어로 취하는 동사이므로 목적어 자리에 to 부정사 to serve가 올바르게 쓰였다.

해석 토마스 에디슨은 그에게 명예와 부를 가져다준 놀라운 발명품으로 유명한데, 그는 그의 생애에서 둘 다(명예와 부)를 누렸다. 그의 발명품 중 사후 그에게 더욱 찬사를 수여한 것은 활동 사진 영사기이다. 이것은 그가 오늘날 향유되는 블록버스터 영화에 영감을 제공할 것이라고 예상하지 못했던 영화 장치였다.

어휘 renowned for ~로 유명하다   incredible 놀라운   fortune 부, 재산, 운   acclaim 찬사, 찬양   kinetoscope 활동 사진 영사기

DAY | 09

167 밑줄 친 부분 중 어법상 옳지 않은 것은?

> The Pristine Seas Project is in the midst of ① convincing governments around the world ② to preserve more than two million square kilometers of ocean. Marine reserves are vital for biodiversity on Earth and serve as ③ an important refuge for many species. By preserving these areas, the project hopes to combat the problems that have ④ arisen overfishing and pollution.

168 빈칸에 들어갈 가장 적절한 것은?

> Not that long ago, people used to depend on methods of communication that everyone knows _____ considerable time and effort, like letter-writing.

① requirement
② requiring
③ requires
④ require

167 기출포인트 자동사   정답 ④

해설 동사 arise(arisen)는 '~에서 발생하다'라는 의미로 전치사 from과 함께 쓰이는 자동사이므로 arisen을 arisen from으로 고쳐야 한다.

오답 분석
① 기출포인트 **동명사의 역할** 전치사(of)의 목적어 자리에 명사 역할을 하는 동명사 convincing이 올바르게 쓰였다.
② 기출포인트 **to 부정사의 역할** 문맥상 '해양을 보호하기 위해'라는 의미가 되어야 자연스러우므로 부사 역할을 하며 목적을 나타내는 to 부정사 to preserve가 올바르게 쓰였다.
③ 기출포인트 **부정관사 a(n)** 가산 명사(refuge)는 단수일 때 관사와 함께 쓰여야 하는데, 문맥상 '특별히 정해진' 은신처가 아닌 '정해지지 않은 어떤' 은신처라는 의미이므로 부정관사 an이 올바르게 쓰였다.

해석 Pristine Seas 프로젝트는 2백만 평방킬로미터 이상의 해양을 보호하기 위해 세계 곳곳의 정부를 설득하는 중에 있다. 해양보호구역은 지구 생물다양성에 필수적이고 많은 종에게 중요한 은신처 역할을 한다. 이러한 구역들을 보존함으로써, 이 프로젝트는 남획과 오염으로 인해 발생한 문제에 맞서 싸우기를 희망한다.

어휘 in the midst of ~의 중에, ~의 가운데에   convince 설득하다   preserve 보호하다, 보존하다   marine 해양의   reserve 보호구역; 예약하다   biodiversity 생물다양성   refuge 은신처, 피난, 피신   combat 싸우다   overfishing 남획

168 기출포인트 주격 관계절의 수 일치   정답 ④

해설 빈칸은 관계절의 동사 자리이므로 동사 자리에 올 수 없는 명사 ① requirement와 분사 ② requiring을 제외한 동사 ③, ④번이 정답 후보이다. 주격 관계절(that ~ effort)의 동사는 선행사에 수 일치시켜야 하는데, 선행사(methods)가 복수 명사이므로 복수 동사 ④ require가 정답이다. 참고로, 관계대명사(that) 뒤에는 everyone knows와 같이 '주어 + know/say/think/feel/hope' 등의 어구가 삽입될 수 있다.

해석 그리 오래되지 않은 과거에, 사람들은 편지 쓰기처럼 모든 사람이 알다시피 상당한 시간과 노력을 필요로 하는 의사소통 방식들에 의존하곤 했다.

어휘 depend on ~에 의존하다   method 방식   communication 의사소통   considerable 상당한   effort 노력   require 필요로 하다

DAY | 09

169 밑줄 친 부분에 들어갈 가장 적절한 것은?

> Defiance against authority figures will often set in after children _____ adolescence, a period when they begin to question rules.

① are reaching
② reach
③ reached
④ will reaching

170 밑줄 친 부분 중 어법상 옳지 않은 것을 고르시오.

> Members of a team who ① works together need to have positive relationships. ② Given that, team building exercises are beneficial. It is these non-work activities ③ that allow workers to become closer. ④ Not worrying about job stress, employees can develop stronger bonds by accomplishing tasks like escape rooms or volunteer activities together.

169 기출포인트 현재 시제

정답 ②

해설 빈칸은 부사절의 동사 자리이다. 문맥상 '반항은 사춘기에 이른 후에 시작될 것이다'라는 미래를 나타내는 의미가 되어야 자연스럽고, 시간을 나타내는 부사절(after ~ adolescence)에서는 미래를 나타내기 위해 미래 시제 대신 현재 시제를 사용하므로 ② reach가 정답이다.

해석 권위자들에 대한 반항은 아이들이 규칙에 대해 의문을 제기하게 되는 시기인 사춘기에 이른 후에 자주 시작될 것이다.

어휘 defiance 반항   authority figure 권위자   set in 시작되다   adolescence 사춘기

170 기출포인트 주격 관계절의 수 일치

정답 ①

해설 주격 관계절(who ~ together)의 동사는 선행사에 수 일치시켜야 하는데, 선행사(Members)가 복수 명사이므로 단수 동사 works를 복수 동사 work로 고쳐야 한다. 참고로, 선행사와 관계절 내 동사 사이의 수식어 거품(of a team)은 동사의 수 결정에 영향을 주지 않는다.

오답 분석
② 기출포인트 **분사구문의 관용 표현** 문맥상 '이러한 점을 고려할 때'라는 의미가 되어야 자연스러운데, '~이라 고려하면'은 분사구문 관용 표현 given that으로 나타낼 수 있으므로, Given that이 올바르게 쓰였다.
③ 기출포인트 **It – that 강조 구문** 문맥상 '근로자가 더 가까워질 수 있도록 하는 것은 바로 이러한 비업무 활동들이다'라는 의미가 되어야 자연스러운데, '-한 것은 바로 ~이다'는 It – that 강조 구문을 써서 나타낼 수 있으므로 that이 올바르게 쓰였다.
④ 기출포인트 **분사구문의 형태** 주절의 주어(employees)와 분사구문이 '직원들이 걱정하지 않는다'라는 의미의 능동 관계이고, 분사구문의 부정형을 쓸 때는 분사 앞에 not을 붙이므로 Not worrying이 올바르게 쓰였다.

해석 함께 일하는 팀원들은 긍정적인 관계를 맺어야 한다. 이러한 점을 고려할 때, 팀 빌딩 활동은 유익하다. 근로자가 더 가까워질 수 있도록 하는 것은 바로 이러한 비업무 활동들이다. 직무 스트레스에 대해 걱정하지 않고, 직원들은 방 탈출이나 자원봉사 활동과 같은 과제를 함께 완수함으로써 더 강한 결속력을 발전시킬 수 있다.

어휘 team building 팀 빌딩(그룹의 일체화와 작업효율 향상을 꾀하는 조직개발 기법의 하나)   beneficial 유익한   bond 결속력, 유대

DAY | 09

171 다음 밑줄 친 (A), (B), (C)에 들어갈 가장 적절한 표현은?

- My house is located __(A)__ an old road near the park.
- The assignment must be completed __(B)__ two hours, barring any unforeseen complications.
- The guests headed in a hurried yet orderly fashion __(C)__ the parking lot.

	(A)	(B)	(C)
①	among	between	toward
②	among	within	against
③	behind	between	against
④	behind	within	toward

172 밑줄 친 부분 중 어법상 옳지 않은 것은?

In many modern legal systems, the sum of money that is set for the release of a prisoner before their trial is ① <u>referring to</u> as *bail*. This sum is set by a judge during either a bail hearing or arraignment, ② <u>when</u> the defendant is formally charged. It is this system ③ <u>that</u> affords freedom to those awaiting trial. While the system is intended to relieve logistical burdens and protect freedoms, it has been taken advantage of by bail bondsmen, who operate with ④ <u>little</u> oversight.

173 빈칸에 들어갈 가장 알맞은 것을 고르시오.

Some say that if the traditional learning format—the classroom setting—doesn't suit a person's learning style, they should try _____ such as online education, which is supposed to provide students with greater flexibility.

① ones
② another
③ other
④ the other

171 기출포인트 전치사 3: 위치·방향   정답 ④

해설 (A) 문맥상 '도로 뒤에'라는 의미가 되어야 자연스러우므로 '~뒤에'라는 의미를 나타내는 전치사 behind를 써야 한다.
(B) 문맥상 '두 시간 이내에'라는 의미가 되어야 자연스러우므로 '~이내에'라는 의미를 나타내는 전치사 within을 써야 한다.
(C) 문맥상 '주차장 쪽으로'라는 의미가 되어야 자연스러우므로 '~쪽으로'라는 의미를 나타내는 전치사 toward를 써야 한다.
따라서 ④ (A) behind - (B) within - (C) toward가 정답이다.

해석
· 나의 집은 공원 근처의 오래된 도로 뒤에 위치해 있다.
· 어떠한 뜻밖의 문제가 없다면, 그 과제는 두 시간 이내에 완료되어야 한다.
· 손님들은 급하면서도 질서 있는 방식으로 주차장 쪽으로 향했다.

어휘 assignment 과제 barring ~이 없다면 unforeseen 뜻밖의 complication 문제 head 향하다 hurried 급한 orderly 질서 있는

172 기출포인트 동사구의 수동태   정답 ①

해설 동사구(refer to) 뒤에 목적어가 없고, 주어(the sum of money)와 동사가 '돈의 액수가 지칭되다'라는 의미의 수동 관계이므로 be 동사 (is) 뒤의 능동태 referring to를 수동태 referred to로 고쳐야 한다. 참고로, '자동사(refer) + 전치사(to)' 형태의 동사구가 수동태가 되어 목적어(the sum of money)가 주어가 된 경우, 목적어 뒤에 쓰인 전치사 as는 수동태 동사 뒤에 그대로 남는다.

오답분석
② 기출포인트 관계부사 선행사(bail hearing or arraignment)가 시간을 나타내고, 관계사 뒤에 완전한 절(the defendant ~ charged)이 왔으므로 관계부사 when이 올바르게 쓰였다. 참고로, 관계부사 when은 in/on/at/during which 등으로도 바꾸어 쓸 수 있다.
③ 기출포인트 It - that 강조 구문 '~한 것은 바로 ~이다'라는 의미로 It - that 강조 구문을 사용해 주어(this system)를 It과 that 사이에서 강조할 수 있으므로 It is this system 뒤에 that이 올바르게 쓰였다.
④ 기출포인트 수량 표현 명사 oversight(감독)은 불가산 명사이므로 불가산 명사 앞에 오는 수량 표현 little이 올바르게 쓰였다.

해석 많은 현대 법률 제도에서, 그들의 재판 이전에 수감자의 석방을 위해 정해진 돈의 액수는 '보석금'으로 지칭된다. 이 액수는 판사에 의해서 보석의 심리나 공소 도중 정해지는데, 이때 피고는 정식으로 기소된다. 재판을 기다리는 사람들에게 자유를 부여하는 것은 바로 이 제도이다. 비록 이 제도는 행정적 부담을 완화하고 자유를 보호하기 위해 의도되었지만, 이것은 보석 보증인들에 의해 악용되어 왔는데, 그들은 거의 감독받지 않고 영업한다.

어휘 release 석방 trial 재판 bail 보석금 hearing 심리, 공판 arraignment 공소 defendant 피고 charge 기소하다 afford 부여하다 logistical 행정적 burden 부담 bail bondsman 보석 보증인 oversight 감독, 관리

173 기출포인트 부정대명사: one·another·other   정답 ②

해설 빈칸은 동사 try의 목적어 자리이다. 목적어 자리에는 명사 역할을 하는 것이 와야 하므로 부정형용사 ③ other를 제외한 부정대명사 ①, ②, ④번이 정답 후보이다. 문맥상 '(전통적인 학습 형태가 아닌) 온라인 교육 같은 또 다른 것'이라는 의미가 되어야 자연스러우므로 '이미 언급한 것 이외의 또 다른 하나'라는 뜻의 부정대명사 ② another가 정답이다. 참고로, ① ones는 정해지지 않은 복수 가산 명사를 대신하고, ④ the other는 '정해진 것 중 남은 것 전부'라는 뜻의 대명사이므로 정답이 될 수 없다.

해석 일부는 만약 전통적인 학습 형태인 교실 환경이 한 사람의 학습 방식에 맞지 않는다면, 그들은 학생들에게 더 큰 유연성을 제공하는 것으로 여겨지는 온라인 교육 같은 또 다른 것을 시도해야 한다고 말한다.

어휘 traditional 전통적인 format 형태 suit 맞다 flexibility 유연성

DAY | 09

174 밑줄 친 부분에 들어갈 말로 가장 적절한 것을 고르시오.

> For historians, documenting oral histories is _____ preserving cultural artifacts of bygone cultures.

① so essential as
② as essential as
③ so essentially as
④ as essentially as

175 밑줄 친 부분 중 어법상 옳지 않은 것은?

> ① Exciting as championship games may be, unexpected injuries often keep athletes ② from performing at their best. They have to prioritize recovery and training ③ in order they may stay healthy, ④ receiving guidance from coaches.

176 밑줄 친 부분 중 어법상 옳지 않은 것은?

> Many people are terrified of speaking in front of large groups. Effective and thorough preparation can help you ① remaining calm and speak in an engaging manner. ② While some attempt to prepare with elaborate slideshows, this ends up being counter-productive. Instead, the focus should be on delivering a captivating speech to ③ direct the audience's attention to you rather than the visual aid. Putting significant effort into writing and rehearsing your speech can provide the ability ④ to concentrate on speaking.

174 기출포인트 원급   정답 ②

해설 문맥상 '지나간 문화의 문화 유물을 보존하는 것만큼이나 필수적이다'라는 의미가 되어야 자연스러운데, '~만큼 -하다'는 원급 표현 'as + 형용사/부사의 원급 + as'를 사용하여 나타낼 수 있으므로 ② as essential as가 정답이다. 참고로, as ~ as 사이가 형용사 자리인지 부사 자리인지는 as, as를 지우고 구별하는데 be 동사(is)의 보어 자리에 올 수 있는 것은 형용사이므로 부사 essentially가 쓰인 ④번은 정답이 될 수 없다.

해석 역사가들에게, 구전 역사를 기록하는 것은 지나간 문화의 문화적 가공물을 보존하는 것만큼이나 필수적이다.

어휘 document 기록하다   preserve 보존하다   cultural artifact 문화적 가공물   bygone 지나간, 옛날의

175 기출포인트 부사절 접속사 2: 기타   정답 ③

해설 뒤에 완전한 절(they may stay healthy)이 왔고, 문맥상 '건강을 유지하도록'이라는 의미가 되어야 자연스러우므로 in order를 '~ 하도록'이라는 의미의 부사절 접속사 in order that으로 고쳐야 한다.

오답분석
① 기출포인트 부사절 접속사 2: 기타 문맥상 '비록 챔피언십 경기가 흥미진진할 수 있지만'이라는 의미가 되어야 자연스럽고, as가 '비록 ~이지만'이라는 의미의 양보를 나타내는 부사절 접속사로 쓰이면 '(As +) 보어 + as/though + 주어 + 동사'의 어순이 되므로, Exciting as championship games가 올바르게 쓰였다.
② 기출포인트 타동사 문맥상 '예상치 못한 부상은 선수들이 최상의 기량을 발휘하는 것을 막는다'라는 의미가 되어야 자연스러운데, 동사 keep은 목적어 뒤에 전치사 from을 써서 'keep + 목적어 + from'(~을 -으로부터 막다)의 형태를 취하는 타동사이므로 목적어 athletes 뒤에 from이 올바르게 쓰였다.
④ 기출포인트 분사구문의 형태 주절의 주어(they)와 분사구문이 '그들이 받다'라는 의미의 능동 관계이므로 현재분사 receiving이 올바르게 쓰였다.

해석 비록 챔피언십 경기가 흥미진진할 수 있지만, 예상치 못한 부상은 종종 선수들이 최상의 기량을 발휘하는 것을 막는다. 그들은 코치의 지도를 받으며 건강을 유지하도록 회복과 훈련을 우선해야 한다.

어휘 exciting 흥미진진한   unexpected 예상치 못한   injury 부상   athlete (운동)선수   prioritize 우선하다, 우선순위를 매기다   recovery 회복   guidance 지도

176 기출포인트 원형 부정사를 목적격 보어로 취하는 동사   정답 ①

해설 준 사역동사 help는 to 부정사와 원형 부정사를 목적격 보어로 취할 수 있는 동사이므로 동명사 remaining을 to 부정사 to remain 또는 원형 부정사 remain으로 고쳐야 한다.

오답분석
② 기출포인트 부사절 접속사 2: 양보 문맥상 '비록 어떤 이들은 화려한 슬라이드 쇼를 가지고 준비하려 하지만'이라는 의미가 되어야 자연스러우므로 양보를 나타내는 부사절 접속사 While(~하지만)이 올바르게 쓰였다.
③ 기출포인트 타동사 전치사 없이 목적어(the audience's attention)를 취하는 타동사 direct가 올바르게 쓰였다.
④ 기출포인트 to 부정사의 역할 문맥상 '집중하는 능력'이라는 의미가 되어야 자연스러우므로, 명사(ability)를 수식할 수 있는 to 부정사 to concentrate가 올바르게 쓰였다.

해석 많은 사람들은 큰 청중 앞에서 말하는 것을 무서워한다. 효과적이고 철저한 준비는 당신이 차분함을 유지하고 관심을 사로잡는 방식으로 말하도록 도울 수 있다. 비록 어떤 이들은 화려한 슬라이드 쇼를 가지고 준비하려 하지만, 이것은 결국 반생산적이게 된다. 대신, 초점은 매력적인 연설을 해서 청중의 주의를 시각 자료보다는 당신에 향하도록 하는 데에 맞춰져야 한다. 당신의 연설을 작성하고 연습하는 데에 상당한 노력을 기울이는 것은 연설에 집중하는 능력을 제공한다.

어휘 engaging 관심을 사로잡는   elaborate 화려한   counter-productive 반생산적인   captivating 매력적인

DAY | 09

177 밑줄 친 부분 중 어법상 가장 옳지 않은 것은?

① <u>Visited</u> the new restaurant, customers left negative reviews, with one stating that although the interior décor ② <u>was</u> charming, the staff ③ <u>should have received</u> better training and ④ <u>it</u> was a shame that the majority of the items on the menu had been pre-cooked and frozen.

178 밑줄 친 부분 중 어법상 옳지 않은 것은?

Situated strategically on the banks of the River Thames ① <u>is the Tower of London</u>, a place ② <u>where</u> royals resided and prisoners were held for centuries. Since it is ③ <u>quite popular</u> tourist destination and a limited number of visitors are allowed in at any given time, you ④ <u>must</u> book tickets online in advance in order to guarantee entry.

177 기출포인트 분사구문의 형태 정답 ①

해설 '새로운 식당을 방문한' 시점이 '손님들이 부정적인 후기를 남긴' 시점보다 이전이므로 과거분사 Visited를 분사구문의 완료형 Having p.p. 형태인 Having visited로 고쳐야 한다.

오답 분석
② 기출포인트 시제 일치 주절의 시제가 과거일 경우 종속절에는 주로 과거나 과거완료 시제가 오는데, 주절에 과거 시제(left)가 왔으므로 종속절에도 과거 시제 was가 올바르게 쓰였다.
③ 기출포인트 조동사 관련 표현 문맥상 '직원들이 더 나은 훈련을 받았어야 했다'라는 의미가 되어야 자연스럽고, '~ 했어야 했다'는 조동사 관련 표현 should have p.p.를 사용하여 나타낼 수 있으므로 should have received가 올바르게 쓰였다.
④ 기출포인트 가짜 주어 구문 that절(that the majority ~ frozen)과 같이 긴 주어가 오면 가짜 주어 it이 진짜 주어(that절)를 대신해서 주어 자리에 쓰이므로 it이 올바르게 쓰였다.

해석 새로운 식당을 방문한 손님들은 부정적인 후기를 남겼는데, 한 사람은 실내 장식은 매력적이었지만, 직원들이 더 나은 훈련을 받았어야 했고, 메뉴에 있는 대부분의 음식들이 미리 조리되고 냉동되어 있었다는 것은 유감스러운 일이라고 언급했다.

어휘 interior décor 실내 장식 charming 매력적인 shame 유감스러운 일 majority 대부분 pre-cooked 미리 조리된 frozen 냉동된

178 기출포인트 강조 부사 정답 ③

해설 강조 부사 quite는 'quite + a/an + 형용사 + 명사'의 형태로 쓰이므로 quite popular를 quite a popular로 고쳐야 한다.

오답 분석
① 기출포인트 도치 구문: 부사구 도치 2 장소를 나타내는 부사구(Situated ~ River Thames)가 강조되어 절의 맨 앞에 나오면 주어와 동사가 도치되어 '동사(is) + 주어(the Tower of London)'의 어순이 되어야 하므로 is the Tower of London이 올바르게 쓰였다.
② 기출포인트 관계부사 관계사 뒤에 완전한 절(royals resided ~ for centuries)이 왔고, 선행사(a place)가 장소를 나타내므로 완전한 절을 이끌며 장소를 가리키는 관계부사 where가 올바르게 쓰였다.
④ 기출포인트 조동사 must 문맥상 '온라인으로 표를 예약해야 한다'라는 의미가 되어야 자연스러우므로, '~해야 한다'라는 의미의 의무를 나타내는 조동사 must가 올바르게 쓰였다.

해석 템스강 기슭에 전략적으로 위치한 것은 런던 타워로, 수 세기 동안 왕족들이 거주하고 죄수들이 수용되었던 장소이다. 이곳은 꽤 인기 있는 관광지이고 어떤 시간대이든 제한된 수의 방문객만 입장이 허용되므로, 입장을 보장하기 위해서는 미리 온라인으로 표를 예약해야 한다.

어휘 situate 위치시키다 strategically 전략적으로 bank 강 기슭, 강가의 땅 royal 왕족; 왕실의 reside 거주하다 prisoner 죄수 tourist destination 관광지 limited 제한된 in advance 미리 guarantee 보장하다 entry 입장

179 밑줄 친 부분 중 어법상 잘못된 것은?

> Unsolicited advice will be rejected ① <u>no matter how</u> gives it, even if it ② <u>comes from a coworker</u>, friend, or family member. Regardless of how helpful the advice is, we psychologically identify it as a way ③ <u>to control</u> our choices. ④ <u>That's why we need to confirm</u> with the other person if they want to hear our advice before giving it.

180 밑줄 친 부분 중 어법상 옳지 않은 것은?

> Why IQ scores are dropping in the US ① <u>is</u> unknown to education experts. While psychologists can't account for the phenomenon, they speculate that it ② <u>might be caused</u> by an aging society, as studies have indicated that a person's IQ can diminish with age. One reason ③ <u>supporting</u> this assumption is that lower IQ scores ④ <u>have also recorded</u> in other parts of the world where the elderly population is growing.

179 기출포인트 부사절 접속사 3: 복합관계대명사 정답 ①

해설 문맥상 '누가 주더라도'라는 의미가 되어야 자연스러운데, '누가 ~하더라도'는 no matter who로 나타낼 수 있으므로, '아무리 ~하더라도'라는 의미를 갖는 no matter how를 no matter who로 고쳐야 한다.

오답분석
② 기출포인트 병치 구문 접속사(or)로 연결된 병치 구문에서는 같은 구조끼리 연결되어야 하는데, or 앞에 명사 coworker와 friend가 왔으므로 or 뒤에도 명사 family member가 온 comes from a coworker, friend, or family member가 올바르게 쓰였다.
③ 기출포인트 to 부정사의 역할 문맥상 '통제하기 위한 방식'이라는 의미가 되어야 자연스러우므로 형용사처럼 명사(a way)를 수식할 수 있는 to 부정사 to control이 올바르게 쓰였다.
④ 기출포인트 관계부사 관계사 뒤에 완전한 절(we need to ~ person)이 왔고 문맥상 '그것이 우리가 상대방과 확인을 해야 하는 이유이다'라는 의미가 되어야 자연스러우므로 이유를 나타내는 관계부사 why가 온 That's why we need to confirm이 올바르게 쓰였다. 참고로, 관계부사 why는 선행사(the reason)와 관계부사 둘 중 하나를 생략할 수 있으므로 선행사(the reason) 없이 why만 쓰였다.

해석 원치 않는 조언은 누가 주더라도 거부될 것인데, 비록 그것이 동료, 친구, 또는 가족으로부터 나온다 하더라도 말이다. 조언이 얼마나 도움이 되는지와 상관없이, 우리는 그것을 우리의 선택을 통제하기 위한 방식이라고 심리적으로 인식한다. 그것이 우리가 조언을 주기 전에 그들이 우리의 조언을 듣고 싶어 하는지 상대방과 확인을 해야 하는 이유이다.

어휘 unsolicited 원치 않는 reject 거부하다 psychologically 심리적으로 identify 인식하다 confirm 확인하다

180 기출포인트 능동태·수동태 구별 정답 ④

해설 타동사 record 뒤에 목적어가 없고, that절의 주어(lower IQ scores)와 동사가 '더 낮은 IQ 지수가 기록되다'라는 의미의 수동 관계이므로 능동태 have also recorded를 수동태 have also been recorded로 고쳐야 한다.

오답분석
① 기출포인트 주어와 동사의 수 일치 주어 자리에 단수 취급하는 명사절 주어(Why IQ scores are dropping ~)가 왔으므로 단수 동사 is가 올바르게 쓰였다.
② 기출포인트 능동태·수동태 구별 타동사 cause 뒤에 목적어가 없고, 주어(it)와 동사가 '그것이 야기되다'라는 의미의 수동 관계이므로 조동사(might) 뒤에 수동태를 써서 might be caused가 올바르게 쓰였다.
③ 기출포인트 현재분사 vs. 과거분사 수식받는 명사(reason)와 분사가 '근거가 지지하다'라는 의미의 능동 관계이므로 현재분사 supporting이 올바르게 쓰였다.

해석 미국에서 IQ 지수가 낮아지고 있는 이유는 교육 전문가들에게 알려지지 않았다. 심리학자들은 그 현상을 설명할 수 없지만, 그들은 그것이 고령화 사회로 인해 야기되었는지도 모른다고 추측하는데, 이는 연구들이 한 사람의 IQ가 노화와 함께 감퇴할 수 있다고 나타냈기 때문이다. 이러한 가정을 지지하는 한 가지 근거는 노령 인구가 증가하고 있는 세계의 다른 지역에서도 더 낮은 IQ 지수가 기록되었다는 것이다.

어휘 unknown 알려지지 않은, 미지의 phenomenon 현상 speculate 추측하다 assumption 가정 population 인구

DAY | 10

181 밑줄 친 부분 중 어법상 잘못된 것은?

The number of people ① <u>who</u> main source of news is social media has remained at ② <u>such a high level</u> that it is one of the top sources, making some researchers ③ <u>question</u> its implications. Further research showed that older generations do not consume news on social media ④ <u>as frequently as</u> younger ones do.

182 어법상 빈칸에 들어가기에 가장 알맞은 것은?

_____ Sarah. She always puts in extra effort to complete her tasks on time.

① No other employees are diligent as
② Some employees are more diligent as
③ No other employee is more diligent than
④ Another employee is as diligent

181 기출포인트 관계대명사 정답 ①

해설 선행사(people)가 사람이고, 관계절 내에서 main source of news가 누구의 소식의 주요 출처인지 나타내므로, 주격 관계대명사 who를 소유격 관계대명사 whose로 고쳐야 한다.

오답분석
② 기출포인트 **혼동하기 쉬운 어순** such는 'such + (a/an) + 형용사 + 명사'의 순으로 쓰이므로 such a high level이 올바르게 쓰였다.
③ 기출포인트 **5형식 동사** 사역동사 make는 '~을 -으로 만들다'라는 의미로 쓰일 때 동사원형을 목적격 보어로 취하는 5형식 동사이므로 목적격 보어 자리에 동사원형 question이 올바르게 쓰였다.
④ 기출포인트 **원급** 문맥상 '젊은 세대들만큼 자주 소셜 미디어에서 뉴스를 소비하지 않는다'라는 의미가 되어야 자연스러운데 '~만큼 -하게'는 'as + 형용사/부사의 원급 + as'를 사용하여 나타낼 수 있고, 동사 consume을 수식할 수 있는 것은 부사(frequently)이므로 as frequently as가 올바르게 쓰였다.

해석 소셜 미디어가 소식의 주요 출처인 사람들의 수는 너무나 높은 수준을 유지해 와서 소셜 미디어는 (소식의) 상위 출처 중 하나인데, 이것은 일부 연구자들이 그것의 내포된 의미에 대해 의문을 품게 만들었다. 추가 연구는 나이가 많은 세대들은 젊은 세대들만큼 자주 소셜 미디어에서 뉴스를 소비하지 않는다는 것을 보여주었다.

어휘 remain 유지하다 implication 내포된 의미, 함축 generation 세대 consume 소비하다 frequently 자주

182 기출포인트 비교급 형태로 최상급 의미를 만드는 표현 정답 ③

해설 문맥상 '다른 어떤 근로자도 Sarah보다 더 근면하지 않다'는 의미가 되어야 자연스러운데, '다른 어떤 -도 -보다 더 ~하지 않다'는 비교급 형태로 최상급 의미를 만드는 표현 'no other + 단수 명사 ~ 비교급 + than'으로 나타낼 수 있으므로 ③ No other employee is more diligent than이 정답이다.

해석 다른 어떤 근로자도 Sarah보다 더 근면하지 않다. 그녀는 항상 그녀의 업무를 제시간에 완료하기 위해 추가적인 노력을 기울인다.

어휘 effort 노력 diligent 근면한, 성실한

183 밑줄 친 부분 중 어법상 잘못된 것은?

> Many of the crops grown today ① <u>were</u> first cultivated thousands of years ago, and compared to their ancient counterparts, they are ② <u>similar fundamentally</u> species. At the same time, most ③ <u>have been altered</u> by domestication processes, while some have ended up ④ <u>evolving</u> on their own.

184 밑줄 친 부분 중 어법상 옳지 않은 것은?

> On international flights, most airlines will require that a passenger ① <u>uses</u> only the lavatory in his or her cabin, but policies on domestic flights are more permissive. One domestic airline recently ② <u>broadened its policy</u> after it ③ <u>had received</u> too many complaints about long lines and aisles becoming ④ <u>crowded</u>.

183 기출포인트 부사 자리   정답 ②

해설 부사(fundamentally)는 동사 이외의 것을 수식할 때 수식받는 것 앞에 와야 하므로, 형용사(similar) 뒤에 부사가 온 similar fundamentally를 fundamentally similar로 고쳐야 한다.

오답분석
① 기출포인트 **수량 표현의 수 일치** 주어 자리에 복수 취급하는 수량 표현 'many of + 복수 명사'(Many of the crops)가 왔으므로 복수 동사 were가 올바르게 쓰였다.
③ 기출포인트 **현재완료 시제 & 능동태·수동태 구별** 문맥상 '재배 과정에 의해 변화되어 왔다'라는 과거에 시작된 일이 현재까지 영향을 미치는 경우를 나타내고 있으므로 현재완료 시제가 와야 한다. 또한 동사(alter) 뒤에 목적어가 없고 주어(most)와 동사가 '대부분이 변화되다'라는 의미의 수동 관계이므로 현재완료 시제 수동태 have been altered가 올바르게 쓰였다.
④ 기출포인트 **동명사 관련 표현** 문맥상 '결국 스스로 진화하게 되었다'라는 의미가 되어야 자연스러운데, '결국 ~하다'는 동명사구 관용 표현 end up -ing를 사용하여 나타낼 수 있으므로 ended up 뒤에 동명사 evolving이 올바르게 쓰였다.

해석 오늘날 재배되는 농작물들 중 많은 것들이 수천 년 전에 처음 재배되었으며, 그것들과 상응하는 고대의 농작물들과 비교했을 때 그것들은 근본적으로 유사한 종류이다. 동시에, 대부분은 재배 과정에 의해 변화되어 온 반면, 일부는 결국 스스로 진화하게 되었다.

어휘 crop 농작물   cultivate 재배하다   ancient 고대의   counterpart 상응하는 것   fundamentally 근본적으로   species 종류, 종   domestication 재배   process 과정   alter 변화시키다   evolve 진화하다

184 기출포인트 조동사 should의 생략   정답 ①

해설 문맥상 '대부분의 항공사들이 각자의 객실에 해당하는 화장실만을 이용할 것을 요구하다'라는 의미가 되는 것이 자연스럽고, 요구를 나타내는 동사 require가 주절에 나오면 종속절에는 '(should +) 동사원형'의 형태가 와야 하므로, uses를 (should) use로 고쳐야 한다.

오답분석
② 기출포인트 **타동사** 문맥상 '정책을 확대했다'라는 의미가 되어야 자연스럽고, 동사 broaden은 '(~을) 확대하다'라는 의미로 쓰일 때 전치사 없이 목적어(its policy)를 취하는 타동사이므로 broadened its policy가 올바르게 쓰였다.
③ 기출포인트 **시제 일치** 주절의 시제가 과거(broadened)일 경우 종속절에는 과거나 과거완료 시제가 쓰여야 하는데, '너무 많은 불만을 받은 것'은 '항공사가 정책을 확대한' 특정 과거 시점보다 명백히 이전에 일어난 일이므로, 과거완료 시제 had received가 올바르게 쓰였다.
④ 기출포인트 **보어 자리** 동사 become은 주격 보어를 취하는 동사인데, 보어 자리에는 명사나 형용사 역할을 하는 것이 올 수 있으므로 형용사 crowded가 올바르게 쓰였다.

해석 국제선 항공편에서는 대부분의 항공사들이 승객이 각자의 객실에 해당하는 화장실만을 이용할 것을 요구할 것이지만, 국내선 항공편의 정책들은 더 관대하다. 한 국내 항공사는 최근에 긴 줄과 복도가 붐비는 것에 대해 너무 많은 불만을 받은 후 자사의 정책을 확대했다.

어휘 require 요구하다   lavatory 화장실   cabin 객실   policy 정책   domestic flight 국내선 항공편   permissive 관대한   broaden 확대하다   complaint 불만   aisle 복도   crowded 붐비는

185 밑줄 친 부분 중 어법상 옳지 않은 것은?

> Only after entering the workforce ① do many people realize the value of practical experience because by the time they ② start working, they will have learned ③ what certain industry practices and trends are not taught in formal academic settings and a lot of workplace skills ④ are acquired exclusively on the job through real-world problem-solving.

186 빈칸에 들어갈 말로 가장 적절한 것을 고르시오.

> Had I not enabled two-factor authentication, I _____ my personal information to hackers by clicking a seemingly legitimate link.

① will expose
② will be exposing
③ would have exposed
④ would expose

185 기출포인트 what vs. that 정답 ③

해설 완전한 절(certain industry practices ~ settings)을 이끌며 동사(have learned)의 목적어 자리에 올 수 있는 것은 명사절 접속사 that 이므로 불완전한 절을 이끄는 what을 that으로 고쳐야 한다.

오답분석
① 기출포인트 **도치 구문: 부사구 도치 1** 제한을 나타내는 부사구(Only after ~ workforce)가 강조되어 문장의 맨 앞에 나오면 주어와 조동사가 도치되어 '조동사(do) + 주어(many people) + 동사(realize)'의 어순이 되어야 하므로 do many people realize가 올바르게 쓰였다.
② 기출포인트 **현재 시제** 문맥상 '그들이 일을 시작할 때쯤'이라는 의미가 되어야 자연스러운데, '~할 때쯤'은 'by the time + 주어 + 현재 동사'로 나타내므로 현재 시제 start가 올바르게 쓰였다.
④ 기출포인트 **부분 표현의 수 일치** 부분을 나타내는 표현(a lot of)을 포함한 주어는 of 뒤 명사에 동사를 수 일치시켜야 하는데, of 뒤에 복수 명사 workplace skills가 왔으므로 복수 동사 are가 올바르게 쓰였다.

해석 직장에 들어간 후에야 많은 사람들이 실무 경험의 가치를 깨닫는데, 왜냐하면 그들이 일을 시작할 때쯤에는, 특정 업계 관행과 추세가 정규 학업 환경에서는 가르쳐지지 않는다는 것과 많은 직장 기술들이 실제 문제 해결을 통해 근무 중에 오로지 습득된다는 것을 배웠을 것이기 때문이다.

어휘 workforce 직장, 근로자   practical 실무의, 실용적인   practice 관행   trend 추세   acquire 습득하다   exclusively 오로지, 독점적으로   on the job 근무 중에, 작업 중에   real-world 실제의

186 기출포인트 가정법 도치 정답 ③

해설 빈칸은 문장의 동사 자리이다. if절에 if가 생략되어 주어(I)와 조동사(Had)가 도치된 가정법 과거완료 Had I not enabled가 왔으므로, 주절에도 가정법 과거완료 '주어 + would + have p.p.'의 형태가 와야 한다. 따라서 ③ would have exposed가 정답이다.

해석 만약 내가 이중 인증을 활성화하지 않았다면, 겉보기에는 합법적인 링크를 클릭함으로써 해커들에게 나의 개인 정보를 노출했을 것이다.

어휘 enable 활성화하다   two-factor authentication 이중 인증   personal information 개인 정보   seemingly 겉보기에는   legitimate 합법적인   expose 노출시키다

187 밑줄 친 부분 중 어법상 옳지 않은 것을 고르시오.

> The more informed workers are, the ① <u>best</u> they can do their jobs. For this reason, it's more effective to give employees feedback regularly than ② <u>to expect</u> them to improve on their own. In fact, providing ongoing feedback can be as important as ③ <u>giving</u> training ④ <u>prior to</u> employment.

188 빈칸에 들어갈 말로 가장 적절한 것을 고르시오.

> Exhausted by the hike, we sat on the bench for a moment and looked over the pictures that _____ by my friend.

① take
② took
③ taken
④ were taken

187 기출포인트 비교급 정답 ①

해설 문맥상 '더 잘 아는 근로자일수록 업무를 더 잘할 수 있다'는 의미가 되어야 자연스러운데, '더 ~할수록, 더 -하다'는 비교급 표현 'the + 비교급(more informed) + 주어(workers) + 동사(are) ~, the + 비교급 + 주어(they) + 동사(can do) -'의 형태로 나타낼 수 있으므로 최상급 best를 비교급 better로 고쳐야 한다.

오답 분석
② 기출포인트 병치 구문 비교 구문에서 비교의 대상은 같은 구조끼리 연결되어야 하는데, than 앞에 to 부정사구(to give ~ regularly)가 왔으므로 than 뒤에도 to 부정사구를 이끄는 to 부정사 to expect가 올바르게 쓰였다.
③ 기출포인트 병치 구문 비교 구문에서 비교의 대상은 같은 구조끼리 연결되어야 하는데 원급 비교 구문(as important as) 앞에 동명사구(providing ~ feedback)가 왔으므로 as important as 뒤에도 동명사구를 이끄는 동명사 giving이 올바르게 쓰였다.
④ 기출포인트 비교급 문맥상 '고용 이전에'라는 의미가 되어야 자연스러운데, '~ 이전에'는 than 대신 to를 쓰는 비교급 표현 prior to(~보다 이전에)를 사용하여 나타낼 수 있으므로 prior to가 올바르게 쓰였다.

해석 더 잘 아는 근로자일수록 업무를 더 잘할 수 있다. 이러한 이유로, 직원들이 스스로 개선할 것으로 기대하는 것보다 직원들에게 정기적으로 피드백을 제공하는 것이 더 효과적이다. 실제로, 진행 중인 피드백을 제공하는 것은 고용 이전에 교육을 제공하는 것만큼이나 중요할 수 있다.

어휘 informed 잘 아는, 박식한 regularly 정기적으로 ongoing 진행 중인

188 기출포인트 동사 자리 & 능동태·수동태 구별 정답 ④

해설 빈칸은 관계절(that ~ friend)의 동사 자리이므로 동사 자리에 올 수 없는 분사 ③ taken을 제외한 능동태 동사 ①, ②번과 수동태 동사 ④번이 정답 후보이다. 보기의 동사 take(찍다)는 목적어를 취하는 타동사인데 빈칸 뒤에 목적어가 없고, 선행사(pictures)와 관계절의 동사가 '사진이 찍히다'라는 의미의 수동 관계이므로 수동태 ④ were taken이 정답이다.

해석 하이킹으로 지친 우리는 벤치에 잠깐 앉아서 내 친구에 의해 찍힌 사진들을 살펴보았다.

어휘 exhausted 지친, 피곤한 look over 살펴보다

DAY | 10

189 (A), (B), (C)의 각 부분에서 어법에 맞는 표현으로 가장 적절한 것은?

> Genetic makeup that doesn't get passed down and that doesn't end up getting inherited (A) [is / are] still important to a child's development, a recent study confirmed. For example, a parent (B) [who / whose] genetic propensity to excel at academic pursuits can influence his or her child who lacks those genes by creating a home environment where learning is encouraged and prioritized. This concept is referred to as genetic nurture, and scientists believe it is indirectly responsible for (C) [transfer / transferring] traits from parents to their children.

	(A)	(B)	(C)
①	is	who	transfer
②	are	whose	transfer
③	are	who	transferring
④	is	whose	transferring

190 밑줄 친 부분 중 어법상 잘못된 것은?

> ① <u>Never having visited</u> an indigenous village before, I wasn't sure what to expect, but thankfully, everything ② <u>was taken care of</u> by the tour company. I especially enjoyed when our lunch ③ <u>was cooked us</u> by the locals. If I ④ <u>return</u> next year, I will book the tour again.

189 기출포인트 주어와 동사의 수 일치 & 관계대명사 & 전치사 자리   정답 ④

해설 (A) 주어 자리에 단수 명사 Genetic makeup이 왔으므로 단수 동사 is를 써야 한다. 참고로, 주어와 동사 사이의 수식어 거품(that doesn't get ~ inherited)은 동사의 수 결정에 영향을 주지 않는다.
(B) 선행사(a parent)가 사람이고, 관계절 내에서 genetic propensity가 누구의 것인지를 나타내므로 사람을 가리키는 소유격 관계대명사 whose를 써야 한다.
(C) 전치사(for) 뒤에는 명사 역할을 하는 것이 와야 하므로 명사 역할을 할 수 있는 동명사 transferring을 써야 한다. 참고로, transfer를 명사로 본다 해도 뒤에 온 명사 traits와 연결어 없이 나란히 쓰일 수 없다.
따라서 ④ (A) is - (B) whose - (C) transferring이 정답이다.

해석 대물림되지 않고 결국 물려받지 않게 되는 유전적 기질이 여전히 아이의 발달에 중요하다는 것을 최근 한 연구가 확인했다. 예를 들어, 학술적 탐구에 뛰어난 유전적 경향의 한 부모는 배움이 권장되고 우선시되는 집안 환경을 조성함으로써 그러한 유전자가 부족한 그 또는 그녀의 아이에게 영향을 줄 수 있다. 이 개념은 유전적 양육이라고 불리고, 과학자들은 이것이 특성을 부모로부터 그들의 자녀에게 전달하는 데에 간접적으로 원인이 된다고 생각한다.

어휘 genetic 유전의, 유전학의 makeup 기질, 구성, 구조 inherit 물려받다, 상속받다 propensity 경향, 성향 excel at ~에 뛰어나다 prioritize 우선시하다, 우선순위를 매기다 concept 개념 trait 특성

190 기출포인트 4형식 동사의 수동태   정답 ③

해설 동사 cook은 두 개의 목적어를 '간접 목적어(us) + 직접 목적어(our lunch)'의 순서로 취하는 4형식 동사인데, 4형식 동사가 수동태가 되어 직접 목적어가 주어로 간 수동태 문장에서는 수동태 동사(was cooked) 뒤에 남는 간접 목적어(us) 앞에 전치사 for를 써야 하므로 was cooked us를 was cooked for us로 고쳐야 한다.

오답분석
① 기출포인트 분사구문의 형태 주절의 주어(I)와 분사구문이 '내가 방문하다'라는 의미의 능동 관계이고, '내가 원주민 마을을 방문한 적이 없던 것'이 '내가 무엇을 기대해야 할지 확신하지 못한' 시점보다 이전이므로 분사구문의 완료형 Never having visited가 올바르게 쓰였다. 참고로, 분사구문의 부정형은 분사 앞에 not이나 never가 오므로 Never가 having visited 앞에 쓰였다.
② 기출포인트 동사구의 수동태 '타동사 + 명사 + 전치사'(take care of) 형태의 동사구가 수동태가 되는 경우, 동사구의 명사(care)와 전치사(of) 모두 수동태 동사(was taken) 뒤에 그대로 남아야 하므로 was taken care of가 올바르게 쓰였다.
④ 기출포인트 현재 시제 조건을 나타내는 부사절(If ~ next year)에서는 미래를 나타내기 위해 미래 시제 대신 현재 시제를 사용하므로 현재 시제 return이 올바르게 쓰였다.

해석 이전에 원주민 마을을 방문해 본 적이 없어서, 나는 무엇을 기대해야 할지 확신하지 못했지만, 다행히, 모든 것이 여행사에 의해 처리되었다. 나는 특히 현지인들이 우리를 위해 점심을 요리해 주었을 때가 즐거웠다. 만약 내년에 다시 온다면, 나는 그 투어를 다시 예약할 것이다.

어휘 indigenous 원주민의 take care of 처리하다 local 현지인 book 예약하다

DAY | 10

191 밑줄 친 부분 중 어법상 옳지 않은 것은?

Fortune cookies ① <u>are thought to have been</u> invented in China because they are served in Western-based Chinese restaurants. But it is not possible ② <u>find</u> a fortune cookie in China. This is because they were created in California. The tasty cookies and fun fortunes allowed restaurant owners ③ <u>to attract</u> customers who would never have been interested in trying Chinese food. Nowadays, fortune cookies come in ④ <u>a variety of</u> flavors and are considered a staple of the Chinese dining experience in the West.

192 어법상 빈칸에 들어가기에 가장 적절한 것은?

Germany _____ Brazil a crushing defeat—what many Brazilians consider a national humiliation—during the 2014 World Cup semifinals.

① handed
② handing
③ hands
④ to hand

191 기출포인트 가짜 주어 구문 정답 ②

해설 가주어 it은 to 부정사구와 같이 길이가 긴 진주어를 대신해 주어 자리에 쓰이므로, 진짜 주어 자리에 쓰인 동사원형 find를 to 부정사구를 이끄는 to 부정사 to find로 고쳐야 한다.

오답분석
① 기출포인트 **3형식 동사의 수동태** that절을 목적어로 취하는 3형식 동사(think)가 능동태 문장으로 쓰이면 They think that fortune cookies were invented ~가 되는데, 이때 that절의 주어(fortune cookies)가 문장의 주어로 가서 수동태가 되는 경우 '주어(Fortune cookies) + be p.p.(are thought) + to 부정사(to have been invented)'의 형태로 쓰이므로 are thought to have been이 올바르게 쓰였다.
③ 기출포인트 **5형식 동사** 동사 allow는 to 부정사를 목적격 보어로 취하는 5형식 동사이므로 목적격 보어 자리에 to 부정사 to attract가 올바르게 쓰였다.
④ 기출포인트 **수량 표현** 가산 복수 명사 앞에 오는 수량 표현 a variety of(다양한)가 복수 명사 flavors 앞에 올바르게 쓰였다.

해석 포춘 쿠키는 서양식 중국 식당에서 제공되기 때문에 중국에서 발명된 것으로 여겨진다. 그러나 포춘 쿠키를 중국에서 찾는 것은 불가능하다. 이는 그것이 캘리포니아에서 만들어졌기 때문이다. 맛있는 과자와 재미있는 운세는 레스토랑 사장들이 중국 음식을 시도하는 것에 전혀 관심이 없었을 고객을 유치할 수 있게 했다. 오늘날, 포춘 쿠키는 다양한 맛으로 출시되며 서양에서 중국식 식사 경험의 주요소로 인식된다.

어휘 fortune 운세, 운, 부 attract 유치하다, 마음을 끌다 staple 주요소; 주요한

192 기출포인트 동사 자리 & 시제 일치 정답 ①

해설 빈칸은 문장의 동사 자리이므로 동사 자리에 올 수 없는 분사 ② handing과 to 부정사 ④ to hand를 제외한 동사 ①, ③번이 정답 후보이다. 문장에 과거를 나타내는 시간 표현 the 2014 World Cup semifinals(2014년 월드컵 준결승전)가 왔으므로 과거 시제 ① handed가 정답이다.

해석 독일은 2014년 월드컵 준결승전에서 많은 브라질인들이 국가적 수치라고 여기는 참담한 패배를 브라질에 건네주었다.

어휘 crushing 참담한, 치명적인 defeat 패배, 좌절 humiliation 수치, 망신 semifinal 준결승전; 준결승의 hand 건네주다, 넘겨주다

193 밑줄 친 부분 중 어법상 옳지 않은 것은?

> With nearly every technology company ① makes wearable technology, we're not far from a future where electronic devices will become an everyday part of one's wardrobe. In particular, smartwatches are already a big hit. But watch companies remain ② unimpressed with the novelty item. Traditional timepieces, they say, cannot be replaced because the consumers ③ that purchase them come to think of them as a legacy. While smartwatches ④ will become outdated and useless after a few years—as all technology does—a well-made watch can be cherished and passed down through the generations.

194 다음 빈칸에 들어갈 말로 가장 적절한 것을 고르시오.

> Societies are measured by what they do for their most vulnerable members, _____ who are either too young, old, or infirm to adequately care for themselves.

① this ② that
③ these ④ those

193 기출포인트 분사구문의 역할 정답 ①

해설 동시에 일어나는 상황은 'with + 명사 + 분사'의 형태로 나타낼 수 있는데, 명사(nearly ~ company)와 분사가 '회사가 만들다'라는 의미의 능동 관계이므로 현재 동사 makes를 현재분사 making으로 고쳐야 한다.

오답분석
② 기출포인트 현재분사 vs. 과거분사 감정을 나타내는 동사(impress)의 경우 분사가 수식 또는 보충 설명하는 대상이 감정을 느끼는 주체이면 과거분사를 써야 하는데, 주어(watch companies)가 감명을 느끼지 않는 주체이므로 과거분사 unimpressed가 올바르게 쓰였다.
③ 기출포인트 관계대명사 선행사(consumers)가 사람이고, 관계절 내에서 동사 purchase의 주어 역할을 하므로 사람을 가리키는 주격 관계대명사 that이 올바르게 쓰였다.
④ 기출포인트 미래 시제 문장에 after a few years(몇 년 후에)라는 미래를 나타내는 표현이 왔고, 문맥상 '스마트워치는 구식이 되고 쓸모없어질 것'이라는 미래에 대한 예상을 나타내고 있으므로 미래 시제 will become이 올바르게 쓰였다.

해석 거의 모든 과학 기술 회사가 착용 기기를 만들면서, 우리는 전자 기기가 옷의 일상적인 부분이 될 미래로부터 머지않다. 특히, 스마트워치는 이미 크게 성공했다. 그러나 시계 회사들은 그 참신한 물건에 여전히 감명받지 않았다. 그들이 말하기를, 전통 시계는 대체될 수 없는데, 이는 그것을 사는 소비자들은 그것을 유산으로 생각하게 되기 때문이다. 모든 기술이 그러하듯이 스마트워치는 몇 년 후에 구식이 되고 쓸모없어질 반면, 잘 만들어진 시계는 소중히 간직되어 세대를 넘어 전해질 수 있다.

어휘 wardrobe 옷, 옷장　novelty 참신함　timepiece 시계　legacy 유산　outdated 구식의, 낡은　cherish 소중히 간직하다

194 기출포인트 지시대명사 정답 ④

해설 빈칸은 관계절(who ~ themselves)의 수식을 받는 것의 자리인데, 관계절에 복수 동사(are)가 왔으므로, 단수 지시대명사 ①, ②번을 제외한 복수 지시대명사 ③, ④번이 정답 후보이다. 문맥상 '너무 어리거나, 나이가 많거나, 병약해서 자신을 스스로 적절히 돌볼 수 없는 사람들'이라는 의미가 되어야 자연스러운데, 뒤에서 수식어(who are ~ themselves)의 꾸밈을 받아 '~한 사람들'을 나타내는 것은 복수 지시대명사 those이므로 ④ those가 정답이다.

해석 사회는 가장 취약한 구성원들, 즉 너무 어리거나, 나이가 많거나, 병약해서 자신을 스스로 적절히 돌볼 수 없는 사람들을 위해 무엇을 하는지에 의해 평가된다.

어휘 measure 평가하다, 측정하다　vulnerable 취약한　infirm 병약한, 노쇠한　adequately 적절히　care for 돌보다

195 밑줄 친 부분 중 어법상 잘못된 것은?

> When the summer ① <u>ends</u> next month, many tourists will stop coming to the area ② <u>which</u> local business owners have grown accustomed to ③ <u>earning</u> higher profits by ④ <u>selling</u> souvenirs.

196 빈칸에 들어갈 가장 알맞은 것을 고르시오.

> Many people at this point agree that self-driving cars _____ a long way since they were first introduced.

① come
② have come
③ came
④ will come

195 기출포인트 관계부사와 관계대명사 비교 정답 ②

해설 선행사(the area)가 장소를 나타내고, 관계사 뒤에 완전한 절(local business ~ souvenirs)이 왔으므로 불완전한 절을 이끄는 관계대명사 which를 완전한 절을 이끌며 장소를 가리키는 관계부사 where로 고쳐야 한다.

오답 분석
① 기출포인트 **현재 시제** 시간을 나타내는 부사절(When the summer ~ next month)에서는 미래를 나타내기 위해 미래 시제 대신 현재 시제를 사용하므로 현재 시제 ends가 올바르게 쓰였다.
③ 기출포인트 **동명사 관련 표현** 문맥상 '기념품을 팔아서 수익을 올리는 것에 익숙해져 있다'라는 의미가 되어야 자연스러운데, '~에 익숙하다'는 동명사 관련 표현 be accustomed to -ing로 나타낼 수 있으므로 accustomed to 뒤에 동명사 earning이 올바르게 쓰였다.
④ 기출포인트 **전치사 자리** 전치사(by) 뒤에는 명사 역할을 하는 것이 와야 하므로 동명사 selling이 올바르게 쓰였다.

해석 다음 달에 여름이 끝나면, 많은 관광객들은 현지 사업주들이 기념품을 팔아서 더 높은 수익을 올리는 것에 익숙해져 있는 그 지역으로 오는 것을 멈출 것이다.

어휘 local 현지의 grow accustomed to ~에 익숙해지다 profit 수익 souvenir 기념품

196 기출포인트 시제 일치 정답 ②

해설 빈칸은 명사절(that ~ a long way)의 동사 자리이다. 현재완료 시제와 자주 함께 쓰이는 시간 표현 'since + 과거 시간 표현'(since they were first introduced)이 왔으므로, 현재완료 시제 ② have come이 정답이다.

해석 현시점에서 많은 사람들은 자율주행차가 그것들이 처음 소개된 이후로 크게 발전해 왔다는 것에 동의한다.

어휘 self-driving car 자율주행차 come a long way 크게 발전하다

197 밑줄 친 부분 중 어법상 잘못된 것은?

> If the shipment of microchips ① had arrived as planned, manufacturing of the device could have started, but because the supplier ② whose chips the company ③ uses always is facing logistic network issues, the rest of the company's production plans ④ have come to a halt.

198 밑줄 친 부분 중 어법상 옳지 않은 것은?

> Traditionally, ① much of the world relied on wood for fuel. Today, either coal or petroleum ② are mainly used. The use of alternative energy sources, such as wind and solar energy, ③ is growing ④ but still relatively uncommon.

197 기출포인트 빈도 부사 정답 ③

해설 빈도 부사(always)는 보통 일반동사(uses) 앞에 와야 하므로 uses always를 always uses로 고쳐야 한다.

오답분석
① 기출포인트 **가정법 과거완료** 주절에 가정법 과거완료 '주어 + could + have p.p.'가 왔으므로, if절에도 가정법 과거완료를 만드는 'If + 주어 + had p.p.' 형태의 had arrived가 올바르게 쓰였다.
② 기출포인트 **관계대명사** 선행사(the supplier)가 사물이고, 관계절 내에서 chips가 어느 것의 칩인지 나타내므로, 소유격 관계대명사 whose가 올바르게 쓰였다.
④ 기출포인트 **부분 표현의 수 일치** 부분을 나타내는 표현(the rest of)을 포함한 주어는 of 뒤 명사에 동사를 수 일치시켜야 하는데, of 뒤에 복수 명사(the company's production plans)가 왔으므로 복수 동사 have가 올바르게 쓰였다.

해석 마이크로칩의 배송이 계획대로 도착했더라면 기기 제조가 시작될 수 있었겠지만, 회사가 항상 사용하는 칩의 공급업체가 물류망 문제에 직면하고 있어서, 회사의 나머지 생산 계획들이 중단되었다.

어휘 shipment 배송 manufacturing 제조 device 기기, 장치 supplier 공급업체 logistic 물류의 come to a halt 중단되다

198 기출포인트 접속사로 연결된 주어의 수 일치 정답 ②

해설 either A or B(A 또는 B 둘 중 하나)로 연결된 주어(either coal or petroleum)는 B에 동사를 수 일치시켜야 하는데, B 자리에 단수 명사 petroleum이 왔으므로 복수 동사 are를 단수 동사 is로 고쳐야 한다.

오답분석
① 기출포인트 **수량 표현** 수량 표현(much)과 명사(world) 사이에는 of와 the가 함께 와야 하므로 the world 앞에 much of가 올바르게 쓰였다.
③ 기출포인트 **주어와 동사의 수 일치** 주어 자리에 단수 명사 The use가 왔으므로 단수 동사 is가 올바르게 쓰였다. 참고로, 주어와 동사 사이의 수식어 거품(of alternative ~ solar energy)은 동사의 수 결정에 영향을 주지 않는다.
④ 기출포인트 **등위접속사** 문맥상 '증가하고는 있지만 여전히 비교적 흔하지 않다'라는 의미가 되어야 자연스러우므로 역접을 나타내는 등위접속사 but(그러나)이 올바르게 쓰였다.

해석 전통적으로, 세계의 대부분은 연료를 위해 목재에 의존했다. 오늘날에는, 석탄 또는 석유가 주로 쓰인다. 풍력과 태양 에너지와 같은 대체 에너지 자원의 사용이 증가하고는 있지만 여전히 비교적 흔하지 않다.

어휘 rely on ~에 의존하다 fuel 연료 coal 석탄 petroleum 석유 alternative 대체의, 대안이 되는 solar 태양의 relatively 비교적

적중 예상 문제

199 밑줄 친 부분 중 어법상 가장 옳지 않은 것은?

> The theater director ① <u>must tired himself out</u> from the long run of the show because ② <u>with the production coming</u> to an end, he announced that he didn't want to direct another drama nor ③ <u>did he want</u> to write anything new. Instead, what he wanted most of all was to take a trip somewhere far away where he could just ④ <u>relax</u>.

200 밑줄 친 부분 중 어법상 잘못된 것은?

> The transportation of supplies and animals ① <u>were</u> the purpose of the earliest version of the elevator, which appeared nearly 1,600 years before the ② <u>one</u> capable of carrying passengers. Powered by steam, the first passenger elevator was ③ <u>impractical as well as slow</u>, and people didn't ride it ④ <u>unless it was for a novelty experience</u>.

199 기출포인트 조동사 관련 표현   정답 ①

해설 문맥상 '자신을 지치게 했었음에 틀림없다'라는 의미가 되어야 자연스러운데, '~했었음에 틀림없다'는 조동사 관련 표현 must have p.p.로 나타낼 수 있으므로 must tired himself out을 must have tired himself out으로 고쳐야 한다.

오답분석
② 기출포인트 **분사구문의 역할** 문맥상 '제작이 끝나면서'라는 의미가 되어야 자연스러운데, 동시에 일어나는 상황은 'with + 목적어(the production) + 분사'의 형태로 나타낼 수 있고, 목적어(production)와 분사가 '제작이 끝나다'라는 의미의 능동 관계이므로 현재분사 coming이 온 with the production coming이 올바르게 쓰였다.
③ 기출포인트 **도치 구문: 기타 도치** 문맥상 '연극을 연출하고 싶지도 않고 새로운 것을 쓰고 싶지도 않다'라는 의미가 되어야 자연스럽고, 부사 nor가 '(마찬가지로) –하지 않는다'라는 의미로 쓰여 절의 앞에 오면 주어와 조동사가 도치되어 'nor + 조동사(did) + 주어(he)'의 어순이 되어야 하므로 did he want가 올바르게 쓰였다.
④ 기출포인트 **자동사** 동사 뒤에 목적어가 없고 문맥상 '그가 휴식을 취하다'라는 의미가 되는 것이 자연스러우므로, '휴식을 취하다'라는 의미의 자동사 relax가 올바르게 쓰였다.

해석 그 연극 감독은 오랜 공연 상영으로 인해 자신을 지치게 했었음에 틀림없는데, 제작이 끝나면서, 그가 또 다른 연극을 연출하고 싶지도 않고 새로운 것을 쓰고 싶지도 않다고 발표했기 때문이다. 대신에, 그가 무엇보다 원하던 것은 그가 그저 휴식을 취할 수 있는 먼 곳으로 여행을 떠나는 것이었다.

어휘 director 감독 tire out 지치게 하다 production 제작 come to an end 끝나다 announce 발표하다 direct 연출하다 relax 휴식을 취하다

200 기출포인트 주어와 동사의 수 일치   정답 ①

해설 주어 자리에 단수 명사(The transportation)가 왔으므로 복수 동사 were를 단수 동사 was로 고쳐야 한다. 참고로, 주어와 동사 사이의 수식어 거품(of supplies and animals)은 동사의 수 결정에 영향을 주지 않는다.

오답분석
② 기출포인트 **부정대명사: one** 대명사가 지칭하는 명사(the elevator)가 단수이므로 단수 부정대명사 one이 올바르게 쓰였다.
③ 기출포인트 **상관접속사** 문맥상 '느릴 뿐만 아니라 비실용적이었다'라는 의미가 되어야 자연스러운데, 'B뿐만 아니라 A도'는 상관접속사 A as well as B를 사용하여 나타낼 수 있으므로 impractical as well as slow가 올바르게 쓰였다.
④ 기출포인트 **부사절 접속사 1: 조건** 문맥상 '색다른 경험을 위한 것이 아니라면'이라는 의미가 되어야 자연스러운데, '~이 아니라면'은 부사절 접속사 unless를 사용하여 나타낼 수 있고, 부사절 접속사 뒤에는 완전한 절이 와야 하므로 unless 뒤에 '주어(it) + 동사(was) + 보어(for a novelty experience)'를 갖춘 unless it was for a novelty experience가 올바르게 쓰였다.

해석 물품과 동물의 운송이 초기 승강기 형태의 목적이었는데, 이는 승객을 태울 수 있었던 것보다 약 1,600년 이전에 나타났다. 증기로 동력을 얻은 최초의 승객용 승강기는 느릴 뿐만 아니라 비실용적이었고, 사람들은 색다른 경험을 위한 것이 아니라면 그것을 타지 않았다.

어휘 transportation 운송 supply 물품, 물자 capable ~할 수 있는 passenger 승객 power 동력을 얻다 steam 증기 impractical 비실용적인 novelty 색다른; 새로움

DAY | 11

201 빈칸에 들어갈 말로 가장 적절한 것을 고르시오.

> George Orwell's book *1984* is often cited by critics of strong governments to show what happens when people _____ complacent about protecting their freedoms.

① become
② to become
③ becomes
④ becoming

202 밑줄 친 부분 중 어법상 옳지 않은 것은?

> A wedding is a day ① which many couples want everything to be perfect, but it will also be ② by far the costliest celebration of their lives. Some couples ③ who prioritize extravagance and perfection may later regret ④ spending an exorbitant amount of money on a single day.

201 기출포인트 동사 자리 & 주어와 동사의 수 일치 정답 ①

해설 빈칸은 관계절(when ~ freedoms)의 동사 자리이다. 동사 자리에 준동사는 올 수 없으므로 to 부정사 ② to become과 동명사 ④ becoming을 제외한 동사 ①, ③번이 정답 후보인데, 주어(people)가 복수 명사이므로 복수 동사 ① become이 정답이다.

해석 조지 오웰의 책『1984』는 사람들이 자유를 보호하는 것에 대해 안일해질 때 어떤 일이 일어나는지를 보여주기 위해 강한 정부를 비판하는 사람들에 의해 종종 인용된다.

어휘 cite 인용하다 critic 비판하는 사람 complacent 안일한, 안주하는

202 기출포인트 관계부사와 관계대명사 비교 정답 ①

해설 선행사(a day)가 시간이고, 관계사 뒤에 완전한 절(many couples ~ to be perfect)이 왔으므로 불완전한 절을 이끄는 관계대명사 which를 완전한 절을 이끌며 시간을 나타내는 관계부사 when으로 고쳐야 한다.

오답분석
② 기출포인트 **최상급 강조 표현** 최상급을 강조하기 위해 최상급 표현(the costliest) 앞에 강조 표현 by far(단연코)가 올바르게 쓰였다.
③ 기출포인트 **관계대명사** 선행사(Some couples)가 사람이고, 관계절 내에서 동사 prioritize의 주어 역할을 하므로 사람을 가리키는 주격 관계대명사 who가 올바르게 쓰였다.
④ 기출포인트 **동명사와 to 부정사 둘 다 목적어로 취하는 동사** 문맥상 '엄청난 돈을 쓴 것을 후회하다'라는 의미가 되어야 자연스러운데, 동사 regret은 '~한 것을 후회하다'라는 과거의 의미를 나타낼 때는 동명사를 목적어로 취하므로 동명사 spending이 올바르게 쓰였다.

해석 결혼식은 많은 커플들이 모든 것이 완벽하기를 바라는 날이지만, 그것은 또한 단연코 그들의 인생에서 가장 돈이 많이 드는 축하 행사가 될 것이다. 화려함과 완벽함을 우선시하는 일부 커플들은 단 하루를 위해 엄청난 양의 돈을 쓴 것을 나중에 후회할 수도 있다.

어휘 wedding 결혼식 by far 단연코 costly 돈이 많이 드는, 값비싼 celebration 축하 행사 prioritize 우선시하다 extravagance 화려함 regret 후회하다 exorbitant 엄청난

DAY | 11

203 밑줄 친 부분 중 어법상 옳지 않은 것은?

> There is a pervasive trend for genetically modified organisms, or GMOs, to ① <u>be considered</u> less healthy. Despite ② <u>which</u> some people believe, this does not hold true for the majority of fruits and vegetables. In fact, the genetic modification of fruits and vegetables can often provide additional nutritional content, ③ <u>resulting</u> in healthier produce. Moreover, the use of pesticides ensures that GMOs are less likely ④ <u>to develop</u> bacteria.

204 어법상 빈칸에 들어가기에 가장 적절한 것은?

> After both companies blamed each other for numerous accidents, the Firestone tire company decided to stop _____ with Ford automotives.

① work   ② worked
③ to work   ④ working

205 밑줄 친 부분 중 어법상 가장 옳지 않은 것은?

> There is not ① <u>enough space</u> in my bookshelf for anything new, but as my friend ② <u>sent me a few books</u> by my favorite author, I've decided to buy a ③ <u>much</u> bigger bookshelf to make room for ④ <u>that</u> and any future books I might purchase.

203 기출포인트 명사절 접속사 3: 의문사   정답 ②

해설 의문사 which는 '무엇(어느 것)'이라는 의미로 선택의 대상이 있을 때 쓰이는데, 문맥상 '몇몇 사람들이 믿는 것'이라는 의미로 막연한 '무엇'을 의미하고 있으므로, 의문사 which를 목적어가 없는 불완전한 절(some people believe)을 이끌면서 전치사(Despite)의 목적어 자리에 올 수 있는 명사절 접속사 what으로 고쳐야 한다.

오답분석
① 기출포인트 **to 부정사의 형태** 문맥상 to 부정사의 의미상 주어(GMOs)와 to 부정사가 'GMO가 여겨지다'라는 의미의 수동 관계이므로, to 뒤에서 to 부정사의 수동형을 완성하는 be considered가 올바르게 쓰였다.
③ 기출포인트 **분사구문의 형태** 주절의 주어(the genetic modification)와 분사구문이 '유전자 변형이 이끈다'라는 의미의 능동 관계이므로 현재분사 resulting이 올바르게 쓰였다.
④ 기출포인트 **to 부정사 관련 표현** 문맥상 '성장할 가능성이 더 낮게 보장한다'는 의미가 되어야 자연스러운데, '~할 가능성이 낮다'는 'be less likely + to 부정사'를 사용하여 나타낼 수 있으므로 are less likely 뒤에 to 부정사 to develop이 올바르게 쓰였다.

해석 유전자 변형 농산물, 혹은 GMO가 덜 건강하다고 여겨지는 만연한 경향이 있다. 몇몇 사람들이 믿는 것에도 불구하고, 이것은 대다수의 과일과 채소에 있어서 사실이 아니다. 사실, 과일과 채소의 유전자 변형은 종종 추가적인 영양 성분을 제공할 수 있어서, 더 건강에 좋은 농산물로 이끈다. 게다가, 살충제의 사용은 GMO에서 박테리아가 성장할 가능성이 더 낮게 보장한다.

어휘 pervasive 만연한   nutritional content 영양 성분   pesticide 살충제

204 기출포인트 동명사와 to 부정사 둘 다 목적어로 취하는 동사   정답 ④

해설 문맥상 'Ford 자동차와 일하는 것을 멈추다'라는 의미가 되어야 자연스러운데 동사 stop은 '~하는 것을 멈추다'라는 의미를 나타낼 때는 동명사를 목적어로 취하므로 동명사 ④ working이 정답이다.

해석 두 회사가 수많은 사고에 대해 서로를 탓한 후, Firestone 타이어 회사는 Ford 자동차와 일하는 것을 멈추기로 했다.

어휘 blame ~를 탓하다   numerous 수많은

205 기출포인트 인칭대명사   정답 ④

해설 대명사가 지시하는 명사가 복수 명사(a few books)이므로 단수 지시대명사 that을 복수 목적격 인칭대명사 them으로 고쳐야 한다.

오답분석
① 기출포인트 **혼동하기 쉬운 어순** enough는 명사(space)를 앞에서 강조하므로 enough space가 올바르게 쓰였다.
② 기출포인트 **4형식 동사** 동사 send(sent)는 두 개의 목적어를 '간접 목적어(me) + 직접 목적어(a few books)'의 순서로 취하는 4형식 동사이므로 sent me a few books가 올바르게 쓰였다.
③ 기출포인트 **비교급 강조 표현** 비교급을 강조하기 위해 비교급 표현(bigger) 앞에 올 수 있는 강조 표현 much(훨씬)가 올바르게 쓰였다.

해석 내 책장에는 어떤 새로운 것을 위한 충분한 공간이 없지만, 나의 친구가 내가 가장 좋아하는 작가의 책 몇 권을 보내주었기 때문에 그것들과 내가 앞으로 구매할 책들을 위한 공간을 만들기 위해 나는 훨씬 더 큰 책장을 구매하기로 결정했다.

어휘 bookshelf 책장   make room for ~을 위한 공간을 만들다

206 밑줄 친 부분 중 어법상 가장 옳지 않은 것은?

① To speak multiple languages fluently requires an individual to have more patience than the average person ② does, as they must spend so much time ③ to struggle to learn the various components ④ included in each new language until their abilities improve.

207 밑줄 친 부분 중 어법상 옳지 않은 것은?

Light pollution has limited impact on the environment, but ① being a significant effect on the quality of life for humans. It occurs ② due to the lights that exist in cities, which brighten the night sky. ③ Were it not for light pollution, city-dwellers would have a much clearer view of stars and other astronomical objects, ④ without exception.

208 다음 밑줄 친 (A)와 (B)에 들어갈 가장 적절한 표현은?

The Black Death was a plague that terrorized Europe from 1346 to 1353. It had devastating effects on the world's population, causing a decrease of between 30 and 50 percent compared to ___(A)___ before the pandemic. This in turn affected the economy, with landlords in particular noting that it was difficult to charge the same rents they previously ___(B)___.

	(A)	(B)		(A)	(B)
①	that	were	②	those	did
③	that	did	④	those	were

206 기출포인트 동명사 관련 표현 정답 ③

해설 문맥상 '애쓰며 학습하는 데 시간을 보내다'라는 의미가 되어야 자연스러운데, '~하는 데 시간을 보내다'는 동명사구 관용 표현 'spend + 시간 + (in) -ing'를 써서 나타낼 수 있으므로 to 부정사 to struggle을 동명사 struggling으로 고쳐야 한다.

오답분석
① 기출포인트 **주어 자리** to 부정사구는 주어 자리에서 명사 역할을 할 수 있으므로 주어 자리에 to 부정사구 To speak multiple languages가 올바르게 쓰였다.
② 기출포인트 **조동사 do** 앞에 나온 일반동사(have)를 대신하여 do 동사를 쓸 때 do 동사는 자신이 속한 절의 주어와 수 일치시켜야 하는데, 주어 자리에 단수 명사(the average person)가 왔으므로 단수 동사 does가 올바르게 쓰였다.
④ 기출포인트 **현재분사 vs. 과거분사** 수식받는 명사(components)와 분사가 '요소들이 포함되다'라는 의미의 수동 관계이므로 과거분사 included가 올바르게 쓰였다.

해석 여러 언어를 유창하게 말하는 것은 개인이 일반적인 사람보다 더 많은 인내심을 가질 것을 요구하는데, 이는 그들의 능력이 향상될 때까지 각각의 새로운 언어에 포함된 다양한 요소들을 애쓰며 학습하는 데 많은 시간을 보내야 하기 때문이다.

어휘 fluently 유창하게 patience 인내심 average 일반적인, 평범한 struggle 애쓰다, 씨름하다 various 다양한 component (구성) 요소

207 기출포인트 가짜 주어 구문 정답 ①

해설 등위접속사(but) 앞에 완전한 절(Light ~ environment)이 왔으므로 뒤에도 완전한 절이 와야 하고, 문맥상 '상당한 영향이 있다'라는 의미는 가짜 주어 there 구문(~이 있다) 'there + 동사(is) + 진짜 주어(a significant effect)'의 형태로 나타낼 수 있으므로 being을 there is로 고쳐야 한다.

오답분석
② 기출포인트 **전치사 4: 이유** 명사(the lights) 앞에 이유를 나타내는 전치사 due to(~때문에)가 올바르게 쓰였다.
③ 기출포인트 **가정법 과거** 주절에 가정법 과거를 나타내는 'would + 동사원형(have)' 형태가 왔으므로 if절에도 if가 생략된 가정법 과거 구문 Were it not for(~가 없다면)가 올바르게 쓰였다.
④ 기출포인트 **기타 전치사** 문맥상 '예외 없이 ~ 볼 수 있을 것이다'라는 의미가 되어야 자연스러우므로 '예외 없이'라는 의미의 전치사 숙어 표현 without exception이 올바르게 쓰였다.

해석 광공해는 환경에 제한적인 영향을 미치지만, 인간들의 삶의 질에는 상당한 영향이 있다. 이것은 도시에 존재하는 빛 때문에 발생하는데, 이 빛은 밤하늘을 밝힌다. 광공해가 없다면, 도시 거주자들은 예외 없이 별들과 다른 천체들을 훨씬 선명하게 볼 수 있을 것이다.

어휘 light pollution 광공해 brighten 밝히다 dweller 거주자 astronomical object 천체

208 기출포인트 지시대명사 & 조동사 do 정답 ③

해설 (A) 대명사가 지시하는 명사가 단수 명사(population)이므로 단수 지시대명사 that을 써야 한다.
(B) 앞에 나온 일반동사(charge)가 반복되는 경우 이를 대신하기 위해 do 동사를 쓸 수 있으므로 do의 과거형 did를 써야 한다.
따라서 ③ (A) that - (B) did가 정답이다.

해석 흑사병은 1346년부터 1353년까지 유럽을 공포에 떨게 한 전염병이다. 그것은 세계 인구에 대단히 파괴적인 영향을 미쳤는데, 유행병 전의 그것(세계 인구)에 비하면 30에서 50퍼센트의 감소를 야기했다. 이것은 결국 경제에 영향을 미쳤는데, 지주들은 특히 그들이 이전에 청구했던 것과 같은 임차료를 청구하기 어렵다고 언급했다.

어휘 plague 전염병 terrorize 공포에 떨게 하다 devastating 대단히 파괴적인 landlord 지주, 집주인 note 언급하다 rent 임차료

DAY | 11

209 어법상 밑줄 친 곳에 가장 적절한 것은?

> The marketing executive was blamed for _____ the reputation of the sporting goods company because he approved the airing of a controversial advertisement.

① hurt
② hurts
③ hurting
④ to hurt

210 밑줄 친 부분 중 어법상 옳지 않은 것은?

> It is normal ① of an employee to wish he or she were in a higher position at work. He or she most likely puts in long, diligent hours, as ② do those in higher-level roles. The goal of the effort is for the employee to showcase his or her commitment to the company. Disappointment sets in ③ when, despite working ④ hard, an employee gets left behind by the competition for limited leadership positions.

209 기출포인트 전치사 자리 정답 ③

해설 빈칸은 전치사(for)의 목적어 자리이다. 전치사 뒤에는 명사 역할을 하는 것이 와야 하므로 명사 ① hurt와 동명사 ③ hurting이 정답 후보인데, 빈칸 뒤에 목적어(the reputation of the sporting goods company)가 왔으므로 목적어를 취할 수 있는 동명사 ③ hurting이 정답이다.

해석 그 마케팅 임원은 논란의 여지가 있는 광고의 방송을 승인했기 때문에 그 스포츠 용품 회사의 평판을 손상한 것으로 비난받았다.

어휘 executive 임원 blame 비난하다 reputation 평판 approve 승인하다 air 방송하다 controversial 논란의 여지가 있는 advertisement 광고

210 기출포인트 to 부정사의 의미상 주어 정답 ①

해설 문장의 주어(It)와 to 부정사(to wish)의 행위 주체가 달라서 to 부정사의 의미상 주어가 필요할 경우 'for + 명사(an employee)'를 to 부정사 앞에 써야 하므로 of an employee를 for an employee로 고쳐야 한다. 참고로, 'of + 명사' 형태의 의미상 주어는 성격·성질을 나타내는 형용사가 to 부정사 앞에 쓰일 경우에 쓴다.

오답분석
② 기출포인트 **도치 구문: 기타 도치** 접속사 as 바로 뒤의 절이 '주어(those) + 조동사(do)'로 이루어져 있을 때 주어와 조동사가 도치될 수 있으므로 as 뒤에 do those가 올바르게 쓰였다.
③ 기출포인트 **부사절 접속사 1: 시간** 문맥상 '실망감은 직원이 ~ 경쟁에서 뒤처질 때 시작된다'라는 의미가 되어야 자연스러우므로 시간을 나타내는 부사절 접속사 when(~할 때)이 올바르게 쓰였다.
④ 기출포인트 **혼동하기 쉬운 형용사와 부사** 문맥상 '열심히 일하는 것'이라는 의미가 되어야 자연스럽고 동명사(working)를 뒤에서 수식할 수 있는 것은 부사이므로 '열심히'라는 의미의 부사 hard가 동명사 뒤에 올바르게 쓰였다.

해석 직원이 직장에서 자신이 더 높은 위치에 있기를 바라는 것은 일반적이다. 그 또는 그녀는 아마 상위 직급에 있는 직원들과 마찬가지로 길고 근면한 시간을 투자할 것이다. 이러한 노력의 목표는 그 직원이 회사에 대한 그나 그녀의 헌신을 눈에 띄게 보여주는 것이다. 실망감은 직원이 열심히 일하는 것에도 불구하고 제한된 지도자 직책에 대한 경쟁에서 뒤처질 때 시작된다.

어휘 diligent 근면한, 부지런한 showcase 눈에 띄게 보이다, 전시하다 commitment 헌신

DAY | 11

211 어법상 빈칸에 들어가기에 가장 적절한 것은?

> Students who want to succeed in their studies should learn to motivate _____ rather than relying on external encouragement from teachers or parents.

① them
② themselves
③ they
④ their

212 밑줄 친 부분 중 어법상 옳지 않은 것은?

> Generally, people from outside the UK tend ① <u>not to distinguish</u> Northern Ireland ② <u>from</u> the Republic of Ireland because they are unaware that the island called Ireland is home to two separate nations. Much of the populace of Northern Ireland ③ <u>is scattered</u> in the northeastern part of the island, while more than a third of the inhabitants in the Republic ④ <u>is</u> concentrated in Dublin.

211 기출포인트 재귀대명사   정답 ②

해설 빈칸은 동사(motivate)의 목적어 자리이므로, 목적어 자리에 올 수 있는 목적격 인칭대명사 ① them과 재귀대명사 ② themselves가 정답 후보이다. 문맥상 '자신을 스스로 동기부여 하다'라는 의미가 되어야 자연스럽고, 동사(motivate)의 목적어가 지칭하는 대상이 문장의 주어(Students)와 동일하므로 복수 재귀대명사 ② themselves가 정답이다. 참고로, 주격 인칭대명사 ③ they는 주어 자리에 오고, 소유격 인칭대명사 ④ their는 명사 앞에서 쓰인다.

해석 학업에서 성공하고 싶은 학생들은 선생님이나 부모로부터의 외부 격려에 의존하기보다는 자신을 스스로 동기부여 하는 법을 배워야 한다.

어휘 succeed 성공하다 motivate 동기부여 하다 rely on 의존하다 external 외부의 encouragement 격려

212 기출포인트 부분 표현의 수 일치   정답 ④

해설 부분을 나타내는 표현(a third of)을 포함한 주어는 of 뒤 명사에 동사를 수 일치시켜야 하는데, of 뒤에 복수 명사 the inhabitants가 왔으므로 단수 동사 is를 복수 동사 are로 고쳐야 한다. 참고로, 주어와 동사 사이의 수식어 거품(in the Republic)은 동사의 수 결정에 영향을 주지 않는다.

오답분석
① 기출포인트 **to 부정사의 형태** 문맥상 '구별하지 않는 경향이 있다'라는 의미가 되어야 자연스러우므로 to 부정사 to distinguish의 부정형을 써야 하는데, to 부정사의 부정형은 to 앞에 not을 쓰므로 not to distinguish가 올바르게 쓰였다.
② 기출포인트 **타동사** 동사 distinguish는 전치사 from과 함께 distinguish A from B(A를 B와 구별하다)의 형태로 쓰이는 타동사이므로 전치사 from이 올바르게 쓰였다.
③ 기출포인트 **능동태·수동태 구별** 주어(Much of the populace of Northern Ireland)와 동사가 문맥상 '북아일랜드 전체 주민의 대부분이 흩어져 있다'라는 의미의 수동 관계이므로 수동태 동사 is scattered가 올바르게 쓰였다.

해석 일반적으로, 영국 밖에서 온 사람들은 아일랜드라고 불리는 섬이 독립된 두 국가의 본거지라는 것을 알지 못하기 때문에 북아일랜드를 아일랜드 공화국과 구별하지 않는 경향이 있다. 북아일랜드 전체 주민의 대부분은 그 섬(아일랜드섬)의 북동부 쪽에 흩어져 있는 반면, (아일랜드) 공화국 주민들의 3분의 1 이상은 더블린에 집중되어 있다.

어휘 unaware ~을 알지 못하는 separate 독립된, 별개의 populace 전체 주민, 대중 scatter 흩어지게 하다 inhabitant 주민

DAY | 11

213 밑줄 친 부분 중 어법상 옳지 않은 것은?

> When agriculture developed, the course of human history ① <u>changed drastically</u> as permanent settlements became possible for the first time. Historians note ② <u>that</u> civilizations grew rapidly once shelters ③ <u>built</u> near cultivated fields and waterways and these new communities prospered ④ <u>as long as</u> they had access to reliable food sources to feed their growing populations.

214 밑줄 친 부분 중 어법상 잘못된 것은?

> Few readers of *The Yellow Wallpaper* ① <u>grasp</u> how the narrator's mental breakdown results from the actions of others, especially her physician husband, John. His confinement of her in a room ② <u>where</u> she has no intellectual stimulation causes her mental breakdown as she starts seeing a woman ③ <u>trapping</u> in the wallpaper and ④ <u>fixates</u> on freeing her.

213 기출포인트 능동태·수동태 구별   정답 ③

해설 동사(build) 뒤에 목적어가 없고, 주어(shelters)와 동사가 '주거지들이 지어지다'라는 의미의 수동 관계이므로 능동태 built를 수동태 were built로 고쳐야 한다.

오답분석
① 기출포인트 **부사 자리** 동사(changed)를 뒤에서 수식할 수 있는 것은 부사이므로 changed drastically가 올바르게 쓰였다.
② 기출포인트 **명사절 접속사 1: that** 완전한 절(civilizations grew rapidly)을 이끌면서 동사(note)의 목적어 자리에 올 수 있는 명사절 접속사 that이 올바르게 쓰였다.
④ 기출포인트 **부사절 접속사 1: 조건** 문맥상 '식량 공급원에 접근할 수 있는 한'이라는 의미가 되어야 자연스러우므로, 절과 절을 연결하며 '~하는 한'이라는 의미의 조건을 나타내는 부사절 접속사 as long as가 올바르게 쓰였다.

해석 농업이 발달했을 때, 영구적인 정착이 처음으로 가능해졌기 때문에 인류 역사의 과정은 극적으로 변했다. 역사학자들은 주거지들이 경작된 농지와 수로 근처에 지어지자마자 문명이 급속히 성장했고 이러한 새로운 공동체들이 그것들의 증가하는 인구를 먹여 살릴 믿을 만한 식량 공급원에 접근할 수 있는 한 번영했다는 점을 주목한다.

어휘 agriculture 농업 drastically 극적으로 permanent 영구적인 settlement 정착 civilization 문명 rapidly 급속히
shelter 주거지, 대피소 cultivated 경작된 waterway 수로 prosper 번영하다 reliable 믿을 만한

214 기출포인트 현재분사 vs. 과거분사   정답 ③

해설 문맥상 수식받는 명사(a woman)와 분사가 '여자가 (벽지에) 갇히다'라는 의미의 수동 관계가 되어야 하므로 현재분사 trapping을 과거분사 trapped로 고쳐야 한다.

오답분석
① 기출포인트 **수량 표현의 수 일치** 주어 자리에 복수 취급하는 수량 표현 'Few + 복수 명사(readers)'가 왔으므로 복수 동사 grasp가 올바르게 쓰였다. 참고로, 주어와 동사 사이의 수식어 거품(of *The Yellow Wallpaper*)은 동사의 수 결정에 영향을 주지 않는다.
② 기출포인트 **관계부사와 관계대명사 비교** 선행사(a room)가 장소를 나타내고, 관계사 뒤에 완전한 절(she has no intellectual stimulation)이 왔으므로 완전한 절을 이끌면서 장소를 나타내는 관계부사 where가 올바르게 쓰였다.
④ 기출포인트 **병치 구문** 접속사(and)로 연결된 병치 구문에서는 같은 품사끼리 연결되어야 하는데, and 앞에 일반동사 starts가 왔으므로 and 뒤에도 일반동사 fixates가 올바르게 쓰였다.

해석 『노란 벽지』의 화자의 정신적 붕괴가 다른 사람들, 특히 그녀의 의사 남편 John의 행동에서 어떻게 비롯되는지 파악하는 독자들은 거의 없다. 그가 그녀를 지적 자극이 전혀 없는 방에 감금한 것은 그녀가 벽지에 갇힌 여자를 보기 시작하고 그녀를 해방하는 데 집착하면서 그녀의 정신적 붕괴를 야기한다.

어휘 grasp 파악하다 narrator 화자 mental breakdown 정신적 붕괴 physician 의사 confinement 감금 intellectual 지적의
stimulation 자극 trap 갇히게 하다, 가두다 fixate on ~에 집착하다

215 밑줄 친 부분 중 어법상 가장 옳지 않은 것은?

> Few buildings are ① as connected with the city as New York's Empire State Building, which is ② for extraordinary significance to residents and visitors alike. Tourists flock to its observation deck ③ so that they can get a unique view of New York, while locals look at the former world's tallest building as ④ something special.

216 밑줄 친 부분 중 어법상 옳지 않은 것은?

> Competing in chess tournaments is considered ① to be an athletic activity by the International Olympic Committee. In the dictionary, the word "athletics" ② is defined as an activity involving physical exertion and skill. The fact that players may stay seated for multiple hours during matches proves that chess ③ did satisfy the physical requirements of a sport. Not to mention that there might not be ④ anything comparable in regards to how mentally exhausting chess is.

215 [기출포인트] 형용사 자리   정답 ②

해설 be 동사(is)는 주격 보어를 취하는 동사이므로 뒤에 명사나 형용사 역할을 하는 것이 와야 하는데, 추상명사(significance)는 'of + 추상명사' 형태로 형용사 역할을 하며 주격 보어 자리에 올 수 있으므로 for extraordinary significance를 of extraordinary significance로 고쳐야 한다.

오답분석
① [기출포인트] 원급 문맥상 '엠파이어 스테이트 빌딩만큼 도시와 연관된 건물'이라는 의미가 되어야 자연스러운데, '~만큼 -한'은 원급 표현 'as + 형용사의 원급(connected) + as'를 사용하여 나타낼 수 있으므로 as connected with the city as가 올바르게 쓰였다. 참고로, 전치사구 with the city는 형용사 connected를 뒤에서 수식하기 위해 쓰였다.
③ [기출포인트] 부사절 접속사 2: 기타 문맥상 '관광객들은 뉴욕 특유의 경치를 볼 수 있도록 전망대로 몰려들다'라는 의미가 되어야 자연스러운데, '~하도록'은 부사절 접속사 so that ~ can으로 나타낼 수 있으므로 so that they can이 올바르게 쓰였다.
④ [기출포인트] 명사를 수식하는 여러 요소들의 어순 -thing으로 끝나는 명사(something)는 형용사(special)가 뒤에서 수식하므로 something special이 올바르게 쓰였다.

해석 뉴욕의 엠파이어 스테이트 빌딩만큼 도시와 연관된 건물은 거의 없는데, 이 건물은 거주민들과 방문객들 모두에게 특별한 의미를 갖는다. 관광객들은 뉴욕 특유의 풍경을 볼 수 있도록 전망대로 몰려들고, 현지인들은 이전에 세계에서 가장 높았던 그 건물을 특별한 것으로 본다.

어휘 connected 연관된 extraordinary 특별한 significance 의미 resident 거주민 alike 둘 다, 똑같이 flock 몰려들다 observation deck 전망대 unique 특유의, 고유의 local 현지인 former 이전의

216 [기출포인트] 조동사 do   정답 ③

해설 do 동사는 긍정문의 동사(satisfy) 앞에서 동사의 의미를 강조할 수 있는데, 이때 do 동사는 자신이 속한 절의 주어와 수 일치해야 한다. do 동사가 속한 절의 주어(chess)가 단수 명사이고 주절의 동사(is)가 현재 시제이므로 과거 시제 did를 단수 동사의 현재 시제 does로 고쳐야 한다.

오답분석
① [기출포인트] 5형식 동사의 수동태 목적어 뒤에 '(to be) + 명사/형용사'를 취하는 5형식 동사인 consider가 수동태가 되면 '(to be) + 명사(an ~ activity)'는 수동태 동사 뒤에 그대로 남아야 하므로 is considered 뒤에 to be가 올바르게 쓰였다.
② [기출포인트] 능동태·수동태 구별 문맥상 주어(the word "athletics")와 동사가 '"운동 경기"라는 단어가 정의되다'라는 의미의 수동 관계이므로 수동태 is defined가 올바르게 쓰였다.
④ [기출포인트] 명사를 수식하는 여러 요소들의 어순 -thing으로 끝나는 명사(anything)는 형용사(comparable)가 뒤에서 수식하므로 anything comparable이 올바르게 쓰였다.

해석 체스 토너먼트에서 경쟁하는 것은 국제 올림픽 위원회에 의해 하나의 운동 활동으로 간주된다. 사전에서, '운동 경기'라는 단어는 육체적으로 격렬한 활동과 기술을 포함하는 활동으로 정의된다. 선수들이 경기중 수 시간 동안 앉아 있을 수도 있다는 사실은 체스가 스포츠의 육체적 필요조건을 정말로 충족한다는 것을 증명한다. 체스가 얼마나 정신적으로 지치게 하는지에 대해서는 비교 대상이 없을 수도 있다는 것은 말할 것도 없다.

어휘 compete 경쟁하다 athletic 운동의, 육상의 committee 위원회 exertion 격렬한 활동, 노력, 분발 satisfy 충족시키다, 만족시키다 requirement 필요조건 mentally 정신적으로 exhausting 지치게 하는

217 어법상 빈칸에 들어가기에 가장 적절한 것은?

> You can choose to receive order notification by email or text message, _____ both are reliable ways to stay updated.

① but
② so
③ or
④ and

218 밑줄 친 부분 중 어법상 잘못된 것은?

> The expansion of the railways changed life for Americans in rural and urban areas ① <u>along</u> the country. In the 19th century, railroad companies began ② <u>to build</u> lines connecting distant towns, which helped people and goods ③ <u>move</u> more freely than ever before, so the populace ④ <u>was excited</u> about the possibility of long-distance travel and settlement of the frontier.

217 기출포인트 등위접속사   정답 ④

해설 절(You can ~ message)과 절(both ~ updated)은 접속사 없이 연결될 수 없고, 문맥상 '당신은 이메일이나 ~ 알림을 받도록 선택할 수 있으며, 두 가지 모두 ~ 믿을 만한 방법이다'라는 의미가 되어야 자연스러우므로, ④ and(그리고)가 정답이다.

해석 당신은 이메일이나 문자 메시지를 통해 주문 알림을 받도록 선택할 수 있으며, 두 가지 모두 최신 정보를 유지하기 위한 믿을 만한 방법이다.

어휘 notification 알림   reliable 믿을 만한

218 기출포인트 전치사 3: 위치   정답 ①

해설 문맥상 '전국에 걸쳐 미국인들의 삶을 변화시켰다'라는 의미가 되어야 자연스러운데, '전국에 걸쳐'는 across the country 또는 throughout the country로 나타낼 수 있으므로, 전치사 along(~을 따라)을 across(~을 가로질러) 또는 throughout(~ 도처에)으로 고쳐야 한다.

오답분석
② 기출포인트 **동명사와 to 부정사 둘 다 목적어로 취하는 동사** 동사 begin은 목적어로 동명사와 to 부정사를 모두 취할 수 있으므로 to 부정사 to build가 began의 목적어 자리에 올바르게 쓰였다.
③ 기출포인트 **원형 부정사를 목적격 보어로 취하는 동사** 준 사역동사 help는 원형 부정사와 to 부정사를 목적격 보어로 취할 수 있으므로 목적어(people and goods) 뒤에 원형 부정사 move가 올바르게 쓰였다.
④ 기출포인트 **3형식 동사의 수동태** 감정을 나타내는 동사(excite)의 경우 주어가 감정을 느끼는 주체이면 수동태를 써야 하는데, 주어 (the populace)가 흥분의 감정을 느끼는 주체이므로 수동태 was excited가 올바르게 쓰였다.

해석 철도의 확장은 전국에 걸쳐 농촌과 도시 지역에 있는 미국인들의 삶을 변화시켰다. 19세기에 철도 회사들은 멀리 떨어진 마을들을 연결하는 노선을 건설하기 시작했는데, 이것은 사람들과 물건들이 그 어느 때보다도 더 자유롭게 이동하도록 도왔기 때문에 대중들은 장거리 여행과 개척지 정착의 가능성에 대해 흥분했다.

어휘 expansion 확장   railway 철도   rural 농촌의   urban 도시의   distant 멀리 떨어진   goods 물건   populace 대중들   long-distance 장거리의   settlement 정착   frontier 개척지

적중 예상 문제

219 밑줄 친 부분 중 어법상 옳지 않은 것은?

> Beyond the academic skills of literacy, math, and critical thinking ① traditionally developed in school, it can be contended ② that schooling's secondary skills which include respecting peers, keeping regular attendance, and learning to be on time, ③ is also important as having these skills makes ④ it easier for students to meet society's expectations once they enter the real world.

220 밑줄 친 부분 중 어법상 옳지 않은 것은?

> Debate and criticism are crucial to improvement. They allow us ① to discard elements of an idea ② why aren't supported and replace them with what works. This has long been the cornerstone of science, ③ forming the basis for what we now refer to as the peer-review process. But this process is equally applicable to business, politics, or any other facet of human interaction. Criticism can be our catalyst that inspires us to improve and build solutions to problems ④ found by others.

219 기출포인트 주어와 동사의 수 일치 정답 ③

해설 주어(schooling's secondary skills)가 복수 명사이므로 단수 동사 is를 복수 동사 are로 고쳐야 한다. 참고로, 주어와 동사 사이의 수식어 거품(which include ~ on time)은 동사의 수 결정에 영향을 주지 않는다.

오답분석
① 기출포인트 **부사 자리** 동사(developed)를 앞에서 수식할 수 있는 것은 부사이므로 부사 traditionally가 developed 앞에 올바르게 쓰였다.
② 기출포인트 **명사절 접속사 1: that & 가짜 주어 구문** 완전한 절(schooling's secondary skills ~ important)을 이끌며 동사 contend의 목적어 자리에 올 수 있는 명사절 접속사 that이 올바르게 쓰였다. 또한 that절(that ~ important)과 같이 긴 주어가 오면 진짜 주어인 that절을 맨 뒤로 보내고 가주어 it이 주어 자리에 대신해서 쓰이므로 진짜 주어 자리에 that절을 이끄는 that이 올바르게 쓰였다.
④ 기출포인트 **5형식 동사 & 목적어 자리** 문맥상 '사회의 기대를 충족하는 것을 더 쉽게 만들다'라는 의미가 되는 것이 자연스럽고, 동사 make(made)는 '~을 -하게 만들다'라는 의미를 나타낼 때 목적어와 목적격 보어를 취하는 5형식 동사인데, to 부정사구 목적어가 목적격 보어와 함께 오면 진짜 목적어(to 부정사구)를 목적격 보어 뒤로 보내고 목적어가 있던 자리에 가짜 목적어 it을 써서 '가짜 목적어 it + 목적격 보어(easier) + 진짜 목적어(to meet ~ world)'의 형태가 되어야 하므로 it이 올바르게 쓰였다.

해석 학교에서 전통적으로 개발되는 문해력, 수학, 비판적 사고의 학문적 기술들을 넘어서, 동료들 존중하기, 규칙적인 출석 유지하기, 시간 지키기를 배우기를 포함하는 학교 교육의 부차적 기술들 또한 중요하다고 주장될 수 있는데, 이러한 기술들을 갖는 것이 학생들이 현실 세계에 진입했을 때 사회의 기대를 충족하는 것을 더 쉽게 만들어주기 때문이다.

어휘 literacy 문해력 critical thinking 비판적 사고 traditionally 전통적으로 contend 주장하다 secondary 부차적인 peer 동료 attendance 출석 expectation 기대

220 기출포인트 관계부사와 관계대명사 비교 정답 ②

해설 관계사 뒤에 주어가 없는 불완전한 절(aren't supported)이 왔으므로, 완전한 절을 이끄는 관계부사 why를 불완전한 절을 이끄는 관계대명사 which로 고쳐야 한다.

오답분석
① 기출포인트 **to 부정사를 취하는 동사** 동사 allow는 to 부정사를 목적격 보어로 취하는 동사이므로 목적격 보어 자리에 to 부정사 to discard가 올바르게 쓰였다.
③ 기출포인트 **분사구문의 형태** 주절의 주어(This)와 분사구문이 '이것이 기반을 형성하다'라는 의미의 능동 관계이므로 현재분사 forming이 올바르게 쓰였다.
④ 기출포인트 **현재분사 vs. 과거분사** 수식받는 명사(problems)와 분사가 '문제가 발견되다'라는 의미의 수동 관계이므로 과거분사 found가 올바르게 쓰였다.

해석 토론과 비판은 개선에 필수적이다. 그것들은 우리가 지지받지 않는 생각의 요소를 버리고 그것들을 기능하는 것으로 대체하도록 허용한다. 이것은 오랫동안 과학의 초석이 되어, 우리가 오늘날 상호 검토 과정이라고 부르는 것을 위한 기반을 형성했다. 하지만 이 과정은 사업, 정치, 혹은 인간 상호작용의 어떤 다른 양상에도 똑같이 적용 가능하다. 비판은 우리가 개선되는 것과 다른 이들에 의해 발견된 문제에 대한 해결책을 수립하는 것에 대해 영감을 주는 우리의 촉진제가 될 수 있다.

어휘 crucial 필수적인 discard 버리다 replace 대체하다 work 기능하다, 유효하게 작용하다 cornerstone 초석 basis 기반 peer-review 상호 검토 applicable 적용 가능한 facet 양상 catalyst 촉진제

DAY 12

221 밑줄 친 부분 중 어법상 옳지 않은 것은?

> Lake Baikal is perhaps the oldest lake in the world, with an ① <u>estimated</u> age of about 25 million years. It contains a significant percentage of the earth's fresh water and ② <u>is</u> home to an astounding number of plant and animal species, over 80 percent of ③ <u>that</u> are endemic. The Baikal seal, for instance, lives ④ <u>exclusively</u> in the lake, feeding on Baikal oilfish. Interestingly, how the seals originally came to the lake ⑤ <u>so as to</u> dwell in it remains a mystery to zoologists.

222 어법상 빈칸에 들어가기에 가장 적절한 것은?

> Some people regard cellphones _____ rather than devices that make calls.

① to they can carry around computers
② as computers they can carry around
③ as they can carry around computers
④ to computers they can carry around

221 기출포인트 관계대명사 정답 ③

해설 전치사(of) 뒤에는 관계대명사 that을 쓸 수 없고, 선행사(plant and animal species)가 동물이며 관계절 내에서 80 percent가 무엇의 80퍼센트인지를 나타내므로 관계대명사 that을 동물을 가리키는 소유격 관계대명사 of which를 완성하는 which로 고쳐야 한다.

오답분석
① 기출포인트 **현재분사 vs. 과거분사** 문맥상 수식받는 명사(age)가 분사가 '나이가 추정되다'라는 의미의 수동 관계가 되어야 자연스러우므로 과거분사 estimated가 올바르게 쓰였다.
② 기출포인트 **주어와 동사의 수 일치** 문장의 주어 자리에 3인칭 단수 인칭대명사 It이 왔으므로 단수 동사 is가 올바르게 쓰였다.
④ 기출포인트 **부사 자리** 동사(lives)를 뒤에서 수식할 수 있는 부사 exclusively가 올바르게 쓰였다.
⑤ 기출포인트 **to 부정사의 역할** 문맥상 '호수에 살기 위해'라는 의미가 되어야 자연스러운데, to 부정사가 목적을 나타낼 때 to 대신 so as to를 사용할 수 있으므로 so as to가 올바르게 쓰였다.

해석 시베리아에 위치한 바이칼 호수는 세계에서 가장 오래된 호수일 수도 있는데, 추정 나이는 약 2,500만 년이다. 그것은 지구 담수의 상당 부분을 보유하며 놀라운 숫자의 동식물종의 서식처인데, 그중 80퍼센트 이상이 지역 고유의 종이다. 예를 들어, 바이칼 물개는 오로지 그 호수에만 살고, 바이칼 기름치를 먹고 산다. 흥미롭게도, 그 물개들이 처음에 그 호수에 살기 위해 어떻게 왔는지는 동물학자들에게 수수께끼로 남아있다.

어휘 astounding 놀라운, 믿기 어려운 endemic 지역 고유의, 풍토적인 feed on ~를 먹고 살다 dwell in ~에 살다, 거주하다 zoologist 동물학자

222 기출포인트 목적어 뒤에 as나 to be를 취하는 동사 정답 ②

해설 문맥상 '휴대폰을 그들이 들고 다닐 수 있는 컴퓨터로 여긴다'라는 의미가 되어야 자연스럽고, 동사 regard(~을 -으로 여기다)는 목적어 뒤에 'as + 명사'를 취하는 동사이므로 as computers를 포함하는 ② as computers they can carry around가 정답이다.

해석 어떤 사람들은 휴대폰을 전화를 거는 기기보다는 그들이 들고 다닐 수 있는 컴퓨터로 여긴다.

어휘 device 기기, 장치 carry around ~을 들고 다니다, 갖고 다니다

DAY | 12

223 밑줄 친 부분 중 어법상 잘못된 것은?

> Scarcely ① had the actor woken up when ② what was supposed to be a regular morning became the best moment of his career ③ after hearing that he had secured the lead role in a film series that ④ were immensely popular.

224 빈칸에 들어갈 말로 가장 적절한 것을 고르시오.

> Because of the Mediterranean culture in which she grew up, she is inclined to eat dinner late at night, a habit that is likely to remain however _____.

① different her surroundings may be
② different surroundings her may be
③ her surroundings may be different
④ may be different her surroundings

223 기출포인트 주격 관계절의 수 일치 정답 ④

해설 주격 관계절(that ~ popular)의 동사는 선행사에 수 일치시켜야 하는데, 선행사(a film series)가 단수 명사이므로 복수 동사 were를 단수 동사 was로 고쳐야 한다.

오답분석
① 기출포인트 **시제 일치** 주절(Scarcely ~ woken up)에 scarcely가 오고 종속절(when ~ morning)에 when이 오는 경우 주절에는 과거완료 시제, 종속절에는 과거 시제를 사용하는데, 종속절에 과거 시제(was supposed)가 왔으므로, 주절에 과거완료 시제 had the actor woken up이 올바르게 쓰였다.
② 기출포인트 **what vs. that** 불완전한 절(was ~ morning)을 이끌며 관계절 내에서 주어 자리에 올 수 있는 명사절 접속사 what이 올바르게 쓰였다.
③ 기출포인트 **전치사 2: 시점** 문맥상 '소식을 들은 후에 ~ 그의 생애에서 최고의 순간이 되었다'라는 의미가 되어야 자연스러우므로, '~ 후에'라는 의미의 전치사 after가 올바르게 쓰였다.

해석 그 배우는 일어나자마자 그가 엄청나게 인기 있는 영화 시리즈의 주연 배역을 얻어냈다는 소식을 들은 후에 평범한 아침이 될 예정이었던 것이 그의 생애에서 최고의 순간이 되었다.

어휘 regular 평범한   career 생애, 경력   lead role 주연 배역   immensely 엄청나게

224 기출포인트 부사절 접속사 3: 복합관계대명사 정답 ①

해설 빈칸은 부사절 접속사(however) 뒤에 오는 것의 자리이다. 부사절 접속사 however는 형용사나 부사를 수식하며, 주로 'however + 형용사/부사 + 주어 + 동사' 형태로 쓰이므로, ① different her surroundings may be가 정답이다.

해석 그녀가 자라온 지중해 문화로 인해, 그녀는 밤늦게 저녁을 먹는 경향이 있는데, 이는 그녀의 환경이 아무리 달라져도 계속 남아있을 가능성이 높은 습관이다.

어휘 Mediterranean 지중해의   be inclined to ~하는 경향이 있다   habit 습관   likely 가능성이 높은   remain 남아있다   surroundings 환경

225 밑줄 친 부분 중 어법상 옳지 않은 것은?

> Though who we are attracted to may ① be seeming unexplainable, factors like spending time together and association influence our feelings. Meeting someone when we feel good ② leaves a positive impression in our minds, and seeing that person again makes us ③ feel happy. Meanwhile, in a survey conducted on over 1,000 couples, very ④ few couples indicated appearance as highly important in the long run.

226 어법상 빈칸에 들어갈 가장 적절한 것은?

> The manager in charge of public relations _____ or not.

① is concerned about if the campaign will succeed
② is concerned about whether the campaign will succeed
③ are concerned about whether the campaign will succeed
④ are concerned about if the campaign will succeed

225 기출포인트 현재진행 시제   정답 ①

해설 감각을 나타내는 동사 seem(~인 것 같다)은 진행 시제로 쓸 수 없고, 앞에 조동사 may가 왔으므로, be seeming을 동사원형 seem으로 고쳐야 한다.

오답 분석
② 기출포인트 **주어와 동사의 수 일치** 주어 자리에 단수 취급하는 동명사구(Meeting someone)가 왔으므로 단수 동사 leaves가 올바르게 쓰였다. 참고로, 주어와 동사 사이의 수식어 거품(when ~ good)은 동사의 수 결정에 영향을 주지 않는다.
③ 기출포인트 **원형 부정사를 목적격 보어로 취하는 동사** 사역동사 make는 원형 부정사를 목적격 보어로 취하므로, 원형 부정사 feel이 올바르게 쓰였다.
④ 기출포인트 **수량 표현** couples(커플들)는 가산 복수 명사이므로 가산 복수 명사 앞에 쓰일 수 있는 수량 표현 few가 올바르게 쓰였다.

해석 비록 우리가 누구에게 끌리는지를 설명할 수 없는 것 같아 보여도, 함께 시간을 보내는 것과 연관성 같은 요인들이 우리의 감정에 영향을 준다. 우리가 기분이 좋을 때 누군가를 만나는 것은 우리의 마음속에 긍정적인 인상을 남기고, 그 사람을 다시 보는 것은 우리가 행복을 느끼게 만든다. 한편, 천 쌍이 넘는 커플을 대상으로 시행된 설문조사에서, 장기적으로 보았을 때 외모가 대단히 중요하다고 한 커플은 거의 없었다.

어휘 unexplainable 설명할 수 없는   factor 요소   association 연관성

226 기출포인트 명사절 접속사 2: whether & 주어와 동사의 수 일치   정답 ②

해설 문맥상 '그 캠페인이 성공할지 아닐지에 대해 우려한다'는 의미가 되어야 자연스러운데, '그 캠페인이 성공할지 아닐지'는 '~인지 (아닌지)'를 의미하는 명사절 접속사 if나 whether를 사용하여 나타낼 수 있다. if는 'if or not'의 형태로 쓰일 수 없고, if가 이끄는 명사절은 전치사 about의 목적어 자리에 올 수 없으므로 whether를 사용한 ②, ③번이 정답 후보이다. 주어 자리에 단수 명사인 The manager가 왔으므로 단수 동사 is를 쓴 ② is concerned about whether the campaign will succeed가 정답이다.

해석 홍보를 담당하는 관리자는 그 캠페인이 성공할지 아닐지에 대해 우려한다.

어휘 be concerned about ~에 대해 우려하다

227 밑줄 친 부분 중 어법상 잘못된 것은?

While some may believe that holding ① cash is the ② safest option of all for maintaining the value of their money, economists recommend that those ③ fund be invested as the potential to earn a profit with some risk is superior ④ to the certainty of losing value due to inflation.

228 빈칸에 들어갈 가장 적절한 것은?

All participants in the final vote for the host of the 2030 World Expo ＿＿＿＿＿＿ the vote forms carefully before submitting them to the selection committee.

① completing
② to complete
③ must complete
④ must completing

227 기출포인트 지시대명사 정답 ③

해설 지시형용사 those는 복수 명사 앞에서 쓰이므로 단수 명사 fund를 복수 명사 funds로 고쳐야 한다.

오답분석
① 기출포인트 **불가산 명사** 불가산 명사인 추상명사 cash는 부정관사(a/an)와 함께 쓰일 수 없으므로 cash가 올바르게 쓰였다.
② 기출포인트 **최상급** 문맥상 '모든 방법 중 가장 안전한 선택'이라는 의미가 되어야 자연스럽고, '~ 중에 가장 -한'은 '형용사의 최상급 + of ~'의 형태로 나타낼 수 있으므로 safest가 올바르게 쓰였다.
④ 기출포인트 **비교급** 문맥상 '수익을 얻을 가능성이 인플레이션으로 인한 가치 손실의 확실성보다 우수하다'라는 의미가 되어야 자연스럽고, '~보다 우수한'은 비교급 표현 superior to로 나타낼 수 있으므로 superior 뒤에 전치사 to가 올바르게 쓰였다.

해석 일부 사람들은 현금을 보유하는 것이 그들 돈의 가치를 유지하기 위한 모든 방법 중 가장 안전한 선택이라고 믿을 수도 있지만, 경제학자들은 그 자금들이 투자되어야 한다고 권고하는데, 약간의 위험을 감수하면서 수익을 얻을 가능성이 인플레이션으로 인한 가치 손실의 확실성보다 우수하기 때문이다.

어휘 hold 보유하다   maintain 유지하다   value 가치   invest 투자하다   potential 가능성   profit 수익   risk 위험   superior 우수한   certainty 확실성

228 기출포인트 동사 자리 정답 ③

해설 빈칸은 문장의 동사 자리인데, 동사 자리에 올 수 있는 것은 동사나 '조동사 + 동사원형'이므로 ③ must complete가 정답이다.

해석 2030년 세계 박람회 개최지를 위한 최종 투표의 모든 참가자들은 투표 양식을 선정 위원회에 제출하기 전에 반드시 신중하게 작성해야 한다.

어휘 participant 참가자   host 개최지, 주최자   submit 제출하다   committee 위원회

DAY | 12

229 밑줄 친 부분 중 어법상 잘못된 것은?

> Being aware ① that they have a chance to see their favorite music star, passionate fans have been standing outside the concert hall ② where the artist has reportedly performed; however, doubts are beginning to arise ③ as to whether she has already left ④ because of she has not appeared for a long time.

230 밑줄 친 부분 중 어법상 가장 옳지 않은 것은?

> Managers ① are required to stay aware of their employees' performance as well as ② their attitude toward the company's overall success. To this end, one approach that ③ has increased in popularity in recent times is regular one-on-one meeting as they let both parties ④ to express their concerns in a comfortable setting.

229 부사절 접속사 2: 이유 정답 ④

해설 전치사(because of) 뒤에는 명사 역할을 하는 것이 와야 하는데, 완전한 절(she has not appeared for a long time)이 왔고 문맥상 '그녀가 오랫동안 나타나지 않았기 때문에'라는 의미가 되어야 자연스러우므로, 전치사 because of를 이유를 나타내는 부사절 접속사 because, since, as 등으로 고쳐야 한다.

오답 분석
① **what vs. that** aware는 that절을 취하는 형용사이고, 명사절 접속사 뒤에 완전한 절(they have ~ music star)이 왔으므로 완전한 절을 이끄는 명사절 접속사 that이 형용사 aware 뒤에 올바르게 쓰였다.
② **관계부사** 선행사(the concert hall)가 장소이고 관계사 뒤에 완전한 절(the artist ~ performed)이 왔으므로 완전한 절을 이끌며 장소를 나타내는 관계부사 where가 올바르게 쓰였다.
③ **명사절 접속사 2: whether** 전치사(as to)의 목적어 자리에는 명사절이 올 수 있으므로, 명사절(whether ~ left)을 이끄는 명사절 접속사 whether가 as to 뒤에 온 as to whether가 올바르게 쓰였다.

해석 좋아하는 음악 스타를 볼 기회가 있다는 것을 알고, 열정적인 팬들이 그 아티스트가 공연을 했다고 알려진 콘서트홀 밖에 서 있었지만, 그녀가 오랫동안 나타나지 않았기 때문에 그녀가 이미 떠났는지에 대한 의구심이 생기기 시작했다.

어휘 passionate 열정적인 reportedly 알려진 바에 따르면 doubt 의구심 arise 생기다

230 원형 부정사를 목적격 보어로 취하는 동사 정답 ④

해설 사역동사 let은 원형 부정사를 목적격 보어로 취하는 5형식 동사이므로 let의 목적격 보어 자리에 온 to 부정사 to express를 원형 부정사 express로 고쳐야 한다.

오답 분석
① **능동태·수동태 구별** 동사(require) 뒤에 목적어가 없고, 주어(Managers)와 동사가 '관리자들이 (직원들의 태도뿐만 아니라 업무 성과도 파악하도록) 요구되다'라는 의미의 수동 관계이므로 수동태 are required가 올바르게 쓰였다.
② **병치 구문** 상관접속사(as well as)로 연결된 병치 구문에서는 같은 구조끼리 연결되어야 하는데, as well as 앞에 명사(their employees' performance)가 왔으므로 as well as 뒤에도 명사 their attitude가 올바르게 쓰였다.
③ **시제 일치** 현재완료 시제와 자주 함께 쓰이는 시간 표현 in recent times(최근 들어)가 왔고 '최근 들어 인기가 높아진 한 가지 접근법'이라는 과거에 시작된 일이 현재까지 계속되는 경우를 표현하고 있으므로 현재완료 시제 has increased가 올바르게 쓰였다.

해석 관리자들은 회사의 전체적인 성공을 향한 직원들의 태도뿐만 아니라 그들의 업무 성과도 계속 인지하도록 요구된다. 이를 위하여, 최근 들어 인기가 높아진 한 가지 접근법은 정기적인 일대일 회의인데, 그것이 양 측 모두가 편안한 환경에서 그들의 우려사항을 표현할 수 있게 해주기 때문이다.

어휘 performance 성과 attitude 태도 overall 전체적인, 종합적인 approach 접근법 regular 정기적인 one-on-one 일대일의 concern 우려사항 comfortable 편안한 setting 환경

231 빈칸에 들어갈 말로 가장 적절한 것을 고르시오.

> While formal citations are not strictly necessary for a work of fiction, the publisher, which _____ works for decades, wanted to make it as clear as possible that the novel is partly based on other source materials.

① produces
② is producing
③ has produced
④ will have produced

232 밑줄 친 부분 중 어법상 잘못된 것은?

> Had it not been for the helmet, he ① would have been more seriously hurt in the bicycle accident last year. Since then, he has his helmet ② strapped on before each ride and insists that his friends ③ wear it too to help keep them from ④ injuring.

231 기출포인트 시제 일치 정답 ③

해설 빈칸은 관계절(which ~ decades)의 동사 자리인데, 현재완료 시제와 자주 함께 쓰이는 시간 표현 'for + 시간 표현'(for decades)이 왔고, 문맥상 '출판사가 수십년 간 작품을 출간해 오다'라는 과거에서 현재에 이르는 경험을 나타내고 있으므로, 현재완료 시제 ③ has produced가 정답이다.

해석 공식적인 인용이 소설 작품에 엄밀히 말해 필수는 아니지만, 수십 년간 작품을 출간해 온 그 출판사는 그 소설이 부분적으로 다른 출처 자료들에 기반을 두고 있다는 것을 가능한 한 명확하게 하고 싶어 했다.

어휘 formal 공식적인   citation 인용   strictly 엄밀히 말해   publisher 출판사   decade 10년   partly 부분적으로   source 출처

232 기출포인트 동명사의 형태 정답 ④

해설 전치사 from 뒤에는 명사 역할을 하는 것이 와야 하므로 동명사 형태가 올 수 있는데, 목적어(them)와 동명사가 '그들이 다치게 되는 것'이라는 의미의 수동 관계이므로 동명사 injuring을 동명사의 수동형 being injured로 고쳐야 한다. 참고로, injure는 타동사이기 때문에 injuring을 쓸 경우 뒤에 반드시 목적어가 와야 한다.

오답분석

① 기출포인트 **가정법 도치** if절에 if가 생략된 가정법 과거완료 구문 Had it not been for(~가 없었다면)가 왔으므로, 주절에도 가정법 과거완료 '주어 + would + have p.p.'의 형태인 would have been이 올바르게 쓰였다.

② 기출포인트 **5형식 동사** 사역동사 have(has)는 목적어와 목적격 보어가 수동 관계이면 과거분사를 목적격 보어로 취하는 5형식 동사인데, 목적어(his helmet)와 목적격 보어가 '그의 헬멧이 착용되다'라는 의미의 수동 관계이므로 과거분사 strapped on이 올바르게 쓰였다.

③ 기출포인트 **조동사 should의 생략** 주절에 주장을 나타내는 동사 insist가 오면 종속절에 '(should +) 동사원형'이 와야 하므로 동사원형 wear가 올바르게 쓰였다.

해석 헬멧이 없었다면 그는 작년 자전거 사고에서 더 심하게 다쳤을 것이다. 그 이후로 그는 매번 (자전거를) 타기 전에 헬멧을 착용하고, 친구들에게도 그들이 다치게 되는 것으로부터 막기 위해 헬멧을 착용하라고 주장한다.

어휘 strap 착용하다, 끈으로 묶다   insist 주장하다   injure 다치게 하다

DAY | 12

233 밑줄 친 부분에 들어갈 가장 적절한 것은?

> During the experiment, the temperature _____ gradually as scientists tried to prevent the reaction from overheating.

① brought down
② down brought
③ was down brought
④ was brought down

234 밑줄 친 부분 중 어법상 옳지 않은 것은?

> By ① studying cloud patterns, Babylonians in 650 BC were the first in history who attempted ② to predict the weather. Three hundred years later, the famed philosopher Aristotle wrote a book describing meteorology phenomena, which was later translated and widely distributed in Europe ③ for the 12th century. Despite these initial breakthroughs, two thousand years passed before the study of meteorology ④ would become an official science. Nowadays, weather patterns are extensively monitored by nine World Meteorological Centers.

233 기출포인트 동사구의 수동태 정답 ④

해설 빈칸은 문장의 동사 자리인데, 빈칸 뒤에 목적어가 없고 주어(the temperature)와 동사가 '온도가 낮추어지다'라는 의미의 수동 관계이므로 수동태 was brought가 쓰인 ③, ④번이 정답 후보이다. '타동사(bring) + 부사(down)' 형태의 동사구가 수동태가 되는 경우 동사구의 부사는 수동태 동사(was brought) 뒤에 그대로 남아야 하므로 ④ was brought down이 정답이다.

해석 실험 도중, 과학자들은 반응이 과열되는 것을 방지하고자 했으므로 온도가 점진적으로 낮추어졌다.

어휘 experiment 실험 temperature 온도 gradually 점진적으로 prevent 방지하다 reaction 반응 overheat 과열되다
bring down 낮추다

234 기출포인트 전치사 2: 기간 정답 ③

해설 기간을 나타내는 전치사 for(~동안)는 숫자를 포함한 시간 표현 앞에 와서 '얼마나 오래 지속되는가'를 나타내므로, for를 명사(the 12th century) 앞에 와서 '언제 일어나는가'를 나타내는 전치사 during(~동안)으로 고쳐야 한다.

오답분석
① 기출포인트 전치사 자리 전치사(By)는 명사 역할을 하는 것 앞에 와야 하므로 By 뒤에 명사 역할을 하는 동명사 studying이 올바르게 쓰였다.
② 기출포인트 to 부정사를 취하는 동사 attempt는 to 부정사를 목적어로 취하는 동사이므로 to predict가 올바르게 쓰였다.
④ 기출포인트 동사 자리 부사절(before ~ official science)의 동사 자리에 올 수 있는 '조동사 + 동사원형' 형태의 would become이 올바르게 쓰였다.

해석 구름 모양을 연구함으로써, 기원전 650년의 바빌로니아인들은 날씨를 예측하고자 시도했던 역사상 첫 번째 사람들이다. 300년 후, 저명한 철학자 아리스토텔레스는 기상학 현상을 묘사하는 책을 집필하였는데, 이는 나중에 번역되어 12세기 동안 유럽에 널리 배포되었다. 이러한 초기의 큰 발전에도 불구하고, 기상학 연구가 공식적인 학문이 되기까지는 2천 년이 흘렀다. 오늘날, 기상 패턴은 아홉 군데의 세계 기상 센터들에 의해 광범위하게 관찰된다.

어휘 predict 예측하다, 예언하다 philosopher 철학자 meteorology 기상학 phenomenon 현상 distribute 배포하다, 나누어 주다
initial 초기의, 처음의 breakthrough 큰 발전, 돌파구 extensively 광범위하게, 널리

235 밑줄 친 부분 중 어법상 가장 옳지 않은 것은?

> While she ① often told that the college basketball coach was infamous for ② being strict and intimidating, she thought she had better ③ reserve judgement for the time being until she met him ④ for herself.

236 밑줄 친 부분 중 어법상 옳지 않은 것은?

> Often, ① learning the signs of a stroke increases the chances of a full recovery. Asking questions is one of the first steps. Most people have control over ② what they're saying, ordinarily. If the person has trouble ③ responding you, call 911 immediately. This can provide them ④ with the assistance they need in those crucial first few minutes.

235 [기출포인트] 능동태·수동태 구별   정답 ①

해설 주어(she)와 동사가 '그녀가 농구 코치가 악명 높다는 것을 전해 듣다'라는 의미의 수동 관계이므로 능동태 often told를 수동태 was often told로 고쳐야 한다.

오답분석
② [기출포인트] **전치사 자리** 전치사(for) 뒤에는 명사 역할을 하는 것이 와야 하므로 동명사 being이 올바르게 쓰였다.
③ [기출포인트] **조동사 관련 표현** 조동사 관련 숙어 had better 뒤에는 동사원형이 와야 하므로 동사원형 reserve가 올바르게 쓰였다.
④ [기출포인트] **재귀대명사** 문맥상 '그녀가 직접 그를 만나다'라는 의미가 되어야 자연스럽고, '직접'은 재귀대명사 관용 표현 for oneself를 사용하여 나타낼 수 있으므로 for herself가 올바르게 쓰였다.

해석 그녀는 대학 농구 코치가 엄격하고 위협적이기로 악명 높다는 것을 자주 전해 들었지만, 그를 직접 만날 때까지 당분간 판단을 보류하는 것이 더 좋겠다고 생각했다.

어휘 infamous 악명 높은 strict 엄격한 intimidating 위협적인 for the time being 당분간 reserve judgement 판단을 보류하다

236 [기출포인트] 혼동하기 쉬운 자동사와 타동사   정답 ③

해설 동사 respond는 전치사(to) 없이 목적어(you)를 취할 수 없는 자동사이므로 responding을 responding to로 고쳐야 한다.

오답분석
① [기출포인트] **주어 자리** 동사 increases의 주어 자리에 명사 역할을 하는 동명사 learning이 올바르게 쓰였다.
② [기출포인트] **명사절 접속사 3: 의문사** 목적어가 없는 불완전한 절(they're saying)을 이끌며 전치사(over)의 목적어 자리에 올 수 있는 명사절 접속사 what이 올바르게 쓰였다.
④ [기출포인트] **타동사** 동사 provide는 '~에게 –을 제공하다'라는 의미로 쓰일 때 전치사 with와 함께 'provide + 목적어 + with'의 형태를 취하는 타동사이므로 목적어(them) 뒤에 전치사 with가 올바르게 쓰였다.

해석 종종, 뇌졸중의 징후를 배우는 것은 완전한 회복의 가능성을 높인다. 질문하는 것이 첫 단계 중 하나이다. 보통, 대부분의 사람들은 그들이 하는 말에 대해 통제력을 가진다. 만약 그 사람이 당신에게 대답하는 데 문제가 있다면, 즉시 119에 전화해라. 이것은 그 결정적인 첫 몇 분 동안 그들에게 그들이 필요로 하는 도움을 제공할 수 있다.

어휘 sign 징후, 조짐 stroke 뇌졸중 chances 가능성, 확률 recovery 회복 crucial 결정적인

DAY | 12

237 밑줄 친 부분 중 어법상 옳지 않은 것은?

> Nelson Mandela was an activist and philanthropist who fought tirelessly ① to abolish apartheid in South Africa. He went to prison for his political actions and ② remained there for 27 years, during ③ when he continued to advocate for ④ equality and a free society.

238 밑줄 친 부분에 들어갈 가장 적절한 것은?

> Thanks to the financial support _____ by my parents, I was able to purchase a new home more quickly.

① giving
② given
③ gives
④ gave

237 기출포인트 전치사 + 관계대명사 정답 ③

해설 관계사 뒤에 완전한 절(he continued ~ society)이 왔고, 관계사 앞에 전치사(during)이 왔으므로 '전치사 + 관계대명사' 형태를 완성하는 관계대명사가 와야 한다. 이때, 선행사(27 years)가 사물이고 관계절 내에서 전치사 during의 목적어 역할을 하므로 관계부사 when을 사물을 나타내는 목적격 관계대명사 which로 고쳐야 한다.

오답분석
① 기출포인트 **to 부정사를 취하는 동사** 동사 fight(fought)는 to 부정사를 목적어로 취하는 동사이므로 목적어 자리에 to 부정사 to abolish가 올바르게 쓰였다.
② 기출포인트 **병치 구문** 접속사(and) 앞에 과거 시제 went가 왔으므로 and 뒤에도 과거 시제 remained가 올바르게 쓰였다.
④ 기출포인트 **전치사 자리 & 병치 구문** 전치사(for) 뒤에는 명사 역할을 하는 것이 와야 하고, 접속사 and 뒤에 명사구(a free society)가 왔으므로 and 앞에도 명사 equality가 올바르게 쓰였다.

해석 넬슨 만델라는 남아프리카 공화국에서 인종차별 정책을 폐지시키기 위해 끊임없이 투쟁했던 운동가이자 자선가였다. 그는 정치 활동으로 인해 감옥에 갔고 그곳에서 27년 동안 있었는데, 그 기간 동안 그는 평등과 자유로운 사회를 지지하는 것을 계속했다.

어휘 activist 운동가, 활동가 philanthropist 자선가 tirelessly 끊임없이 abolish 폐지하다 apartheid 인종차별 정책, 아파르트헤이트

238 기출포인트 현재분사 vs. 과거분사 정답 ②

해설 빈칸은 명사 financial support를 수식할 수 있는 것의 자리이므로, 명사를 수식할 수 없는 동사 ③ gives와 ④ gave를 제외하고 명사를 수식할 수 있는 분사 ①, ②번이 정답 후보인데, 수식받는 명사(financial support)와 분사가 '재정적 지원이 제공되다'라는 의미의 수동 관계이므로 과거분사 ② given이 정답이다.

해석 부모님에 의해 제공된 재정적 지원 덕분에, 나는 새 집을 더 빨리 구매할 수 있었다.

어휘 financial 재정적인 purchase 구매하다

DAY | 12

적중 예상 문제

239 밑줄 친 부분 중 어법상 옳지 않은 것은?

> According to medical professionals, people who work in competitive fields like finance and tech rarely ① visit the doctor. And even when they ② do, they tend to ignore advice that suggests that they ③ took time off work to deal with stress-related symptoms caused by their careers. In the eyes of these employees, they cannot help but ④ go to work in fear of falling behind their peers or of missing out on an opportunity to earn a promotion.

240 밑줄 친 부분 중 어법상 옳지 않은 것은?

> For people ① rescuing stray animals from the dangers of living on the street, both the cost involved ② and the time required do not deter them from their mission. Luckily, they can find help from others ③ through online forums nowadays if they ever find themselves at times ④ which they are unable to help an animal.

239 기출포인트 조동사 should의 생략 정답 ③

해설 제안을 나타내는 동사 suggest가 오면 종속절에는 '(should) + 동사원형'이 와야 하므로 과거 동사 took을 동사원형 take로 고쳐야 한다.

오답분석
① 기출포인트 **주어와 동사의 수 일치** 주어 자리에 복수 명사 people이 왔으므로 복수 동사 visit이 올바르게 쓰였다. 참고로, 주어와 동사 사이의 수식어 거품(who work ~ tech)은 동사의 수 결정에 영향을 주지 않는다.
② 기출포인트 **조동사 do** 앞에 나온 일반동사(visit)를 대신하는 do 동사는 자신이 속한 절의 주어(they)와 수 일치해야 하므로 복수 조동사 do가 올바르게 쓰였다.
④ 기출포인트 **조동사 관련 표현** 조동사 관련 표현 cannot help but(~할 수밖에 없다) 뒤에는 동사원형이 와야 하므로 동사원형 go가 올바르게 쓰였다.

해석 의학 전문가들에 따르면, 금융이나 기술과 같이 경쟁적인 분야에서 일하는 사람들은 거의 병원을 방문하지 않는다. 그리고 심지어 (방문)할 때에도, 그들의 직장 생활에 의해 야기된 스트레스 관련 증상을 해결하기 위해 휴직하는 것을 제안하는 조언을 무시하는 경향이 있다. 이 회사원들의 관점에서, 그들은 동료들보다 뒤처지거나 승진을 따내는 기회를 놓치는 것이 두려워서 출근할 수밖에 없다.

어휘 competitive 경쟁적인 take time off 휴직하다, 쉬다 fall behind 뒤처지다 peer 동료, 또래 promotion 승진

240 기출포인트 관계부사와 관계대명사 비교 정답 ④

해설 관계사 뒤에 완전한 절(they are unable to help an animal)이 왔고, 선행사(times)가 시간이므로 불완전한 절을 이끄는 관계대명사 which를 완전한 절을 이끌며 시간을 나타내는 관계부사 when으로 고쳐야 한다.

오답분석
① 기출포인트 **현재분사 vs. 과거분사** 수식받는 명사(people)와 분사가 '사람들이 (길 잃은 동물들을) 구조하다'라는 의미의 능동 관계이므로 현재분사 rescuing이 올바르게 쓰였다.
② 기출포인트 **상관접속사** 문맥상 '수반되는 비용과 필요한 시간 모두'라는 의미가 되어야 자연스럽고, 'A와 B 모두'는 상관접속사 both A and B를 사용하여 나타낼 수 있으므로 both와 짝을 이루는 and가 올바르게 쓰였다.
③ 기출포인트 **기타 전치사** 문맥상 '온라인 포럼을 통해 다른 사람들로부터 도움을 받을 수 있다'라는 의미가 되어야 자연스러운데, '~을 통해'는 전치사 through를 사용하여 나타낼 수 있으므로 through가 명사(online forum) 앞에 올바르게 쓰였다.

해석 길에서 사는 위험으로부터 길 잃은 동물들을 구조하는 사람들에게 있어서, 수반되는 비용과 필요한 시간 모두 그들이 그들의 임무를 그만두게 하지 않는다. 다행히도, 오늘날에는 그들이 동물을 도울 수 없는 때에 처하면 온라인 포럼을 통해 다른 사람들로부터 도움을 받을 수 있다.

어휘 rescue 구조하다, 구하다 stray 길 잃은 deter 그만두게 하다, 단념시키다 forum 포럼, (토론의) 장

DAY | 13

241 밑줄 친 부분 중 어법상 가장 옳지 않은 것은?

① Returned to the office after my vacation, I quickly realized I ② should have spent more time finishing as ③ many tasks as I could before leaving on my trip. ④ Had I done so, I would not have been so overwhelmed on my first day back at work.

242 밑줄 친 부분에 들어갈 말로 가장 적절한 것을 고르시오.

The newly released smartphone is _____ last year's model since the manufacturer merely added minor features without improving battery life or performance in any meaningful way.

① no innovative to
② no more innovative than
③ not more innovative to
④ not innovative than

243 밑줄 친 부분 중 어법상 옳지 않은 것은?

Recently, ① the cost of air travel has increased for some passengers. Many ② airlines are now charging fees for checked ③ baggages according to the number and weight of the suitcases. Carry-on bags are not included, so people ④ may continue to take small items on their flights free of charge, leading many to favor additional onboard luggage.

241 기출포인트 분사구문의 형태 정답 ①

해설 문맥상 '사무실로 돌아온' 시점이 '업무를 끝내는 데 더 많은 시간을 할애했어야 했다고 깨달은' 시점보다 이전이므로 과거분사 Returned를 분사구문의 완료형 Having returned로 고쳐야 한다.

오답분석
② 기출포인트 **조동사 관련 표현** 문맥상 '더 많은 시간을 할애했어야 했다'라는 의미가 되어야 자연스러운데, '~했었어야 했다 (그런데 그러하지 않았다)'는 조동사 관련 표현 should have p.p.를 사용하여 나타낼 수 있으므로 should have spent가 올바르게 쓰였다.
③ 기출포인트 **원급** 문맥상 '내가 할 수 있는 만큼 많은 업무'라는 의미가 되어야 자연스러운데, '~ 만큼 많은 -'은 원급 표현 'as + many + 명사(tasks) + as'를 사용하여 나타낼 수 있으므로 as와 as 사이에 many tasks가 올바르게 쓰였다.
④ 기출포인트 **가정법 도치** 주절에 가정법 과거 완료 '주어(I) + would + have p.p.'(I would not have been)가 왔으므로 if절에도 가정법 과거완료 'if + 주어 + had p.p.'의 형태가 와야 하는데, if절에 if가 생략되면 주어(I)와 조동사(had)가 도치되어 '조동사(had) + 주어(I) + p.p.'의 어순이 되므로 Had I done이 올바르게 쓰였다.

해석 휴가 후에 사무실로 돌아온 나는, 여행을 떠나기 전에 내가 할 수 있는 만큼 많은 업무를 끝내는 데 더 많은 시간을 할애했어야 했다는 것을 금방 깨달았다. 만약 내가 그렇게 했더라면, 직장에 복귀한 첫날에 그렇게 압도되지 않았을 것이다.

어휘 task 업무, 과업 overwhelmed 압도된

242 기출포인트 비교급 관련 표현 정답 ②

해설 빈칸은 be 동사(is)의 보어 자리이다. 문맥상 '작년의 모델이 혁신적이지 않은 만큼 새로 출시된 스마트폰도 혁신적이지 않다'라는 의미가 되어야 자연스러운데, 'B가 ~않은 만큼 A도 ~않은'은 비교급 관련 표현 'A no 비교급 than B'를 사용하여 나타낼 수 있으므로 ② no more innovative than이 정답이다.

해석 작년의 모델이 혁신적이지 않은 만큼 새로 출시된 스마트폰도 혁신적이지 않은데, 이는 제조 회사가 배터리 수명이나 성능을 의미 있는 방식으로 개선하지 않고 단지 사소한 기능만 추가했기 때문이다.

어휘 merely 단지, 그저 feature 기능, 특징 meaningful 의미 있는

243 기출포인트 불가산 명사 정답 ③

해설 명사 baggage(수하물)는 불가산 명사이므로 복수형으로 쓸 수 없다. 따라서 baggages를 baggage로 고쳐야 한다.

오답분석
① 기출포인트 **정관사 the** 정관사 the는 가산 단수·복수 명사와 불가산 명사 모두의 앞에 올 수 있고, 문맥상 '비행기 여행의 비용'이라는 특정한 대상을 가리키므로 the cost가 올바르게 쓰였다.
② 기출포인트 **수량 표현** 복수 명사 앞에 쓰이는 수량 표현 Many 뒤에 복수 명사 airlines가 올바르게 쓰였다.
④ 기출포인트 **조동사 may** 허가를 나타내는 조동사 may(~해도 된다)가 동사원형(continue) 앞에 올바르게 쓰였다.

해석 최근에, 비행기 여행의 비용이 일부 승객들을 대상으로 인상되었다. 많은 항공사들이 이제 여행 가방의 수와 무게에 따라 위탁 수하물에 요금을 부과한다. 기내 휴대용 가방은 포함되지 않으므로 사람들은 작은 물건들을 무료로 비행기에 가지고 타는 것은 계속할 수 있기 때문에, 많은 사람들이 추가적인 기내 짐을 선호하도록 이끌었다.

어휘 charge 요금을 부과하다 carry-on bag (기내) 휴대용 가방 free of charge 무료로 favor 선호하다 onboard 기내의

244 밑줄 친 부분 중 어법상 옳지 않은 것은?

The Stradivarius—a violin of ① captivating tone and timbre—is the creation of master instrument maker Antonio Stradivari, and he produced slightly less than a thousand, ② of which only half exist today. No one has discovered why ③ are his violins so exceptional, and ④ though many replicas and fakes exist, the qualities of the originals cannot be imitated.

*timbre: 음색

245 밑줄 친 부분 중 어법상 옳지 않은 것은?

The latest reports show that the popularity of Internet sites ① that provide cheap airline tickets ② has gone up significantly for the past five years. Neither the tight restrictions nor the refusal of refunds ③ have dissuaded customers who would prefer to pay less, even if it means ④ receiving inferior service.

244 [기출포인트] 의문문의 어순   정답 ③

해설 의문문이 다른 문장 안에 포함된 간접 의문문은 '의문사(why) + 주어(his violins) + 동사(are)'의 어순이 되어야 하므로 are his violins so exceptional을 his violins are so exceptional로 고쳐야 한다.

오답분석
① [기출포인트] **현재분사 vs. 과거분사** 수식받는 명사(tone and timbre)와 분사가 문맥상 '음조와 음색이 마음을 사로잡다'라는 의미의 능동 관계이므로 현재분사 captivating이 올바르게 쓰였다.
② [기출포인트] **전치사 + 관계대명사** 관계사 뒤에 완전한 절(only half exist today)이 왔으므로 '전치사 + 관계대명사' 형태가 올 수 있다. '전치사 + 관계대명사'에서 전치사는 선행사 또는 관계절의 동사에 따라 결정되는데, 문맥상 '그중의 절반만이 존재한다'라는 의미가 되어야 자연스러우므로 전치사 of(~중의)가 관계대명사 which 앞에 온 of which가 올바르게 쓰였다.
④ [기출포인트] **부사절 접속사 2: 양보** 문맥상 '많은 복제품과 모조품이 존재하지만'이라는 의미가 되어야 자연스러우므로 양보를 나타내는 부사절 접속사 though(~이긴 하지만)가 올바르게 쓰였다.

해석 마음을 사로잡는 음조와 음색을 가진 바이올린인 스트라디바리우스는 악기 제작 장인 안토니오 스트라디바리의 작품이며, 그는 천 대보다 약간 적게 만들었는데, 오늘날에는 그중의 절반만이 존재한다. 아무도 그의 바이올린이 그렇게 이례적일 정도로 우수한 이유를 알아내지 못했으며, 많은 복제품과 모조품이 존재하지만, 원본의 특징은 모방될 수 없다.

어휘 captivate 마음을 사로잡다, 매혹하다 exceptional 이례적일 정도로 우수한 replica 복제품 imitate 모방하다

245 [기출포인트] 상관접속사   정답 ③

해설 상관접속사 neither A nor B로 연결된 주어는 B에 동사를 수 일치시켜야 하는데, B 자리에 단수 명사 the refusal이 왔으므로 복수 동사 have dissuaded를 단수 동사 has dissuaded로 고쳐야 한다. 참고로, 수식어 거품(of refunds)은 동사의 수 결정에 영향을 주지 않는다.

오답분석
① [기출포인트] **관계대명사 that** 선행사(Internet sites)가 사물이고, 관계절 내에서 동사 provide의 주어 역할을 하므로 사물을 가리키는 주격 관계대명사 that이 올바르게 쓰였다.
② [기출포인트] **시제 일치** 현재완료 시제와 자주 함께 쓰이는 'for + 시간 표현(the past five years)'이 와서 '지난 5년간 상승해 왔다'라는 과거에 시작된 일이 현재까지 계속되는 경우를 표현하고 있으므로 현재완료 시제 has gone up이 올바르게 쓰였다. 참고로, 주어 자리에 불가산 명사(the popularity)가 왔으므로 단수 조동사 has가 쓰였다.
④ [기출포인트] **동명사와 to 부정사 둘 다 목적어로 취하는 동사** 동사 mean은 '의미하다'라는 뜻으로 쓰일 때 동명사를 목적어로 취하므로 목적어 자리에 동명사 receiving이 올바르게 쓰였다.

해석 가장 최근의 보고서들은 저렴한 항공권을 공급하는 인터넷 사이트들의 인기가 지난 5년간 크게 상승해 왔다는 것을 보여준다. 엄격한 규제도 환불 거부도, 돈을 적게 내는 것이 보다 좋지 않은 서비스를 받는다는 것을 의미할지라도 그것(돈을 적게 내는 것)을 선호하는 소비자들을 만류하지는 못했다.

어휘 tight 엄격한, 꽉 조이는 restriction 규제 refusal 거부 dissuade 만류하다, 단념시키다

246 (A), (B), (C)에 어법에 맞는 표현으로 가장 적절한 것은?

> Over the course of history, many great civilizations have (A) [in / with] effect disappeared, leaving behind virtually no clues as to what caused their decline. (B) [Whichever / Wherever] you go in the world, there is a good chance that one of these lost civilizations once existed nearby, such as the Khmer empire that thrived with over a million people in modern-day Cambodia, or the Indus civilization, which featured prominent architecture in the Middle East. Because of the mystery surrounding them, these civilizations are still (C) [paying / paid] attention to by academics from various disciplines.

	(A)	(B)	(C)
①	with	Whichever	paid
②	in	Wherever	paying
③	with	Whichever	paying
④	in	Wherever	paid

247 밑줄 친 부분 중 어법상 옳지 않은 것은?

> According to the latest reports, there ① are fewer bees than ever before, and scientists ② have offered the public a prediction that if bees should go completely extinct, the global food supply ③ would have experienced immense pressure since a third of Earth's crops ④ are pollinated by these insects.

246

기출포인트 전치사 1: in & 부사절 접속사 3: 복합관계부사 & 능동태·수동태 구별   정답 ④

해설
(A) 문맥상 '사실상 사라졌다'라는 의미가 되어야 자연스러운데, '사실상'은 전치사 숙어 표현 in effect를 사용하여 나타낼 수 있으므로 전치사 in을 써야 한다.
(B) 문맥상 '세계 어디를 가든 상관없이'라는 의미가 되어야 자연스러우므로 복합관계부사 Wherever(어디로 ~하든 상관없이)를 써야 한다.
(C) 동사구 뒤에 목적어가 없고, 주어(these civilizations)와 동사가 '이 문명들에 주의가 기울여진다'라는 의미의 수동 관계이므로 be 동사(are) 뒤에서 수동태를 완성하는 과거분사 paid를 써야 한다. 참고로, '타동사 + 명사 + 전치사' 형태의 동사구가 수동태가 되어 목적어(these civilizations)가 주어가 된 경우 동사구의 명사(attention)와 전치사(to) 모두 수동태 동사 뒤에 그대로 남는다.
따라서 ④ (A) in - (B) Wherever - (C) paid가 정답이다.

해석 역사에 걸쳐서, 많은 위대한 문명들이 사실상 사라졌으며, 무엇이 그들의 몰락을 야기했는지에 대해 거의 단서를 남기지 않았다. 당신이 세계 어디를 가든 상관없이, 꽤 높은 확률로 오늘날의 캄보디아에서 백만 명이 넘는 인구와 함께 번영했던 크메르 제국이나, 빼어난 건축물을 특징으로 했던 중동의 인더스 문명과 같은 사라진 문명들 중 하나가 한때 근처에 존재했을 수도 있다. 이들을 둘러싸고 있는 수수께끼 때문에, 이 문명들에는 아직도 다양한 분야의 학자들에 의해서 주의가 기울여진다.

어휘 civilization 문명   virtually 거의, 사실상   clue 단서   decline 몰락, 하락   a good chance 꽤 높은 확률   thrive 번영하다   feature 특징으로 하다   prominent 빼어난, 두드러진   academic 학자   discipline 분야

247

기출포인트 가정법 미래   정답 ③

해설 문맥상 '혹시라도 벌이 완전히 멸종된다면'이라는 의미가 되어야 자연스러운데, '(혹시라도) 만약 ~하다면 -할 것이다'라는 가능성이 희박한 미래를 가정할 때는 가정법 미래 'If + 주어 + should + 동사원형, 주어 + would + 동사원형'의 형태로 나타낼 수 있으므로, 주절의 would have experienced를 would experience로 고쳐야 한다.

오답분석
① **기출포인트** 가짜 주어 구문 가짜 주어 there 구문 'there + 동사 + 진짜 주어(fewer bees)'에서 동사는 진짜 주어에 수 일치시켜야 하는데, 진짜 주어 자리에 복수 명사 fewer bees가 왔으므로 복수 동사 are가 올바르게 쓰였다.
② **기출포인트** 4형식 동사 동사 offer는 'offer + 간접 목적어(the public) + 직접 목적어(a prediction)'의 형태를 취하는 4형식 동사이므로 have offered the public a prediction이 올바르게 쓰였다.
④ **기출포인트** 능동태·수동태 구별 동사(pollinate) 뒤에 목적어가 없고 주어(a third of the Earth's crops)와 동사가 '지구 농작물의 3분의 1이 수분된다'라는 의미의 수동 관계이므로 수동태 are pollinated가 올바르게 쓰였다.

해석 최근의 보고서에 따르면, 그 어느 때보다 벌들이 적으며, 과학자들은 혹시라도 벌이 완전히 멸종된다면 지구 농작물의 3분의 1이 이 곤충들에 의해 수분 되기 때문에 전 세계 식량 공급이 엄청난 압박을 받을 것이라는 예측을 대중에게 제시했다.

어휘 latest 최근의, 최신의   prediction 예측   extinct 멸종된   supply 공급   immense 엄청난   pressure 압박   pollinate (꽃에) 수분하다   insect 곤충

DAY | 13

248 밑줄 친 부분 중 어법상 옳지 않은 것은?

> The popularity of electric cars has risen dramatically over the last decade, ① despite having been invented more than 130 years ago. While they enjoyed a brief resurgence in popularity in the 1970s, their practicality was limited, as ② their fastest speed was around 70 km/h. ③ That their range was limited to a mere 100 km didn't help matters either. However, as the cars are powered by batteries, advancements in battery technology allow ④ themselves to perform similarly to combustion engines.

249 어법상 빈칸에 들어가기에 가장 적절한 것은?

> The Impressionist movement _____ in France in the mid-to-late 19th century, when artists increasingly painted outdoor scenes to capture the effects of natural light, using bright colors and visible brushstrokes.

① emerges
② emerged
③ will emerge
④ has emerged

248 기출포인트 재귀대명사 정답 ④

해설 문맥상 '배터리 기술의 발전은 그들(전기차들)이 기능을 수행하도록 허용한다'라는 의미가 되어야 자연스러운데, 이때 동사(allow)의 목적어와 주어(advancements)가 지칭하는 대상이 동일하지 않으므로 재귀대명사 themselves를 목적격 대명사 them으로 고쳐야 한다.

오답 분석
① 기출포인트 **전치사 4: 양보** 동명사(having) 앞에 양보를 나타내는 전치사 despite(~에도 불구하고)가 올바르게 쓰였다.
② 기출포인트 **최상급** '최상급(fastest) + 명사(speed)' 앞에 소유격(their)을 써서 their fastest가 올바르게 쓰였다.
③ 기출포인트 **명사절 접속사 1: that** 문장의 주어 자리에서 완전한 절(their range ~ 100km)을 이끌 수 있는 명사절 접속사 That이 올바르게 쓰였다.

해석 130년도 더 전에 발명되었음에도 불구하고, 전기차의 인기는 지난 10년간 극적으로 상승했다. 비록 1970년대에 그들이 인기의 짧은 재기를 누리긴 했으나, 그들의 가장 빠른 속도가 시속 약 70킬로미터였기 때문에, 그들의 실용성은 제한적이었다. 그들의 주행거리가 불과 100킬로미터로 제한되었다는 것도 도움이 되지 않았다. 그러나, 그 차들이 배터리에 의해 작동되기 때문에, 배터리 기술의 발전은 그들이 연소 기관과 비슷한 정도로 기능을 수행하도록 허용한다.

어휘 dramatically 극적으로 decade 10년 invent 발명하다 brief 짧은 resurgence 재기 popularity 인기 practicality 실용성 range 주행거리 mere 불과 power 작동시키다 combustion 연소

249 기출포인트 과거 시제 정답 ②

해설 빈칸은 문장의 동사 자리이다. '인상주의 운동은 19세기 중후반에 프랑스에서 등장했다'라는 역사적 사실을 나타내고 있으므로, 과거 시제 ② emerged가 정답이다.

해석 인상주의 운동은 19세기 중후반에 프랑스에서 등장했으며, 이때 예술가들은 밝은 색상과 뚜렷한 붓놀림을 사용하여 자연광의 효과를 포착하기 위해 야외 풍경을 점점 더 많이 그렸다.

어휘 Impressionist movement 인상주의 운동 scene 풍경, 광경 capture 포착하다, 담아내다 visible 뚜렷한, 가시적인 brushstroke 붓놀림

250 밑줄 친 부분 중 어법상 옳지 않은 것은?

The Loi Krathong is one of ① the largest festivals held in Thailand every year. It takes place on the evening of the 12th full moon of the lunar calendar, which usually falls sometime ② in November on the Western calendar. On that evening, people gather together to place thousands of floating decorations made from banana leaves on the river, which are meant to please and ③ pay respect to the water spirits. ④ These small decorations not only carry candles, incense and coins inside, but they also ⑤ bearing the wishes and hopes of the people for the coming new year.

251 다음 빈칸에 들어갈 말로 가장 적절한 것을 고르시오.

The proposal was _____ the board members that the project deserved additional funding for the next phase.

① to convince detailed enough
② to convince enough detailed
③ enough detailed to convince
④ detailed enough to convince

250 기출포인트 병치 구문
정답 ⑤

해설 상관접속사 not only A but also B로 연결된 병치 구문에서는 같은 구조끼리 연결되어야 하는데, not only 다음에 동사원형 carry가 왔으므로 but also 다음에도 동사원형이 와야 한다. 따라서 동명사 bearing을 동사원형 bear로 고쳐야 한다.

오답 분석
① 기출포인트 **최상급** '최상급 + 명사'(largest festivals) 앞에는 반드시 정관사 the나 소유격이 와야 하므로 the largest festivals가 올바르게 쓰였다.
② 기출포인트 **전치사 1: 시간** 월(November) 앞에 와서 시간을 나타내는 전치사 in이 올바르게 쓰였다.
③ 기출포인트 **병치 구문** 접속사(and)로 연결된 병치 구문에서는 같은 구조끼리 연결되어야 하는데, and 앞에 to 부정사 to please가 쓰였으므로 and 뒤에도 to 부정사가 와야 한다. 이때, to 부정사구 병치 구문에서 두 번째 나온 to는 생략될 수 있으므로 pay가 올바르게 쓰였다.
④ 기출포인트 **지시대명사** 복수 명사(decorations) 앞에 쓰이는 지시형용사 These가 올바르게 쓰였다.

해석 Loi Krathong 축제는 태국에서 매년 열리는 가장 큰 축제 중 하나이다. 그것은 음력으로 열두 번째 보름달이 뜨는 저녁에 열리는데, 이는 주로 양력 11월경에 일어난다. 그날 밤, 사람들은 수천 개의 바나나 잎으로 만들어진 물에 뜨는 장식품을 강 위에 띄우기 위해 모이는데, 이것은 물의 신을 기쁘게 하고 경의를 표하는 의미이다. 이 작은 장신구들은 안에 촛불, 향, 그리고 동전을 담고 있을 뿐 아니라 다가오는 새해에 대한 사람들의 소망과 희망을 품고 있다.

어휘 lunar calendar 음력 Western calendar 양력 gather 모이다 decoration 장식품 pay respect 경의를 표하다 spirit 신, 영혼 incense 향

251 기출포인트 to 부정사 관련 표현 & 강조 부사
정답 ④

해설 빈칸은 be 동사(was)의 보어 자리이다. 문맥상 '설득하기에 충분히 상세했다'라는 의미가 되어야 자연스러운데, '~하기에 충분히 ~하다'는 to 부정사 관용 표현 enough to를 사용해서 나타낼 수 있으므로 enough뒤에 to 부정사(to convince)가 온 ③, ④번이 정답 후보이다. enough는 형용사(detailed)를 뒤에서 강조하므로, ④ detailed enough to convince가 정답이다.

해석 그 제안은 그 프로젝트가 다음 단계를 위한 추가 자금을 지원받을 만하다고 이사회 구성원들을 설득하기에 충분히 상세했다.

어휘 proposal 제안 convince 설득하다 board 이사회, 위원회 deserve ~을 받을 만하다, ~을 해야 마땅하다 funding 자금 지원, 자금 phase 단계, 시기

252 빈칸에 들어갈 가장 알맞은 것을 고르시오.

> Even after several trials, the vaccine _____ in preventing infection among older adults, prompting scientists to explore possible improvements in dosage and formulation.

① remained ineffective
② remained ineffectively
③ is remained ineffective
④ is remained ineffectively

253 밑줄 친 부분 중 어법상 잘못된 것은?

> Whatever the fee ends up being is worth ① <u>to pay</u> in order to cancel the venue reservation I ② <u>had booked</u> before my brother learned that we could rent the exact ballroom ③ <u>where</u> our parents got married. We can use the space to host their anniversary party and make it a special and ④ <u>memorable</u> night.

252 기출포인트 수동태로 쓸 수 없는 동사 & 보어 자리 정답 ①

해설 빈칸은 문장의 동사 자리이다. 문맥상 '그 백신은 노인들 사이의 감염을 예방하는 데 여전히 효과적이지 않다'라는 의미가 되어야 자연스러운데, 동사 remain(여전히 ~이다)은 수동태로 쓸 수 없는 자동사이므로 능동태 ①, ②번이 정답 후보이다. 동사 remain은 주격 보어를 취하는 동사인데, 보어 자리에는 명사나 형용사 역할을 하는 것이 와야 하므로, 형용사 ineffective가 쓰인 ① remained ineffective가 정답이다.

해석 여러 차례의 실험 후에도, 그 백신은 노인들 사이의 감염을 예방하는 데 여전히 효과적이지 않아서, 과학자들이 투여량과 제형에서의 가능한 개선을 탐구하도록 했다.

어휘 trial 실험, 시험 infection 감염 prompt (사람에게 어떤 일이 일어나도록) 하다, 촉발하다 dosage 투여량, 복용량 formulation 제형

253 기출포인트 동명사 관련 표현 정답 ①

해설 문맥상 '지불하는 것이 가치가 있다'라는 의미가 되어야 자연스러운데, '~할 가치가 있다'는 동명사구 관용 표현 be worth -ing를 사용해서 나타낼 수 있으므로 to 부정사 to pay를 동명사 paying으로 고쳐야 한다.

오답분석
② 기출포인트 과거완료 시제 문맥상 '내가 예약했던 것'은 '남동생이 부모님이 결혼한 바로 그 연회장을 빌릴 수 있다는 것을 안' 과거 시점보다 이전에 일어난 일이므로 과거완료 시제 had booked가 올바르게 쓰였다.
③ 기출포인트 관계부사 선행사(the exact ballroom)가 장소이고, 뒤에 완전한 절(our parents got married)이 왔으므로 완전한 절을 이끌며 장소를 나타내는 관계부사 where이 올바르게 쓰였다.
④ 기출포인트 병치 구문 접속사(and)로 연결된 병치 구문에서는 같은 품사끼리 연결되어야 하는데, and 앞에 명사(night)를 수식하는 형용사(special)가 왔으므로 and 뒤에도 형용사 memorable이 올바르게 쓰였다.

해석 내 남동생이 우리 부모님이 결혼한 바로 그 연회장을 빌릴 수 있다는 것을 알기 전에 내가 예약했던 장소의 예약을 취소하기 위해 결국 요금이 얼마가 되든 지불하는 것이 가치가 있다. 우리는 그 공간(연회장)을 그들의 기념일 파티를 주최하여 그것을 특별하고 기억할 만한 밤으로 만드는 데 사용할 수 있다.

어휘 venue 장소 ballroom 연회장, 무도회장 host 주최하다 anniversary 기념일 memorable 기억할 만한

254 밑줄 친 부분에 들어갈 가장 적절한 것은?

> However _____ to hide their true feelings, subtle expressions and gestures often reveal more about their emotions than words ever could.

① carefully people may try
② people may try carefully
③ people carefully may try
④ carefully may people try

255 밑줄 친 부분 중 어법상 잘못된 것은?

> He is worried about ① giving the presentation at the conference, even though he ② has been practicing every day since he was assigned the role of speaker two weeks ago. He has no way of knowing ③ if or not the audience will enjoy his talk, but he will no doubt feel an enormous sense of relief when he ④ walks off the stage.

254 기출포인트 부사절 접속사 3: 복합관계부사   정답 ①

해설 빈칸은 부사절을 이끄는 복합관계부사 However 뒤에 올 수 있는 것의 자리이다. 복합관계부사 however(아무리 ~하더라도)가 이끄는 절은 'however + 부사(carefully) + 주어(people) + 동사(may try)'의 형태가 되어야 하므로 ① carefully people may try가 정답이다.

해석 사람들이 아무리 신중하게 자신의 진짜 감정을 숨기려고 해도, 미묘한 표정과 몸짓은 종종 말보다 그들의 감정에 대해 더 많은 것을 드러낸다.

어휘 subtle 미묘한, 교묘한   expression 표정   gesture 몸짓   reveal 드러내다

255 기출포인트 명사절 접속사 2: whether   정답 ③

해설 문맥상 '그의 강연을 즐길지 아닐지'라는 의미가 되어야 자연스럽고, '~인지 아닌지'는 명사절 접속사 if나 whether가 이끄는 명사절로 나타낼 수 있는데, or not과 함께 쓰일 수 있는 것은 if가 아니라 whether이므로 if or not을 whether or not으로 고쳐야 한다.

오답 분석
① 기출포인트 동명사의 역할 전치사(about)의 목적어 자리에는 명사 역할을 하는 것이 와야 하므로 동명사 giving이 올바르게 쓰였다.
② 기출포인트 시제 일치 & 현재완료 시제 현재완료 시제와 자주 함께 쓰이는 시간 표현 'since + 과거 시간 표현(he was assigned)'이 왔고, 문맥상 '매일 연습을 하고 있었다'라며 과거에 시작된 일이 현재 시점까지 계속 진행 중임을 표현하고 있으므로, 현재완료 진행 시제 has been practicing이 올바르게 쓰였다.
④ 기출포인트 현재 시제 문맥상 '무대에서 내려오면'이라는 미래의 상황을 나타내고 있고, 시간을 나타내는 부사절(when ~ stage)에서는 미래를 나타내기 위해 미래 시제 대신 현재 시제를 사용하므로 현재 시제 walks off가 올바르게 쓰였다.

해석 그는 2주 전에 연사 역할에 배정된 이래로 매일 연습을 하고 있었음에도 불구하고, 회의에서 발표를 하는 것에 대해 걱정한다. 청중이 그의 강연을 즐길지 아닐지를 그가 알 수 있는 방법은 없지만, 무대에서 내려오면 그는 아마 엄청난 안도감을 느낄 것이다.

어휘 assign (일·책임 등을) 배정하다, 맡기다   audience 청중, 관객   no doubt 아마 (~일 것이다), 틀림없는   enormous 엄청난, 막대한   relief 안도(감)

256 밑줄 친 부분 중 어법상 가장 옳지 않은 것은?

After ① eating in groups and by themselves, most participants observed in the study ② were found to consume more food when they were with others than when they were alone. After all, social meals both tend to take more time ③ or feature increased amounts of food, ④ so people have more opportunities to eat.

257 어법상 빈칸에 들어갈 가장 적절한 것은?

Taking evening classes while working full time _____. Of the little free time I had, much of it was spent commuting between work and school.

① was exhausted
② was exhausting
③ were exhausted
④ were exhausting

258 밑줄 친 부분 중 어법상 옳지 않은 것은?

① Utilizing self-service kiosks at restaurants helps improve convenience, and while these devices do make ordering ② efficient for most people and can be used ③ in order to reduce errors, they also make restaurants less inviting places, since it is during traditional ordering ④ what a genuine human interaction can take place between the worker and the customer.

256 기출포인트 상관접속사 정답 ③

해설 문맥상 '사회적 식사가 더 긴 시간이 걸릴 뿐만 아니라 늘어난 양의 음식을 특징으로 하는 경향도 있다'라는 의미가 되어야 자연스러운데, 'A뿐만 아니라 B도'는 상관접속사 both A and B를 사용하여 나타낼 수 있으므로 or를 both와 짝을 이루는 and로 고쳐야 한다.

오답분석
① 기출포인트 **분사구문의 형태** 주절의 주어(most participants)와 분사구문이 '연구 참여자들이 식사하다'라는 의미의 능동 관계이므로 현재분사(eating)이 올바르게 쓰였다. 참고로 분사구문의 의미를 분명하게 하기 위해 부사절 접속사(After)가 분사구문 앞에 쓰였다.
② 기출포인트 **주어와 동사의 수 일치** 주어 자리에 복수 명사(most participants)가 왔으므로 복수 동사 were가 올바르게 쓰였다. 참고로, 주어와 동사 사이의 수식어 거품(observed in the study)은 동사의 수 결정에 영향을 주지 않는다.
④ 기출포인트 **등위접속사** 절(social meals ~ food)과 절(people ~ to eat)은 접속사 없이 콤마(,)로 연결될 수 없고, 문맥상 '늘어난 양의 음식을 특징으로 하는 경향도 있어서 더 많은 식사 기회를 가질 수 있다'라는 의미가 되어야 자연스러우므로 등위접속사 so(그래서)가 올바르게 쓰였다.

해석 집단으로 그리고 혼자서 식사를 한 후에, 대부분의 관찰된 연구 참여자들은 혼자일 때보다 다른 사람들과 함께 있을 때 더 많은 음식을 섭취하는 것으로 나타났다. 어쨌든 사회적 식사는 더 긴 시간이 걸릴 뿐만 아니라 늘어난 양의 음식을 특징으로 하는 경향도 있어서, 사람들이 더 많은 식사 기회를 가질 수 있기 때문일 수 있다.

어휘 observe 관찰하다 consume 섭취하다, 소비하다 opportunity 기회

257 기출포인트 3형식 동사의 수동태 & 주어와 동사의 수 일치 정답 ②

해설 감정을 나타내는 동사(exhaust)의 경우 주어가 감정의 원인이면 능동태를 써야 하는데, 문맥상 주어(Taking ~ full time)가 지치는 감정의 원인이므로 능동태로 쓰인 ②, ④번이 정답 후보이다. 동명사구 주어는 단수 취급하므로 단수 동사 was가 쓰인 ② was exhausting이 정답이다.

해석 전임으로 일하면서 저녁 수업을 듣는 것은 지치는 일이었다. 내가 가진 약간의 휴식 시간 중에서, 그것(휴식 시간)의 대부분은 직장과 학교를 오가며 통근하는 데 보냈다.

어휘 commute 통근하다

258 기출포인트 It – that 강조 구문 정답 ④

해설 문맥상 '직원과 고객 간에 진정한 인간적 상호작용이 이루어질 수 있는 때는 바로 전통적인 주문을 하는 동안이다'라는 의미가 되어야 자연스러운데, '-한 것은 바로 ~이다'는 It-that 강조 구문을 사용하여 나타낼 수 있으므로 what을 that으로 고쳐야 한다.

오답분석
① 기출포인트 **주어 자리** 주어 자리에 명사 역할을 하는 동명사구가 올 수 있으므로, 동명사구(Utilizing self-service kiosks at restaurants)를 이끄는 동명사 Utilizing이 올바르게 쓰였다.
② 기출포인트 **5형식 동사** 문맥상 '주문하는 것을 효율적으로 만들다'라는 의미가 되는 것이 자연스럽고, 동사 make는 '~을 -로 만들다'라는 의미를 나타낼 때 형용사를 목적격 보어로 취할 수 있는 5형식 동사로 쓰이므로 목적격 보어 자리에 형용사 efficient가 올바르게 쓰였다.
③ 기출포인트 **to 부정사의 역할** 문맥상 '오류를 줄이기 위해'라는 목적을 나타내는 의미가 되어야 자연스럽고, to 부정사가 부사 역할을 하며 목적을 나타낼 때 to 대신 in order to를 사용할 수 있으므로 in order to가 올바르게 쓰였다.

해석 식당에서 셀프서비스 키오스크를 활용하는 것은 편의성을 향상하는 데 도움이 되며, 이러한 기기가 대부분의 사람들에게 주문하는 것을 효율적으로 만들어주고 오류를 줄이기 위해 사용될 수 있지만, 직원과 고객 간에 진정한 인간적 상호작용이 이루어질 수 있는 때는 바로 전통적인 주문을 하는 동안이기 때문에, 그것들은 식당을 덜 매력적인 장소로 만들기도 한다.

어휘 utilize 활용하다 convenience 편의성 efficient 효율적인 inviting 매력적인, 권유하는 genuine 진정한, 진짜의 interaction 상호작용 take place 이루어지다, 발생하다

적중 예상 문제

259 밑줄 친 부분 중 어법상 옳지 않은 것은?

> People today tend ① <u>not to recognize</u> the major impact antibiotics have had on humanity, but one hundred years ago, people who ② <u>became</u> sick due to bacterial infections like pneumonia were often in grave danger. Before antibiotics became available, doctors ③ <u>who</u> patients contracted these illnesses had few effective options for treatment, and people were ④ <u>three times as likely as</u> people today to die from these infections.

260 어법상 빈칸에 들어가기에 가장 적절한 것은?

> Despite her hectic schedule as a TV producer, she _____ because she likes to relax at home whenever she can.

① stays seldom out lately

② seldom stays out late

③ doesn't seldom stay out lately

④ doesn't seldom stay out late

259 | 기출포인트 관계대명사 | 정답 ③

해설 선행사(doctors)가 사람이고, 관계절 내에서 patients가 누구의 환자인지 나타내므로, 주격 관계대명사 who를 사람을 가리키는 소유격 관계대명사 whose로 고쳐야 한다.

오답분석
① 기출포인트 **to 부정사의 형태** to 부정사의 부정형은 to 앞에 not을 붙이므로 not to recognize가 올바르게 쓰였다.
② 기출포인트 **시제 일치** 과거 시제와 자주 함께 쓰이는 '시간 표현(one hundred years) + ago'(100년 전)가 왔으므로, 과거 시제 became이 올바르게 쓰였다.
④ 기출포인트 **원급** 문맥상 '죽을 가능성이 3배나 높았다'라는 의미가 되어야 자연스럽고, '~배만큼 -하다'라는 의미를 나타낼 때는 '배수사 + as + 원급 + as'로 나타내므로 three times as likely as가 올바르게 쓰였다.

해석 오늘날 사람들은 항생제가 인류에 미친 주요한 영향을 인식하지 않는 경향이 있지만, 100년 전에는 폐렴과 같은 세균 감염으로 인해 병에 걸린 사람들은 종종 심각한 위험에 처했다. 항생제가 이용 가능해지기 전에는 이러한 질병에 걸린 환자들을 둔 의사들은 치료를 위한 효과적인 선택지가 거의 없었고, 사람들은 오늘날의 사람들보다 이러한 감염으로 인해 죽을 가능성이 3배나 높았다.

어휘 recognize 인식하다   impact 영향   antibiotic 항생제   humanity 인류   bacterial infection 세균 감염   pneumonia 폐렴   grave 심각한   contract 걸리다   effective 효과적인   treatment 치료

260 | 기출포인트 동사 자리 & 빈도 부사 | 정답 ②

해설 빈칸은 주어(she) 다음에 오는 동사구 자리이다. 빈도 부사 seldom(거의 ~않다)은 부정의 의미로 not과 같은 부정어와 함께 올 수 없으므로 부정어가 쓰이지 않은 ①, ②번이 정답 후보이다. 빈도 부사(seldom)는 보통 일반동사(stays) 앞에 와야 하므로 ② seldom stays out late이 정답이다. 참고로, '늦게까지'를 나타내기 위해 부사 late(늦게)가 쓰였다.

해석 TV 프로그램 제작자로서의 바쁜 일정에도 불구하고, 그녀는 할 수 있을 때마다 집에서 쉬는 것을 좋아하기 때문에 거의 늦게까지 밖에 있지 않는다.

어휘 hectic 바쁜   seldom 거의 ~않다   lately 최근에

261 어법상 빈칸에 들어가기에 가장 적절한 것은?

> The prime minister was supposed _____ an economic conference in Hong Kong this week, but she had to cancel her trip due to a powerful typhoon.

① attend
② attending
③ to attend
④ to attending

262 밑줄 친 부분 중 어법상 잘못된 것은?

> Addressing neighborhood issues proactively ① is what the city's new improvement grants encourage. Residents are ② more capable of solving problems ③ them than relying on City Hall, as they are more aware of issues in their neighborhoods, such as abandoned vehicles, broken streetlights, and ④ clogged drains.

263 밑줄 친 부분 중 어법상 옳지 않은 것은?

> Today's amenities for business travelers are far more varied and convenient than ① the services of the past. Internet access, for example, helps them stay ② connected with their clients from almost anywhere. This access is a ③ prevail reason businessmen use smartphones, as it lets them ④ contact clients, send correspondence, and conduct business.

261 기출포인트: to 부정사 관련 표현 정답 ③

해설 빈칸은 was supposed와 짝을 이루어 쓰일 수 있는 것의 자리인데, 문맥상 '경제 회의에 참석하기로 되어 있었다'라는 의미가 되어야 자연스럽고, '~하기로 되어 있다'는 to 부정사 관련 표현 be supposed to로 나타낼 수 있으므로, to 부정사 ③ to attend가 정답이다.

해석 그 총리는 이번 주 홍콩에서 경제 회의에 참석하기로 되어 있었지만 강력한 태풍으로 인해 여정을 취소해야 했다.

어휘 prime minister 총리   due to ~으로 인해   typhoon 태풍

262 기출포인트: 재귀대명사 정답 ③

해설 문맥상 '주민들은 직접 문제를 더 잘 해결할 수 있다'라는 의미가 되어야 자연스러운데, 주어(Residents)를 강조할 때는 강조하는 대상 바로 뒤나 문장 맨 뒤에 재귀대명사를 쓰므로, 목적격 대명사 them을 재귀대명사 themselves로 고쳐야 한다.

오답분석
① 기출포인트 **주어와 동사의 수 일치** 동명사구 주어(Addressing ~ proactively)는 단수 취급하므로 단수 동사 is가 올바르게 쓰였다.
② 기출포인트 **비교급** 문맥상 '시청에 의존하는 것보다 직접 문제를 더 잘 해결할 수 있다'라는 의미가 되어야 자연스러운데, '~보다 더 –한'은 비교급 표현 '형용사의 비교급 + than'의 형태로 나타낼 수 있으므로 비교급 more capable이 올바르게 쓰였다.
④ 기출포인트 **병치 구문** 접속사(and)로 연결된 병치 구문에서는 같은 구조끼리 연결되어야 하는데, and 앞에 명사구 abandoned vehicles, broken streetlights가 왔으므로 and 뒤에도 명사구 clogged drains가 올바르게 쓰였다.

해석 지역의 문제를 적극적으로 해결하는 것은 시의 새로운 개선 보조금이 장려하는 것이다. 주민들은 버려진 차량, 고장 난 가로등, 그리고 막힌 배수관과 같은 그들 지역의 문제를 더 잘 인식하고 있기 때문에, 시청에 의존하는 것보다 직접 문제를 더 잘 해결할 수 있다.

어휘 address 해결하다   proactively 적극적으로, 사전에   grant (정부나 단체에서 주는) 보조금   encourage 장려하다, 격려하다
abandon 버리다   streetlight 가로등   clog 막히다, 막다   drain 배수관

263 기출포인트: 형용사 자리 정답 ③

해설 명사(reason)를 수식하는 것은 형용사 역할을 하는 것이므로 명사(reason) 앞의 동사 prevail을 형용사 prevailing으로 고쳐야 한다.

오답분석
① 기출포인트 **병치 구문** 비교 구문에서 비교의 대상은 같은 품사나 구조끼리 연결되어야 하는데, 비교급 more varied and convenient 앞에 명사구(Today's amenities ~ travelers)가 왔으므로 비교급 뒤에도 명사구를 이끄는 the services가 올바르게 쓰였다.
② 기출포인트 **보어 자리** '~인 채로 있다'라는 의미로 쓰일 때 주격 보어를 취하는 동사 stay의 보어 자리에 형용사 역할을 하는 과거분사 connected가 올바르게 쓰였다.
④ 기출포인트 **원형 부정사를 목적격 보어로 취하는 동사** 동사 let은 원형 부정사를 목적격 보어로 취하는 사역동사이므로 목적격 보어 자리에 원형 부정사 contact가 올바르게 쓰였다.

해석 출장 여행자들을 위한 오늘날의 편의 시설은 과거의 서비스보다 훨씬 더 다양하고 편리하다. 예를 들어, 인터넷 접속은 그들(출장 여행자들)이 거의 모든 곳에서 그들의 고객과 연결되어 있도록 도와준다. 이 접속은 회사원들이 스마트폰을 사용하는 일반적인 이유인데, 그것(스마트폰)이 그들(회사원들)이 고객들과 연락하고, 서신을 보내고, 업무를 처리하게 해주기 때문이다.

어휘 amenity 편의 시설   convenient 편리한   access 접속   prevailing 일반적인   correspondence 서신   conduct 처리하다

264 밑줄 친 부분에 들어갈 가장 적절한 것은?

> Tourists are always impressed when they see a village that _____ like Venice on the shores of Lake Maracaibo, which the first explorers called "Little Venice".

① looking ② look
③ looks ④ to look

265 밑줄 친 부분 중 어법상 잘못된 것은?

> After unexpectedly losing his long-held job, Carter ① was initially worried about the future, but he soon came to regard the setback ② as a chance to pursue other opportunities. "Although getting laid off ③ shocked me, it may well ④ being for the best," he said.

264 기출포인트 주격 관계절의 수 일치   정답 ③

해설 빈칸은 선행사(a village)를 수식하는 관계절(that ~ Lake Maracaibo)의 동사 자리이다. 동사 자리에 준동사는 올 수 없으므로 분사 ① looking과 to 부정사 ④ to look을 제외한 동사 ②, ③번이 정답 후보인데, 관계절이 수식하는 선행사가 단수 명사이므로 단수 동사 ③ looks가 정답이다.

해석 관광객들은 마라카이보 호숫가에 있는 베네치아처럼 보이는 마을을 볼 때 늘 감명을 받는데, 초기 탐험가들은 그 마을을 '작은 베네치아'라고 불렀다.

어휘 impressed 감명을 받은   village 마을   shore 호숫가   explorer 탐험가

265 기출포인트 조동사 관련 표현   정답 ④

해설 조동사 관련 숙어 may well은 'may well + 동사원형'(~일 것이다)의 형태로 나타낼 수 있으므로 동명사 being을 동사원형 be로 고쳐야 한다.

오답분석
① 기출포인트 3형식 동사의 수동태 감정을 나타내는 동사(worry)의 경우 주어가 감정을 느끼는 주체이면 수동태를 써야 하는데, 주어(Carter)가 걱정의 감정을 느끼는 주체이므로 수동태 was initially worried가 올바르게 쓰였다.
② 기출포인트 목적어 뒤에 as나 to be를 취하는 동사 동사 regard는 목적어(the setback) 뒤에 'as + 명사/형용사'를 취하는 동사이므로 as a chance가 올바르게 쓰였다.
③ 기출포인트 과거 시제 문맥상 '해고당한 것(getting laid off)'이라는 과거의 일에 대해 이야기하고 있으므로 과거 시제 shocked가 올바르게 쓰였다.

해석 오랫동안 유지해 온 직업을 예상치 못하게 잃은 후, Carter는 처음에 미래에 대해 걱정했지만, 그는 곧 그 좌절을 다른 기회들을 추구할 수 있는 기회로 여기게 되었다. "비록 해고당한 것이 나에게 충격을 주기는 했지만, 그것이 가장 좋은 일일 수도 있다"라고 그는 말했다.

어휘 unexpectedly 예상치 못하게   setback 좌절   pursue 추구하다   lay off 해고하다

266 밑줄 친 부분 중 어법상 옳지 않은 것은?

> When parents and teenagers talk, they often end up getting their signals ① <u>crossed</u>. The viewpoints teens assume to be sensible and reasonable are those ② <u>what</u> bewilder or anger their parents. There's been much research ③ <u>conducted</u> on the difficulties of parent-teenager communication, but even the experts often let parents ④ <u>come up with</u> their own conclusions.

267 밑줄 친 부분 중 어법상 옳지 않은 것은?

> On December 6, 1907, ① <u>what</u> is considered the worst mining disaster in American history ② <u>was occurred</u> in Virginia. That morning, two explosions rocked a coal mine at Monongah and took the lives of more than 250 miners. Rescue workers were quickly called to the scene but were unable ③ <u>to go</u> down into the mine for more than 15 minutes at a time because they lacked proper equipment. After officials ④ <u>investigated</u> the incident, many citizens demanded legislative reforms to address the safety problems in mines.

266 기출포인트 관계절 자리와 쓰임   정답 ②

해설 지시대명사(those)를 수식하는 관계절을 이끄는 관계대명사가 와야 하는데, 선행사 those가 지시하는 명사(viewpoints)가 사물이고 관계절 내에서 동사 bewilder와 anger의 주어 역할을 하므로 what을 주격 관계대명사 that으로 고쳐야 한다.

오답분석
① 기출포인트 **현재분사 vs. 과거분사** 수식받는 명사(signals)와 분사가 문맥상 '신호가 엇갈려지다'라는 의미의 수동 관계이므로 과거분사 crossed가 올바르게 쓰였다.
③ 기출포인트 **현재분사 vs. 과거분사** 수식받는 명사(research)와 분사가 문맥상 '연구가 행해지다'라는 의미의 수동 관계이므로 과거분사 conducted가 올바르게 쓰였다.
④ 기출포인트 **원형 부정사를 목적격 보어로 취하는 동사** 사역동사 let은 목적격 보어로 원형 부정사를 취하는 동사이므로 목적격 보어 자리에 원형 부정사 come up with가 올바르게 쓰였다.

해석 부모들과 십 대들이 이야기할 때, 그들은 종종 신호가 엇갈리는 상황에 처하게 된다. 십 대들이 합리적이고 이성적이라고 추정하는 관점들은 그들의 부모를 어리둥절하게 하거나 화나게 하는 것들이다. 부모와 십 대 간 의사소통의 어려움에 대해 행해진 많은 연구가 있지만, 심지어 전문가조차도 종종 부모들이 자신들만의 결론을 찾아내도록 내버려둔다.

어휘 viewpoint 관점   sensible 합리적인, 분별력 있는   bewilder 어리둥절하게 하다, 당황하게 하다

267 기출포인트 수동태로 쓸 수 없는 동사   정답 ②

해설 동사 occur(발생하다)는 전치사 없이는 목적어를 취할 수 없는 자동사로, 수동태로 쓸 수 없으므로 수동태 was occurred를 능동태 occurred로 고쳐야 한다.

오답분석
① 기출포인트 **what vs. that** 주어가 없는 불완전한 절(is considered ~ history)을 이끌며 문장의 주어 역할을 할 수 있는 명사절 접속사 what이 올바르게 쓰였다.
③ 기출포인트 **to 부정사 관련 표현** unable은 to 부정사를 취하는 형용사이므로 unable 뒤에 to 부정사 to go가 올바르게 쓰였다.
④ 기출포인트 **과거 시제** 주절(many citizens ~ mines)의 시제가 과거(demanded)이고, 문맥상 '공무원들이 그 사건(광산 재해)을 조사했다'라는 의미로 과거에 이미 끝난 일을 묘사하고 있으므로 과거 시제 investigated가 올바르게 쓰였다.

해석 1907년 12월 6일, 미국 역사상 최악의 광산 재해로 여겨지는 것이 버지니아에서 발생했다. 그날 아침, 두 차례의 폭발이 Monongah의 탄광을 뒤흔들었고 250명이 넘는 광부들의 목숨을 앗아갔다. 구조 대원들이 현장으로 재빨리 호출되었지만 적절한 장비가 없었기 때문에 한 번에 15분 이상 광산 안으로 내려갈 수가 없었다. 공무원들이 그 사건을 조사한 후에, 많은 시민은 광산의 안전 문제를 다루기 위한 입법 개정을 요구했다.

어휘 disaster 재해   occur 발생하다   explosion 폭발   rock 뒤흔들다; 바위   coal mine 탄광   miner 광부   scene 현장, 장면   official 공무원; 공식적인   legislative 입법상의, 법률을 제정하는   reform 개정, 개혁   address 다루다, 처리하다

268 밑줄 친 부분 중 어법상 가장 옳지 않은 것은?

> The internet is ① referred as one of humanity's most transformative inventions, ② providing users with unprecedented connectivity and access to knowledge. People today can communicate and exchange information ③ with others regardless of their location, a development that has reshaped the world in ④ such a dramatic way that societies have become thoroughly interconnected in a matter of decades.

269 어법상 밑줄 친 곳에 가장 적절한 것은?

> _____ baked this chocolate cake, he must be a world-class pastry chef, as the moist texture, rich chocolate flavor, and delicate frosting reveal exceptional skill.

① Who
② Whom
③ Whoever
④ Whose

268 기출포인트 동사구의 수동태 정답 ①

해설 문맥상 '인터넷은 가장 혁신적인 발명 중 하나로 일컬어진다'라는 의미가 되는 것이 자연스러운데, 'A를 B로 일컫다'는 동사구 refer to A as B로 나타낼 수 있다. '자동사 + 전치사'(refer to) 형태의 동사구가 수동태가 되어 목적어(The internet)가 주어가 된 경우, 자동사와 함께 쓰인 전치사(to)와 목적어 뒤에 쓰인 전치사(as) 모두 수동태 동사(is referred) 뒤에 그대로 남으므로, referred as를 referred to as로 고쳐야 한다.

오답분석
② 기출포인트 **분사구문의 형태** 주어(The internet)와 분사구문이 '인터넷이 제공하다'라는 의미의 능동 관계이므로 현재분사 providing이 올바르게 쓰였다.
③ 기출포인트 **기타 전치사** 동사 exchange는 전치사 with와 함께 exchange A with B(A를 B와 교환하다)의 형태로 쓰이는데, 앞에 exchange가 왔으므로 이와 짝을 이루는 전치사 with가 올바르게 쓰였다.
④ 기출포인트 **혼동하기 쉬운 형용사와 부사** 형용사 such는 명사구(a dramatic way)를 앞에서 수식할 수 있으므로 such가 a dramatic way 앞에 올바르게 쓰였다.

해석 인터넷은 인류의 가장 혁신적인 발명 중 하나로 일컬어지며, 사용자들에게 전례 없는 연결성과 지식에 대한 접근을 제공한다. 오늘날 사람들은 위치에 관계없이 다른 사람들과 소통하고 정보를 교환할 수 있으며, 이것은 사회들이 수십 년 만에 완전히 서로 연결되는 매우 극적인 방식으로 세상을 재편한 발전이다.

어휘 transformative 혁신적인 invention 발명(품) unprecedented 전례 없는 connectivity 연결성 communicate 소통하다 exchange 교환하다 thoroughly 완전히 interconnected 서로 연결된 decade 십 년

269 기출포인트 부사절 접속사 3: 복합관계대명사 정답 ③

해설 빈칸은 부사절을 이끄는 부사절 접속사 자리이다. 관계대명사 ① Who, ② Whom, ④ Whose는 부사절을 이끌 수 없으므로, 부사절을 이끌 수 있는 복합관계대명사 ③ Whoever가 정답이다.

해석 이 초콜릿 케이크를 구운 사람이 누구든, 그는 세계적 수준의 제과 요리사임에 틀림없는데, 촉촉한 식감, 진한 초콜릿 맛, 그리고 섬세하게 설탕으로 겉을 입힌 것이 뛰어난 기술을 보여주기 때문이다.

어휘 pastry chef 제과 요리사 moist 촉촉한 texture 식감 rich 진한 delicate 섬세한 frosting (케이크에) 설탕으로 겉을 입히기 exceptional 뛰어난

DAY | 14

270 밑줄 친 부분 중 어법상 잘못된 것은?

> If refrigerators and freezers had not been invented, we ① will have difficulty preserving food today because mechanical refrigeration contributes to ② extending the time foods can be preserved. Consistent low temperatures ③ are required for storage to inhibit the growth of bacteria, and, especially for long-term storage, it is essential that foods ④ be kept below 4 degrees Celsius.

271 밑줄 친 부분 중 어법상 가장 옳지 않은 것은?

> Corn ① is a major crop today, with millions of tons of the grain ② consumed worldwide, but this would not have been possible if early Mesoamerican farmers had not selectively crossed grasses to make the plants ③ produce both larger and more numerous kernels, effectively ④ created the nutrient- and carbohydrate-dense food.

270 기출포인트 혼합 가정법 정답 ①

해설 if절에 가정법 과거완료 형태인 'If + 주어(refrigerators and freezers) + had p.p.(had not been invented)'가 와서 '만약 냉장고와 냉동고가 발명되지 않았다면'이라는 과거 상황의 반대를 표현하고 있지만, 주절에는 현재임을 나타내는 today가 있으므로, 과거의 상황을 반대로 가정했을 경우 그 결과가 현재에 영향을 미칠 때 쓰는 혼합 가정법 'If + 주어 + had p.p., 주어 + would + 동사원형'의 형태가 와야 한다. 따라서 will have를 would have로 고쳐야 한다.

오답분석
② 기출포인트 **동명사 관련 표현** 문맥상 '기계식 냉장이 음식을 보존할 수 있는 시간을 연장하는 데 기여하다'는 의미가 되어야 자연스러운데, '~에 기여하다'는 동명사 관련 표현 contribute to -ing를 사용하여 나타낼 수 있으므로 동명사 extending이 올바르게 쓰였다.
③ 기출포인트 **능동태·수동태 구별** 동사(require) 뒤에 목적어가 없고, 주어(Consistent low temperatures)와 동사가 '일정한 낮은 온도가 요구되다'라는 의미의 수동 관계이므로 수동태 are required가 올바르게 쓰였다.
④ 기출포인트 **조동사 should의 생략** 주절에 의무를 나타내는 형용사 essential(필수적인)이 나오면 종속절의 동사 자리에는 '(should) + 동사원형'이 와야 하므로 be kept가 올바르게 쓰였다.

해석 만약 냉장고와 냉동고가 발명되지 않았다면, 우리는 오늘날 음식을 보존하는 데 어려움을 겪었을 것인데, 이는 기계식 냉장이 음식을 보존할 수 있는 시간을 연장하는 데 기여하기 때문이다. 박테리아 성장을 억제하기 위해서는 저장 시 일정한 낮은 온도가 요구되고, 특히 장기 저장을 위해서는 음식이 섭씨 4도 이하로 유지되는 것이 필수적이다.

어휘 refrigerator 냉장고 freezer 냉동고 preserve 보존하다 consistent 일정한 storage 저장 inhibit 억제하다

271 기출포인트 분사구문의 형태 정답 ④

해설 주어(early Mesoamerican farmers)와 분사구문이 '초기 메소아메리카 농부들이 만들다'라는 의미의 능동 관계이므로 과거분사 created를 현재분사 creating으로 고쳐야 한다.

오답분석
① 기출포인트 **현재 시제** 현재를 나타내는 시간 표현 today(오늘날)가 왔고, '옥수수는 오늘날 주요 농작물이다'라는 일반적인 사실을 표현하고 있으므로 현재 시제 is가 올바르게 쓰였다.
② 기출포인트 **분사구문의 역할** 동시에 일어나는 상황은 'with + 명사 + 분사'의 형태로 나타낼 수 있는데, 명사(millions of tons of the grain)와 분사가 '수백만 톤의 (옥수수) 곡물이 소비되다'라는 의미의 수동 관계이므로 과거분사 consumed가 올바르게 쓰였다.
③ 기출포인트 **원형 부정사를 목적격 보어로 취하는 동사** 사역동사 make는 원형 부정사를 목적격 보어로 취하므로 목적격 보어 자리에 원형 부정사 produce가 올바르게 쓰였다.

해석 옥수수는 오늘날 주요 농작물로, 전 세계적으로 수백만 톤의 (옥수수) 곡물이 소비되고 있지만, 만약 초기 메소아메리카 농부들이 효과적으로 영양분과 탄수화물이 풍부한 식품을 만들며 선택적으로 볏과 식물들을 교배시켜 식물들이 더 크고 더 많은 낟알을 생산하도록 만들지 않았더라면, 이것은 가능하지 않았을 것이다.

어휘 crop 농작물 grain 곡물 consume 소비하다 selectively 선택적으로 cross 교배시키다 grass 볏과 식물 kernel 낟알 nutrient 영양분 carbohydrate 탄수화물 dense 풍부한, 밀도 있는

DAY | 14

272 어법상 빈칸에 들어가기에 가장 적절한 것은?

> The decorator recommended _____ larger windows in the room so that there would be more light.

① put
② to put
③ putting
④ puts

273 밑줄 친 부분 중 어법상 옳지 않은 것은?

> The shift from multigenerational households to nuclear family living styles ① that took place after the Industrial Revolution has greatly changed families, depriving children and parents ② of exposure ③ with the wisdom of older generations, so many parents now hope ④ to provide their children with guidance in other ways.

274 어법상 빈칸에 들어갈 가장 적절한 것은?

> It's high time _____ our healthcare system to address people's needs better.

① we adjusting
② we adjusted
③ we had adjusted
④ we were adjusted

272 [기출포인트] 동명사를 목적어로 취하는 동사 정답 ③

해설 빈칸은 동사 recommend의 목적어 자리인데, recommend(~을 추천하다)는 동명사를 목적어로 취하는 동사이므로 동명사 ③ putting이 정답이다.

해석 실내 장식가는 빛이 더 많이 들어오도록 방에 더 큰 창문을 다는 것을 추천했다.

어휘 decorator 실내 장식가, 칠·도배업자

273 [기출포인트] 기타 전치사 정답 ③

해설 문맥상 '기성세대의 지혜에 대한 노출'이라는 의미가 되어야 자연스럽고, '~에 대한 노출'은 전치사 숙어 표현 exposure to의 형태로 나타낼 수 있으므로, 전치사 with를 전치사 to로 고쳐야 한다.

오답분석
① [기출포인트] 관계대명사 that 선행사(nuclear family living styles)가 사물이고 관계절 내에서 동사(took place)의 주어 역할을 하므로 사물을 가리키는 주격 관계대명사 that이 올바르게 쓰였다.
② [기출포인트] 타동사 동사 deprive는 전치사 of와 함께 쓰여 'deprive + 목적어 + of'(~에게서 -을 박탈하다)의 형태를 취하는 타동사이므로 전치사 of가 올바르게 쓰였다.
④ [기출포인트] to 부정사를 취하는 동사 동사 hope는 to 부정사를 목적어로 취하는 동사이므로 hope 뒤에 to 부정사 to provide가 올바르게 쓰였다.

해석 산업혁명 이후 생겨난 다세대 가구에서 핵가족 생활 방식으로의 변화는 가족들을 크게 변화시켰으며, 아이들과 부모들에게서 기성세대의 지혜에 대한 노출을 박탈하였기 때문에, 많은 부모들은 이제 다른 방법으로 자녀들에게 지도를 제공하기를 희망한다.

어휘 shift 변화 multigenerational 다세대의 household 가구 nuclear family 핵가족 take place 생기다, 발생하다 Industrial Revolution 산업혁명 exposure 노출 wisdom 지혜 guidance 지도

274 [기출포인트] 기타 가정법 정답 ②

해설 It's high time 가정법은 'It's high time + 주어(we) + 과거 동사'(~해야 할 때이다)의 형태가 되어야 하므로 과거 동사 adjusted를 쓴 ② we adjusted가 정답이다.

해석 우리가 의료보험 제도를 사람들의 요구에 더 잘 초점을 맞출 수 있도록 조정해야 할 때이다.

어휘 adjust 조정하다

275 밑줄 친 부분 중 어법상 가장 옳지 않은 것은?

> No other component in an emergency kit is ① <u>as more important as</u> water. Bottled water ② <u>is included</u> in all lists of supplies for disaster situations because, although people may be accustomed to ③ <u>having</u> running water, plumbing systems can break in emergencies. People need bottled water for drinking and, ④ <u>should the need arise</u>, for other purposes, like cleaning wounds.

276 밑줄 친 부분 중 어법상 옳지 않은 것은?

> The success of mid-century modern design would come as a surprise to the ① <u>skeptically</u> who initially rejected both its openness ② <u>and</u> minimalism as being inappropriate for home design, but if they saw modern houses, they ③ <u>would admit</u> that the aspects of the designs that ④ <u>were</u> once called impractical are now embraced by most architects.

275 기출포인트 원급 형태로 최상급 의미를 만드는 표현 정답 ①

해설 원급 형태로 최상급 의미를 만드는 표현은 'no other + 단수 명사 ~ as + 원급 + as'(다른 어떤 ~도 -만큼 ~하지 않다)로 나타낼 수 있으므로, as와 as 사이에 비교급이 온 as more important as를 원급을 써서 as important as로 고쳐야 한다.

오답 분석
② 기출포인트 **능동태·수동태 구별** 동사(include) 뒤에 목적어가 없고, 주어(Bottled water)와 동사가 '병에 든 생수가 (물품 목록에) 포함되다'라는 의미의 수동 관계이므로 수동태 is included가 올바르게 쓰였다.
③ 기출포인트 **동명사 관련 표현** 문맥상 '사람들이 수돗물을 사용하는 것에 익숙하다'라는 의미가 되어야 자연스러운데, '~에 익숙하다'는 동명사 관련 표현 be accustomed to -ing를 사용하여 나타낼 수 있으므로 be accustomed to 뒤에 동명사 having이 올바르게 쓰였다.
④ 기출포인트 **가정법 도치** 문맥상 '필요가 발생하면'이라는 미래 상황을 가정하고 있고, 미래 상황을 가정하는 가정법 미래는 'If + 주어 + should + 동사'의 형태로 나타낼 수 있는데, 이때 if절에서 if가 생략되면 주어와 동사가 도치되어 'should + 주어(the need) + 동사원형(arise)'의 형태가 되므로 should the need arise가 올바르게 쓰였다.

해석 다른 어떤 구성 요소도 응급 상자에서 물만큼 중요하지 않다. 병에 든 생수는 재해 상황을 위한 모든 물품 목록에 포함되는데, 이는 비록 사람들이 수돗물을 사용하는 것에 익숙할 수 있지만, 배관 체계가 응급 상황에서 차단될 수 있다. 사람들은 물을 마시기 위해서 병에 든 생수가 필요하고, 필요가 발생하면, 상처를 닦는 것과 같은 다른 목적으로도 필요하다.

어휘 component 구성 요소   emergency kit 응급 상자   bottled water 병에 든 생수   supply 물품   disaster 재해   running water 수돗물   plumbing system 배관 체계   arise 발생하다   wound 상처

276 기출포인트 전치사 자리 & 정관사 the 정답 ①

해설 전치사(to) 뒤에는 명사 역할을 하는 것이 와야 하고, 문맥상 '개방성과 미니멀리즘을 거부했던 회의적인 사람들'이라는 의미가 되어야 자연스럽다. 따라서 '~한 사람들'이라는 의미의 'the + 형용사' 형태가 되도록 부사 skeptically를 형용사 skeptical로 고쳐야 한다.

오답 분석
② 기출포인트 **상관접속사** both와 짝을 이루는 상관접속사는 both A and B(A와 B 둘 다)의 형태로 쓰이므로 and이 올바르게 쓰였다.
③ 기출포인트 **가정법 과거** 'if절에 가정법 과거완료 형태인 '주어 + 과거 동사(saw)'가 왔으므로 주절에도 가정법 과거 완료 형태인 '주어 + would + 동사원형'이 와야 한다. 따라서 would admit이 올바르게 쓰였다.
④ 기출포인트 **주격 관계절의 수 일치** 주격 관계절(that ~ impractical)의 동사는 선행사에 수 일치시켜야 하는데, 선행사(the aspects of the designs)가 복수 명사이므로 복수 동사 were가 올바르게 쓰였다.

해석 20세기 중반 현대 디자인의 성공은 처음에 가정 디자인에 부적절하다며 그것의 개방성과 미니멀리즘을 거부했던 회의적인 사람들에게는 놀라운 일로 다가올 것이지만, 만약 그들이 현대 주택들을 본다면, 한때 비실용적이라고 불렸던 디자인의 측면들이 이제는 대부분의 건축가들에게 받아들여지고 있다는 것을 인정할 것이다.

어휘 skeptical 회의적인   initially 처음에   reject 거부하다   minimalism 미니멀리즘   inappropriate 부적절한   admit 인정하다   aspect 측면   impractical 비실용적인   embrace 받아들이다   architect 건축가

DAY | 14

277 어법상 빈칸에 들어갈 가장 적절한 것은?

Our school library is _____ the one in the town center.

① as five times as big
② as five times big as
③ five times bigger as
④ five times as big as

278 밑줄 친 부분 중 어법상 가장 옳지 않은 것은?

① Although Thomas Edison is credited with the invention of the electric lightbulb, other versions of the bulb ② were released before his. The difference was that after ③ added a more durable filament that could last up to 1,200 hours, Edison produced the first ④ commercially viable electric lightbulb.

277 기출포인트 원급 정답 ④

해설 문맥상 '우리 학교 도서관은 번화가에 있는 것보다 다섯 배 더 크다'라는 의미가 되어야 자연스러운데, '다섯 배 더 크다'는 '배수사(five times) + as + 원급 + as'의 형태로 나타낼 수 있으므로 ④ five times as big as가 정답이다.

해석 우리 학교 도서관은 번화가에 있는 것보다 다섯 배 더 크다.

어휘 town center 번화가, 중심가

278 기출포인트 분사구문의 형태 정답 ③

해설 주절의 주어(Edison)와 분사구문이 문맥상 '에디슨이 추가하다'라는 의미의 능동 관계이므로 과거분사 added를 현재분사 adding으로 고쳐야 한다. 참고로, 분사구문의 의미를 분명하게 하기 위해 부사절 접속사 after가 분사구문 앞에 쓰였다.

오답분석
① 기출포인트 부사절 접속사 2: 양보 문맥상 '비록 전구의 발명은 토머스 에디슨의 공로로 여겨지지만'이라는 의미가 되어야 자연스러우므로, 양보를 나타내는 부사절 접속사 Although(비록 ~이지만)가 올바르게 쓰였다.
② 기출포인트 능동태·수동태 구별 동사(release) 뒤에 목적어가 없고 주어(other versions)와 동사가 '다른 형태의 전구들이 공개되다'라는 의미의 수동 관계가 되어야 자연스러우므로 수동태 were released가 올바르게 쓰였다.
④ 기출포인트 부사 자리 형용사를 앞에서 수식할 수 있는 것은 부사이므로 부사 commercially가 형용사 viable 앞에 올바르게 쓰였다.

해석 비록 전구의 발명은 토머스 에디슨의 공로로 여겨지지만, 그의 것보다 먼저 공개된 다른 형태의 전구들이 있었다. 차이점은 에디슨이 최대 1,200시간까지 지속될 수 있는 더 내구성 있는 필라멘트를 추가한 후에, 최초의 상업적으로 실용성 있는 전구를 생산했다는 것이다.

어휘 credit A with B B를 A의 공로로 여기다   electric lightbulb 전구   release 공개하다, 발표하다   durable 내구성 있는   last 지속되다   up to ~까지   commercially 상업적으로   viable 실용성 있는, 실행 가능한

DAY | 14

적중 예상 문제

279 밑줄 친 부분 중 어법상 옳지 않은 것은?

> By painting an unconventional portrait of Abraham Lincoln, ① <u>in which</u> the former President of the United States is ② <u>recognizing</u> from a distance but not in focus up close, ③ <u>it is believed</u> that Salvador Dali, one of the great surrealist masters, ④ <u>was attempting</u> to challenge the notions of perception and external observation.

280 어법상 밑줄 친 곳에 가장 적절한 것은?

> Nothing is more characteristic of Gothic literature than atmospheric intensity, with the setting often establishing the mood as well as reflecting _____ the characters are experiencing.

① that
② what
③ who
④ if

279 기출포인트 보어 자리   정답 ②

해설 동사 is의 보어 자리에 '알아보는'이라는 의미의 분사 recognizing을 쓰면 '초상화 속에서 미국의 전 대통령이 알아보는'이라는 어색한 의미가 된다. 따라서 현재분사 recognizing을 '알아볼 수 있는'이라는 의미의 형용사 recognizable로 고쳐야 한다.

오답분석
① 기출포인트 **전치사 + 관계대명사** '전치사 + 관계대명사'에서 전치사는 선행사 또는 관계절의 동사에 따라 결정되는데, 선행사(an unconventional portrait of Abraham Lincoln)가 사물이고, 문맥상 '에이브러햄 링컨의 독특한 초상화에서'라는 의미가 되어야 자연스러우므로 전치사 in(~에서)이 관계대명사 which 앞에 온 in which가 올바르게 쓰였다.
③ 기출포인트 **3형식 동사의 수동태** that절을 목적어로 취하는 동사(believe)가 수동태가 되면 'it + be p.p. + that'의 형태로 쓰이므로 that절 앞에 it is believed가 올바르게 쓰였다.
④ 기출포인트 **과거진행 시제** 문맥상 '도전하려고 시도하고 있었다'라는 특정 과거 시점에 진행되고 있었던 일을 표현하고 있으므로 과거진행 시제 was attempting이 올바르게 쓰였다.

해석 대단한 초현실주의 대가 중 한 명인 살바도르 달리는 멀리서는 알아볼 수 있지만 가까이에서는 초점이 맞지 않는 미국의 전 대통령 에이브러햄 링컨의 독특한 초상화를 그림으로써, 인식과 외부 관찰의 개념에 도전하려고 시도하고 있었다고 여겨진다.

어휘 unconventional 독특한, 관습에 얽매이지 않은   portrait 초상화   from a distance 멀리서   surrealist 초현실주의자
perception 인식, 자각   external 외부의   observation 관찰, 감시

280 기출포인트 what vs. that   정답 ②

해설 빈칸은 동명사(reflecting)의 목적어 자리이다. 빈칸 뒤에 목적어가 없는 불완전한 절(the characters are experiencing)이 왔으므로 완전한 절을 이끄는 명사절 접속사 ① that과 ④ if를 제외하고 불완전한 절을 이끄는 명사절 접속사 ② what과 ③ who가 정답 후보이다. 문맥상 '등장인물들이 무엇을 경험하는지'라는 의미가 되어야 자연스러우므로, '무엇'이라는 의미의 ② what이 정답이다. ③ who는 '등장인물들이 누구를 경험하는지'라는 어색한 문맥을 만들기 때문에 정답이 될 수 없다.

해석 고딕 문학에서 분위기의 강렬함보다 더 특징적인 것은 없는데, 배경은 종종 등장인물들이 무엇을 경험하고 있는지를 반영할 뿐만 아니라 분위기를 조성하기도 한다.

어휘 characteristic 특징적인   literature 문학   atmospheric 분위기의   intensity 강렬함   setting 배경   establish 조성하다
mood 분위기   reflect 반영하다   character 등장인물

281 어법상 빈칸에 들어갈 가장 적절한 것은?

> _____ who have an existing rapport with their supervisors to transition from an internship to a full-time role at this company.

① It is easier of interns
② It is easier for interns
③ That is easier of interns
④ That is easier for interns

282 밑줄 친 부분 중 어법상 가장 옳지 않은 것은?

> The children's happiness could be felt during ① their trip to the zoo, especially at the enclosure ② which the big cats stay. Scarcely ③ had they started approaching the enclosure when ④ several lion cubs woke from their nap and started playing together.

283 밑줄 친 부분 중 어법상 옳지 않은 것은?

> A number of companies ① are facing increased pressure from customers, who are holding off on purchasing products ② that are not environmentally friendly or sustainable. People ③ would rather support companies that share their values. Taking part in environmentally conscious practices is no longer optional for companies, as consumers boycott or otherwise refuse to deal with ④ that not prioritizing such endeavors.

281 기출포인트 가짜 주어 구문 & to 부정사의 의미상 주어 정답 ②

해설 주어 자리에 to 부정사구(to transition ~ company)와 같이 긴 주어가 오면 진짜 주어인 to 부정사구를 문장 맨 뒤로 보내고 가주어 it이 주어 자리에 대신해서 쓰이므로 가주어 It을 포함하는 ①, ②번이 정답 후보이다. 문장의 주어(It)와 to 부정사(to transition)의 행위 주체(interns)가 달라서 to 부정사의 의미상 주어가 와야 하는 경우, 'for + 명사'를 to 부정사 앞에 써야 하므로, ② It is easier for interns가 정답이다.

해석 이 회사에서 인턴직으로부터 정규 직책으로 전환하는 것은 그들의 관리자들과 기존에 친밀한 관계를 가진 인턴들에게 있어서 더 쉽다.

어휘 rapport 친밀한 관계 supervisor 관리자 transition 전환하다

282 기출포인트 관계부사와 관계대명사 비교 정답 ②

해설 관계사 뒤에 완전한 절(the big cats stay)이 왔고, 선행사(the enclosure)가 장소이므로 불완전한 절을 이끄는 관계대명사 which를 완전한 절을 이끌며 장소를 나타내는 관계부사 where로 고쳐야 한다. 참고로, 관계부사 where는 '전치사 + 관계대명사' 형태의 in which로도 바꾸어 쓸 수 있다.

오답분석
① 기출포인트 **인칭대명사** 명사(trip) 앞에서 소유의 의미를 나타내기 위해서는 소유격 대명사가 와야 하고, 대명사가 지시하는 명사(children)가 복수 명사이므로, 복수 소유격 인칭대명사 their가 올바르게 쓰였다.
③ 기출포인트 **시제 일치** 주절(Scarcely ~ enclosure)에 scarcely가 오고 종속절(when ~ together)에 when이 오는 경우, 주절에는 과거완료 시제를 사용하고 종속절에는 과거 시제를 사용하는데, 종속절에 과거 시제(woke)가 왔으므로 주절에 과거완료 시제 had they started가 올바르게 쓰였다. 참고로, 부정을 나타내는 부사(Scarcely)가 강조되어 문장의 맨 앞에 나오면 주어와 조동사가 도치되므로 '조동사(had) + 주어(they) + 동사(started)'의 어순으로 쓰였다.
④ 기출포인트 **수량 표현** lion cubs(새끼 사자들)는 가산 복수 명사이므로 가산 복수 명사 앞에 쓰일 수 있는 수량 표현 several이 올바르게 쓰였다.

해석 동물원 소풍 동안, 특히 대형 고양잇과 동물들이 머무는 우리에서 아이들의 행복감을 느낄 수 있었다. 그들이 우리로 다가가기 시작하자마자 몇몇 새끼 사자들이 낮잠에서 깨어나 함께 놀기 시작했다.

어휘 enclosure 우리, 울타리를 친 장소 big cat 대형 고양잇과 동물 cub (곰·사자·여우 등의) 새끼 nap 낮잠

283 기출포인트 지시대명사 정답 ④

해설 앞에 나온 복수 명사(companies)를 대신하며 뒤에서 분사구문(not prioritizing such endeavors)의 꾸밈을 받을 수 있는 것은 복수 지시대명사 those이므로 단수 지시대명사 that을 those로 고쳐야 한다.

오답분석
① 기출포인트 **수량 표현의 수 일치** 주어 자리에 복수 취급하는 수량 표현 'a number of + 복수 명사'가 왔으므로 복수 동사 are가 올바르게 쓰였다.
② 기출포인트 **관계대명사 that** 선행사(products)가 사물이고, 관계절 내에서 동사 are의 주어 역할을 하므로 주격 관계대명사 that이 올바르게 쓰였다.
③ 기출포인트 **조동사 관련 표현** 문맥상 '기업들을 더 지지하고 싶어 한다'는 의미가 되어야 자연스러운데, '~를 더 하고 싶어 한다'는 조동사 관련 표현 would rather을 사용하여 나타낼 수 있고, 그 뒤에는 동사원형이 와야 하므로 would rather support가 올바르게 쓰였다.

해석 여러 기업들이 고객들로부터 증가한 압박을 직면하고 있는데, 이들(고객들)은 친환경적이지 않거나 지속 가능하지 않은 상품의 구매를 미루고 있다. 사람들은 그들의 가치를 공유하는 기업들을 더 지지하고 싶어 한다. 환경적으로 의식하는 관행에 참여하는 것은 기업들에 있어 더는 선택적이지 않은데, 소비자들이 그러한 노력을 우선시하지 않는 그들(기업들)을 불매하거나 그렇지 않으면 거래하는 것을 거부하기 때문이다.

어휘 pressure 압박 hold off on ~을 미루다 sustainable 지속 가능한 conscious 의식하는 endeavor 노력

DAY | 15

284 밑줄 친 부분 중 어법상 옳지 않은 것은?

> Regarding his musical abilities, I still couldn't believe his talent, ① despite I had seen him play with my own eyes. After ② fiddling around on the guitar for only two months, he performed ③ as though he had been playing it his whole life. The speed with which he played ④ was astonishing, yet the musical quality and clarity remained exquisite.

285 밑줄 친 부분 중 어법상 잘못된 것은?

> ① As long as you're not shedding tears excessively, ② cry is a healthy activity that helps people ③ feel calmer by restoring emotional balance and soothing pain. Experts stress that it's important ④ not to feel ashamed of taking part in this natural response to stress.

284 기출포인트 부사절 접속사 2: 양보 정답 ①

해설 전치사(despite)는 절(I had ~ eyes)을 이끌 수 없으므로 전치사 despite(~에도 불구하고)를 양보의 의미를 나타내는 부사절 접속사 although/though/even though(~에도 불구하고) 중 하나로 고쳐야 한다.

오답분석
② 기출포인트 **분사구문의 형태** 문맥상 주절의 주어(he)와 분사구문이 '그가 만지작거리다'라는 의미의 능동 관계가 되어야 자연스러우므로 현재분사 fiddling이 올바르게 쓰였다. 참고로, 분사구문의 뜻을 분명하게 하기 위해 부사절 접속사(After)가 분사구문 앞에 쓰였다.
③ 기출포인트 **기타 가정법** 문맥상 '마치 평생 연주해 온 것처럼'이라는 의미가 되어야 자연스러운데, '마치 ~이었던 것처럼'은 과거 상황을 반대로 가정하는 as though 가정법 과거완료를 사용하여 'as though + 주어(he) + had p.p.(had been playing)'의 형태로 나타낼 수 있으므로 as though가 올바르게 쓰였다.
④ 기출포인트 **주어와 동사의 수 일치** 주어 자리에 단수 취급하는 불가산 명사(speed)가 왔으므로 단수 동사 was가 올바르게 쓰였다.

해석 그의 음악적 재능에 관해서, 나는 그가 연주하는 것을 직접 보았음에도 불구하고 여전히 그의 재능을 믿을 수가 없었다. 겨우 두 달 동안 기타를 만지작거린 후, 그는 마치 평생 기타를 연주해 온 것처럼 연주했다. 그가 기타를 연주한 속도는 놀랍도록 빨랐는데도, 음악의 수준과 음색의 맑음은 변함없이 절묘했다.

어휘 ability 재능, 능력 fiddle 만지작거리다 astonishing 놀라운 quality 수준, 질 clarity (음색의) 맑음, 명료함 exquisite 절묘한, 정교한

285 기출포인트 주어 자리 정답 ②

해설 주어 자리에는 명사 역할을 하는 것이 와야 하고, 문맥상 '우는 것이 건강한 활동이다'라는 의미가 되어야 자연스러우므로 동사 cry를 동명사 crying으로 고쳐야 한다. 참고로, cry를 명사로 본다 해도, 가산 명사 cry는 관사 없이 단수형으로 쓸 수 없다.

오답분석
① 기출포인트 **부사절 접속사 1: 조건** 문맥상 '당신이 과도하게 눈물을 흘리지 않는 한'이라는 의미가 되어야 자연스러우므로, '~하는 한'이라는 의미의 조건을 나타내는 부사절 접속사 As long as가 올바르게 쓰였다.
③ 기출포인트 **원형 부정사를 목적격 보어로 취하는 동사** 준 사역동사 help는 원형 부정사를 목적격 보어로 취할 수 있으므로 원형 부정사 feel이 올바르게 쓰였다.
④ 기출포인트 **to 부정사의 형태** to 부정사(to feel)의 부정형은 to 앞에 not을 붙이므로 not to feel이 올바르게 쓰였다.

해석 당신이 과도하게 눈물을 흘리지 않는 한, 우는 것은 감정적 균형을 회복하고 고통을 달램으로써 사람들이 더 차분해지도록 도와주는 건강한 활동이다. 전문가들은 스트레스에 대한 이러한 자연스러운 반응에 참여하는 것을 부끄러워하지 않는 것이 중요하다고 강조한다.

어휘 shed tears 눈물을 흘리다 excessively 과도하게 calm 차분한 restore 회복하다 soothe 달래다 ashamed 부끄러워하는

DAY | 15

286 밑줄 친 부분 중 어법상 옳지 않은 것은?

> ① The waves being potentially dangerous, only highly experienced surfers are allowed to swim out into the waters at this beach and ② riding the waves. It is the responsibility of all individuals to ask themselves ③ what their surfing ability is before they attempt ④ to surf here.

287 밑줄 친 부분 중 어법상 옳지 않은 것은?

> Few thinkers have had ① so a profound impact on their discipline ② as Darwin has had on biology. Although once considered ③ a radical idea, his theory of evolution now ④ provides the foundation for all modern biological thought.

288 어법상 빈칸에 들어가기에 가장 적절한 것은?

> In every major poll, the young politician was given very little chance of winning _____ he was viewed by many voters as inexperienced.

① in which
② in that
③ which
④ what

286 기출포인트 병치 구문 정답 ②

해설 접속사(and)로 연결된 병치 구문에서는 같은 구조끼리 연결되어야 하는데, and 앞에 to 부정사구(to swim out into the waters)가 왔으므로 and 뒤에도 to 부정사구가 와야 한다. 이때 to 부정사구 병치 구문에서 두 번째 나온 to는 생략될 수 있으므로 riding the waves를 (to) ride the waves로 고쳐야 한다.

오답분석
① 기출포인트 **분사구문의 의미상 주어** 주절의 주어(highly experienced surfers)와 분사구문의 행위 주체(The waves)가 다르므로, 분사구문(being potentially dangerous) 앞에 분사구문의 의미상 주어 The waves가 온 The waves being이 올바르게 쓰였다.
③ 기출포인트 **의문문의 어순** 의문문이 다른 문장 안에 포함된 간접 의문문은 '의문사(what) + 주어(their surfing ability) + 동사(is)'의 어순이 되어야 하므로 what their surfing ability is가 올바르게 쓰였다.
④ 기출포인트 **to 부정사를 취하는 동사** 동사 attempt는 to 부정사를 목적어로 취하는 동사이므로 to surf가 올바르게 쓰였다.

해석 파도는 잠재적으로 위험하므로, 매우 숙련된 서퍼들만이 이 해변에서 바닷물 속으로 헤엄쳐 나가서 파도를 타는 것이 허용된다. 이곳에서 서핑을 시도하기 전에 자신의 서핑 실력이 어느 정도인지 스스로에게 물어보는 것은 모든 개인들의 책임이다.

어휘 wave 파도 potentially 잠재적으로 experienced 숙련된 responsibility 책임 individual 개인 attempt 시도하다

287 기출포인트 혼동하기 쉬운 어순 정답 ①

해설 so는 'so + 형용사 + a/an + 명사'의 어순이 되어야 하므로 'such + a/an + 형용사(profound) + 명사(impact)'의 어순이 되도록 so를 such로 고쳐야 한다.

오답분석
② 기출포인트 **부사절 접속사 2: 기타** 문맥상 '다윈이 생물학에 미친 영향만큼'이라는 의미가 되어야 자연스러운데, '~만큼'은 부사절 접속사 as를 사용하여 나타낼 수 있으므로 as가 올바르게 쓰였다.
③ 기출포인트 **5형식 동사의 수동태** 5형식 동사 consider가 수동태가 되면 목적격 보어(a radical idea)는 수동태 동사 뒤에 그대로 남아야 하므로 주절과 수동 관계의 분사구문을 이끄는 considered 뒤에 a radical idea가 올바르게 쓰였다. 참고로, 분사구문의 뜻을 분명하게 해주기 위해 부사절 접속사(Although)가 분사구문 앞에 쓰였다.
④ 기출포인트 **주어와 동사의 수 일치** 주어 자리에 단수 명사(his theory)가 왔으므로 단수 동사 provides가 올바르게 쓰였다.

해석 다윈이 생물학에 미친 영향만큼 자신의 분야에 막대한 영향을 미친 사상가들은 거의 없다. 비록 한때는 급진적인 사상으로 여겨졌지만, 그의 진화론은 현재 모든 근대 생물학적 사고에 대한 근거를 제공한다.

어휘 thinker 사상가 profound 막대한, 엄청난 discipline 분야, 학문 biology 생물학 radical 급진적인 foundation 근거, 토대

288 기출포인트 부사절 접속사 2: 이유 정답 ②

해설 빈칸은 완전한 절(he was ~ inexperienced)을 이끄는 것의 자리이다. 관계대명사 ③ which와 명사절 접속사 ④ what은 불완전한 절을 이끌기 때문에 완전한 절을 이끄는 '전치사 + 관계대명사' 형태의 ① in which와 부사절 접속사 ② in that이 정답 후보이다. 문맥상 '그 젊은 정치인은 경험이 부족하다고 여겨졌다는 점에서 희박한 당선 가능성이 주어졌다'라는 의미가 되어야 자연스러우므로, '~라는 점에서'라는 의미의 부사절 접속사 ② in that이 정답이다. 참고로, ① in which는 '그 젊은 정치인은 희박한 당선 가능성 안에서 유권자들로부터 경험이 부족하다고 여겨졌다'라는 어색한 문맥을 만들기 때문에 정답이 될 수 없다.

해석 모든 주요 여론조사에서, 그 젊은 정치인은 많은 유권자들로부터 경험이 부족하다고 여겨졌다는 점에서 매우 희박한 당선 가능성이 주어졌다.

어휘 poll 여론조사 politician 정치인 voter 유권자, 투표자 inexperienced 경험이 부족한

289 밑줄 친 부분 중 어법상 옳은 것은?

> Contrary to reports of immigration officials ① <u>required</u> new immigrants to change their surnames, the Smithsonian Institute states that these changes were generally ② <u>voluntarily</u>. However, many European immigrants felt they ③ <u>forced</u> to alter their names ④ <u>to fit in</u> with American society and make the English spelling easier.

290 빈칸에 들어갈 말로 가장 적절한 것을 고르시오.

> Readers often resist _____ *Death of a Salesman*'s Willy Loman as more than a bumbling fool, a perspective that arises from the string of bad decisions he makes.

① see   ② saw
③ to see   ④ seeing

289 기출포인트 to 부정사의 역할 정답 ④

해설 문맥상 '미국 사회에 더 잘 융화되고 영어 철자법을 더 쉽게 만들기 위해'라는 의미가 되어야 자연스러우므로, 이유를 나타내며 부사 역할을 하는 to 부정사 to fit in이 올바르게 쓰였다.

오답분석
① 기출포인트 현재분사 vs. 과거분사 수식받는 명사(reports)와 분사가 '보도가 요구하다'라는 의미의 능동 관계이므로 과거분사 required를 현재분사 requiring으로 고쳐야 한다.
② 기출포인트 보어 자리 be 동사(were)의 보어 자리에는 명사나 형용사 역할을 하는 것이 와야 하므로 부사 voluntarily를 형용사 voluntary로 고쳐야 한다.
③ 기출포인트 능동태·수동태 구별 & 주어와 동사의 수 일치 주어(they)와 동사가 '그들(이민자들)이 강요받다'라는 의미의 수동 관계이고 주어 자리에 복수 명사(they)가 왔으므로, 복수 동사 were를 써서 능동태 forced를 수동태 were forced로 고쳐야 한다. 참고로, 주절의 시제가 과거(felt)이므로 과거 동사(were)를 써야 한다.

해석 출입국 관리 공무원들이 새 이민자들에게 그들의 성을 바꾸도록 요구한다는 보도들과 달리, Smithsonian Institute는 이러한 변경이 대개 자발적이었다고 말한다. 그러나, 많은 유럽인 이민자들은 미국 사회에 더 잘 융화되고 (이름의) 영어 철자법을 더 쉽게 만들기 위해 그들의 이름을 바꾸기를 강요받았다고 느꼈다.

어휘 immigration 출입국 관리소, 이민 immigrant 이민자 surname (이름의) 성 voluntary 자발적인 alter 바꾸다 fit in 융화되다

290 기출포인트 동명사를 목적어로 취하는 동사 정답 ④

해설 빈칸은 동사 resist의 목적어 자리인데, 동사 resist는 동명사를 목적어로 취하는 동사이므로 동명사 ④ seeing이 정답이다.

해석 독자들은 종종 『세일즈맨의 죽음』의 윌리 로먼을 무능력한 바보 이상으로 보기를 거부하는데, 이는 그가 내린 연이은 잘못된 결정들에서 비롯된 시각이다.

어휘 bumbling 무능력한, 갈팡질팡하는 perspective 시각, 관점

291 밑줄 친 부분 중 어법상 가장 옳지 않은 것은?

> The atmosphere of Venus is ① much hotter than ② our due to a stronger greenhouse effect. Researchers continue ③ to study the harsh conditions on the planet to understand climate change on Earth and many now believe that we must work harder to avoid ④ becoming even more like the planet known as "Earth's twin."

292 밑줄 친 부분 중 어법상 옳지 않은 것은?

> The council ① that oversees city planning recently convened to discuss renovations and improvements to the surrounding areas. After ② much deliberation, they reached a controversial resolution, voting in favor of building an industrial center near a river ③ which many unique species of fish live. Local environmentalists are up in arms over this decision ④ as they believe it will lead to a high loss of animal life and destruction to the local ecosystem.

291 기출포인트 병치 구문 & 인칭대명사 정답 ②

해설 비교 구문에서 비교 대상은 같은 구조끼리 연결되어야 하는데, than 앞에 명사(The atmosphere of Venus)가 왔으므로 than 뒤에도 명사가 와야 한다. 문맥상 '우리의(지구의) 대기'라는 의미가 되어야 자연스럽고, '우리의 대기'는 '소유격(our) + 명사(atmosphere)' 또는 소유대명사 ours(우리의 것)로 나타낼 수 있으므로 소유격 대명사 our를 our atmosphere 또는 ours로 고쳐야 한다.

오답분석
① 기출포인트 **비교급 강조 표현** 부사 much는 비교급(hotter)을 강조하여 '훨씬'이라는 의미를 나타낼 수 있으므로 much hotter가 올바르게 쓰였다.
③ 기출포인트 **동명사와 to 부정사 둘 다 목적어로 취하는 동사** 동사 continue는 목적어로 동명사와 to 부정사를 모두 취할 수 있는 동사이므로 목적어 자리에 to 부정사 to study가 올바르게 쓰였다.
④ 기출포인트 **동명사를 목적어로 취하는 동사** 동사 avoid는 동명사를 목적어로 취하는 동사이므로 동명사 becoming이 올바르게 쓰였다.

해석 금성의 대기는 더 강한 온실효과로 인해 우리의(지구의) 대기보다 훨씬 더 뜨겁다. 연구자들은 지구의 기후변화를 이해하기 위해 그 행성의 혹독한 환경을 계속 연구하고 있으며, 이제는 많은 이들이 '지구의 쌍둥이'로 알려진 그 행성처럼 더욱 비슷해지는 것을 피하기 위해 우리가 더 열심히 노력해야 한다고 믿고 있다.

어휘 atmosphere 대기, 공기   Venus 금성   greenhouse effect 온실효과   harsh 혹독한, 가혹한

292 기출포인트 전치사 + 관계대명사 정답 ③

해설 선행사(a river)가 장소이고 관계사 뒤에 완전한 절(many ~ live)이 왔으므로 '전치사 + 관계대명사' 형태를 써야 하는데, 문맥상 '강에서'라는 의미가 되어야 자연스러우므로, 관계대명사 which를 전치사 in(~에서)이 앞에 온 in which로 고쳐야 한다. 참고로, 관계부사 where로 고쳐도 맞다.

오답분석
① 기출포인트 **관계대명사** 선행사(The council)가 사물이고 관계절 내에서 동사 oversees의 주어 역할을 하므로 주격 관계대명사 that이 올바르게 쓰였다.
② 기출포인트 **수량 표현** 명사 deliberation(숙고)은 불가산 명사이므로 불가산 명사 앞에 오는 수량 표현 much가 올바르게 쓰였다.
④ 기출포인트 **부사절 접속사 2: 이유** 문맥상 '그들이 ~ 이어질 것이라고 믿기 때문에'라는 의미가 되어야 자연스러우므로 이유를 나타내는 부사절 접속사 as(~ 때문에)가 올바르게 쓰였다.

해석 도시 계획을 감독하는 위원회가 최근 인근 지역의 보수와 개선을 논의하기 위해 소집되었다. 깊은 숙고 끝에, 그들은 많은 고유한 어종이 서식하는 강 근처에 공업 중심지를 건설하는 것에 찬성하는 투표를 하여 논란의 여지가 있는 결정에 도달하였다. 지역 환경 운동가들은 이것이 많은 동물 생명의 손실과 지역 생태계의 파괴로 이어질 것이라고 믿기 때문에 이 결정에 반기를 들었다.

어휘 oversee 감독하다   convene 소집하다, 회합하다   renovation 보수, 수리   deliberation 숙고   controversial 논란의 여지가 있는   resolution 결정, 결의   industrial center 공업 중심지   environmentalist 환경 운동가   up in arms 반기를 든

293 밑줄 친 부분 중 어법상 가장 옳지 않은 것은?

> ① Becoming an attorney was one of his greatest dreams growing up, ② yet he quit his job to become a writer within three years. "I was sure that I ③ had made the right decision when I decided to study law," he said, "but I found the actual job ④ miserably."

294 어법상 빈칸에 들어가기에 가장 적절한 것은?

> Domesticated dogs provided early humans not only defense against predators _____ also companionship and practical assistance in daily survival activities such as hunting.

① but
② or
③ and
④ nor

293 기출포인트 보어 자리   정답 ④

해설 문맥상 '그 일을 괴롭다고 생각했다'라는 의미가 되어야 자연스럽고, 동사 find(found)는 '~을 -이라고 생각하다'라는 의미를 나타낼 때 목적어와 목적격 보어를 취하는 5형식 동사인데, 보어 자리에는 명사나 형용사 역할을 하는 것이 와야 하므로 부사 miserably를 형용사 miserable로 고쳐야 한다.

오답분석
① 기출포인트 **주어 자리** 주어 자리에는 명사 역할을 하는 것이 와야 하므로 동명사구 Becoming an attorney가 올바르게 쓰였다.
② 기출포인트 **등위접속사** 등위접속사는 절(Becoming ~ growing up)과 절(he quit ~ three years)을 연결할 수 있고, 문맥상 '변호사가 되는 것이 꿈 중 하나였지만, 3년 만에 직장을 그만두었다'라는 의미가 되어야 자연스러우므로 '그렇지만'이라는 의미의 등위접속사 yet이 올바르게 쓰였다.
③ 기출포인트 **과거완료 시제** 문맥상 '올바른 결정을 한 것'이 '(올바른 결정을 했다고) 확신한' 특정 과거 시점보다 더 이전 시점에 일어난 일이므로 과거완료 시제 had made가 올바르게 쓰였다.

해석 변호사가 되는 것은 그가 자라면서 가졌던 가장 큰 꿈 중 하나였지만, 그럼에도 불구하고 그는 작가가 되기 위해 3년 만에 직장을 그만두었다. "법학을 공부하기로 결정했을 때 저는 올바른 결정을 했다고 확신했지만, 실제 그 일을 괴롭다고 생각했습니다."라고 그는 말했다.

어휘 attorney 변호사   quit 그만두다, 중지하다   miserable 괴로운, 고생스러운

294 기출포인트 상관접속사   정답 ①

해설 빈칸은 not only와 짝을 이루는 접속사 자리이다. 문맥상 '포식자들로부터의 방어뿐만 아니라 실용적인 도움도 제공했다'라는 의미가 되어야 자연스럽고, 'A뿐만 아니라 B도'는 상관접속사 not only A but (also) B 형태로 쓰이므로 ① but이 정답이다.

해석 길들여진 개들은 초기 인류에게 포식자들로부터의 방어뿐만 아니라 동료애 관계와 사냥과 같은 일상적인 생존 활동에서의 실용적인 도움도 제공했다.

어휘 domesticate 길들이다, 사육하다   predator 포식자   companionship 동료애   assistance 도움

DAY | 15

295 어법상 빈칸에 들어갈 가장 적절한 것은?

> Professionals in the transportation industry _____ autonomous driving technology due to its threat to their job security.

① have rallied together to discontinue to implement
② have rallied together to discontinue implementing
③ has rallied together to discontinue to implement
④ has rallied together to discontinue implementing

296 밑줄 친 부분 중 어법상 옳지 않은 것은?

> There are many different theories about ① how our universe developed. The most widely accepted among scientists is the big bang theory. According to this theory, the universe ② has begun nearly 14 billion years ago. It started as an extremely hot and tiny mass that contained within it the entire universe. For reasons yet unknown, the mass suddenly exploded and then cooled as it ③ spread out. As the temperature went down, energy ④ was converted into particles, and these particles came together to form stars and planets.

295
기출포인트 주어와 동사의 수 일치 & 동명사를 목적어로 취하는 동사 정답 ②

해설 주어 자리에 복수 명사(Professionals)가 왔으므로 복수 동사가 와야 한다. 따라서 복수 동사 have가 쓰인 ①, ②번이 정답 후보이다. 동사 discontinue(~을 중단하다)는 동명사를 목적어로 취하는 동사이므로 동명사 implementing을 쓴 ② have rallied together to discontinue implementing이 정답이다.

해석 수송 산업에 종사하는 전문가들은 그들의 고용 보장에 대한 위협 때문에 자율 주행 기술을 시행하는 것을 중단시키기 위해 함께 결집했다.

어휘 autonomous 자율의 job security 고용 보장 rally 결집하다; 집회 implement 시행하다

296
기출포인트 시제 일치 정답 ②

해설 과거 시제와 자주 함께 쓰이는 '시간 표현(14 billion years) + ago'가 왔고, 문맥상 '우주는 거의 140억 년 전에 생겨났다'라는 이미 끝난 과거의 일을 표현하고 있으므로 현재완료 시제 has begun을 과거 시제 began으로 고쳐야 한다.

오답분석
① **기출포인트** 의문문의 어순 전치사(about)의 목적어 자리에 명사 역할을 하는 간접 의문문이 왔고, 의문문이 다른 문장 안에 포함된 간접 의문문은 '의문사 + 주어 + 동사'의 어순이 되어야 하므로 how our universe developed가 올바르게 쓰였다.
③ **기출포인트** 시제 일치 주절의 시제가 과거(exploded, cooled)일 경우 종속절에는 주로 과거나 과거완료 시제가 쓰이므로 과거 시제 spread가 올바르게 쓰였다. 참고로, 동사 spread는 현재 시제와 과거 시제, 과거완료 시제의 형태가 동일하다.
④ **기출포인트** 능동태·수동태 구별 주절의 주어(energy)와 동사가 '에너지가 전환되다'라는 의미의 수동 관계이므로 수동태 was converted가 올바르게 쓰였다.

해석 우리의 우주가 어떻게 발달하였는지에 관해서는 여러 다른 이론이 있다. 과학자들 사이에서 가장 널리 받아들여지는 것은 빅뱅 이론이다. 이 이론에 따르면, 우주는 거의 140억 년 전에 생겨났다. 그것은 그 안에 온 우주를 포함하고 있던 굉장히 뜨겁고 작은 덩어리로 시작했다. 아직은 밝혀지지 않은 이유로 인해, 그 덩어리는 갑자기 폭발했고 그 후 널리 퍼지면서 냉각되었다. 온도가 내려가면서 에너지는 입자로 전환되었고, 이 입자들이 모여 별과 행성을 형성했다.

어휘 theory 이론 universe 우주 mass 덩어리 explode 폭발하다 convert 전환하다 particle 입자 planet 행성

297 다음 빈칸에 들어갈 말로 가장 적절한 것을 고르시오.

> If people had known the true costs of the invasion, which was initially described as a relatively quick and simple campaign, they _____ it.

① will not support
② would not support
③ would not have supported
④ would not had supported

298 밑줄 친 부분 중 어법상 옳지 않은 것은?

> There was some excitement at Corral Canyon Beach yesterday ① <u>when</u> a group of blue whales was spotted near the shore. While whales do go through this area ② <u>during</u> mating season, they swam by the coast ③ <u>closest</u> than usual, encouraging many people to stop and take pictures of the amazing animals. Experts are unsure as to ④ <u>why</u> the whales came near the shore, but some believe it had to do with last week's tropical hurricane. The storm could have caused fluctuations in tidal currents, ⑤ <u>leading</u> the whales to take a slightly different path from their normal migration route.

297 | 기출포인트 가정법 과거완료 | 정답 ③

해설 빈칸은 문장의 동사 자리이다. if절에 가정법 과거완료 'if + 주어(people) + had p.p.(had known)' 형태가 왔으므로 주절에도 가정법 과거완료 '주어 + would + have p.p.'의 형태가 와야 한다. 따라서 ③ would not have supported가 정답이다.

해석 처음에 비교적 빠르고 단순한 군사 작전으로 묘사된 그 침공의 진정한 대가를 사람들이 알았더라면, 그들은 그것을 지지하지 않았을 것이다.

어휘 invasion 침공, 침략 initially 처음에, 초기에 relatively 비교적, 상대적으로 campaign 군사 작전

298 | 기출포인트 비교급 | 정답 ③

해설 문장에 비교급 표현 '부사의 비교급 + than'을 완성하는 than이 왔으므로 최상급 closest를 비교급 closer로 고쳐야 한다.

오답분석
① 기출포인트 **관계부사** 선행사(yesterday)가 시간이고, 관계사 뒤에 완전한 절(a group of blue whales ~ the shore)이 왔으므로 시간을 나타내는 관계부사 when이 올바르게 쓰였다.
② 기출포인트 **전치사 2: 기간** 문맥상 '짝짓기 철 동안에'라는 의미가 되어야 자연스러우므로, 명사 앞에 와서 '언제 일어나는가'를 나타내는 전치사 during(~동안)이 시간을 나타내는 명사구 mating season 앞에 올바르게 쓰였다.
④ 기출포인트 **명사절 접속사 3: 의문사** 완전한 절(the whales ~ shore)을 이끌며 전치사(as to)의 목적어 자리에 올 수 있는 의문부사 why가 올바르게 쓰였다.
⑤ 기출포인트 **현재분사 vs. 과거분사** 주절의 주어(The storm)와 분사구문이 '태풍이 이끌다'라는 의미의 능동 관계이므로 현재분사 leading이 올바르게 쓰였다.

해석 어제 Corral Canyon 해변의 해안가 근처에서 대왕고래 무리가 발견되는 흥미로운 사건이 있었다. 짝짓기 철 동안에 고래들이 이 지역을 통과하기는 하지만, 그들은 평소보다 해안가에 더 가깝게 헤엄쳐 많은 사람들이 멈춰서 이 놀라운 동물의 사진을 찍도록 했다. 전문가들은 고래들이 왜 해안가에 가까이 왔는지에 대해 확신하지 못하지만, 몇몇은 그것이 지난주 열대성 허리케인과 관련이 있다고 생각한다. 그 태풍이 조류에 파동을 일으켜서, 고래들을 평소 이주 경로로부터 약간 다른 길로 이끌었을 수도 있다.

어휘 spot 발견하다, 찾다 shore 해안가 mating 짝짓기 fluctuation 파동, 변동 tidal current 조류 migration 이주, 이송

DAY | 15

적중 예상 문제

299 밑줄 친 부분 중 어법상 잘못된 것은?

> With sedentary lifestyles and high-sugar diets ① become more common, people are being diagnosed with type-2 diabetes at higher rates than in the past. ② Discovering the dangers of untreated diabetes, doctors are now advising ③ affected patients to take steps to improve their diets and become more active. It is essential ④ for everyone to make a deliberate effort to walk more and avoid consuming sugary foods.

300 어법상 빈칸에 들어갈 가장 적절한 것은?

> It is vital that _____ in case of a natural disaster.

① a survival kit packs
② a survival kit is packed
③ a survival kit be packed
④ a survival kit should pack

299 [기출포인트] 분사구문의 역할 정답 ①

해설 문맥상 '주로 앉아서 지내는 생활 방식과 당도가 높은 식단이 더 흔해지고 있기 때문에'라는 의미가 되어야 자연스럽고, 이유를 나타낼 때 'with + 명사 + 분사'의 형태를 사용할 수 있는데, 명사(sedentary ~ diets)와 분사가 '주로 앉아서 지내는 생활 방식과 당도가 높은 식단이 더 흔해지다'라는 의미의 능동 관계이므로 동사원형 become을 현재분사 becoming으로 고쳐야 한다.

오답분석
② [기출포인트] **분사구문의 형태** 주절의 주어(doctors)와 분사구문이 '의사들이 발견하다'라는 의미의 능동 관계이므로 현재분사 Discovering이 올바르게 쓰였다.
③ [기출포인트] **현재분사 vs. 과거분사** 수식받는 명사(patients)와 분사가 '환자들이 병에 걸리다'라는 의미의 수동 관계이므로 과거분사 affected가 올바르게 쓰였다.
④ [기출포인트] **to 부정사의 의미상 주어** 문장의 주어(It)와 to 부정사의 행위 주체가 달라서 to 부정사의 의미상 주어가 필요한 경우 'for + 명사'를 to 부정사 앞에 써야 하므로 to make 앞에 for everyone이 올바르게 쓰였다.

해석 주로 앉아서 지내는 생활 방식과 당도가 높은 식단이 더 흔해지고 있기 때문에, 사람들은 과거보다 더 높은 비율로 2형 당뇨병 진단을 받고 있다. 치료되지 않은 당뇨병의 위험성을 발견한 의사들은 이제 병에 걸린 환자들에게 그들의 식단을 개선하고 더 활동적일 수 있는 조치를 취하라고 조언하고 있다. 오늘날에는 모두가 더 많이 걷기 위해 의도적인 노력을 하고 단 음식을 섭취하는 것을 피하는 것이 필수적이다.

어휘 sedentary 주로 앉아서 지내는 diet 식단, 식습관 diagnose 진단하다 type-2 diabetes 2형 당뇨병 deliberate 의도적인, 신중한 consume 섭취하다 sugary 단, 설탕이 든

300 [기출포인트] 조동사 should의 생략 & 능동태·수동태 구별 정답 ③

해설 주절에 의무를 나타내는 형용사(vital)가 오면 종속절의 동사 자리에 '(should +) 동사원형'이 와야 하므로 동사원형 be와 should pack이 쓰인 ③, ④번이 정답 후보이다. 문맥상 주어(a survival kit)와 동사가 '생존 장비가 꾸려지다'라는 의미의 수동 관계이므로 수동태 be packed를 쓴 ③ a survival kit be packed가 정답이다.

해석 자연재해에 대비하여 생존 장비를 꾸리는 것은 필수적이다.

어휘 vital 필수적인, 중요한 natural disaster 자연재해 survival kit 생존 장비

DAY | 16

301 밑줄 친 부분 중 어법상 잘못된 것은?

In the story of Shrek, the ogre has ① so rough a manner that local villagers flee him in fear. However, among the characters he meets ② is some who try to befriend him, with none more steadfast in their attempts ③ than his companion, Donkey. When Shrek finally lets down his guard, it turns out ④ that the large green ogre is gentle and kind.

302 밑줄 친 부분 중 어법상 잘못된 것은?

The country of Türkiye remains ① so popular as can be with tourists, but despite the name being ② officially changed in 2021, most still refer to it as *Turkey*, the name by which it ③ was known in English ④ for more than four centuries.

301

기출포인트 도치 구문: 부사구 도치 2 & 주어와 동사의 수 일치 정답 ②

해설 위치를 나타내는 부사구(among the ~ he meets)가 강조되어 문장의 맨 앞에 오면 주어와 동사가 도치되어 '동사 + 주어(some)'의 어순으로 쓰이는데, 주어 자리에 복수 명사(some)가 왔으므로 단수 동사 is를 복수 동사 are로 고쳐야 한다.

오답분석
① **기출포인트** 혼동하기 쉬운 어순 so가 명사, 형용사와 함께 오면 'so + 형용사 + a/an + 명사'의 어순이 되어야 하므로 so rough a manner가 올바르게 쓰였다.
③ **기출포인트** 비교급 비교급 표현은 '형용사의 비교급 + than'의 형태로 나타낼 수 있는데, 앞에 형용사의 비교급 more steadfast가 왔으므로, 이와 짝을 이루는 than이 올바르게 쓰였다.
④ **기출포인트** 명사절 접속사 1: that 완전한 절(the large green ~ kind)을 이끌며 동사(turns out)의 목적어 자리에 올 수 있는 명사절 접속사 that이 올바르게 쓰였다.

해석 슈렉 이야기에서, 그 괴물 같은 인물은 너무 거친 태도를 지녀서 마을 사람들이 두려움에 그로부터 도망친다. 그러나 그가 만나는 인물들 중에는 그와 친구가 되려고 노력하는 몇몇이 있고, 그들 중 누구보다도 꿋꿋이 노력하는 이는 그의 동료, 동키이다. 슈렉이 마침내 경계를 낮출 때, 그 커다란 초록 괴물이 온화하고 친절하다는 것이 드러난다.

어휘 ogre 괴물 같은 것 rough 거친, 난폭한 manner 태도, 예의 flee 도망가다 befriend 친구가 되다 steadfast 꿋꿋한, 확고한 companion 동료 let down one's guard 경계를 낮추다 turn out 드러나다, 되어 가다 gentle 온화한

302

기출포인트 원급 관련 표현 정답 ①

해설 문맥상 '튀르키예는 관광객들에게 여전히 더없이 인기 있는 나라이다'라는 의미가 되어야 자연스럽고, '더없이'는 원급 관련 표현 as ~ as can be를 사용하여 나타낼 수 있으므로 so popular as can be를 as popular as can be로 고쳐야 한다.

오답분석
② **기출포인트** 부사 자리 부사는 분사를 앞에서 수식하므로 분사 changed 앞에 부사 officially가 올바르게 쓰였다.
③ **기출포인트** 능동태·수동태 구별 동사(know) 뒤에 목적어가 없고 주어(it)와 동사가 '그것('터키'라는 이름)이 알려지다'라는 수동의 의미가 되어야 자연스러우므로, 수동태 was known이 올바르게 쓰였다.
④ **기출포인트** 전치사 2: 기간 숫자를 포함한 시간 표현(more than four centuries) 앞에 와서 '얼마나 오래 지속되는가'를 나타내는 전치사 for가 올바르게 쓰였다.

해석 튀르키예는 관광객들에게 여전히 더없이 인기 있는 나라이지만, 2021년에 공식적으로 이름이 바뀌었음에도 불구하고 대부분의 사람들은 아직도 그 나라를 4세기 이상 동안 영어에서 알려진 이름인 '터키'라고 부른다.

어휘 refer to ~을 -라고 부르다 century 세기

303 밑줄 친 부분 중 어법상 옳지 않은 것은?

> Officials have announced a plan ① to reduce the number of homeless people in the city. Starting next year, inexpensive housing ② will be made available to ③ qualified individuals. A spokesperson for the city said that the long-term goal is ④ every resident to have a place to live.

304 밑줄 친 부분 중 어법상 잘못된 것은?

> Every human has the same resting temperature of 36.5 degrees Celsius, and everyone cools down in the same way: when we feel hot, blood flow starts ① to increase until the body releases heat from the skin and becomes cool. ② That makes some people feel warmer than others is body size and composition. ③ Having a larger body or more body fat doesn't allow ④ cooling to occur as efficiently.

303 기출포인트 to 부정사의 의미상 주어 정답 ④

해설 that절의 주어(the long-term goal)와 to 부정사의 행위 주체가 달라서 to 부정사의 의미상 주어가 필요한 경우 'for + 명사'를 to 부정사 앞에 써야 하므로 every resident를 for every resident로 고쳐야 한다.

오답분석
① 기출포인트 **to 부정사의 역할** 형용사처럼 명사(a plan)를 수식할 수 있는 to 부정사 to reduce가 올바르게 쓰였다.
② 기출포인트 **시제 일치 & 능동태·수동태 구별** 미래 시제와 자주 함께 쓰이는 'next + 시간 표현(year)'이 왔으므로 미래 시제를 써야 하는데, 문맥상 주어(inexpensive housing)와 동사가 '저가 주택이 이용 가능해지다'라는 의미의 수동 관계이므로 미래 시제 수동태 will be made가 올바르게 쓰였다.
③ 기출포인트 **현재분사 vs. 과거분사** 수식받는 명사(individuals)와 분사가 문맥상 '개인들이 자격이 있게 되다(자격을 갖추다)'라는 의미의 수동 관계이므로 과거분사 qualified가 올바르게 쓰였다.

해석 공무원들은 시내의 노숙자 수를 감축할 계획을 발표했다. 내년부터, 자격을 갖춘 개인들을 위해 저가 주택이 이용 가능해질 것이다. 도시의 대변인은 장기적인 목표는 모든 주민들이 살 곳을 갖는 것이라고 말했다.

어휘 inexpensive 저가의, 비싸지 않은   housing 주택   qualified 자격을 갖춘   spokesperson 대변인   long-term 장기적인

304 기출포인트 what vs. that 정답 ②

해설 주어가 없는 불완전한 절(makes some people feel warmer than others)을 이끌면서 문장의 주어 자리에 올 수 있는 것은 명사절 접속사 what이므로, 완전한 절을 이끄는 명사절 접속사 That을 명사절 접속사 What으로 고쳐야 한다.

오답분석
① 기출포인트 **동명사와 to 부정사 둘 다 목적어로 취하는 동사** 동사 start는 목적어로 동명사와 to 부정사를 모두 취할 수 있는 동사이므로 start의 목적어 자리에 to 부정사 to increase가 올바르게 쓰였다.
③ 기출포인트 **주어 자리** 주어 자리에 명사 역할을 하는 동명사구(Having a larger body or more body fat)를 이끄는 동명사 Having이 올바르게 쓰였다.
④ 기출포인트 **동명사를 목적어로 취하는 동사** 동사 allow는 동명사를 목적어로 취하는 동사이므로 allow의 목적어 자리에 동명사 cooling이 올바르게 쓰였다.

해석 모든 인간은 섭씨 36.5도의 동일한 안정 체온을 가지고 있으며, 모두가 같은 방식으로 (체온이) 식는다. 우리가 더위를 느낄 때, 혈류는 몸이 피부에서 열을 방출하여 시원해질 때까지 증가하기 시작한다. 일부 사람들이 다른 사람들보다 더 따뜻함을 느끼도록 만드는 것은 신체 크기와 구성이다. 더 큰 몸이나 더 많은 체지방을 가지는 것은 (체온이) 식는 것이 효율적으로 이루어지게 하지 않는다.

어휘 temperature 체온, 온도   blood flow 혈류   composition 구성   body fat 체지방

305 밑줄 친 부분 중 어법상 가장 옳지 않은 것은?

> When the construction of China's CRRC 600 maglev project ① is completed, it will be the ② fastest train in the world since it will be capable of traveling at speeds of up to 600 km/hr, giving travelers ③ access to an alternative to airplanes for moving ④ them across the country.

306 빈칸에 들어갈 말로 가장 적절한 것을 고르시오.

> All of the satellite data on which the scientists relied to create the climate models showed an increase in temperatures worldwide and _____ created from observed temperatures.

① so did records
② records did so
③ records so did
④ so do records

305 기출포인트 재귀대명사

정답 ④

해설 문맥상 '여행객들이 스스로 전국을 이동하다'라는 의미가 되어야 자연스러운데, 목적어가 주어(travelers)와 같을 때는 목적어 자리에 재귀대명사가 와야 하므로 목적격 인칭대명사 them을 재귀대명사 themselves로 고쳐야 한다.

오답 분석

① 기출포인트 **현재 시제** 시간을 나타내는 부사절(When ~ completed)에서는 미래를 나타내기 위해 현재 시제를 사용하므로 현재 시제 is가 올바르게 쓰였다.

② 기출포인트 **최상급** 문맥상 '세계에서 가장 빠른 열차'라는 의미가 되어야 자연스럽고, 셋 이상의 대상 중 하나가 가장 우월함을 나타내는 최상급 표현은 '형용사의 최상급 + in ~'의 형태로 나타낼 수 있으므로, 최상급 fastest가 train in the world 앞에 올바르게 쓰였다.

③ 기출포인트 **불가산 명사** 불가산 명사 access는 부정관사(a/an)와 함께 쓰일 수 없으므로 access가 올바르게 쓰였다.

해석 중국의 CRRC 600 자기부상 열차 프로젝트의 건설이 완료되면, 그것은 세계에서 가장 빠른 열차가 될 것인데, 그것은 시속 최대 600km의 속도로 이동할 수 있어서, 여행객들이 스스로 전국을 이동하기 위한 비행기 외의 대안(대안 이동 수단)에 대한 접근성을 제공할 것이기 때문이다.

어휘 construction 건설   maglev 자기부상 (열차)   capable 할 수 있는   access 접근(성)   alternative 대안

306 기출포인트 도치 구문: 기타 도치 & 조동사 do

정답 ①

해설 빈칸은 문장의 주어 자리이다. 문맥상 '기록들 역시 그러했다(기온 상승을 보여주었다)'라는 의미가 되는 것이 자연스러운데, 부사 so가 '역시 그렇다'라는 의미로 쓰여 절의 맨 앞에 오면 주어와 조동사가 도치되어 'so + 조동사 + 주어'의 어순이 되어야 하므로, ①, ④번이 정답 후보이다. 일반동사(showed)를 대신해 쓰인 조동사 do는 자신이 속한 절과 시제가 일치해야 하므로 과거 동사 did가 온 ① so did records가 정답이다.

해석 과학자들이 기후 모델을 만들기 위해 의존했던 모든 위성 데이터는 전 세계적인 기온 상승을 보여주었고, 관측된 기온으로부터 만들어진 기록들 역시 그러했다(기온 상승을 보여주었다).

어휘 satellite 위성   worldwide 전 세계적으로   observe 관측하다

DAY | 16

307 밑줄 친 부분 중 어법상 잘못된 것은?

> I wish I ① could start the critical assessment our literature professor told us ② to do earlier because now I will have to ③ stay up all night or else I won't ④ complete it by the deadline tomorrow morning, which will result in me failing the class.

308 밑줄 친 부분 중 어법상 옳지 않은 것은?

> A test drive is an important step in shopping for a new car. It allows you ① to feel how a car behaves on the road ② before you make the decision to buy it. However, car salesmen will ③ usually ask that you ④ signing a form before taking a test drive.

309 빈칸에 들어갈 말로 가장 적절한 것을 고르시오.

> _____ the dangers of timber construction after the Great Fire of London, Britons quickly came to favor brick and stone for urban buildings.

① Witness
② To witness
③ Having witnessed
④ Witnessed

307 기출포인트 기타 가정법 정답 ①

해설 문맥상 '문학 교수가 우리에게 하라고 말한 비평적 평가를 더 일찍 시작했어야 했다'라는 과거의 상황의 반대를 소망하고 있고, 과거 상황을 반대로 가정하는 I wish 가정법 과거완료는 'I wish + 주어 + had p.p.' 형태로 나타내므로, could start를 had started로 고쳐야 한다.

오답 분석
② 기출포인트 **5형식 동사** 문맥상 '문학 교수가 우리에게 하라고 말하다'라는 의미가 되는 것이 자연스럽고, 동사 tell(told)은 '~에게 -하도록 말하다'라는 의미의 5형식 동사로 쓰일 때 to 부정사를 목적격 보어로 취하므로 to 부정사 to do가 올바르게 쓰였다.
③ 기출포인트 **조동사 관련 표현** 조동사처럼 쓰이는 표현 have to 뒤에는 동사원형이 와야 하므로 동사원형 stay up이 올바르게 쓰였다.
④ 기출포인트 **타동사** 동사 complete는 전치사 없이 목적어(it)를 바로 취하는 타동사이므로 complete it이 올바르게 쓰였다.

해석 문학 교수가 우리에게 하라고 말한 비평적 평가를 더 일찍 시작했으면 좋았을 것인데, 왜냐하면 이제 나는 밤을 새워야 하는데 그렇지 않으면 내일 아침 마감까지 그것을 완성하지 못할 것이고, 그것은 내가 그 수업에서 낙제하는 결과를 가져올 것이기 때문이다.

어휘 critical 비평적인, 비판적인 assessment 평가 literature 문학 result in ~의 결과를 가져오다

308 기출포인트 명사절 자리와 쓰임 & 조동사 should의 생략 정답 ④

해설 동사 ask의 목적어 자리에 온 명사절(that you ~ a test drive)의 동사 자리에 준동사 signing은 올 수 없고, 주절에 요청을 나타내는 동사(ask)가 오면 종속절에 '(should +) 동사원형'이 와야 하므로 signing을 (should) sign으로 고쳐야 한다.

오답 분석
① 기출포인트 **5형식 동사** 동사 allow(allows)는 to 부정사를 목적격 보어로 취하는 5형식 동사이므로 목적격 보어 자리에 to 부정사 to feel이 올바르게 쓰였다.
② 기출포인트 **부사절 접속사 1: 시간** 문맥상 '당신이 ~ 결정을 내리기 전에'라는 의미가 되어야 자연스러우므로, '~하기 전에'라는 의미를 나타내는 부사절 접속사 before(~전에)이 올바르게 쓰였다.
③ 기출포인트 **빈도 부사** 빈도 부사는 보통 일반동사 앞에 쓰이므로 ask 앞에 빈도 부사 usually가 올바르게 쓰였다.

해석 시운전은 새로운 차를 구입하는 데 중요한 단계이다. 그것(시운전)은 당신이 그것(차)을 사기로 결정을 내리기 전에 차가 도로에서 어떻게 작동하는지 느낄 수 있도록 해준다. 그러나, 자동차 판매원들은 보통 시운전을 하기 전에 당신의 서류에 서명할 것을 요구할 것이다.

어휘 test drive 시운전 behave (기계 등이) 작동하다, 가동하다

309 기출포인트 분사구문의 형태 정답 ③

해설 빈칸은 부사절을 이끌 수 있는 것의 자리이므로, 부사절을 이끌 수 없는 동사 ① Witness를 제외한 준동사 ②, ③, ④번이 정답 후보이다. 주어(Britons)와 분사구문이 '영국인들이 목격하다'라는 의미의 능동 관계이고, '목재 건축물의 위험성을 목격한 것'은 '영국인들이 벽돌과 석조를 선호하게 된' 특정 과거 시점보다 먼저 일어난 일이므로 분사구문의 완료형 ③ Having witnessed가 정답이다. 참고로, to 부정사 ② To witness는 '목재 건축물의 위험성을 목격하기 위해'라는 어색한 문맥을 만들고, 과거분사 ④ Witnessed는 주어와 분사구문이 수동 관계일 때 쓰이므로 정답이 될 수 없다.

해석 런던 대화재 이후 목재 건축물의 위험성을 목격한 영국인들은 도시 건물용으로 벽돌과 석조를 빠르게 선호하게 되었다.

어휘 timber 목재 brick 벽돌 witness 목격하다

DAY | 16

310 어법상 빈칸에 들어갈 가장 적절한 것은?

_____ a daunting task.

① Look for good but affordable apartments is
② Looked for good but affordable apartments are
③ To look for good but affordable apartments are
④ Looking for good but affordable apartments is

311 밑줄 친 부분 중 어법상 옳지 않은 것은?

In spite of ① being submerged, Venice's ancient wooden foundations ② have not decayed. This is because of the continual flow of mineral water around them. ③ Due to the minerals, the wood breaks down ④ such slowly that it is almost as permanent as stone.

312 밑줄 친 부분 중 어법상 가장 옳지 않은 것은?

Historians would agree ① with the idea that the invention of the automobile was ② transformative for humanity. ③ It widely believes that this innovation reshaped the world and spurred economic activity since automobiles ④ made it possible to live further afield and commute to cities or other important locations easily for the first time.

310 기출포인트 동명사의 역할 & 주어와 동사의 수 일치   정답 ④

해설 문맥상 '상태가 좋지만 가격이 알맞은 아파트를 찾는 것은 힘든 일이다'라는 의미가 되어야 자연스러운데, '~을 찾는 것'을 나타내며 주어 자리에 올 수 있는 것은 to 부정사구(To look for)나 동명사구(Looking for)이므로 ③, ④번이 정답 후보이다. to 부정사구나 동명사구 주어는 단수 취급하므로 동명사구(Looking for ~)와 단수 동사 is를 사용한 ④ Looking for good but affordable apartments is가 정답이다.

해석 상태가 좋지만 가격이 알맞은 아파트를 찾는 것은 힘든 일이다.

어휘 affordable 가격이 알맞은   daunting 힘든, 만만찮은

311 기출포인트 혼동하기 쉬운 형용사와 부사   정답 ④

해설 부사(slowly)를 수식할 수 있는 것은 부사이므로 형용사 such를 부사 so로 고쳐야 한다.

오답분석
① 기출포인트 **전치사 자리** 전치사(In spite of) 뒤에는 명사 역할을 하는 것이 와야 하므로 동명사 being이 올바르게 쓰였다.
② 기출포인트 **현재완료 시제** 문맥상 '부패하지 않았다'라는 과거에 시작된 일이 현재까지 계속되는 것을 표현하고 있으므로, 현재완료 시제 have not decayed가 올바르게 쓰였다.
③ 기출포인트 **전치사 4: 이유** 명사(the minerals) 앞에 와서 이유를 나타내는 전치사 Due to(~로 인해)가 올바르게 쓰였다.

해석 물속에 잠겨 있음에도 불구하고, 베니스의 오래된 목재 토대는 부패하지 않았다. 이것은 그것들 주위의 광천수의 계속적인 흐름 때문이다. 무기물로 인해, 목재는 매우 천천히 분해되어 거의 돌만큼 영구적이다.

어휘 submerge 물에 잠기다   foundation 토대, 기초   decay 부패하다, 썩다   mineral 무기물, 광물   permanent 영구적인

312 기출포인트 3형식 동사의 수동태   정답 ③

해설 문맥상 '혁신이 세계를 재편했다고 널리 여겨진다'라는 수동의 의미가 되어야 자연스럽고, that절을 목적어로 취하는 동사(believe)의 수동태는 'It + be p.p. + that'의 형태로 쓰이므로 능동태 It widely believes를 수동태 It is widely believed로 고쳐야 한다.

오답분석
① 기출포인트 **자동사** 동사 agree는 목적어(the idea)를 취하기 위해 전치사 with 또는 to가 필요한 자동사이므로 전치사 with가 올바르게 쓰였다.
② 기출포인트 **보어 자리** be 동사(was)는 주격 보어를 취하는 동사이고, 보어 자리에는 명사나 형용사 역할을 하는 것이 와야 하므로 형용사 transformative가 올바르게 쓰였다.
④ 기출포인트 **5형식 동사 & 목적어 자리** 동사 make(made)는 '~이 -하게 만들다'라는 의미로 쓰일 때 '목적어 + 목적격 보어'를 취하는데, to 부정사구 목적어(to live further ~ for the first time)가 목적격 보어(possible)와 함께 오면 '가짜 목적어 it + 목적격 보어 + 진짜 목적어'의 형태가 되어야 하므로 made it possible to live가 올바르게 쓰였다.

해석 역사학자들은 자동차의 발명이 인류에게 변혁적이었다는 생각에 동의할 것이다. 자동차가 처음으로 더 멀리 떨어진 곳에 사는 것과 도시나 다른 중요한 장소들로 쉽게 통근하는 것을 가능하게 만들었기 때문에 이 혁신은 세계를 재편하고 경제 활동에 박차를 가했다고 널리 여겨진다.

어휘 transformative 변혁적인   innovation 혁신   reshape 재편하다   spur 박차를 가하다, 자극하다   further afield 더 멀리 떨어진 곳에   commute 통근하다

DAY | 16

313 다음 밑줄 친 (A)와 (B)에 들어갈 가장 적절한 표현은?

> Many people suffer from flight phobia, __(A)__ air travel being the safest kind of transportation. This fear of flying __(B)__ stem from a single traumatic experience, from parents who exhibited a similar anxiety regarding aviation, or even from a fear of heights.

	(A)	(B)		(A)	(B)
①	although	should	②	despite	should
③	although	can	④	despite	can

314 밑줄 친 부분 중 어법상 옳지 않은 것은?

> Low-quality, high-occupancy tenement buildings arose in the 19th century because cities ① had not established building codes, allowing ② whomever had a building to divide it into small units so they could jam in as many tenants as possible. If they hadn't been outlawed, cities ③ would look much different today; luckily, in the early 1900s laws regulating urban buildings ④ were passed.

315 밑줄 친 부분 중 어법상 옳지 않은 것은?

> A local politician ① was arrested last night. Sources say that he ② acquired money illegally during last year's campaign. He defends his act of ③ accept the payment, and claims ④ that the donations he received were legal.

313 기출포인트 전치사 4: 양보 & 조동사 can 정답 ④

해설 (A) 빈칸 뒤에 명사구(air travel ~ transportation)가 왔으므로 명사구 앞에 와서 양보를 나타내는 전치사 despite(~에도 불구하고)를 써야 한다.
(B) 문맥상 '두려움은 ~로부터 기인할 수 있다'라는 의미가 되어야 자연스러우므로 '~할 수 있다'라는 의미의 조동사 can을 써야 한다.
따라서 ④ (A) despite - (B) can이 정답이다.

해석 비행이 가장 안전한 종류의 이동인데도 불구하고, 많은 사람들이 비행 공포증에 시달린다. 이 비행에 대한 두려움은 한 번의 충격적인 경험, 비행에 관련하여 비슷한 불안감을 보인 부모님, 혹은 심지어 고소공포증으로부터도 기인할 수 있다.

어휘 phobia 공포증 stem from ~로부터 기인하다 traumatic 충격적인 exhibit 보이다 anxiety 불안감 aviation 비행, 항공

314 기출포인트 명사절 접속사 4: 복합관계대명사 정답 ②

해설 관계사 뒤에 주어가 없는 불완전한 절(had ~ as possible)이 왔는데, 목적격 복합관계대명사 whomever(누구든)는 자신이 이끄는 절 내에서 주어 역할을 할 수 없고 문맥상 '건물을 소유한 누구든지'라는 의미가 되는 것이 자연스러우므로 whomever를 주어 역할을 할 수 있는 주격 복합관계대명사 whoever(누구든)로 고쳐야 한다.

오답분석
① 기출포인트 **과거완료 시제** '도시들이 건축 법규를 제정하지 않은 것'이 '저급한 고밀도 공동주택 건물들이 생겨난' 특정 과거 시점보다 더 이전에 일어난 일이므로 과거완료 시제 had not established가 올바르게 쓰였다.
③ 기출포인트 **혼합 가정법** if절에 과거 상황의 반대를 표현하는 가정법 과거완료 'If + 주어(they) + had p.p.(hadn't been outlawed)'가 왔지만 주절에는 현재임을 나타내는 today가 있으므로, 과거의 상황을 반대로 가정했을 경우 그 결과가 현재에 영향을 미칠 때 쓰는 혼합 가정법 'If + 주어 + had p.p., 주어 + would + 동사원형'의 형태가 와야 한다. 따라서 주절에 would look이 올바르게 쓰였다.
④ 기출포인트 **시제 일치** 과거를 나타내는 시간 표현 in the early 1900s(1900년대 초에)가 왔으므로, 과거 시제 동사 were passed가 올바르게 쓰였다.

해석 저급한 고밀도 공동주택 건물들이 19세기에 생겨났는데, 이는 도시들이 건축 법규를 제정하지 않아서 건물을 소유한 누구든지 그 건물을 작은 단위로 나누어 가능한 한 많은 세입자들을 집어넣는 것을 가능하게 했기 때문이었다. 만약 그것들이 금지되지 않았더라면, 오늘날 도시들은 훨씬 다르게 보일 것이다. 다행히 1900년대 초에 도시 건물들을 규제하는 법들이 통과되었다.

어휘 tenement 공동주택 establish 제정하다 code 법규, 규정 jam 집어넣다, 쑤셔 넣다 tenant 세입자 outlaw 금지하다 regulate 규제하다 urban 도시의

315 기출포인트 동명사의 역할 정답 ③

해설 전치사(of)의 목적어 자리에는 명사 역할을 하는 것이 와야 하므로 동사원형 accept를 동명사 accepting으로 고쳐야 한다.

오답분석
① 기출포인트 **능동태·수동태 구별** 주어(A local politician)와 동사가 문맥상 '한 지방 정치인이 구속되다'라는 의미의 수동 관계이므로 수동태 동사 was arrested가 올바르게 쓰였다.
② 기출포인트 **과거 시제** 과거 시제와 자주 함께 쓰이는 'last + 시간 표현(year)'이 왔으므로 과거 시제 acquired가 올바르게 쓰였다.
④ 기출포인트 **명사절 접속사 1: that** 완전한 절(the donations ~ legal)을 이끌며 동사(claims)의 목적어 자리에 올 수 있는 명사절 접속사 that이 올바르게 쓰였다.

해석 어젯밤 한 지방 정치인이 구속되었다. 소식통에 따르면 그가 작년 선거 운동 기간 중 불법적으로 돈을 받았다고 한다. 그는 돈을 받은 행동을 정당화하며, 그가 받은 기부금은 합법적이었다고 주장한다.

어휘 arrest 구속하다 source 소식통, 정보원 illegally 불법적으로 defend 정당화하다, 방어하다 donation 기부금, 기부

DAY | 16

316 빈칸에 들어갈 가장 알맞은 것을 고르시오.

> Most of *The Life of Pi* takes place on a small boat with dangerous animals, and _____ Pi's vigilance in managing them, his life would be in danger.

① should it not be for
② if it had not been for
③ were it not for
④ had it not been for

317 밑줄 친 부분 중 어법상 옳지 않은 것은?

> The golden rectangle* ① considered attractive by ② numerous painters and architects and was used in the design of many great artworks and structures. However, no one has been able to explain ③ why the proportions of the golden rectangle ④ are pleasing to the human eye.
> *golden rectangle: 황금 사각형(두 변의 길이가 1:1.618의 황금비를 이루는 직사각형)

318 어법상 빈칸에 들어갈 가장 적절한 것은?

> The longer he waited in the doctor's office, _____.

① the more impatient he became
② the more he became impatient
③ he became the more impatient
④ he became impatient the more

316 기출포인트 가정법 과거 & 가정법 도치 정답 ③

해설 빈칸은 문장의 동사 자리이다. 주절에 가정법 과거 형태인 '주어(his life) + would + 동사원형(be)'이 왔으므로, if절에도 가정법 과거 형태가 와야 한다. 따라서 if가 생략된 가정법 과거 구문 ③ were it not for가 정답이다.

해석 『라이프 오브 파이』의 대부분은 위험한 동물들이 있는 작은 배 위에서 벌어지며, 만약 그 동물들을 관리하는 데 있어서 파이의 조심성이 없다면, 그의 생명은 위험에 처할 것이다.

어휘 vigilance 조심성, 경계

317 기출포인트 능동태·수동태 구별 정답 ①

해설 동사(consider) 뒤에 목적어가 없고, 주어(The golden rectangle)와 동사가 '황금 사각형이 여겨지다'라는 의미의 수동 관계이므로 능동태 considered를 수동태 was considered로 고쳐야 한다.

오답 분석
② 기출포인트 수량 표현 복수 가산 명사(painters, architects) 앞에 오는 수량 표현 numerous(수많은)가 올바르게 쓰였다.
③ 기출포인트 명사절 접속사 3: 의문사 완전한 절(the proportions ~ human eye)을 이끌며 동사 explain의 목적어 자리에 올 수 있는 명사절 접속사 why가 올바르게 쓰였다.
④ 기출포인트 주어와 동사의 수 일치 주어 자리에 복수 명사(the proportions)가 왔으므로 복수 동사 are가 올바르게 쓰였다. 참고로, 주어와 동사 사이의 수식어 거품(of the golden rectangle)은 동사의 수 결정에 영향을 주지 않는다.

해석 황금 사각형은 수많은 화가들과 건축가들로부터 매력적이라고 여겨져 여러 위대한 미술품과 건축물의 디자인에 사용되었다. 하지만, 왜 황금 사각형의 비율이 사람의 눈에 보기 좋은지는 아무도 설명하지 못했다.

어휘 numerous 수많은 architect 건축가 artwork 미술품 proportion 비율

318 기출포인트 비교급 정답 ①

해설 문맥상 '더 오래 기다릴수록, 그는 더 초조해졌다'라는 의미가 되어야 자연스러운데, '더 ~할수록, 더 -하다'는 비교급 표현 'the + 비교급 + 주어 + 동사 ~, the + 비교급 + 주어 + 동사 -'의 형태로 나타낼 수 있으므로 ① the more impatient he became이 정답이다.

해석 그가 진료실에서 더 오래 기다릴수록, 그는 더 초조해졌다.

어휘 impatient 초조한

DAY | 16

적중 예상 문제

319 밑줄 친 부분 중 어법상 잘못된 것은?

> ① Having published several best-selling mystery novels ② around the world, the author believed the sales figures for her first nonfiction book would be equal to ③ that of her previous releases, but so far, her audience has not supported her work with the same passion as they showed for her fiction, suggesting they are less interested in ④ her new style of writing.

320 빈칸에 들어갈 말로 가장 적절한 것을 고르시오.

> By the time the new shopping mall opens next year, the construction company _____ on the project for over two years.

① has been working
② has worked
③ will have worked
④ will be working

319 [기출포인트] 지시대명사   정답 ③

해설 대명사가 지칭하는 명사(the sales figures)가 복수이므로 단수 지시대명사 that을 복수 지시대명사 those로 고쳐야 한다.

오답분석
① [기출포인트] **분사구문의 형태** 주절의 주어(the author)와 분사구문이 '작가가 출간하다'라는 의미의 능동 관계이므로 현재분사가 와야 하는데, '가장 많이 팔리는 추리 소설을 여러 권 출간한 것'은 '그녀의 첫 논픽션 책 판매 수치가 그녀의 이전 출간 작품들과 같을 것이라고 믿은' 특정 과거 시점보다 먼저 일어난 일이므로 분사구문의 완료형 having p.p. 형태의 Having published가 올바르게 쓰였다.
② [기출포인트] **전치사 3: 위치** 문맥상 '전 세계적으로 가장 많이 팔리는 추리 소설'이라는 의미가 되어야 자연스러운데, '전 세계적으로'는 위치를 나타내는 전치사 관용 표현 around the world를 사용하여 나타낼 수 있으므로 the world 앞에 전치사 around가 올바르게 쓰였다.
④ [기출포인트] **인칭대명사** 명사(new style of writing) 앞에서 소유의 의미를 나타내기 위해서는 소유격 대명사가 와야 하고, 대명사가 지시하는 명사(the author)가 단수이므로 단수 소유격 대명사 her가 올바르게 쓰였다.

해석 전 세계적으로 가장 많이 팔리는 추리 소설을 여러 권 출간한 작가는 그녀의 첫 논픽션 책 판매 수치가 그녀의 이전 작품들과 같을 것이라고 믿었지만, 지금까지 그녀의 청중은 그녀의 소설에 보여준 것과 동일한 열정을 가지고 그녀의 작품을 지지하지 않고 있어서 그들이 그녀의 새로운 글쓰기 방식에 덜 관심이 있음을 시사한다.

어휘 publish 출간하다, 발행하다   author 작가   figure 수치   passion 열정

320 [기출포인트] 시제 일치   정답 ③

해설 빈칸은 문장의 동사 자리이다. 미래완료 시제와 자주 함께 쓰이는 'by + 미래 시간 표현(the time ~ next year)'이 왔고, 문맥상 '내년에 새 쇼핑몰이 개장할 때쯤이면 그 건설 프로젝트를 2년 넘게 진행했을 것이다'라는 의미로 특정 미래 시점(next year) 이전에 시작된 일이 미래의 그 시점에 완료될 것임을 표현하고 있으므로, 미래완료 시제 ③ will have worked가 정답이다.

해석 내년에 새 쇼핑몰이 개장할 때쯤이면 건설회사는 그 (건설) 프로젝트를 2년 넘게 진행했을 것이다.

어휘 construction 건설, 공사

DAY | 17

321 어법상 빈칸에 들어가기에 가장 적절한 것은?

> Students find themselves fascinated by James Joyce's *Ulysses*, _____ in by the story once they begin understanding it and its interesting characters.

① draw
② drawing
③ drawn
④ to draw

322 밑줄 친 부분 중 어법상 옳지 않은 것은?

> The national school board caused a commotion last month when it announced a pilot program ① <u>what</u> would help pay tuition for students from low-income families, so that they can attend private schools. Only 500 middle school students from the local district ② <u>are</u> eligible for the trial, but there have already been over 3,000 applicants, with more ③ <u>expected</u> to apply in the coming days. ④ <u>Whether</u> the board will increase the number of students able to participate in the program is unknown at this time.

323 밑줄 친 부분 중 어법상 잘못된 것은?

> She ① <u>frustrated</u> often by the importance of punctuality when she worked abroad with everyone showing up precisely ② <u>at</u> their appointment time. Coming from a culture ③ <u>in which</u> punctuality is not prized in itself, she thought, "I must stop ④ <u>expecting</u> people here to follow my culture and start following theirs."

321 기출포인트 수식어 거품 자리   정답 ③

해설 문장에 이미 동사(find)가 있으므로, 빈칸은 수식어 거품 자리를 이끄는 것의 자리이다. 따라서 수식어 거품 자리에 올 수 없는 동사 ① draw를 제외하고 부사절 역할을 하는 분사 ② drawing과 ③ drawn, to 부정사 ④ to draw가 정답 후보인데, 문맥상 주절의 주어(Students)와 분사구문이 '학생들이 이야기에 빠져들게 되다'라는 수동의 의미가 되어야 자연스러우므로 과거분사 ③ drawn이 정답이다.

해석 학생들은 그 이야기와 그것의 흥미로운 등장인물들을 이해하기 시작하자마자 이야기에 빠져들게 되면서 제임스 조이스의 『율리시스』에 매료된 자신을 발견한다.

어휘 fascinate 매료시키다

322 기출포인트 관계대명사 that   정답 ①

해설 명사(a pilot program) 뒤에서 형용사 역할을 하며 명사를 수식할 수 있는 관계절이 와야 하는데, 선행사(a pilot program)가 사물이고 관계절 내에서 주어 역할을 하고 있으므로 명사절 접속사 what을 주격 관계대명사 that으로 고쳐야 한다.

오답분석
② 기출포인트 **주어와 동사의 수 일치** 주어 자리에 복수 명사(Only ~ students)가 왔으므로 복수 동사 are가 올바르게 쓰였다. 참고로, 주어와 동사 사이의 수식어 거품(from ~ district)은 동사의 수 결정에 영향을 주지 않는다.
③ 기출포인트 **분사구문의 관용 표현** 동시에 일어나는 상황을 나타낼 때 'with + 명사 + 분사'(~하면서)의 형태를 쓸 수 있는데, 명사(more)와 분사가 '더 많은 수가 지원할 것으로 예상되다'라는 의미의 수동 관계이므로, 과거분사 expected가 올바르게 쓰였다.
④ 기출포인트 **명사절 접속사 2: whether** 문맥상 '위원회가 ~ 더 늘릴 것인지'라는 의미가 되어야 자연스러운데, '~인지 (아닌지)'를 의미하면서 주어 자리에 올 수 있는 것은 명사절 접속사 Whether이므로 Whether가 올바르게 쓰였다.

해석 지난달에 국립학교 위원회가 저소득층 가정 출신의 학생들이 사립학교에 다닐 수 있도록 학비를 지불하는 것을 돕는 시험 프로그램을 발표했을 때 소란을 일으켰다. 지역구 출신 중 오직 500명의 중학생만이 이 시험 프로그램에 참여할 수 있지만, 앞으로 더 많은 학생이 지원할 것으로 예상되면서, 이미 지원자가 3,000명이 넘었다. 위원회가 프로그램에 참여 가능한 학생 수를 더 늘릴 것인지는 현시점에서 알려지지 않았다.

어휘 commotion 소란   pilot (대규모로 시행하기 전에 소규모로) 시험하는   tuition 학비   trial 시험, 실험

323 기출포인트 3형식 동사의 수동태   정답 ①

해설 감정을 나타내는 동사(frustrate)의 경우 주어가 감정을 느끼면 수동태를 써야 하는데, 주어(She)가 불만스러운 감정을 느끼는 것이므로 능동태 frustrated를 수동태 was frustrated로 고쳐야 한다.

오답분석
② 기출포인트 **전치사 1: 시간** 특정 시점(their appointment time) 앞에 와서 시간을 나타내는 전치사 at이 올바르게 쓰였다.
③ 기출포인트 **전치사 + 관계대명사** 완전한 절(punctuality is ~ in itself) 앞에는 '전치사 + 관계대명사'가 올 수 있는데, '전치사 + 관계대명사'에서 전치사는 선행사 또는 관계절의 동사에 따라 결정된다. 문맥상 '시간 엄수 그 자체가 문화에서 중시되지 않는다'라는 의미가 되어야 자연스러우므로 전치사 in(~에서)이 관계대명사 which 앞에 온 in which가 올바르게 쓰였다.
④ 기출포인트 **동명사를 목적어로 취하는 동사** 문맥상 '기대하는 것을 멈추다'라는 의미가 되어야 자연스럽고, 동사 stop은 '~하는 것을 멈추다'라는 의미로 쓰일 때 동명사를 목적어로 취하는 동사이므로 동명사 expecting이 올바르게 쓰였다.

해석 그녀는 해외에서 일할 때 모든 사람이 약속 시간에 정확히 나타나는 시간 엄수의 중요성에 자주 불만스러워했다. 시간 엄수 그 자체가 중시되지 않는 문화 출신인 그녀는 "나는 여기 사람들이 나의 문화를 따르기를 기대하는 것을 멈추고 그들의 문화를 따르기 시작해야 한다"고 생각했다.

어휘 frustrate 불만스럽게 만들다   punctuality 시간 엄수   precisely 정확히   appointment 약속   prize 중시하다   follow 따르다

DAY | 17

324 밑줄 친 부분에 들어갈 가장 적절한 것은?

> Stephen King is now considered one of the world's most successful authors and _____ of stories has entertained millions of not only readers but also moviegoers, as his works are often turned into films shortly after their release.

① he tells
② he is telling
③ he telling
④ his telling

325 밑줄 친 부분 중 어법상 옳지 않은 것은?

> Driver's licenses are official documents ① that are produced and regulated ② by most governments around the world. Their primary purpose is ③ to prove that individuals ④ have met all of the necessary qualifications ⑤ requiring to operate a motorized vehicle.

324 [기출포인트] 동명사의 의미상 주어 정답 ④

해설 빈칸은 문장의 주어 자리이므로 명사 역할을 할 수 있는 것이 와야 한다. 따라서 동사(tells, is)가 쓰인 ①, ②번을 제외하고 동명사 telling이 쓰인 ③, ④번이 정답 후보이다. 보기와 빈칸 뒤 stories(이야기들)가 '그가 전하는 이야기들'이라는 의미가 되어야 자연스러운데, 동명사(telling)의 행위 주체가 없을 경우 '이야기들을 전하는 것' 자체가 '수백만 명을 즐겁게 해왔다'라는 어색한 문맥을 만들기 때문에 동명사의 의미상 주어가 필요하다. 동명사의 의미상 주어(Stephen King)는 명사 및 대명사의 소유격을 동명사 앞에 써서 나타내므로 소유격 대명사(his)가 동명사(telling) 앞에 온 ④ his telling이 정답이다.

해석 스티븐 킹은 현재 세계에서 가장 성공한 작가 중 한 명으로 여겨지며, 그가 전하는 이야기들은 독자들뿐만 아니라 영화 관객들까지 수백만 명을 즐겁게 해왔는데, 이는 그의 작품들이 출간 직후 곧바로 영화가 되는 경우가 많기 때문이다.

어휘 consider 여기다 entertain 즐겁게 하다 moviegoer 영화 관객 turn into ~으로 되다, 바꾸다 shortly after 직후에 release 출간

325 [기출포인트] 현재분사 vs. 과거분사 정답 ⑤

해설 수식받는 명사(qualifications)와 분사가 '자격이 요구되다'라는 의미의 수동 관계이므로 현재분사 requiring을 과거분사 required로 고쳐야 한다.

오답분석
① [기출포인트] 관계대명사 that 선행사(documents)가 사물이고 관계절 내에서 동사(are produced and regulated)의 주어 역할을 하므로 주격 관계대명사 that이 올바르게 쓰였다.
② [기출포인트] 기타 전치사 문맥상 '정부에 의해서'라는 의미가 되어야 자연스러우므로 전치사 by(~에 의해서)가 올바르게 쓰였다.
③ [기출포인트] 보어 자리 be 동사(is)는 주격 보어를 취하는 동사인데, 보어 자리에는 명사나 형용사 역할을 하는 것이 와야 하므로 명사 역할을 하는 to 부정사 to prove가 올바르게 쓰였다.
④ [기출포인트] 현재완료 시제 문맥상 '운전하는 데 필수적인 자격을 갖추었다'라는 의미로 과거에 발생한 일이 현재까지 영향을 미치는 것을 표현하고 있으므로 현재완료 시제 have met이 올바르게 쓰였다.

해석 운전 면허증은 전 세계 대부분의 정부에 의해서 만들어지고 규제되는 공문서이다. 그것의 주된 목적은 개인이 자동차류를 운전하는 데 요구되는 모든 필수적인 자격을 갖추었다는 것을 증명하는 것이다.

어휘 regulate 규제하다 qualification 자격 motorized vehicle 자동차류

326 밑줄 친 부분 중 어법상 잘못된 것은?

> To become an online influencer ① is a common goal among youth today. When ② surveyed, many Gen Z respondents said they had made efforts ③ increasing their online followings and some said that they ④ were encouraged to post things online that would get shared and increase their online presence.

327 빈칸에 들어갈 말로 가장 적절한 것을 고르시오.

> After joining the volunteer program, I felt _____ more passionate about helping others, realizing how much of a difference small acts of kindness could make.

① very
② far
③ too
④ by far

326 기출포인트 to 부정사의 역할

정답 ③

해설 문맥상 '온라인 팔로워를 늘리기 위해'라는 의미가 되어야 자연스러우므로, 현재분사 increasing을 부사 역할을 하며 '~하기 위해'라는 목적을 나타내는 to 부정사 to increase로 고쳐야 한다. 현재분사 increasing은 '온라인 팔로워를 늘리는 노력을 했다'라는 어색한 문맥이 되기 때문에 적절하지 않다.

오답분석
① 기출포인트 **주어와 동사의 수 일치** to 부정사구 주어(To become an online influencer)는 단수 취급하므로 단수 동사 is가 올바르게 쓰였다.
② 기출포인트 **분사구문의 형태** 주절의 주어(many Gen Z respondents)와 분사구문이 '많은 Z세대 응답자들이 설문 조사되다'라는 의미의 수동 관계이므로 과거분사 surveyed가 올바르게 쓰였다. 참고로, 분사구문의 뜻을 분명하게 해주기 위해 부사절 접속사(When)가 분사구문 앞에 쓰였다.
④ 기출포인트 **5형식 동사의 수동태** to 부정사를 목적격 보어로 취하는 5형식 동사(encourage)가 수동태가 되면 목적격 보어(to post)는 수동태 동사(were encouraged) 뒤에 그대로 남아야 하므로 were encouraged to post가 올바르게 쓰였다.

해석 온라인 인플루언서가 되는 것은 오늘날 젊은이들 사이에서 흔한 목표이다. 설문 조사되었을 때, 많은 Z세대 응답자들은 자신들의 온라인 팔로워를 늘리기 위해 노력했다고 말했으며, 일부는 공유되고 그들의 온라인 존재감을 높일 수 있는 것들을 온라인에 게시하도록 권장 받았다고 말했다.

어휘 survey (설문) 조사하다 respondent 응답자 following 팔로워 encourage 권장하다, 격려하다 post 게시하다 presence 존재감

327 기출포인트 비교급 강조 표현

정답 ②

해설 빈칸은 비교급(more passionate)을 앞에서 강조할 수 있는 것의 자리이므로, 비교급을 앞에서 강조할 수 있는 부사 ② far가 정답이다. 참고로, 부사 ① very와 ③ too는 비교급을 강조할 수 없고, ④ by far는 최상급 표현 앞에 써서 최상급을 강조하기 때문에 정답이 될 수 없다.

해석 자원봉사 프로그램에 참여한 후, 나는 다른 사람들을 돕는 것에 대해 훨씬 더 열정적이라고 느꼈고, 작은 친절의 행위들이 얼마나 큰 변화를 만들어낼 수 있는지를 깨달았다.

어휘 volunteer 자원봉사 passionate 열정적인, 열심인 difference 변화, 차이 act 행위 kindness 친절

DAY | 17

328 밑줄 친 부분 중 어법상 옳은 것은?

> According to historians, ① everyone intent on learning who was actually the first European to set foot on the North American continent should look no further than Leif Erikson. Around the year 1,000, Erikson traveled to Norway but ended up ② to sail off course on his way back home. Instead of arriving in Greenland, he landed in present-day Canada, in a place he called Vinland, named for the many grapevines he found there. Instead of trying to establish a settlement on Vinland, he quickly decided ③ returning to Greenland, however ④ the soil was fertile on this new land.

329 밑줄 친 부분 중 어법상 가장 옳지 않은 것은?

> Lithium-ion (Li-ion) batteries are ① of great interest to manufacturers of electrical devices as they ② often last much longer than traditional alkaline batteries, with many having a usable life of up to ③ four times as long as their counterparts, resulting in them being researched as ④ thorough as possible.

328 기출포인트 명사를 수식하는 여러 요소들의 어순 정답 ①

해설 -one으로 끝나는 명사(everyone)는 형용사(intent)가 뒤에서 수식하므로 everyone intent on이 올바르게 쓰였다.

오답 분석
② 기출포인트 동명사 관련 표현 동명사구 관용 표현 end up -ing(결국 ~하다)의 형태가 되어야 하므로 end up 뒤의 to 부정사 to sail off를 동명사 sailing off로 고쳐야 한다.
③ 기출포인트 to 부정사를 취하는 동사 동사 decide는 to 부정사를 목적어로 취하는 동사이므로 동명사 returning to를 to 부정사 to return to로 고쳐야 한다.
④ 기출포인트 부사절 접속사 3: 복합관계부사 문맥상 '이 새로운 땅의 토양이 아무리 비옥하더라도'라는 의미가 되어야 자연스러우므로 앞에 쓰인 however는 '아무리 ~하더라도'라는 의미의 복합관계부사인 것을 알 수 있다. 복합관계부사가 이끄는 절은 'however + 형용사(fertile) + 주어(the soil) + 동사(was)'의 어순이 되어야 하므로 the soil was fertile을 fertile the soil was로 고쳐야 한다.

해석 역사학자들에 따르면, 실제로 북미 대륙에 발을 디딘 최초의 유럽인이 누구인지 아는 것에 열중하는 모두는 Leif Erikson보다 더 나아가 조사할 필요가 없다. 1,000년 즈음, Erikson은 노르웨이로 여행하였으나 결국 귀향길에 진로에서 벗어나 항해하게 되었다. 그린란드에 도착하는 대신, 그는 오늘날의 캐나다에 상륙했는데, 그는 그곳에서 발견한 많은 포도 덩굴(grapevine)의 이름을 따서 그곳을 Vinland라고 불렀다. Vinland에 정착지를 세우려고 시도하는 대신에, 그는 이 새로운 땅의 토양이 아무리 비옥하더라도 그린란드로 돌아가기로 빠르게 결정했다.

어휘 intent on ~에 열중하는 set foot on ~에 발을 딛다 continent 대륙, 영토 off course 진로에서 벗어난 grapevine 포도 덩굴 settlement 정착지, 거류지 fertile 비옥한

329 기출포인트 원급 정답 ④

해설 원급 표현 'as + 형용사/부사의 원급 + as'(~만큼 -한)에서 as ~ as 사이가 형용사 자리인지 부사 자리인지는 as, as를 지우고 구분하는데, 동사(researched)를 수식할 수 있는 것은 부사이므로 형용사 thorough를 부사 thoroughly로 고쳐야 한다.

오답 분석
① 기출포인트 형용사 자리 be 동사(are)는 주격 보어를 취하는 동사인데, 'of + 추상명사(interest)'는 형용사 역할을 하여 주격 보어 자리에 올 수 있으므로 of great interest가 올바르게 쓰였다.
② 기출포인트 빈도 부사 빈도 부사(often)는 보통 일반동사(last)의 앞에 쓰이므로 often last가 올바르게 쓰였다.
③ 기출포인트 원급 문맥상 '네 배만큼 더 긴 사용 수명'이라는 의미가 되는 것이 자연스러운데, '네 배만큼 ~하다'는 원급 표현 '배수사 (four times) + as + 원급(long) + as'의 형태로 나타낼 수 있으므로 four times as long as가 올바르게 쓰였다.

해석 리튬이온 배터리는 종종 기존의 알칼리 배터리보다 훨씬 더 오래 지속되기 때문에 전자 기기 제조업체들에 대단한 관심의 대상인데, 많은 (리튬이온) 배터리가 그것에 대응하는 배터리(알칼리성 배터리)보다 네 배만큼 더 긴 사용 수명을 가지고 있으며, 이는 그것들이 가능한 한 면밀하게 연구되는 결과를 낳았다.

어휘 lithium-ion 리튬이온 manufacturer 제조업체 alkaline 알칼리성의 usable 사용할 수 있는 counterpart 대응하는 것 thorough 면밀한, 철저한

DAY | 17

330 밑줄 친 부분 중 어법상 옳지 않은 것은?

> Initial reports indicated ① that several ships coming into the harbor to dock stopped in the water. They did so because crew members were momentarily blinded by ② an unusually bright light ③ what officials have confirmed to be from a ④ malfunctioning lighthouse.

331 어법상 빈칸에 들어가기에 가장 적절한 것은?

> Although some people wonder _____ or not the book was intended as a prediction about future society, many have thought that its message is worth heeding in light of recent advances in technology and surveillance.

① if
② whether
③ what
④ that

332 어법상 빈칸에 들어가기에 가장 적절한 것은?

> Once they finished their homework and chores, he allowed _____ video games until dinnertime.

① playing his children
② his children playing
③ to play his children
④ his children to play

330 [기출포인트] 관계대명사 정답 ③

해설 명사구(an ~ light) 뒤에 형용사 역할을 하며 선행사를 수식하는 관계절이 와야 하는데, 선행사(light)가 사물이고 관계절 내에서 동사 have confirmed의 목적어 역할을 하므로 명사절 접속사 what을 사물을 나타내는 목적격 관계대명사 that으로 고쳐야 한다.

오답분석
① [기출포인트] **what vs. that** 동사(indicated)의 목적어 자리에 완전한 절(several ships ~ in the water)을 이끄는 명사절 접속사 that이 올바르게 쓰였다.
② [기출포인트] **부정관사 a(n)** 명사 light는 '(등대의) 빛, 전등' 등의 의미일 때 가산 명사로 쓰이는데, '유난히 밝은 빛'은 '특정한 빛'이 아닌 '특정하지 않은 어떤 빛'이라는 의미이므로 부정관사 an이 올바르게 쓰였다.
④ [기출포인트] **현재분사 vs. 과거분사** 수식받는 명사(lighthouse)와 분사가 '등대가 고장 나다'라는 의미의 능동 관계이므로 현재분사 malfunctioning이 올바르게 쓰였다.

해석 최초의 보고는 부두에 정박하기 위해 항만으로 들어오던 몇몇 배들이 물속에서 멈췄음을 나타냈다. 그들(배들)은 공무원들이 고장 난 등대로 인한 것임을 확인한 유난히 밝은 빛에 의해 선원들이 잠깐 앞이 보이지 않았기 때문에 그렇게 했다.

어휘 initial 최초의, 처음의 harbor 항만 dock 부두에 정박하다; 부두 momentarily 잠깐 malfunction 고장 lighthouse 등대

331 [기출포인트] 명사절 접속사 2: whether 정답 ②

해설 빈칸은 동사(wonder)의 목적어 자리이다. 문맥상 '그 책이 미래 사회에 대한 예측으로 의도되었는지 아닌지'라는 의미가 되어야 자연스러운데, '~인지 (아닌지)'는 명사절 접속사 if나 whether를 사용하여 나타낼 수 있으므로 ①, ②번이 정답 후보이다. 빈칸 뒤 or not과 함께 쓰일 수 있는 것은 whether이므로 ② whether가 정답이다.

해석 일부 사람들은 그 책이 미래 사회에 대한 예측으로 의도되었는지 아닌지 의문을 품지만, 많은 사람들은 최근의 기술 및 감시의 발전을 고려할 때 그것의 메시지는 주의를 기울일 가치가 있다고 생각했다.

어휘 wonder 의문을 품다, 의아하게 여기다 prediction 예측 heed 주의를 기울이다 advance 발전 surveillance 감시

332 [기출포인트] 5형식 동사 정답 ④

해설 동사 allow는 '~가 -하게 허락하다'라는 의미를 나타낼 때 '목적어(his children) + 목적격 보어'를 취하는 5형식 동사인데, 이때 목적격 보어로 to 부정사를 취하므로 ④ his children to play가 정답이다.

해석 일단 그들이 숙제와 집안일을 끝낸 후, 그는 그의 아이들이 저녁 식사 시간까지 비디오 게임을 하게 허락했다.

어휘 chore 집안일

DAY | 17

333 밑줄 친 부분 중 어법상 옳지 않은 것은?

> In terms of population, no one, by any measurable standard, ① <u>relies</u> more on train travel than the Japanese. They are accustomed to ② <u>using</u> trains on their commutes and to travel domestically. So, it was no surprise that the government approved funding to build the second longest railway tunnel in the world, ③ <u>that</u> connects Honshu with Hokkaido. The Seikan Tunnel is 54 kilometers long, and either freight or passengers routinely ④ <u>pass</u> through the tunnel on dozens of trains every day, traveling at speeds of 160 kilometers per hour.

334 밑줄 친 부분 중 어법상 옳지 않은 것은?

> A lot of nuts are sold with their shells intact, ① <u>which</u> keeps them fresh for consumers. However, you may notice that you will never find cashews in their natural state on any grocery shelves, and for good reason. ② <u>Classifying</u> in the same group as poison ivy, cashew plants also produce an oily chemical that can sometimes be fatal if ingested. The potentially deadly substance is located between the nut and shell, so the outer layer must ③ <u>be discarded</u> very carefully. The nuts are then roasted, boiled, or steamed ④ <u>to get rid of</u> any traces of poison that might be left.

333 | 기출포인트 관계대명사 | 정답 ③

해설 선행사(the second longest ~ world)가 사물이고 관계절 내에서 동사(connects)의 주어 역할을 하고 있으므로, 주격 관계대명사가 와야 하는데, 관계대명사 that은 콤마(,) 뒤에서 계속적 용법으로 쓰일 수 없으므로 that을 계속적 용법으로 쓰일 수 있는 주격 관계대명사 which로 고쳐야 한다.

오답분석
① 기출포인트 **수량 표현의 수 일치** 주어 자리에 단수 취급하는 수량 표현 no one이 왔으므로 복수 동사 rely를 단수 동사 relies가 올바르게 쓰였다. 참고로, 주어와 동사 사이의 수식어 거품(by ~ standard)은 동사의 수 결정에 영향을 주지 않는다.
② 기출포인트 **동명사 관련 표현** 문맥상 '그들은 기차를 이용하는 것에 익숙하다'라는 의미가 되어야 자연스러운데, '~에 익숙하다'는 동명사 관련 표현 be accustomed to -ing를 사용하여 나타낼 수 있으므로 are accustomed to 뒤에 동명사 using이 올바르게 쓰였다.
④ 기출포인트 **접속사로 연결된 주어의 수 일치** 상관접속사 either A or B로 연결된 주어(either freight or passengers)는 동사를 B에 수 일치시켜야 하는데, B 자리에 복수 명사 passengers가 왔으므로 복수 동사 pass가 올바르게 쓰였다.

해석 인원수의 측면에서, 측정 가능한 어떤 기준으로든, 일본인들보다 기차 이동에 더 의존하는 이들은 없다. 그들은 통근과 국내 여행에서 기차를 이용하는 것에 익숙하다. 따라서, (일본) 정부가 혼슈와 홋카이도를 연결하는 세계에서 두 번째로 긴 철도 터널을 짓기 위한 자금 조달을 승인한 것은 놀랍지 않았다. Seikan 터널의 길이는 54킬로미터이며, 화물 또는 탑승객들은 매일 수십 대의 기차에 타 일상적으로 그 터널을 통과하며 시속 160킬로미터의 속도로 이동한다.

어휘 in terms of ~의 측면에서 population 인원수, 인구 rely on ~에 의존하다 be accustomed to ~에 익숙하다 commute 통근; 통근하다 domestically 국내에서 freight 화물 dozens of 수십의

334 | 기출포인트 분사구문의 형태 | 정답 ②

해설 주절의 주어(cashew plants)와 분사구문이 '캐슈 식물이 분류되다'라는 의미의 수동 관계이므로 현재분사 Classifying을 과거분사 Classified로 고쳐야 한다.

오답분석
① 기출포인트 **관계절의 용법 & 관계대명사** 관계절이 콤마(,) 뒤에서 계속적 용법으로 쓰여 앞에 나온 절(A lot of ~ intact)에 대한 부가 설명을 하고 있고, 앞에 나온 절이 관계절 내에서 동사 keeps의 주어 역할을 하고 있으므로 계속적 용법으로 쓰일 수 있는 주격 관계대명사 which가 올바르게 쓰였다.
③ 기출포인트 **능동태·수동태 구별** 부사절의 주어(the outer layer)와 동사가 '바깥층이 버려지다'라는 의미의 수동 관계이므로 수동태 be discarded가 올바르게 쓰였다.
④ 기출포인트 **to 부정사의 역할** 완전한 절(The nuts are ~ steamed) 뒤에서 부사 역할을 하며 목적을 나타낼 수 있는 to 부정사 to get rid of가 올바르게 쓰였다.

해석 많은 견과류는 그 껍질이 그대로인 채로 팔리는데, 이는 소비자들을 위해 그것들을 신선하게 유지한다. 그러나, 당신은 어떤 식료품점 선반에서도 자연 그대로의 상태로 있는 캐슈를 결코 발견하지 못할 것이라는 점을 알아챌 수도 있는데, 이에는 타당한 이유가 있다. 덩굴옻나무와 같은 부류로 분류된 캐슈 식물은 섭취되면 때때로 치명적일 수 있는 유성의 화학물질도 만들어낸다. 잠재적으로 치명적인 그 물질은 견과와 껍질 사이에 있으므로, 바깥층은 매우 조심스럽게 버려져야 한다. 그러고 나서 견과는 남아 있을 수도 있는 독성의 흔적을 없애기 위해 볶아지거나 삶아지거나 쪄진다.

어휘 intact 그대로인, 손대지 않은 consumer 소비자 classify 분류하다 oily 유성의, 기름기가 함유된 fatal 치명적인 ingest 섭취하다, 삼키다 potentially 잠재적으로 discard 버리다, 폐기하다 trace 흔적

DAY | 17

335 밑줄 친 부분 중 어법상 가장 옳지 않은 것은?

> ① Every society in history has relied on some form of timekeeping device, usually based on the Moon and seasons, but the modern Gregorian calendar, ② which combines these with adjustments for accuracy, has become nearly universal. Its usage affects practically ③ everything imaginable, allowing users to schedule events over ④ twelve-months intervals.

336 밑줄 친 부분 중 어법상 가장 옳지 않은 것은?

> Those studying modern housing in the United States cannot help ① noticing that the size of the American home ② has grown greatly over recent decades, with homes ③ averaging nearly 230 square meters being the norm across the country today; a trend that will likely decrease little, ④ if all, in the near future.

335 기출포인트 수량 표현 정답 ④

해설 '수사 + 하이픈(-) + 단위 표현'이 명사(intervals)를 수식하는 경우, 단위 표현은 단수형이 되어야 하므로 twelve-months를 twelve-month로 고쳐야 한다.

오답분석
① 기출포인트 **수량 표현** 단수 가산 명사(society) 앞에 올 수 있는 수량 표현 Every가 올바르게 쓰였다. 참고로, society는 가산 명사와 불가산 명사로 모두 쓰일 수 있는데, '(특정한) 사회' 또는 '공동체'의 의미로 사용될 때는 가산 명사로 쓰인다.
② 기출포인트 **관계대명사** 선행사(Gregorian calendar)가 사물이고 관계절 내에서 동사(combines)의 주어 역할을 하고 있으므로, 사물을 가리키며 콤마(,) 뒤에서 계속적 용법으로 쓰인 관계절을 이끌 수 있는 주격 관계대명사 which가 올바르게 쓰였다.
③ 기출포인트 **명사를 수식하는 여러 요소들의 어순** -thing으로 끝나는 명사(everything)는 형용사(imaginable)가 뒤에서 수식하므로 everything imaginable이 올바르게 쓰였다.

해석 역사상 모든 사회는 어떤 형태의 시간 측정 장치에 의존해 왔으며, 보통 달과 계절을 기반으로 했지만, 정확성을 위해 이러한 요소들을 조정하여 통합한 현대의 그레고리력이 거의 보편적이게 되었다. 그것의 사용은 사실상 상상할 수 있는 모든 것에 영향을 미치며, 사용자들이 12개월 간격으로 일정을 예약할 수 있게 해준다.

어휘 timekeeping 시간 측정 device 장치, 기기 season 계절 Gregorian calendar 그레고리력 adjustment 조정, 수정 accuracy 정확성 universal 보편적인 usage 사용 imaginable 상상할 수 있는 interval 간격

336 기출포인트 기타 가정법 정답 ④

해설 문맥상 '감소한다고 하더라도 거의 감소하지 않을 것이다'라는 의미가 되어야 자연스럽고, '~한다고 하더라도'는 가정법 관련 표현 if at all로 나타낼 수 있다. 따라서 if all을 if at all로 고쳐야 한다.

오답분석
① 기출포인트 **동명사 관련 표현** 문맥상 '주목하지 않을 수 없다'라는 의미가 되어야 자연스럽고, '-하지 않을 수 없다'는 동명사구 관용 표현 cannot help -ing를 사용하여 나타낼 수 있으므로 cannot help 뒤에 동명사 noticing이 올바르게 쓰였다.
② 기출포인트 **시제 일치** 현재완료 시제와 자주 함께 쓰이는 'over + 시간 표현'(over recent decades)이 왔으므로 현재완료 시제 has grown이 올바르게 쓰였다.
③ 기출포인트 **분사구문의 역할** 동시에 일어나는 상황은 'with + 명사 + 분사'의 형태로 나타낼 수 있는데, 명사(homes)와 분사가 '주택이 평균 230 제곱미터이다'라는 의미의 능동 관계이므로 현재분사 averaging이 올바르게 쓰였다.

해석 미국의 현대 주택을 연구하는 사람들은 미국 주택의 규모가 최근 수십 년 동안 아주 커졌다는 사실을 주목하지 않을 수 없는데, 오늘날에는 전국적으로 주택이 평균 약 230제곱미터인 것이 규범이 되었는데 이러한 추세는 가까운 미래에, 감소한다고 하더라도, 거의 감소하지 않을 것으로 보인다.

어휘 housing 주택 notice 주목하다 average 평균이 ~가 되다 norm 규범

337 빈칸에 들어갈 가장 알맞은 것을 고르시오.

> Medical professionals recommend that vaccination campaigns _____ widely so that the spread of communicable diseases, such as the flu, measles, and chickenpox, can be prevented.

① expand
② are expanding
③ are expanded
④ be expanded

338 밑줄 친 부분 중 어법상 옳지 않은 것은?

> Some people seem to have everything work out for them no matter what they do, while there ① are people who inadvertently stumble from one problem to another. But is there really such a thing as a lucky life? Though many people may believe that ② successful comes from luck, studies have shown that ③ it is often hard work and perseverance that does the trick. Undoubtedly, being in the right place at the right time doesn't harm one's chances, but more than that, a strong work ethic is ④ essential in order to achieve one's goals.

● ○ ○
337 | 기출포인트 | **조동사 should의 생략** 정답 ④

해설 | 빈칸은 주절의 동사 recommend가 이끄는 종속절의 동사 자리이다. 주절에 제안을 나타내는 동사(recommend)가 오면 종속절에는 '(should +) 동사원형'이 와야 하므로, ④ be expanded가 정답이다.

해석 | 의료 전문가들은 독감, 홍역, 수두와 같은 전염성 질병의 확산이 예방될 수 있도록 예방접종 캠페인을 광범위하게 확대해야 한다고 권고한다.

어휘 | **professional** 전문가　**vaccination** 예방접종　**communicable** 전염성의　**flu** 독감　**measles** 홍역　**chickenpox** 수두
expand 확대하다

● ● ●
338 | 기출포인트 | **주어 자리** 정답 ②

해설 | that절의 주어 자리에 형용사(successful)는 올 수 없으므로, successful을 주어 자리에 올 수 있는 명사 success나 명사 역할을 하는 동명사구 being successful로 고쳐야 한다.

오답 분석 |
① | 기출포인트 | **가짜 주어 구문** 가짜 주어 there 구문 'there + 동사 + 진짜 주어'에서 동사는 진짜 주어에 수 일치시켜야 하는데, 진짜 주어 자리에 복수 명사 people이 왔으므로 복수 동사 are가 올바르게 쓰였다.
③ | 기출포인트 | **빈도 부사** 빈도 부사(often)는 be 동사(is) 뒤에 와야 하므로 it is often이 올바르게 쓰였다.
④ | 기출포인트 | **보어 자리** be 동사(is)의 주격 보어 자리에 형용사 essential이 올바르게 쓰였다.

해석 | 어떤 사람들은 그들이 무엇을 하든 상관없이 모든 것이 잘되는 것처럼 보이는 한편 자기도 모르게 한 문제에서 또 다른 문제로 비틀거리는 사람들이 있다. 하지만 운 좋은 인생이라는 것이 정말 있는가? 많은 사람들이 성공은 운에서 비롯된다고 생각할 수 있지만, 연구는 효과가 있는 것이 종종 노력과 인내라는 것을 보여주었다. 확실히, 적절한 때 적절한 장소에 있는 것이 누군가의 기회에 해를 끼치지는 않지만, 그보다는 확고한 노동관이 한 사람의 목표를 달성하는 데 필수적이다.

어휘 | **inadvertently** 자기도 모르게, 무심코, 부주의로　**stumble** 비틀거리다　**perseverance** 인내　**do the trick** 효과가 있다
work ethic 노동관, 근면함　**essential** 필수적인　**achieve** 달성하다, 성취하다

DAY | 17

적중 예상 문제

339 밑줄 친 부분 중 어법상 잘못된 것은?

> Anxiety ① <u>has increased</u> in the general population since the rise of social media. Have you ever wondered ② <u>why is this trend accelerating</u>? With constant exposure to seemingly perfect lives, individuals ③ <u>are often not satisfied</u> with their current circumstances and question how to improve their own situation. However, these curated lives rarely reflect the struggles and imperfections of real life, ④ <u>do they</u>?

340 빈칸에 들어갈 말로 알맞은 것은?

> Charles Darwin came up with the idea that competition in resources could result in species with particular traits being more successful, a realization that had him _____ that evolution was the basis for the development of new species.

① convince
② convinced
③ convincing
④ convinces

339 기출포인트 의문문의 어순

정답 ②

해설 의문문이 다른 문장 안에 포함된 간접 의문문은 '의문사(why) + 주어(this trend) + 동사(is accelerating)'의 어순이 되어야 하므로 why is this trend accelerating을 why this trend is accelerating으로 고쳐야 한다.

오답분석
① 기출포인트 **시제 일치** 현재완료 시제와 자주 함께 쓰이는 표현 'since + 과거 시간 표현(the rise of social media)'이 왔고, '소셜 미디어가 등장한 이래로 일반 대중의 불안감이 증가했다'고 하면서 과거에 시작된 일이 현재까지 계속되고 있음을 표현하고 있으므로 현재완료 시제 has increased가 올바르게 쓰였다.
③ 기출포인트 **3형식 동사의 수동태** 감정을 나타내는 동사(satisfy)의 경우 주어가 감정을 느끼는 주체이면 수동태를 써야 하는데, 주어(individuals)가 만족하지 못하는 감정을 느끼는 주체이므로 수동태 are often not satisfied가 올바르게 쓰였다. 참고로, 부사 often은 수동형 동사를 수식할 때 'be 동사(are) + p.p.(not satisfied)' 사이에 올 수 있으므로 are often not satisfied가 올바르게 쓰였다.
④ 기출포인트 **의문문의 어순** 부정의 의미를 포함하는 빈도 부사 rarely(거의 ~않다)가 포함된 부정문 뒤에는 긍정 부가 의문문이 오는데, 부가 의문문은 '동사 + 주어'의 어순이 되어야 하므로 do they가 올바르게 쓰였다.

해석 소셜 미디어가 등장한 이래로 일반 대중의 불안감이 증가했다. 이러한 추세가 가속화하고 있는 이유를 궁금해한 적이 있는가? 완벽해 보이는 삶에 지속적인 노출이 있기 때문에, 사람들은 종종 그들의 현재 상황에 만족하지 못하고 자신의 상황을 개선할 수 있는 방법을 고민한다. 하지만, 이러한 엄선된 삶은 현실 생활의 어려움과 불완전성을 거의 반영하지 못한다, 그런가?

어휘 anxiety 불안(감) general 일반적인 constant 지속적인, 끊임없는 exposure 노출 satisfy 만족시키다 circumstance 상황, 환경 curated 엄선된 imperfection 불완전성, 결함

340 기출포인트 5형식 동사

정답 ②

해설 빈칸은 동사(had)의 목적격 보어 자리이다. 사역동사 have(had)는 목적어와 목적격 보어가 수동 관계일 때 과거분사를 목적격 보어로 취하는 5형식 동사인데, 목적어(him)와 목적격 보어가 '그가 납득되다'라는 의미의 수동 관계이므로 과거분사 ② convinced가 정답이다.

해석 찰스 다윈은 자원에 대한 경쟁이 특정한 형질을 가진 종들을 (생존에) 더 성공적이게 하는 결과를 낳을 수 있다는 생각을 떠올렸고, 이것은 진화가 새로운 종의 발달을 위한 근거라고 그를 납득시킨 깨달음이었다.

어휘 resource 자원 species 종 trait 형질, 특성 realization 깨달음 evolution 진화

DAY 18

341 밑줄 친 부분 중 어법상 잘못된 것은?

The newly ① opened Gramercy Trail provides the community with a variety of outdoor activities. Visitors can hike the pathways ② that have been cleared through the woodland, watch deer and other wildlife ③ graze in the open fields, or sit on benches ④ situating along the trail to enjoy the beautiful views.

342 밑줄 친 부분 중 어법상 옳지 않은 것은?

Reporters interviewed 100-year-olds to find out the secrets of ① their longevity. Some answers, such as regular exercise and a healthy diet, ② was expected. Others were more ③ surprising. Many participants attributed their long lives ④ to having a supportive social network and a purpose in life.

343 어법상 빈칸에 들어갈 가장 적절한 것은?

_____ for Friday, I decided to buy a ticket for Saturday instead.

① Being no concert tickets left
② Being no concert tickets leaving
③ There being no concert tickets left
④ There being no concert tickets leaving

341 기출포인트 현재분사 vs. 과거분사 정답 ④

해설 수식받는 명사(benches)와 분사가 '벤치가 위치되다'라는 의미의 수동 관계이므로 능동 관계를 나타내는 현재분사 situating을 과거분사 situated로 고쳐야 한다.

오답분석
① 기출포인트 **현재분사 vs. 과거분사** 수식받는 명사(Gramercy Trail)와 분사가 '그래머시 오솔길이 개방되다'라는 의미의 수동 관계이므로 과거분사 opened가 올바르게 쓰였다.
② 기출포인트 **관계대명사 that** 선행사(pathways)가 사물이고, 관계절 내에서 동사 have been cleared의 주어 역할을 하므로 주격 관계대명사 that이 올바르게 쓰였다.
③ 기출포인트 **5형식 동사** 지각동사 watch는 목적어와 목적격 보어가 능동 관계일 때 목적격 보어로 동사원형이나 현재분사를 취하는데, 목적어(deer and other wildlife)와 목적격 보어가 '사슴과 다른 야생동물들이 풀을 뜯다'라는 의미의 능동 관계이므로 동사원형 graze가 올바르게 쓰였다.

해석 새로 개방한 그래머시 오솔길은 지역 사회에 다양한 야외 활동을 제공한다. 방문객들은 삼림지대 사이로 개간된 산책로를 하이킹하거나, 탁 트인 들판에서 풀을 뜯고 있는 사슴과 다른 야생동물들을 관찰하거나, 아름다운 경치를 즐기기 위해 오솔길을 따라 위치한 벤치에 앉을 수 있다.

어휘 trail 오솔길   pathway 산책로   clear 개간하다   woodland 삼림지대   wildlife 야생동물   graze 풀을 뜯다   situate 위치시키다

342 기출포인트 주어와 동사의 수 일치 정답 ②

해설 주어 자리에 복수 명사 Some answers가 왔으므로 단수 동사 was를 복수 동사 were로 고쳐야 한다. 참고로, 주어와 동사 사이의 수식어 거품(such as regular exercise and a healthy diet)은 동사의 수 결정에 영향을 미치지 않는다.

오답분석
① 기출포인트 **인칭대명사** 대명사가 지시하는 명사(100-year-olds)가 복수이므로 복수 소유격 대명사 their가 올바르게 쓰였다.
③ 기출포인트 **3형식 동사의 수동태** 감정을 나타내는 동사(surprise)의 경우 주어가 감정의 원인이면 능동태를 써야 하는데, 문맥상 '다른 것들은 더 놀라웠다'라는 의미로 주어(Others)가 감정의 원인이므로 be 동사(were) 뒤에서 능동태를 완성하는 현재분사 surprising이 올바르게 쓰였다.
④ 기출포인트 **기타 전치사 & 전치사 자리** 동사 attribute(attributed)는 전치사 to와 함께 attribute A to B(A를 B의 덕분으로 여기다)의 형태로 쓰이고, 전치사(to) 뒤에는 명사 역할을 하는 것이 와야 하므로 동명사 having이 와서 to having이 올바르게 쓰였다.

해석 기자들은 장수의 비결을 알아내기 위해 100세인 사람들을 인터뷰했다. 규칙적인 운동과 건강한 식단과 같은 몇몇 답변은 예상된 것이었다. 다른 것들은 더 놀라웠다. 많은 참가자들이 그들의 장수를 힘이 되는 사회적 관계망과 삶 속에서 목적을 가지는 것 덕분으로 여겼다.

어휘 longevity 장수   attribute A to B A를 B의 덕분으로 여기다   supportive 힘이 되는, 따뜻하게 대하는

343 기출포인트 분사구문의 의미상 주어 & 현재분사 vs. 과거분사 정답 ③

해설 빈칸은 수식어구 역할을 하는 분사구문의 자리이다. 문맥상 '금요일의 콘서트 표가 남아있지 않아서'라는 의미가 되어야 자연스러운데, 주절의 주어(I)와 분사구문의 행위 주체가 다르므로 분사구문의 의미상 주어인 주격 대명사 there를 분사구문 앞에 쓴 ③, ④번이 정답 후보이다. 수식받는 명사(no concert tickets)와 분사가 '콘서트 티켓이 남다(남아지다)'라는 의미의 수동 관계이므로 과거분사 left를 쓴 ③ There being no concert tickets left가 정답이다.

해석 금요일의 콘서트 표가 남아있지 않아서, 나는 대신 토요일 표를 사기로 결정했다.

어휘 instead 대신에

DAY | 18

344 밑줄 친 부분 중 어법상 옳지 않은 것은?

> The applicant was convinced ① whether he would get the job. After all, his experience and education were ② perfect for the position. What he didn't realize was ③ that several other candidates were even more qualified ④ than he was.

345 밑줄 친 부분 중 어법상 잘못된 것은?

> ① That the early days were difficult is an understatement for the chef who dared to ② take on the challenge of introducing sushi to a city where it had little presence. "The restaurant was initially not popular with either critics ③ or the public," Chef Daley says, "We had to work hard ④ such that we could change people's perception of sushi itself."

346 어법상 밑줄 친 곳에 가장 적절한 것은?

> _____ hit by a massive storm, she regretted going there for her holiday and thought she ought to have changed her plans.

① The island being

② Being the island

③ The island is

④ Be the island

344 기출포인트 명사절 접속사 1: that

정답 ①

해설 문맥상 '일자리를 얻을 것이라고 확신하다'라는 확실한 사실을 나타내고 있으므로 불확실한 사실을 나타내는 명사절 접속사 whether (~인지 아닌지)를 확실한 사실을 나타내는 명사절 접속사 that으로 고쳐야 한다.

오답분석
② 기출포인트 **기타 전치사** 형용사 perfect는 '~에 완벽한'이라는 뜻을 나타낼 때 전치사 for와 함께 쓰이므로 perfect for가 올바르게 쓰였다.
③ 기출포인트 **명사절 접속사 1: that** 완전한 절(several ~ he was)을 이끌며 be 동사(was)의 보어 자리에 올 수 있는 명사절 접속사 that이 올바르게 쓰였다.
④ 기출포인트 **비교급** 비교급 표현은 '형용사/부사의 비교급 + than'의 형태가 되어야 하므로 비교급 more qualified 뒤에 than이 올바르게 쓰였다.

해석 그 지원자는 그가 그 일자리를 얻을 것이라고 확신했다. 그도 그럴 것이, 그의 경력과 교육은 그 자리에 완벽했다. 그가 깨닫지 못했던 것은 몇몇 다른 지원자들은 그보다 훨씬 더 자격을 갖추었다는 것이었다.

어휘 applicant 지원자 convinced 확신하는 experience 경력, 경험 candidate 지원자 qualified 자격을 갖춘

345 기출포인트 부사절 접속사 2: 기타

정답 ④

해설 문맥상 '초밥 자체에 대한 인식을 바꿀 수 있도록'이라는 목적을 나타내는 의미가 되어야 자연스럽고, '~하도록'은 부사절 접속사 so that ~ can(could)으로 나타낼 수 있으므로 such that을 so that으로 고쳐야 한다. 참고로, such는 that과 쓰일 때 such ~ that의 형태로 '매우 ~해서 -하다'라는 결과의 의미로 주로 사용된다.

오답분석
① 기출포인트 **명사절 접속사 1: that** 완전한 절(the early days were difficult)을 이끌면서 동사(is)의 주어 자리에 올 수 있는 명사절 접속사 That이 올바르게 쓰였다.
② 기출포인트 **조동사 관련 표현** 조동사처럼 쓰이는 표현 dare to(감히 ~하다) 뒤에는 동사원형이 와야 하므로 동사원형 take on이 올바르게 쓰였다.
③ 기출포인트 **상관접속사** 문맥상 '비평가들이나 대중 어느 하나에게도 인기가 없었다'라는 의미가 되어야 자연스러운데 'A나 B 중 하나'는 상관접속사 either A or B를 사용하여 나타낼 수 있으므로 앞의 either와 짝을 이루는 or가 올바르게 쓰였다.

해석 초밥 요리의 존재가 거의 없던 도시에 초밥을 소개하겠다는 도전을 감히 떠맡은 그 셰프에게 있어서, 초기가 어려웠다는 것은 절제된 표현이다. "식당이 처음에 비평가들이나 대중 어느 하나에게도 인기가 없었습니다"라고 Daley 셰프는 말한다. "우리는 초밥 자체에 대한 사람들의 인식을 바꿀 수 있도록 열심히 일해야 했습니다."

어휘 understatement 절제된 표현 take on 떠맡다 challenge 도전 cuisine 요리 presence 존재 initially 처음에 critic 비평가 perception 인식

346 기출포인트 분사구문의 의미상 주어

정답 ①

해설 빈칸은 부사절의 역할을 하는 분사구문 자리이므로 분사 being이 쓰인 ①, ②번이 정답의 후보이다. 문맥상 주절의 주어(she)가 아니라 섬이 거대한 태풍에 의해 강타 된 것이고, 주절의 주어(she)와 분사구문의 행위 주체(The island)가 달라 분사구문의 의미상 주어가 필요한 경우 분사구문 앞에 명사 또는 주격 대명사를 써야 하므로, 분사구문의 의미상의 주어인 명사 The island가 분사구문 앞에 온 ① The island being이 정답이다.

해석 섬이 거대한 폭풍에 의해 강타 되었기 때문에, 그녀는 휴가로 그곳에 간 것을 후회했고 계획을 바꿨어야 했다고 생각했다.

어휘 massive 거대한 storm 폭풍 regret 후회하다 ought to ~해야 하다

347 밑줄 친 부분 중 어법상 옳지 않은 것은?

Many laws that are no longer ① enforced still ② exist today because it is ③ too difficult to revise them, even though they ④ are made hundreds of years ago.

348 밑줄 친 부분 중 어법상 옳지 않은 것은?

While scientists had long been theorizing and speculating about black holes, it wasn't until April of 2017 that they were finally able to capture what ① remained to this day the only photographic evidence of black holes. Then, researchers photographed the supermassive black hole at the center of the M87 galaxy. The image ② was created by combining a number of radio frequency signals. The ③ resulting photograph, with light ④ bent around the black hole, demonstrates that black holes behave precisely as expected.

347 기출포인트 시제 일치
정답 ④

해설 과거 시제와 자주 함께 쓰이는 '시간 표현(hundreds of years) + ago'가 왔으므로 현재 시제 are made를 과거 시제 were made로 고쳐야 한다. 참고로, 주어(they)와 동사가 문맥상 '그것들이 만들어지다'라는 의미의 수동 관계이므로 be 동사(are) 뒤에서 수동태를 완성하는 과거분사 made가 와야 한다.

오답 분석
① 기출포인트 **능동태·수동태 구별** 관계절의 선행사(Many laws)와 동사가 '많은 법률들이 집행되다'라는 의미의 수동 관계이므로 be 동사(are) 뒤에서 수동태를 완성하는 과거분사 enforced가 올바르게 쓰였다.
② 기출포인트 **주어와 동사의 수 일치** 주어 자리에 복수 취급하는 수량 표현 'Many + 복수 명사(laws)'가 왔으므로 복수 동사 exist가 올바르게 쓰였다.
③ 기출포인트 **강조 부사** 형용사(difficult)를 앞에서 강조하는 강조 부사 too가 올바르게 쓰였다.

해석 더 이상 집행되지 않는 많은 법률들은 비록 그것들이 수백 년 전에 만들어졌을지라도, 그것들을 개정하는 것이 너무 어렵기 때문에 오늘날 여전히 존재한다.

어휘 enforce 집행하다 exist 존재하다 revise 개정하다, 수정하다

348 기출포인트 현재 시제
정답 ①

해설 현재 시제와 자주 함께 쓰이는 시간 표현 to this day(오늘날까지)가 왔고, 문맥상 오늘날까지 블랙홀의 유일한 사진상 증거로 남아 있는 것이라는 현재 상태를 묘사하고 있으므로 과거 시제 remained를 현재 시제 remains로 고쳐야 한다.

오답 분석
② 기출포인트 **능동태·수동태 구별** 주어(The image)와 동사가 '그 사진이 만들어지다'라는 의미의 수동 관계이므로 수동태 was created가 올바르게 쓰였다.
③ 기출포인트 **현재분사 vs. 과거분사** 수식받는 명사(photograph)와 분사가 '사진이 그 결과로 탄생하다'라는 의미의 능동 관계이므로 현재분사 resulting이 올바르게 쓰였다.
④ 기출포인트 **분사구문의 관용 표현** 동시에 일어나는 상황은 'with + 명사 + 분사'로 나타낼 수 있는데, 명사(light)와 분사가 '빛이 휘어지다'라는 의미의 수동 관계이므로 과거분사 bent가 올바르게 쓰였다.

해석 비록 과학자들이 오랫동안 블랙홀에 대해 이론을 제시하고 추측했으나, 그들은 2017년 4월이 되어서야 마침내 오늘날까지 블랙홀의 유일한 사진상 증거로 남아 있는 것을 포착할 수 있었다. 그 당시, 연구원들은 M87 은하의 중앙에 있는 초대질량 블랙홀을 촬영했다. 그 사진은 여러 무선 주파수 신호를 결합함으로써 만들어졌다. 그 결과로 탄생한 사진은, 블랙홀 주위로 휘어진 빛과 함께, 블랙홀이 예상한 그대로 반응을 나타내고 있음을 입증한다.

어휘 theorize 이론을 제시하다 speculate 추측하다 capture 포착하다 supermassive 초대질량의 galaxy 은하
radio frequency signal 무선 주파수 신호 demonstrate 입증하다 behave 반응을 나타내다, 행동하다 precisely 그대로, 정확히

DAY | 18

349 어법상 밑줄 친 곳에 가장 적절한 것은?

> Had Percy Spencer not found his chocolate bar melted when he stood near the magnetron in his laboratory, the microwave _____ invented.

① will not be
② would not be
③ will not have been
④ would not have been

350 밑줄 친 부분 중 어법상 옳지 않은 것은?

> ① Over the years, antibiotics have ② barely never failed to counter the effects of bacteria. However, scientists have observed ③ a number of cases in which strains of bacteria had become resistant to antibiotics. For now, researchers have managed to keep up with new strains of bacteria, but they worry there will come a day ④ when humans are unable to fight off new strains.

349 기출포인트 가정법 도치 정답 ④

해설 빈칸은 주절의 동사를 완성하는 것의 자리이다. if절에 if가 생략되어 주어와 조동사가 도치된 가정법 과거완료 '조동사(Had) + 주어 (Percy Spencer) + (not) + p.p.(found)' 형태가 왔으므로, 주절에도 가정법 과거완료를 만드는 '주어 + would + have p.p.' 형태가 와야 한다. 따라서 ④ would not have been이 정답이다.

해석 만약 Percy Spencer가 실험실에서 전자관 근처에 서 있을 때 자신의 초콜릿 바가 녹은 것을 발견하지 못했다면, 전자레인지는 발명되지 않았을 것이다.

어휘 melt 녹다 magnetron 전자관 laboratory 실험실 microwave 전자레인지

350 기출포인트 빈도 부사 정답 ②

해설 빈도 부사 barely(거의 ~않다)는 이미 부정의 의미를 포함하고 있으므로 부정어(never)와 함께 올 수 없다. 따라서 barely never를 barely (ever) 또는 never로 고쳐야 한다.

오답 분석
① 기출포인트 **전치사 2: 기간** 기간을 나타내는 전치사 Over(~동안)가 명사 the years 앞에 올바르게 쓰였다.
③ 기출포인트 **수량 표현** 가산 복수 명사 앞에 쓰이는 수량 표현 a number of(많은)가 복수 명사(cases) 앞에 올바르게 쓰였다.
④ 기출포인트 **관계부사** 선행사(a day)가 시간을 나타내고, 뒤에 완전한 절(humans ~ new strains)이 왔으므로 시간을 나타내는 관계부사 when이 올바르게 쓰였다.

해석 수년간, 항생제는 세균의 영향에 대응하는 데 거의 실패하지 않았다. 하지만, 과학자들은 박테리아 종이 항생제에 내성이 생기게 된 많은 경우를 관찰해 왔다. 현재로서는 연구원들이 새로운 박테리아 종을 따라잡는 데 성공했지만, 인간이 새로운 종을 물리칠 수 없는 날이 올 것이라고 우려한다.

어휘 antibiotics 항생제 counter 대응하다 strain 종 resistant 내성이 있는 fight off ~을 물리치다

DAY | 18

351 밑줄 친 부분 중 어법상 가장 옳지 않은 것은?

> Most companies that provided the wired phone service ① that was common in the past ② have pivoted to mobile phone service in recent years. This is because more customers are likely ③ signing up for mobile services, and the cost is lower for the provider as it does not have to ④ lay down thousands of miles of wiring.

352 빈칸에 들어갈 가장 알맞은 것을 고르시오.

> Although social media platforms were originally conceived as tools for connecting people, businesses grew _____ on them for advertising as they became some of the most visited sites on the internet.

① rely
② reliably
③ reliant
④ relies

351 | 기출포인트 | to 부정사 관련 표현 | 정답 ③

해설 문맥상 '더 많은 고객들이 휴대폰 서비스에 가입할 가능성이 있고'라는 의미가 되어야 자연스러운데, '~할 것 같다'는 목적어로 to 부정사를 취하는 형용사 likely를 써서 be likely to로 나타낼 수 있으므로, 동명사 signing up을 to 부정사 to sign up으로 고쳐야 한다.

오답분석
① 기출포인트 | 관계대명사 that 선행사(the wired phone service)가 사물이고, 관계절(that ~ in the past) 내에서 주어 역할을 하므로 주격 관계대명사 that이 올바르게 쓰였다.
② 기출포인트 | 현재완료 시제 현재완료 시제와 자주 함께 쓰이는 시간 표현 in recent years(최근 몇 년간)가 왔고, 문맥상 '최근 몇 년간 휴대폰 서비스로 전환해왔다'라며 과거에 시작된 일이 현재까지 계속되는 경우를 표현하고 있으므로 현재완료 시제 have pivoted가 올바르게 쓰였다.
④ 기출포인트 | 혼동하기 쉬운 자동사와 타동사 문맥상 '배선을 설치하다'라는 의미가 되어야 자연스러운데, '~을 설치하다'는 타동사 lay를 써서 나타낼 수 있으므로 lay가 올바르게 쓰였다.

해석 과거에 일반적이었던 유선 전화 서비스를 제공했던 대부분의 회사들은 최근 몇 년간 휴대폰 서비스로 전환해왔다. 이는 더 많은 고객들이 휴대폰 서비스에 가입할 가능성이 있고, 수천 마일의 배선을 설치할 필요가 없기 때문에 제공업체에 비용이 더 적게 들기 때문이다.

어휘 wired 유선의 pivot 전환하다, 방향을 바꾸다 sign up 가입하다 lay ~ down ~을 설치하다, 깔다 wiring 배선

352 | 기출포인트 | 보어 자리 | 정답 ③

해설 빈칸은 동사 grow(grew)의 보어 자리인데, 보어 자리에는 명사나 형용사 역할을 하는 것이 와야 하므로 형용사 ③ reliant가 정답이다. 참고로, grow를 부사 reliably의 수식을 받는 자동사로 본다 해도, '기업들은 그것들(소셜 미디어 플랫폼)에 신뢰할 수 있게 커졌다'라는 어색한 의미가 되기 때문에 ② reliably는 정답이 될 수 없다.

해석 소셜 미디어 플랫폼은 원래 사람들을 연결하기 위한 도구로 구상되었지만, 그것들이 인터넷상에서 가장 많이 방문되는 사이트 중 일부가 되었으므로 기업들은 광고를 위해 그것들에 의존적이게 되었다.

어휘 conceive 구상하다, 생각해내다 advertising 광고 reliant 의존적인

DAY | 18

353 밑줄 친 부분 중 어법상 잘못된 것은?

> Early discoveries of prehistoric fossils confused scientists who did not know ① that they had uncovered. However, the fossils caused scientists to begin ② trying to identify the creatures ③ from which they had originated, with many failing ④ to recognize that they were from ancient unknown species and mistakenly attributing them to giant versions of known species like elephants.

354 밑줄 친 부분 중 어법상 잘못된 것은?

> Amateur athletes who dream of ① participating the Olympics often devote themselves to pursuing excellence in their sport, ② bolstered by dreams of reaching the highest level of recognition on the world stage. However, rarely ③ do they understand the huge amount of time and ④ money that it will take to attain their goal in the beginning.

353 기출포인트 what vs. that
정답 ①

해설 목적어가 없는 불완전한 절(they had uncovered)을 이끌며 동사(know)의 목적어 자리에 올 수 있는 것은 명사절 접속사 what이므로 완전한 절을 이끄는 명사절 접속사 that을 what으로 고쳐야 한다.

오답분석
② 기출포인트 **동명사와 to 부정사 둘 다 목적어로 취하는 동사** 동사 begin은 목적어로 동명사와 to 부정사를 모두 취할 수 있는 동사이므로 begin의 목적어 자리에 동명사 trying이 올바르게 쓰였다.
③ 기출포인트 **전치사 + 관계대명사** 관계사 뒤에 완전한 절(they had originated)이 왔으므로 '전치사 + 관계대명사' 형태가 올 수 있다. '전치사 + 관계대명사'에서 전치사는 선행사 또는 관계절의 동사에 따라 결정되는데, 관계절의 동사 originate는 전치사 from과 짝을 이루어 originate from(~로부터 비롯되다)으로 사용되므로 from which가 올바르게 쓰였다.
④ 기출포인트 **to 부정사를 취하는 동사** 문맥상 '고대의 미지의 종에서 유래했다는 것을 인식하지 못하다'라는 의미가 되어야 자연스럽고, 동사 fail은 '~하지 못하다'라는 의미로 쓰일 때 to 부정사를 목적격 보어로 취하는 동사이므로 failing 뒤에 to 부정사 to recognize가 올바르게 쓰였다.

해석 초기의 선사 시대 화석 발견은 자신들이 발견한 것이 무엇인지 알지 못했던 과학자들을 혼란스럽게 했다. 하지만 이 화석들은 과학자들로 하여금 그것들이 어느 생명체로부터 비롯되었는지 파악하도록 시작하게 하였는데, 많은 이들은 그것들이 고대의 미지의 종에서 유래했다는 것을 인식하지 못한 채 코끼리 같은 기존에 알려진 종의 거대한 유형의 것이라고 잘못 생각했다.

어휘 prehistoric 선사 시대의 fossil 화석 confuse 혼란스럽게 하다 uncover 발견하다 creature 생명체, 생물 originate 비롯되다 ancient 고대의 species 종 attribute (성질 등이) ~에 있다고 생각하다

354 기출포인트 혼동하기 쉬운 자동사와 타동사
정답 ①

해설 동사 participate는 전치사(in)가 있어야 목적어(the Olympics)를 취할 수 있는 자동사이므로 participating을 participating in으로 고쳐야 한다.

오답분석
② 기출포인트 **분사구문의 형태** 주절의 주어(Amateur athletes)와 분사구문이 '아마추어 운동선수들이 북돋움을 받다'라는 의미의 수동 관계이므로 과거분사 bolstered가 올바르게 쓰였다.
③ 기출포인트 **도치 구문: 부사구 도치 1** 부정을 나타내는 부사(rarely)가 강조되어 문장 맨 앞에 나오면 주어와 조동사가 도치되어 '조동사(do) + 주어(they) + 동사(understand)'의 어순이 되므로 rarely 뒤에 do they understand가 올바르게 쓰였다.
④ 기출포인트 **병치 구문** 접속사(and)로 연결된 병치 구문에서는 같은 구조끼리 연결되어야 하는데, and 앞에 명사 time이 왔으므로 and 뒤에도 명사 money가 올바르게 쓰였다.

해석 올림픽 참가를 꿈꾸는 아마추어 운동선수들은 세계 무대에서 최고 수준의 인정을 받고자 하는 꿈에 북돋움을 받아 자신들의 스포츠에서 우수함을 추구하는 데 종종 전념한다. 그러나 그들은 초반에 자신들의 목표를 달성하는 데 필요한 시간과 돈의 엄청난 양을 거의 알지 못한다.

어휘 devote 전념하다 pursue 추구하다 excellence 우수함 bolster 북돋우다 recognition 인정 attain 달성하다

DAY | 18

355 밑줄 친 부분 중 어법상 옳은 것은?

> The smallest seahorses in the world have an average length of only about 16 millimeters and mostly ① lives among soft corals and seagrasses. On account of their tiny stature, marine biologists were not sure ② whether the seahorses were fully grown adults or simply baby seahorses when they were first spotted back in 1969. They ③ can find all across the warm tropical waters of the Western Pacific. However, owing to their minute size, in addition to the fact that they are excellently camouflaged, ④ tiny these seahorses are exceedingly difficult to spot.

356 어법상 빈칸에 들어가기에 가장 적절한 것은?

> The conductor was pleased that he was able to hire several violinists _____ at the prestigious Royalton Music Academy.

① train
② trains
③ trained
④ had trained

355

기출포인트 명사절 접속사 2: whether   정답 ②

해설 문맥상 '다 자란 성체인지 아니면 단지 새끼 해마인지'라는 의미가 되어야 자연스러운데, '~인지 아닌지'는 whether A or B의 형태로 나타낼 수 있으므로 the seahorses ~ or simply baby seahorses 앞에 명사절 접속사 whether가 올바르게 쓰였다.

오답분석
① **기출포인트** 주어와 동사의 수 일치 주어 자리에 복수 명사(The smallest seahorses)가 왔으므로 단수 동사 lives를 복수 동사 live로 고쳐야 한다. 참고로, 주어와 동사 사이의 수식어 거품(in the world)은 동사의 수 결정에 영향을 주지 않는다.
③ **기출포인트** 능동태·수동태 구별 주어(They)와 동사가 '그것들이 발견될 수 있다'라는 의미의 수동 관계이므로 능동태 can find를 수동태 can be found로 고쳐야 한다.
④ **기출포인트** 명사를 수식하는 여러 요소들의 어순 여러 품사가 함께 명사를 수식하는 경우 '지시형용사(these) + 형용사(tiny) + 명사(seahorses)'의 어순이 되어야 하므로 tiny these seahorses를 these tiny seahorses로 고쳐야 한다.

해석 세계에서 가장 작은 해마는 평균 길이가 겨우 16밀리미터이며 주로 연산호와 해초 사이에서 산다. 그들의 작은 크기 때문에, 1969년에 그들이 처음으로 발견되었을 때, 해양 생물학자들은 그 해마들이 다 자란 성체인지 아니면 단지 새끼 해마인지 확신하지 못했다. 그들은 서태평양의 따뜻한 열대 바다 전역에서 발견될 수 있다. 하지만, 그들이 뛰어나게 위장되어 있다는 사실에 더해 이들의 매우 작은 크기 때문에, 이 아주 작은 해마들을 발견하기는 대단히 어렵다.

어휘 seahorse 해마 soft coral 연산호 on account of ~ 때문에 stature 크기 marine 해양의 biologist 생물학자 spot 발견하다 tropical 열대의 owing to ~ 때문에 minute 매우 작은 camouflage 위장하다 exceedingly 대단히

356

기출포인트 수식어 거품 자리   정답 ③

해설 빈칸 앞에 주어(he), 동사(was able to hire), 목적어(several violinists)를 모두 갖춘 완전한 절이 왔으므로 동사 ① train, ② trains, ④ had trained는 정답이 될 수 없고, 형용사 역할을 하며 명사(several violinists)를 뒤에서 수식할 수 있는 분사 ③ trained가 정답이다. 참고로, 수식받는 명사(several violinists)와 분사가 '몇몇 바이올린 연주자들이 훈련받다'라는 의미의 수동 관계이므로 과거분사 trained를 써야 한다.

해석 지휘자는 명망 높은 Royalton 음악 학교에서 훈련받은 몇몇 바이올린 연주자들을 고용할 수 있어서 기뻤다.

어휘 conductor 지휘자, 안내자 prestigious 명망 높은, 일류의

357 밑줄 친 부분 중 어법상 옳지 않은 것은?

> People ① <u>have argued</u> about the investigative methods of Sherlock Holmes for a long time. Some readers ② <u>tell that</u> Sherlock Holmes always relied on logic to solve crimes, while others claim he ③ <u>could not have solved</u> many cases without taking human intuition and emotion into account. If people should finally agree on his methods, the character might ④ <u>be recognized</u> for his understanding of psychology as well as his investigative skills.

358 빈칸에 들어갈 말로 알맞은 것은?

> Civil Rights Era leaders _____ to get the public to recognize the racial inequality that existed within American society.

① found necessary
② found it necessary
③ necessary found it
④ found necessary it

357 기출포인트 4형식 동사 정답 ②

해설 동사 tell은 'tell + 간접 목적어(사람) + 직접 목적어(that절)'의 형태로 쓰이는 4형식 동사이므로 뒤에 that절을 바로 취할 수 없다. 따라서 tell that을 목적어로 that절을 바로 취할 수 있는 3형식 동사 say, mention 등을 써서 say that 또는 mention that 등으로 고쳐야 한다.

오답 분석

① 기출포인트 **현재완료 시제** 현재완료 시제와 자주 함께 쓰이는 'for + 시간 표현'(for a long time)이 왔고 문맥상 '오랫동안 셜록 홈즈의 수사 방법에 대해 논쟁해 왔다'라며 과거에 시작된 일이 현재까지 계속되고 있음을 표현하고 있으므로 현재완료 시제 have argued가 올바르게 쓰였다.

③ 기출포인트 **조동사 관련 표현** 문맥상 '많은 사건들을 해결할 수 없었을 것이다'라는 의미가 되는 것이 자연스러운데, '해결할 수 없었을 것이다'는 조동사 관련 표현 could have p.p.(~했을 수 있었다)의 부정형을 사용하여 나타낼 수 있으므로 could not have solved가 올바르게 쓰였다.

④ 기출포인트 **가정법 미래** 미래 상황을 가정하는 'if + 주어(people) + should + 동사원형(agree on)'이 왔으므로, 주절에도 가정법 미래를 만드는 '주어 + might + 동사원형'의 형태가 와야 한다. 따라서 동사원형 be recognized가 올바르게 쓰였다.

해석 사람들은 오랫동안 셜록 홈즈의 수사 방법에 대해 논쟁해 왔다. 일부 독자들은 셜록 홈즈가 범죄를 해결하기 위해 항상 논리에 의존했다고 말하지만, 다른 이들은 그가 인간의 직감과 감정을 고려하지 않았다면 많은 사건들을 해결할 수 없었을 것이라고 주장한다. 사람들이 마침내 그의 방법에 대해 합의한다면, 그 인물은 수사 기술뿐만 아니라 심리학에 대한 이해로도 인정받을 수 있을 것이다.

어휘 argue 논쟁하다 investigative 수사의 rely on ~에 의존하다 logic 논리 take ~ into account ~을 고려하다 intuition 직감 recognize 인정하다 psychology 심리학

358 기출포인트 5형식 동사 & 목적어 자리 정답 ②

해설 빈칸은 문장의 동사 자리이다. 문맥상 '인종 불평등을 대중이 인식하도록 만드는 것이 필요하다고 느꼈다'라는 의미가 되어야 자연스럽고, 보기의 동사 find(found)는 '~이 -임을 느끼다'라는 의미를 나타낼 때 목적어와 목적격 보어를 취하는 5형식 동사로 쓰이는데, 이때 to 부정사 목적어(to get the public ~ American society)가 목적격 보어(necessary)와 함께 오면 진짜 목적어인 to 부정사구를 목적격 보어 뒤로 보내고 목적어가 있던 자리에 가짜 목적어 it을 써서 '가짜 목적어 it + 목적격 보어(necessary) + 진짜 목적어'의 형태로 쓰인다. 따라서 ② found it necessary가 정답이다.

해석 민권 운동 시대의 지도자들은 미국 사회 내에 존재하던 인종 불평등을 대중이 인식하도록 만드는 것이 필요하다고 느꼈다.

어휘 Civil Rights 민권, 평등권 recognize 인식하다 racial 인종의 inequality 불평등 exist 존재하다

DAY | 18

적중 예상 문제

359 밑줄 친 부분에 들어갈 말로 가장 적절한 것을 고르시오.

> The chef will start preparing the main course when the appetizers _____ served to all guests at the wedding reception.

① will be
② would be
③ were
④ are

360 밑줄 친 부분 중 어법상 잘못된 것은?

> Many people ① funding their retirement find investing too confusing ② to understand on their own, so on the shelves of bookstores across the country ③ sits many financial books that offer easily understood tips on ④ how one should invest for long-term growth.

359 기출포인트 현재 시제 정답 ④

해설 빈칸은 부사절(when ~ reception)의 동사 자리이다. 문맥상 '모든 손님에게 전채가 제공되면'이라는 미래의 의미를 나타내고 있고, 시간을 나타내는 부사절(when ~ reception)에서는 미래를 나타내기 위해 미래 시제 대신 현재 시제를 사용하므로 ④ are가 정답이다.

해석 요리사는 결혼식 피로연에서 모든 손님에게 전채가 제공되면 메인 코스를 준비하기 시작할 것이다.

어휘 appetizer 전채, 애피타이저 reception 피로연, 축하 연회

360 기출포인트 도치 구문: 부사구 도치 2 & 주어와 동사의 수 일치 정답 ③

해설 장소를 나타내는 부사구(on the shelves)가 강조되어 문장의 맨 앞에 오면 주어와 동사가 도치되어 '동사 + 주어(many financial books)'의 어순으로 쓰이는데, 주어 자리에 복수 명사(many financial books)가 왔으므로 단수 동사 sits를 복수 동사 sit으로 고쳐야 한다.

오답 분석
① 기출포인트 현재분사 vs. 과거분사 수식받는 명사(Many people)와 분사가 '많은 사람들이 자금을 마련하다'라는 의미의 능동 관계이므로 현재분사 funding이 올바르게 쓰였다.
② 기출포인트 to 부정사 관련 표현 문맥상 '너무 복잡해서 혼자 힘으로 이해할 수 없다'라는 의미가 되는 것이 자연스럽고, '너무 ~해서 -하다'는 to 부정사 관련 표현 too ~ to를 사용하여 나타낼 수 있으므로 too confusing 뒤에 to 부정사 to understand가 올바르게 쓰였다.
④ 기출포인트 명사절 접속사 3: 의문사 뒤에 완전한 절(one should ~ growth)이 왔고, 문맥상 '장기 성장을 위해 어떻게 투자해야 하는지에 대해'라는 의미가 되는 것이 자연스러우므로 명사절을 이끌며 전치사(on)의 목적어 자리에 올 수 있는 의문 부사 how(어떻게)가 올바르게 쓰였다.

해석 은퇴 자금을 마련하는 많은 사람들은 투자가 너무 복잡해서 혼자 힘으로 이해할 수 없다고 생각하므로, 전국 서점의 선반 위에는 장기 성장을 위해 어떻게 투자해야 하는지에 대해 쉽게 이해할 수 있는 조언을 제공하는 많은 금융 서적들이 놓여 있다.

어휘 fund 자금을 마련하다, 자금을 제공하다 retirement 은퇴 (자금) confusing 복잡한 shelf 선반 long-term 장기의, 장기적인

DAY | 19

361 밑줄 친 부분 중 어법상 옳은 것은?

It has been a long-held assumption that creativity ① <u>emerges</u> the brain's right hemisphere. This belief was examined in a recent study ② <u>what</u> measured the brain activity of jazz musicians during improvisation. The results found ③ <u>that</u> those with less playing experience relied on the right side of the brain when performing. However, more accomplished musicians were driven by the left hemisphere. According to the researchers, this tells ④ <u>to us</u> that the right side of the brain may be for unfamiliar situations, while the left hemisphere is used more when the person is acquainted with a task.

362 빈칸에 들어갈 말로 알맞은 것은?

The idea that Bible stories can _____ through historical evidence has been debated for many generations.

① be validating
② validate
③ be validated
④ validating

361 [기출포인트] 명사절 접속사 1: that 정답 ③

해설 완전한 절(those with ~ when performing)을 이끌며 동사 found의 목적어 자리에 올 수 있는 명사절 접속사 that이 올바르게 쓰였다.

오답분석
① [기출포인트] **자동사** 동사 emerge는 '~로부터 나오다'라는 의미를 나타낼 때 전치사 없이 목적어(the brain's ~ hemisphere)를 취할 수 없는 자동사이므로 emerges를 '~로부터'라는 의미의 전치사 from을 써서 emerges from으로 고쳐야 한다.
② [기출포인트] **관계절 자리와 쓰임** 명사(a recent study)를 수식하기 위해 형용사 역할을 하는 관계절이 와야 하는데, 선행사(a recent study)가 사물이고 관계절 내에서 동사(measured)의 주어 역할을 하므로, what을 사물을 가리키는 주격 관계대명사 which 또는 that으로 고쳐야 한다.
④ [기출포인트] **4형식 동사** 동사 tell은 전치사 없이 'tell + 간접 목적어(us) + 직접 목적어(that절)'의 형태를 취하는 4형식 동사이므로 to us를 us로 고쳐야 한다.

해석 창의성이 뇌의 우반구로부터 나온다는 것은 오래된 가설이었다. 이 믿음은 즉흥 연주 도중 재즈 음악가들의 뇌 활동을 측정한 최근의 연구에서 실험되었다. 그 결과는 더 적은 연주 경험을 가지고 있는 이들은 연주할 때 뇌의 우측에 의지한다는 것을 발견했다. 그러나, 기량이 더 뛰어난 음악가들은 좌반구에 의해 움직여졌다. 연구원들에 따르면, 이것은 우리에게 뇌의 우측은 익숙하지 않은 상황을 위한 것일 수도 있는 반면, 좌반구는 그 사람이 어떤 일에 대해 잘 알고 있는 경우에 더 많이 사용된다는 것을 말해준다.

어휘 long-held 오래된, 오래 간직해온 hemisphere 반구 improvisation 즉흥 연주, 즉석에서 하는 것 rely on 의지하다, 의존하다 accomplished 기량이 뛰어난, 재주가 많은 acquainted 알고 있는, 접한 적이 있는

362 [기출포인트] 능동태·수동태 구별 정답 ③

해설 빈칸은 명사절(that Bible stories ~ evidence)의 동사 자리이다. 빈칸 뒤에 목적어가 없고, 명사절의 주어(Bible stories)와 동사가 '성경 이야기들이 검증되다'라는 의미의 수동 관계이므로 수동태 ③ be validated가 정답이다.

해석 성경 이야기들이 역사적 증거를 통해 검증될 수 있다는 견해는 수많은 세대에 걸쳐 논쟁되어 왔다.

어휘 evidence 증거 debate 논쟁하다, 논의하다 generation 세대 validate 검증하다, 확인하다

DAY | 19

363 밑줄 친 부분 중 어법상 옳지 않은 것은?

> The Main Street expansion project ① <u>announced</u> by the council is likely ② <u>to cause</u> inconvenience for many city residents. Not only will those who live ③ <u>nearly</u> Main Street be exposed to construction noise, but all commuters will have to ④ <u>find</u> temporary alternatives to the city's busiest roadway.

364 밑줄 친 부분 중 어법상 잘못된 것은?

> Machiavelli's *The Prince* is ① <u>by far</u> the most influential Renaissance-era political treatise, ② <u>offering</u> leadership strategies that are more practical than those in other works and remaining as relevant today ③ <u>than</u> when it was written; in fact, throughout modern political theories ④ <u>can be found the ideas</u> that it introduced.

363 기출포인트 혼동하기 쉬운 형용사와 부사 정답 ③

해설 문맥상 '메인가 근처에 사는 사람들'이라는 의미가 되어야 자연스럽고, '근처에'는 부사 near로 나타낼 수 있으므로 '거의'라는 의미의 부사 nearly를 near로 고쳐야 한다.

오답 분석
① 기출포인트 **현재분사 vs. 과거분사** 수식받는 명사(The Main Street expansion project)와 분사가 '메인가 확장 계획이 발표되다'라는 의미의 수동 관계이므로 과거분사 announced가 올바르게 쓰였다.
② 기출포인트 **to 부정사 관련 표현** 문맥상 '불편을 야기할 것 같다'라는 의미가 되어야 자연스러운데, '~할 것 같다'는 'be likely + to 부정사' 형태로 나타낼 수 있으므로, is likely 뒤에 to 부정사 to cause가 올바르게 쓰였다.
④ 기출포인트 **조동사 관련 표현** 조동사처럼 쓰이는 표현 have to(~해야 한다) 뒤에는 동사원형이 와야 하므로 동사원형 find가 올바르게 쓰였다.

해석 의회에 의해 발표된 메인가 확장 계획이 많은 시민들에게 불편을 야기할 것 같다. 메인가 근처에 사는 사람들은 공사 소음에 노출될 뿐만 아니라, 모든 통근자들은 도시에서 가장 붐비는 도로에 대한 임시 대안을 찾아야 할 것이다.

어휘 expansion 확장 council 의회 inconvenience 불편 expose 노출시키다 construction 공사 commuter 통근자 temporary 임시의 alternative 대안 roadway 도로

364 기출포인트 원급 정답 ③

해설 문맥상 '집필 당시만큼이나 여전히 유의미한'이라는 의미가 되어야 자연스러운데, '~만큼 -한'은 원급 표현 'as + 형용사의 원급(relevant) + as'로 나타낼 수 있으므로 than을 as로 고쳐야 한다.

오답 분석
① 기출포인트 **최상급 강조 표현** 부사 by far는 최상급 앞에서 최상급(the most influential)을 강조하는 표현이므로 by far가 the most influential 앞에 올바르게 쓰였다.
② 기출포인트 **분사구문의 형태** 주절의 주어(Machiavelli's *The Prince*)와 분사구문이 '마키아벨리의 『군주론』이 제시하다'라는 의미의 능동 관계이므로 현재분사 offering이 올바르게 쓰였다.
④ 기출포인트 **도치 구문: 부사구 도치 2** 부사구(throughout modern political theories)가 강조되어 문장의 맨 앞에 나오면 주어와 동사가 도치되어 '동사(can be found) + 주어(the ideas)'의 어순이 되므로 can be found the ideas가 올바르게 쓰였다.

해석 마키아벨리의 『군주론』은 단연코 가장 영향력 있는 르네상스 시대의 정치 전문 서적으로, 다른 전문 서적들보다 더 실용적인 리더십 전략을 제시하며 집필 당시만큼이나 오늘날에도 여전히 유의미하고, 사실, 현대 정치 이론 전반에 걸쳐 그것이 도입한 사상들을 발견할 수 있다.

어휘 influential 영향력 있는 Renaissance 르네상스 treatise 전문 서적, 논문 practical 실용적인 relevant 유의미한, 적절한

365 밑줄 친 부분 중 어법상 가장 옳지 않은 것은?

> Were it not for its vast territory, the economy of the US ① would look very different today as much of its success can be attributed to ② exploit its natural resources, which helped it ③ surpass countries that had dominated world markets for centuries and ④ had been assumed to be forever in control previously.

366 빈칸에 들어갈 말로 가장 적절한 것을 고르시오.

> _____ to early Mesoamerican cultures that not only common residents but also priests were dependent upon the grain.

① Corn was important so
② Important was corn so
③ So important was corn
④ Was corn so important

365 기출포인트 동명사 관련 표현 정답 ②

해설 문맥상 '천연자원을 개발한 것 덕분으로 볼 수 있다'라는 의미가 되어야 자연스럽고 '~의 덕분으로 여기다'는 동명사 관련 표현 be attributed to -ing를 사용하여 나타낼 수 있으므로 동사원형 exploit을 동명사 exploiting으로 고쳐야 한다.

오답 분석
① 기출포인트 가정법 도치 if절에 if가 생략된 가정법 과거 구문 'Were it not for + 명사(its vast territory)'가 왔으므로, 주절에도 가정법 과거 '주어(the economy of the US) + would + 동사원형(look)' 형태인 would look이 올바르게 쓰였다.
③ 기출포인트 원형 부정사를 목적격 보어로 취하는 동사 준 사역동사 help는 원형 부정사를 목적격 보어로 취할 수 있으므로 원형 부정사 surpass가 올바르게 쓰였다.
④ 기출포인트 능동태·수동태 구별 & 과거완료 시제 동사(assume) 뒤에 목적어가 없고 선행사(countries)와 동사가 '국가들이 (영원히 통제할 것으로) 간주되다'라는 의미의 수동 관계이므로 수동태가 와야 한다. 또한, '국가들이 (영원히 통제할 것으로) 간주된 것'은 '천연자원 개발이 미국이 (영원히 통제할 것으로 간주되었던 국가들을) 추월하도록 도움을 준' 특정 과거 시점보다 이전에 일어난 일이므로 과거완료 수동태 had been assumed가 올바르게 쓰였다.

해석 광활한 영토가 없다면, 미국의 경제는 오늘날 매우 다르게 보일 것인데, 이는 미국의 성공의 대부분이 천연자원을 개발한 것 덕분으로 볼 수 있기 때문이고, 이것이 미국이 수 세기 동안 세계 시장을 지배해왔고 영원히 통제할 것으로 간주되었던 국가들을 추월하는 데 도움을 주었다.

어휘 vast 광활한 territory 영토 exploit 개발하다 surpass 추월하다 dominate 지배하다 assume 간주하다, 추정하다

366 기출포인트 도치 구문: 기타 도치 & 부사 자리 정답 ③

해설 빈칸은 문장의 주어와 동사 자리이다. 형용사가 강조되어 문장의 맨 앞에 나올 때, 주어와 동사가 도치되어 '형용사(important) + 동사(was) + 주어(corn)'의 어순이 되므로 ②, ③번이 정답 후보인데, 부사(So)는 형용사를 앞에서 수식할 수 있으므로 ③ So important was corn이 정답이다.

해석 옥수수는 초기 메소아메리카 문화에 너무 중요해서 일반 주민들뿐만 아니라 성직자들까지도 그 곡물에 의존했다.

어휘 common 일반의, 보통의 resident 주민, 거주자 priest 성직자 dependent 의존하는 grain 곡물

367 어법상 빈칸에 들어가기에 가장 적절한 것은?

> To visit Haiti was his childhood dream, but his trip to the country _____ his parents were born didn't go as planned due to unexpected health issues.

① which
② that
③ what
④ where

368 밑줄 친 부분 중 어법상 옳지 않은 것은?

> Many young children accidentally drink toxic household cleaners, so it is important that you know ① <u>what</u> to do ② <u>afterwards</u> your child has swallowed some. ③ <u>Call</u> a poison control center immediately, and remember that you must never induce vomiting, ④ <u>as</u> this can cause further harm.

367 기출포인트 관계부사와 관계대명사 비교 정답 ④

해설 빈칸은 선행사(the country)를 수식할 수 있는 관계사 자리이므로 명사절 접속사 ③ what을 제외한 관계대명사 ① which, ② that과 관계부사 ④ where가 정답 후보인데, 선행사(the country)가 장소를 나타내고 관계사 뒤에 완전한 절(his parents were born)이 왔으므로 완전한 절을 이끌며 장소를 나타내는 관계부사 ④ where가 정답이다. 관계대명사 ① which와 ② that은 불완전한 절을 이끌기 때문에 정답이 될 수 없다.

해석 아이티를 방문하는 것이 그의 어린 시절 꿈이었지만, 그의 부모님이 태어난 그 나라로의 여행은 예상치 못한 건강 문제로 인해 계획대로 되지 않았다.

어휘 childhood 어린 시절   unexpected 예상치 못한

368 기출포인트 부사절 접속사 1: 시간 정답 ②

해설 부사(afterwards)는 절(it is ~ to do)과 절(your child ~ some)을 연결할 수 없고, 문맥상 '당신의 자녀가 그것을 삼킨 후에'라는 의미가 되어야 자연스러우므로 부사 afterwards(나중에)를 시간을 나타내는 부사절 접속사 after(~한 후에)로 고쳐야 한다.

오답분석
① 기출포인트 명사절 접속사 3: 의문사 동사(know)의 목적어 역할을 하는 명사절 자리에 '의문사 + to 부정사'가 올 수 있으므로, to 부정사 to do 앞에 의문사 what이 올바르게 쓰였다.
③ 기출포인트 명령문의 어순 & 타동사 명령문은 주어를 생략하고 동사원형으로 문장을 시작하고, 동사 call은 '전화하다'라는 의미를 나타낼 때 전치사 없이 목적어를 바로 취하는 타동사로 쓰이므로 목적어(a poison control center) 앞에 동사원형 Call이 올바르게 쓰였다.
④ 기출포인트 부사절 접속사 2: 이유 문맥상 '더 큰 피해를 초래할 수 있기 때문에'라는 의미가 되어야 자연스러우므로 이유를 나타내는 부사절 접속사 as(~기 때문에)가 올바르게 쓰였다.

해석 많은 어린이들이 뜻하지 않게 유독성의 가정용 세제를 마시므로, 당신의 자녀가 그것을 삼킨 후에 무엇을 해야 할지 아는 것은 매우 중요하다. 독극물 통제 센터에 즉시 전화하고, 더 큰 피해를 초래할 수 있기 때문에 결코 구토를 유발해서는 안 된다는 것을 기억해야 한다.

어휘 toxic 유독성의   afterwards 후에, 나중에   swallow 삼키다   immediately 즉시   induce 유발하다   vomiting 구토   harm 피해, 해

369 밑줄 친 부분 중 어법상 가장 옳지 않은 것은?

> Superhero movies ① <u>usually feature</u> main characters with super powers, but this is not always the case. Batman, for instance, fights crime using a variety of technological ② <u>gadget</u>, such as bat-themed boomerangs, claws, and vehicles. Each device in his arsenal helps him ③ <u>during</u> battle, giving him extraordinary abilities similar to ④ <u>those</u> that come from supernatural sources in other films of the genre.

370 어법상 빈칸에 들어가기에 가장 적절한 것은?

> The public library _____ open until 10 p.m. on weekdays starting next month.

① had remained   ② will remain
③ have remained   ④ remained

369 기출포인트 수량 표현   정답 ②

해설 a variety of(다양한)는 복수 명사 앞에 쓰여 복수 취급하는 수량 표현이므로, a variety of 뒤의 단수 명사 gadget을 복수 명사 gadgets로 고쳐야 한다.

오답 분석
① 기출포인트 **빈도 부사** 빈도 부사(usually)는 보통 일반동사(feature) 앞에 쓰이므로 usually feature가 올바르게 쓰였다.
③ 기출포인트 **전치사 2: 기간** 문맥상 '전투 중에'라는 의미가 되어야 자연스러우므로 기간을 나타내는 전치사 during(~ 중에)이 명사 (battle) 앞에 올바르게 쓰였다.
④ 기출포인트 **지시대명사** 대명사가 지시하는 명사(abilities)가 복수이므로 복수 지시대명사 those가 올바르게 쓰였다.

해석 슈퍼히어로 영화들은 보통 초능력을 가진 주인공들을 특징으로 하지만, 항상 그런 것은 아니다. 예를 들어, 배트맨은 박쥐를 주제로 한 부메랑, 갈고리 모양의 도구, 그리고 차량들과 같은 다양한 기술적 장치들을 사용하여 범죄와 싸운다. 그의 무기고에 있는 각각의 장치는 전투 중에 그를 도우며, 그에게 그 장르의 다른 영화들에서 초자연적인 근원으로부터 나오는 것들과 유사한 특별한 능력들을 준다.

어휘 feature 특징으로 하다   crime 범죄   technological 기술적인   gadget 장치   claw 갈고리 모양의 도구, 발톱   device 장치   arsenal 무기고   extraordinary 특별한   supernatural 초자연적인

370 기출포인트 시제 일치   정답 ②

해설 빈칸은 문장의 동사 자리이고, 미래 시제와 자주 함께 쓰이는 'next + 시간 표현(month)'이 왔으므로 미래 시제 ② will remain이 정답이다.

해석 공공 도서관은 다음 달부터 평일에 밤 10시까지 열려 있을 것이다.

어휘 public 공공의   weekday 평일

DAY | 19

371 밑줄 친 부분 중 어법상 옳지 않은 것은?

> Not only all the board members but also the CEO ① have been invited to the charity event ② set to take place next Saturday. Unlike in past years, this year's profits will ③ be given to only one charity rather than ④ divided among several different ones.

372 빈칸에 들어갈 말로 알맞은 것은?

> Although scholars do know many things about the Voynich manuscript, they still have not discerned _____.

① in the codex what means the mysterious writing
② what means the mysterious writing in the codex
③ the mysterious writing in the codex means what
④ what the mysterious writing in the codex means

371 기출포인트 접속사로 연결된 주어의 수 일치   정답 ①

해설 상관접속사 not only A but also B(A뿐만 아니라 B도)로 연결된 주어는 B에 동사를 수 일치시켜야 하는데, B 자리에 단수 명사(the CEO)가 왔으므로 복수 동사 have를 단수 동사 has로 고쳐야 한다.

오답분석
② 기출포인트 현재분사 vs. 과거분사 수식받는 명사(the charity event)와 분사가 '자선 행사가 예정되다'라는 의미의 수동 관계이므로 과거분사 set이 올바르게 쓰였다.
③ 기출포인트 능동태·수동태 구별 주어(this year's profits)와 동사가 '올해의 수익금이 기부되다'라는 의미의 수동 관계이므로 조동사 will 뒤에 와서 수동태를 완성하는 be given이 올바르게 쓰였다.
④ 기출포인트 병치 구문 비교 구문에서 비교 대상은 같은 구조끼리 연결되어야 하는데, rather than 앞에 과거분사 given이 왔으므로 rather than 뒤에도 과거분사 divided가 올바르게 쓰였다. 참고로, rather than 뒤에 반복되는 be 동사(be)는 생략되었다.

해석 모든 이사회 임원들뿐만 아니라 CEO도 다음 토요일에 열리기로 예정된 자선 행사에 초청되었다. 지난 몇 년과는 달리, 올해의 수익금은 여러 다른 단체들 사이에 나누어지기보다는 단 하나의 자선단체에 기부될 것이다.

어휘 charity 자선, 자선 단체 take place 열리다, 개최되다

372 기출포인트 의문문의 어순   정답 ④

해설 빈칸은 동사(discerned)의 목적어 자리이다. 목적어 자리에는 명사 역할을 하는 간접 의문문이 올 수 있는데, 간접 의문문은 '의문사(what) + 주어(the mysterious writing) + 동사(means)'의 어순이 되어야 하므로 ④ what the mysterious writing in the codex means가 정답이다. 참고로, 명사 the mysterious writing을 뒤에서 수식하기 위해 전치사구 in the codex가 쓰였다.

해석 학자들이 보이니치 필사본에 대해 많은 것들을 알고 있긴 하지만, 그들은 여전히 그 고문서에 있는 신비로운 문자가 무엇을 의미하는지 알아내지 못했다.

어휘 scholar 학자 manuscript 필사본 discern 알아내다, 식별하다 mysterious 신비로운, 수수께끼 같은 codex 고문서

DAY | 19

373 다음 빈칸에 들어갈 말로 가장 적절한 것을 고르시오.

> The company's policy emphasizes the importance of _____ confidential information with unauthorized personnel as it could lead to serious security breaches.

① not sharing
② not to share
③ sharing not
④ share not

374 밑줄 친 부분 중 어법상 옳지 않은 것은?

> Good posture is important for many reasons, but ① <u>the most beneficial</u> is ② <u>what</u> it will reduce back pain. When you are sitting at your desk, don't slouch or hunch over. You should always remember ③ <u>to keep</u> your body in good form ④ <u>to prevent</u> back problems later in life.

373 기출포인트 동명사의 형태 정답 ①

해설 빈칸은 전치사(of)의 목적어 자리이므로 명사 역할을 할 수 있는 것이 와야 한다. 따라서 동명사 sharing이 쓰인 ①, ③번이 정답 후보인데, 동명사의 부정형은 동명사 앞에 not을 붙이므로 ① not sharing이 정답이다.

해석 그 회사의 정책은 기밀 정보를 권한이 없는 직원과 공유하지 않는 것의 중요성을 강조하는데, 이는 그것이 심각한 보안 침해로 이어질 수 있기 때문이다.

어휘 emphasize 강조하다 importance 중요성 confidential 기밀의 unauthorized 권한이 없는 personnel 직원
lead to ~로 이어지다 breach 침해, 위반

374 기출포인트 what vs. that 정답 ②

해설 명사절 접속사 what은 완전한 절(it ~ pain)을 이끌 수 없으므로 what을 완전한 절을 이끌 수 있는 명사절 접속사 that으로 고쳐야 한다.

오답분석
① 기출포인트 **최상급** 최상급 표현은 'the + 형용사의 최상급'으로 나타낼 수 있는데, 3음절 이상의 단어(beneficial)의 최상급은 앞에 most를 붙이므로 the most beneficial이 올바르게 쓰였다.
③ 기출포인트 **동명사와 to 부정사 둘 다 목적어로 취하는 동사** 동사 remember는 '~할 것을 기억하다'라는 미래의 의미를 나타낼 때는 to 부정사를 목적어로 취하므로 to 부정사 to keep이 올바르게 쓰였다.
④ 기출포인트 **to 부정사의 역할** 문맥상 '문제를 예방하기 위해'라는 의미가 되어야 자연스러우므로 부사처럼 목적을 나타낼 수 있는 to 부정사 to prevent가 올바르게 쓰였다.

해석 바른 자세는 여러 이유로 중요하지만, 가장 유익한 것은 그것이 허리 통증을 줄일 것이라는 점이다. 책상에 앉아 있을 때 구부정하게 앉거나 등을 구부리지 마라. 노후에 허리 문제를 예방하기 위해 당신의 신체를 바른 자세로 유지할 것을 항상 기억해야 한다.

어휘 posture 자세 slouch 구부정하게 앉다 hunch 등을 구부리다

●●● 난이도 상 ●●○ 난이도 중 ●○○ 난이도 하

375 밑줄 친 부분 중 어법상 옳지 않은 것은?

Though we might imagine all warfare ① to be a years-long ordeal, sometimes it isn't. In 1967, for instance, an Israeli attack against surrounding nations lasted a mere six days. It ended ② when a ceasefire agreement was signed by the countries involved. But six days ③ is hardly the shortest conflict on record. The British Empire in 1896 took on and ④ defeating the African nation of Zanzibar in a war that lasted only about 40 minutes.

376 밑줄 친 부분 중 어법상 옳지 않은 것은?

People consistently make errors, ① which isn't a problem until they are repeated. ② Although having a mistake pointed out to them, people will often repeat it. It seems that people are reluctant to admit when they are wrong. As their reluctance prevents them from acknowledging their role in events, ③ so too does it prevent them from learning from their mistakes. ④ Both an awareness of problems and an acknowledgement of what caused them are necessary to learn from mistakes and prevent their future recurrence.

375 기출포인트 병치 구문   정답 ④

해설 접속사(and)로 연결된 병치 구문에서는 같은 품사끼리 연결되어야 하는데, and 앞에 과거 동사 took이 왔으므로 and 뒤의 defeating을 과거 동사 defeated로 고쳐야 한다.

오답 분석
① 기출포인트 **목적어 뒤에 as나 to be를 취하는 동사** 동사 imagine은 목적어(all warfare) 뒤에 '(to be) + 명사/형용사'를 취하는 동사이므로 명사구 a years-long ordeal 앞에 to be가 올바르게 쓰였다.
② 기출포인트 **부사절 접속사 1: 시간** 문맥상 '협정이 맺어졌을 때'라는 의미가 되어야 자연스러우므로, 시간을 나타내는 부사절 접속사 when(~할 때)이 올바르게 쓰였다.
③ 기출포인트 **주어와 동사의 수 일치** 기간을 나타내는 명사구 주어(six days)는 단수 취급하므로 단수 동사 is가 올바르게 쓰였다.

해석 우리는 모든 전투가 수년이 걸리는 시련이라고 생각할 수도 있지만, 가끔은 그렇지 않다. 예를 들어, 1967년에 주변 국가에 대한 이스라엘의 공격은 겨우 6일 동안 지속되었다. 그것은 관련국들에 의해 휴전 협정이 맺어졌을 때 끝이 났다. 그러나 6일이 기록상으로 가장 짧은 전투는 결코 아니다. 1896년에 대영 제국은 겨우 40분 정도 지속된 전쟁에서 아프리카 국가 잔지바르와 싸워서 이겼다.

어휘 warfare 전투, 전쟁 ordeal 시련 ceasefire 휴전, 정전 명령 conflict 전투, 충돌 take on 싸우다

376 기출포인트 전치사 4: 양보   정답 ②

해설 명사 역할을 하는 동명사구(having ~ them) 앞에 부사절 접속사(although)는 올 수 없으므로, Although를 양보를 나타내는 전치사 Despite(~에도 불구하고) 또는 In spite of(~에도 불구하고)로 고쳐야 한다.

오답 분석
① 기출포인트 **관계대명사** 선행사(errors)가 사물이고, 관계절 내에서 동사(isn't)의 주어 역할을 하고 있으므로 콤마(,) 뒤에서 계속적 용법으로 쓰인 관계절을 이끌 수 있으며 사물을 가리키는 주격 관계대명사 which가 올바르게 쓰였다.
③ 기출포인트 **도치 구문: 기타 도치** 부사 so가 '~ 역시 그렇다'라는 의미로 쓰여 절 앞에 오면 주어와 조동사가 도치되어 '조동사(does) + 주어(it)'의 어순이 되어야 하고, 부사 too는 동사(does)를 앞에서 수식하므로 so too does it이 올바르게 쓰였다.
④ 기출포인트 **상관접속사** 주어 자리에 and로 연결된 명사구(an awareness of problems and ~ what caused them)가 왔고, 동사 자리에 복수 동사 are가 쓰였으므로 and와 짝을 이루어 상관접속사 both A and B를 완성하는 Both가 올바르게 쓰였다.

해석 사람들은 끊임없이 실수를 하는데, 이것(실수를 하는 것)은 그것들이(실수들이) 반복되기 전까지는 문제가 아니다. 실수를 지적받음에도 불구하고, 사람들은 종종 그것을 반복할 것이다. 사람들은 자신들이 틀렸을 때 인정하는 것을 꺼리는 듯하다. 그들의 거리낌이 사건에 있어 자신의 몫을 인정하는 것을 막는 것처럼, 그것은 또한 그들이 실수로부터 교훈을 얻는 것도 막는다. 실수들에서 교훈을 얻고 그것들(실수들)이 미래에 재발하는 것을 막으려면 문제에 대한 인식과 문제를 일으킨 것이 무엇인지에 대한 인정 둘 다 필요하다.

어휘 consistently 끊임없이 point out 지적하다 reluctant 꺼리는 acknowledge 인정하다 awareness 인식 recurrence 재발

DAY | 19

377 밑줄 친 부분 중 어법상 가장 옳지 않은 것은?

> Since his introduction, Indiana Jones ① <u>has become</u> one of the most popular movie characters. Throughout the movie series, the adventurous professor seized every opportunity ② <u>to exploring</u> lost civilizations and recover sacred relics. However, modern critics cannot help ③ <u>questioning</u> whether the character was actually admirable as they consider many of his actions ④ <u>reckless</u>, driven by his ego with a disregard for other cultures.

378 밑줄 친 부분 중 어법상 옳지 않은 것은?

> Ten years ago, although many drivers were already using mobile phones, there were few laws regarding ① <u>distracting</u> driving. While the danger may seem ② <u>obvious</u> today, in the past lawmakers ③ <u>saw danger</u> only when drivers were intoxicated, and this became the focus of legislation. However, the growing number of accidents caused by people using electronic devices meant laws needed to adjust to ④ <u>changing</u> times.

377 [기출포인트] to 부정사 관련 표현   정답 ②

해설 문맥상 '잃어버린 문명들을 탐험할 기회'라는 의미가 되어야 자연스럽고, opportunity는 '~할 기회'라는 의미를 나타낼 때 to 부정사를 취하는 명사이므로 to exploring을 to 부정사 to explore로 고쳐야 한다.

오답분석
① [기출포인트] **시제 일치** 현재완료 시제와 자주 함께 쓰이는 'since + 시간 표현'(Since his introduction)이 왔고 문맥상 '인디애나 존스가 등장한 이래로'라는 과거에 시작된 일이 현재까지 계속되는 경우를 표현하고 있으므로 현재완료 시제 has become이 올바르게 쓰였다.
③ [기출포인트] **동명사 관련 표현** 문맥상 '의문을 제기하지 않을 수 없다'라는 의미가 되어야 자연스럽고, '~하지 않을 수 없다'는 동명사구 관용 표현 cannot help -ing를 사용하여 나타낼 수 있으므로 동명사 questioning이 올바르게 쓰였다.
④ [기출포인트] **5형식 동사** 동사 consider는 '~을 -이라고 여기다'라는 의미를 나타낼 때 '목적어 + 목적격 보어'를 취하는 5형식 동사로 쓰이고, 보어 자리에는 형용사나 명사가 올 수 있으므로 목적격 보어 자리에 형용사 reckless가 올바르게 쓰였다.

해석 인디애나 존스가 등장한 이래로, 그는 가장 인기 있는 영화 인물 중 한 명이 되었다. 영화 시리즈 전반에 걸쳐, 모험을 좋아하는 그 교수는 잃어버린 문명들을 탐험하고 성스러운 유물들을 되찾을 모든 기회를 붙잡았다. 하지만 현대 비평가들은 그 인물이 실제로 존경할 만했는지 의문을 제기하지 않을 수 없는데, 이는 그들이 그의 많은 행동들이 다른 문화들에 대한 무시를 동반한 그의 자만심에 의해 이끌린 무모한 것이라고 여기기 때문이다.

어휘 introduction 등장 adventurous 모험을 좋아하는 seize 붙잡다 civilization 문명 sacred 성스러운 relic 유물 admirable 존경할 만한 reckless 무모한 ego 자만심, 자부심 disregard 무시

378 [기출포인트] 현재분사 vs. 과거분사   정답 ①

해설 수식받는 명사(driving)와 분사가 '운전이 주의 분산되다'라는 의미의 수동 관계이므로, 현재분사 distracting을 과거분사 distracted로 고쳐야 한다.

오답분석
② [기출포인트] **보어 자리** 동사 seem은 주격 보어를 취하는 동사이므로, 보어 자리에 형용사 obvious(분명한)가 올바르게 쓰였다.
③ [기출포인트] **타동사** 지각동사 see(saw)는 전치사 없이 목적어(danger)를 바로 취하는 타동사이므로 saw danger가 올바르게 쓰였다.
④ [기출포인트] **현재분사 vs. 과거분사** 수식받는 명사(times)와 분사가 '시대가 변하다'라는 의미의 능동 관계이므로 현재분사 changing이 올바르게 쓰였다.

해석 십 년 전에, 많은 운전자들이 이미 휴대폰을 사용하고 있었지만, 주의 분산 운전과 관련된 법은 거의 없었다. 오늘날에는 그 위험이 분명해 보일지 모르지만, 과거에 입법자들은 운전자들이 취했을 때만 위험성을 보았고, 이것이 법률 제정의 중심이 되었다. 그러나, 전자 기기를 사용하는 사람들에 의해 야기되는 점점 증가하는 사고의 건수는 법이 변화하는 시대에 맞출 필요가 있다는 것을 의미했다.

어휘 distract (주의를) 분산시키다 lawmaker 입법자 intoxicate 취하게 하다 legislation 법률 제정

DAY | 19

적중 예상 문제

379 밑줄 친 부분에 들어갈 가장 적절한 것은?

> The marketing department _____ over fifteen successful campaigns so far this year that have significantly boosted the company's brand recognition.

① launched
② has launched
③ will launch
④ is launching

380 밑줄 친 부분 중 어법상 잘못된 것은?

> A number of ① candidates for the managerial position ② have prior experience leading a team, but ③ otherwise the CEO changes her mind in the next few days, HR is planning to hire someone with an unconventional background for the role, ④ which requires oversight of the newly formed quality assurance department.

379 기출포인트 시제 일치 정답 ②

해설 빈칸은 문장의 동사 자리이다. 현재완료 시제와 자주 함께 쓰이는 시간 표현 so far(지금까지)가 왔고, 문맥상 '올해 지금까지 실시해왔다'라는 의미로 과거에 시작된 일이 현재까지 계속되는 진행 중임을 표현하고 있으므로 현재완료 시제 ② has launched가 정답이다.

해석 마케팅 부서는 올해 지금까지 회사의 브랜드 인지도를 크게 높인 15개가 넘는 성공적인 캠페인을 실시해왔다.

어휘 significantly 크게 boost 높이다 brand recognition 브랜드 인지도 launch 실시하다, 개시하다

380 기출포인트 부사절 자리와 쓰임 정답 ③

해설 완전한 절(the CEO ~ few days)을 이끄는 부사절 접속사 자리에 부사는 올 수 없고, 문맥상 '며칠 안에 마음을 바꾸지 않는 한'이라는 의미가 되는 것이 자연스러우므로 부사 otherwise(그렇지 않으면)를 부사절 접속사 unless(~하지 않는 한)로 고쳐야 한다.

오답분석
① 기출포인트 **수량 표현** 복수 명사 앞에 쓰이는 수량 표현 A number of(많은) 뒤에 복수 명사 candidates가 올바르게 쓰였다.
② 기출포인트 **수량 표현의 수 일치** 주어 자리에 복수 취급하는 수량 표현 'a number of + 복수 명사'(A number of candidates)가 왔으므로 복수 동사 have가 올바르게 쓰였다.
④ 기출포인트 **관계대명사** 선행사(the role)가 사물이고 관계절 내에서 동사(requires)의 주어 역할을 하므로 콤마(,) 뒤에서 계속적 용법으로 쓰이면서 사물을 가리키는 주격 관계대명사 which가 올바르게 쓰였다.

해석 그 관리직에 대한 많은 후보자들은 팀을 이끈 이전의 경험이 있지만, CEO가 앞으로 며칠 안에 마음을 바꾸지 않는 한, 인사 부서는 새로 구성된 품질 보증 부서의 관리를 요구하는 그 역할에 대해 색다른 배경을 가진 사람을 고용할 계획이다.

어휘 candidate 후보자 managerial 관리의 prior 이전의 unconventional 색다른, 틀에 박히지 않은 oversight 관리, 감독 quality assurance 품질 보증

381 밑줄 친 부분 중 어법상 잘못된 것은?

① Staying at the five-star resort was a great letdown for the guest, according to a review ② posted on the travel forum. "I have visited the property ③ late, but neither the room ④ nor the facilities lived up to my expectations, leaving me feeling I should've stayed elsewhere," he wrote.

382 빈칸에 들어갈 말로 가장 적절한 것을 고르시오.

The government's initiative to improve broadband access is expected to lessen the digital divide and _____ vulnerable citizens from falling victim to it.

① protects
② protect
③ protecting
④ protected

381 기출포인트 혼동하기 쉬운 형용사와 부사   정답 ③

해설 문맥상 '최근에 방문했다'라는 의미가 되어야 자연스러우므로 '늦게'를 의미하는 부사 late를 '최근에'라는 의미의 부사 lately로 고쳐야 한다.

오답분석
① 기출포인트 **동명사의 역할** 동명사구는 명사 역할을 하여 주어 자리에 올 수 있으므로 동명사구 Staying at the five-star resort가 올바르게 쓰였다.
② 기출포인트 **현재분사 vs. 과거분사** 수식받는 명사(a review)와 분사가 '후기가 게시되다'라는 의미의 수동 관계이므로 과거분사 posted가 올바르게 쓰였다.
④ 기출포인트 **상관접속사** 문맥상 '객실도 시설도 기대에 부응하지 못했다'라는 의미가 되어야 자연스럽고, 이는 상관접속사 neither A nor B(A나 B 중 어느 것도 아닌)로 나타낼 수 있으므로 앞의 neither와 짝을 이루는 nor가 올바르게 쓰였다.

해석 여행 포럼에 게시된 후기에 따르면, 그 5성급 리조트에 머무른 것은 그 손님에게 크게 실망스러운 것이었다. "나는 최근에 그 건물을 방문했는데, 객실도 시설도 나의 기대에 부응하지 못했으며, 내가 다른 곳에 머물렀어야 했다는 생각이 들게 했다"라고 그는 썼다.

어휘 letdown 실망(스러운 것) facility 시설 live up to ~에 부응하다 expectation 기대(치)

382 기출포인트 병치 구문   정답 ②

해설 빈칸은 등위접속사(and)로 병치되는 것의 자리이다. 등위접속사(and)로 연결된 병치 구문에서는 같은 구조끼리 연결되어야 하는데, and 앞에 to 부정사구(to lessen the digital divide)가 왔으므로 and 뒤에도 to 부정사구가 와야 한다. 병치 구문에서 두 번째 나온 to는 생략될 수 있으므로, ② protect가 정답이다.

해석 정부의 광대역 접근성 향상 계획은 디지털 격차를 줄이고, 취약한 시민들이 그 격차의 피해자가 되는 것을 막을 것으로 예상된다.

어휘 initiative 계획, 결단력 broadband 광대역 lessen 줄이다 vulnerable 취약한 fall victim to ~의 피해자가 되다

383 빈칸에 들어가기에 가장 적절한 것은?

> _____ as a simple romance, *A Farewell to Arms* helps readers understand the chaos and futility of both war and life.

① Meant never

② Meaning never

③ Never meant

④ Never meaning

384 밑줄 친 부분 중 어법상 옳지 않은 것은?

> A citizen's rights include not only positive rights but also negative rights. The former guarantee that people are provided with services, and the latter ensure that people can do ① which they want to do. In this sense, positive rights usually require some type of action, ② whereas negative ones call for inaction. For example, both social security and health care ③ involve government action, ensuring that people are given a basic standard of living. Rights that prevent unlawful actions by the government or other individuals are negative rights. ④ Such rights include freedom of speech and anti-discrimination laws.

383 기출포인트 분사구문의 형태 정답 ③

해설 빈칸은 수식어 역할을 하는 분사구문을 만드는 것의 자리이다. 주절의 주어(*A Farewell to Arms*)와 분사구문이 '『무기여 잘 있거라』가 의도되지 않다'라는 의미의 수동 관계이므로 과거분사 meant가 쓰인 ①, ③번이 정답 후보인데, 분사구문의 부정형은 분사(meant) 앞에 not이나 never를 쓰므로 ③ Never meant가 정답이다.

해석 단순한 로맨스 소설로 의도된 것이 아닌 『무기여 잘 있거라』는 독자들이 전쟁과 삶 모두의 혼돈과 무의미함을 이해하도록 돕는다.

어휘 chaos 혼돈 futility 무의미함, 공허

384 기출포인트 명사절 접속사 3: 의문사 정답 ①

해설 의문사 which는 '무엇(어느 것)'이라는 의미로 선택의 대상이 있을 때 쓰일 수 있는데, 문맥상 '사람들이 하고 싶어 하는 것'이라는 의미로 막연한 '무엇'을 의미하고 있으므로, 의문사 which를 불완전한 절(they ~ do)을 이끌면서 동사 do의 목적어 자리에 올 수 있는 명사절 접속사 what으로 고쳐야 한다.

오답 분석
② 기출포인트 **부사절 접속사 2: 양보** 절(positive rights ~ action)과 절(negative ones ~ inaction)을 연결하는 접속사가 와야 하고, 문맥상 '적극적인 권리는 행동을 요구하는 반면, 소극적인 권리는 행동하지 않는 것을 요구한다'라는 의미가 되어야 자연스러우므로 양보를 나타내는 부사절 접속사 whereas(~하는 반면에)가 올바르게 쓰였다.
③ 기출포인트 **접속사로 연결된 주어의 수 일치** 접속사(and)로 연결된 주어(both social security and health care)는 복수 취급하므로 복수 동사 involve가 올바르게 쓰였다.
④ 기출포인트 **형용사 자리** 명사를 앞에서 수식할 수 있는 형용사 Such가 명사(rights) 앞에 올바르게 쓰였다.

해석 시민의 권리는 적극적인 권리뿐만 아니라 소극적인 권리도 포함한다. 전자는 사람들이 서비스를 제공받도록 보장하고, 후자는 사람들이 하고 싶어 하는 것을 할 수 있도록 보장한다. 이러한 의미에서, 적극적인 권리는 보통 어떤 종류의 행동을 요구하는 반면, 소극적인 권리는 행동하지 않는 것을 요구한다. 예를 들어, 사회 보장과 의료 서비스는 둘 다 정부의 행동을 수반하며, 사람들이 기본적인 생활 수준을 제공받도록 보장한다. 정부나 다른 개인에 의한 불법 행위를 방지하는 권리는 소극적인 권리이다. 이러한 권리는 표현의 자유와 반차별법을 포함한다.

어휘 former 전자 guarantee 보장하다 latter 후자 call for 요구하다 inaction 행동하지 않음, 활동 부족 unlawful 불법의 discrimination 차별

385 밑줄 친 부분에 들어갈 말로 가장 적절한 것을 고르시오.

> Owners who have run a business for a long time ＿＿＿＿＿＿ the importance of building strong customer relationships through personalized service, prompt responses to inquiries, and consistent product quality.

① understand
② understands
③ is understanding
④ are understanding

386 밑줄 친 부분 중 어법상 옳지 않은 것은?

> When investing, there ① is a couple of important pieces of information you should obtain about each company. One of the key factors to consider ② is revenue, which is the income obtained from the amount of goods and services ③ sold by a company. ④ Another is profit. A company's profit is equal to revenue minus expenses.

385 기출포인트 현재진행 시제 & 주어와 동사의 수 일치 정답 ①

해설 빈칸은 문장의 동사 자리인데, 인지동사 understand는 진행 시제로 쓸 수 없으므로 현재 시제가 쓰인 ①, ②번이 정답 후보이다. 주어 자리에 복수 명사(Owners)가 왔으므로 복수 동사 ① understand가 정답이다. 참고로, 주어와 동사 사이의 수식어 거품(who ~ for a long time)은 동사의 수 결정에 영향을 주지 않는다.

해석 오랫동안 사업을 운영해 온 소유주들은 맞춤형 서비스, 문의에 대한 신속한 응답, 일관된 제품 품질을 통해 튼튼한 고객 관계를 구축하는 것의 중요성을 이해한다.

어휘 owner 소유주, 주인 personalize (개인의 필요에) 맞추다 prompt 신속한 consistent 일관된

386 기출포인트 가짜 주어 구문 정답 ①

해설 '~이 있다'라는 의미의 가짜 주어 there 구문은 'there + 동사 + 진짜 주어' 형태로 나타낼 수 있는데, 이때 동사는 진짜 주어에 수 일치시켜야 한다. 진짜 주어 자리에 복수 취급하는 수량 표현 'a couple of + 복수 명사(important pieces)'가 왔으므로 단수 동사 is를 복수 동사 are로 고쳐야 한다.

오답분석
② 기출포인트 **수량 표현의 수 일치** 주어 자리에 단수 취급하는 수량 표현 'one of + 명사(the key factors)'가 왔으므로 단수 동사 is가 올바르게 쓰였다.
③ 기출포인트 **현재분사 vs. 과거분사** 수식받는 명사(goods and services)와 분사가 문맥상 '재화 및 용역이 판매되다'라는 의미의 수동 관계가 되어야 자연스러우므로 과거분사 sold가 올바르게 쓰였다.
④ 기출포인트 **부정대명사: another** 문맥상 '(회사에 대해 얻어야 하는 중요한 두 가지 정보 중) 또 다른 하나'라는 의미가 되어야 자연스러우므로 '이미 언급한 것 이외의 또 다른 하나'라는 의미의 부정대명사 Another가 올바르게 쓰였다.

해석 투자를 할 때, 각 회사에 대해 얻어야 하는 중요한 두 가지 정보가 있다. 고려할 중요한 요인 중 하나는 총수입인데, 이것은 회사에 의해서 판매된 재화 및 용역의 총액에서 얻어지는 소득이다. 또 다른 하나는 이윤이다. 한 회사의 이윤은 총수입에서 지출을 뺀 것과 동일하다.

어휘 factor 요인 revenue 총수입, 수익 income 소득 profit 이윤 equal 동일한 expense 지출, 비용

387 밑줄 친 부분 중 어법상 옳지 않은 것은?

In the modern age, people have difficulty ① disconnecting from mobile devices: we shop online, work remotely, and even enjoy our free time on the internet. We spend hours ② engaged with online content every day, and in fact, rarely ③ were we able to stop and experience the world around us. This can cause anxiety and other psychological issues, ④ of which the most notable may be a feeling of detachment.

388 밑줄 친 부분 중 어법상 옳지 않은 것은?

The greatest athlete of the ancient Olympic Games ① was a runner named Leonidas of Rhodes. While he specialized in sprints, he also wished to compete in a more grueling race, called the *hoplitodromos*, ② which also functioned as a military training exercise. To participate, he let himself ③ equip with a helmet, armor, and shield before setting out on the long run. In the end, Leonidas won the race and ④ cemented his legacy as one of history's greatest sportsmen.

387 | 기출포인트 | 병치 구문 | 정답 ③

해설 등위접속사(and)로 연결된 병치 구문에서는 같은 시제끼리 연결되어야 하는데, and 앞에 현재 시제(spend)가 왔으므로 and 뒤의 과거 시제 were를 현재 시제 are로 고쳐야 한다.

오답 분석
① 기출포인트 **동사명 관련 표현** 문맥상 '모바일 기기로부터 분리되는 데 어려움을 겪는다'라는 의미가 되어야 자연스러운데, '-하는 데 어려움을 겪다'는 동명사구 관용 표현 have difficulty (in) -ing를 사용하여 나타낼 수 있으므로 동명사 disconnecting이 올바르게 쓰였다.

② 기출포인트 **분사구문의 형태** 주절의 주어(We)와 분사구문이 '우리가 몰두되다'라는 의미의 수동 관계이므로 과거분사 engaged가 올바르게 쓰였다.

④ 기출포인트 **전치사 + 관계대명사** 관계사 뒤에 완전한 절(the most notable ~ detachment)이 왔으므로 '전치사 + 관계대명사' 형태가 올 수 있다. '전치사 + 관계대명사'에서 전치사는 선행사 또는 관계절의 동사에 따라 결정되는데, 문맥상 '다른 심리적 문제들 중에서 가장 두드러진 것'이라는 의미가 되어야 자연스러우므로 전치사 of(~ 중에서)가 온 of which가 올바르게 쓰였다.

해석 현대 사회에서 사람들은 모바일 기기로부터 분리되는 데 어려움을 겪는데, 우리는 온라인으로 쇼핑하고, 원격으로 일하며, 심지어 인터넷에서 여가 시간을 보낸다. 우리는 매일 온라인 콘텐츠에 몰두되어 몇 시간을 보내는데, 실제로 우리는 멈춰서 주변 세계를 경험할 수 있는 경우가 거의 없다. 이는 불안과 다른 심리적 문제들을 야기할 수 있는데, 그것들 중에서 가장 두드러진 것은 고립감일 수 있다.

어휘 disconnect 분리하다 device 기기 remotely 원격으로 engage 몰두하다, 참여하다 psychological 심리적인 notable 두드러진, 주목할 만한 detachment 고립

388 | 기출포인트 | 5형식 동사 | 정답 ③

해설 문맥상 목적어(himself)와 목적격 보어가 '그 자신이 갖춰지다'라는 의미의 수동 관계인데, 사역동사 let은 목적어와 목적격 보어가 수동 관계일 때 목적격 보어로 'be + p.p.' 형태를 취하는 5형식 동사이므로 equip을 be equipped로 고쳐야 한다.

오답 분석
① 기출포인트 **주어와 동사의 수 일치** 주어 자리에 단수 명사(The greatest athlete)가 왔으므로 단수 동사 was가 올바르게 쓰였다. 참고로, 주어와 동사 사이의 수식어 거품(of ~ Games)은 동사의 수 결정에 영향을 주지 않는다.

② 기출포인트 **관계대명사** 선행사(the *hoplitodromos*)가 사물이고, 관계절 내에서 동사(functioned)의 주어 역할을 하고 있으므로 콤마(,) 뒤에서 계속적 용법으로 쓰인 관계절을 이끌 수 있으며 사물을 가리키는 주격 관계대명사 which가 올바르게 쓰였다.

④ 기출포인트 **병치 구문** 접속사(and)로 연결된 병치 구문에서는 같은 품사끼리 연결되어야 하고, 동사끼리 연결된 병치 구문에서는 수와 시제가 일치해야 하는데 and 앞에 과거 동사 won이 왔으므로 and 뒤에도 과거 동사 cemented가 올바르게 쓰였다.

해석 고대 올림픽의 가장 위대한 선수는 로도스의 레오니다스라는 이름의 주자였다. 그는 단거리 경기를 전문으로 했지만, 또한 'hoplitodromos'라고 불리는 더 격렬한 경주에서 경쟁하는 것을 원하기도 했는데, 이는 군사 훈련 연습으로 기능하기도 했다. 참여하기 위해, 그는 긴 달리기를 출발하기 전에 투구, 갑옷, 그리고 방패를 갖추었다. 결국, 레오니다스는 경주에서 이겼고 역사상 가장 위대한 운동선수 중 하나로서 그의 유산을 굳혔다.

어휘 athlete (운동)선수 specialize in ~을 전문으로 하다 sprint 단거리 경기 grueling 격렬한, 기진맥진하게 하는 armor 갑옷 set out 출발하다 cement 굳히다, 접합시키다 legacy 유산

389 빈칸에 들어갈 말로 알맞은 것은?

> More than 500,000 visitors visit Monticello annually, the home where Thomas Jefferson lived, as they _____ in its history and architecture.

① interesting
② are interested
③ interested
④ are interesting

390 밑줄 친 부분 중 어법상 옳지 않은 것은?

> Thanks to recent studies, naturalists now agree ① that hyenas, and not lions, are the more intelligent of the two predators. This came to light when ② it was discovered that hyenas are mostly nocturnal. Researchers ③ who studied the animal at night ④ to realize they had been unaware of the rigid social structures and sophisticated language used by the hyenas.

389 기출포인트 3형식 동사의 수동태 정답 ②

해설 빈칸은 부사절(as ~ architecture)의 동사 자리이므로 동사 자리에 올 수 없는 분사 ①, ③번을 제외한 동사 ②, ④번이 정답 후보이다. 감정을 나타내는 동사(interest)의 경우 주어가 감정을 느끼는 주체이면 수동태를 써야 하는데, 주어(they)가 흥미로운 감정을 느끼는 주체이므로 수동태 ② are interested가 정답이다.

해석 매년 50만 명 이상의 방문객들이 토머스 제퍼슨이 살았던 집인 몬티첼로를 방문하는데, 이는 그들이 그곳의 역사와 건축 양식에 흥미가 있기 때문이다.

어휘 annually 매년 architecture 건축 양식

390 기출포인트 동사 자리 & 시제 일치 정답 ④

해설 주절(Researchers ~ realize)의 동사 자리에 준동사(to realize)는 올 수 없고, 종속절(they had been ~ the hyenas)의 시제가 과거완료(had been)일 경우 주절에는 과거 시제가 오므로 to realize를 과거 동사 realized로 고쳐야 한다.

오답 분석
① 기출포인트 **명사절 접속사 1: that** 완전한 절(hyenas ~ predators)을 이끌며 문장의 목적어 자리에 올 수 있는 명사절 접속사 that이 올바르게 쓰였다.
② 기출포인트 **가짜 주어 구문** that절(that hyenas are mostly nocturnal)과 같은 긴 주어가 오면 가주어 it이 진주어인 that절 대신 주어 자리에 쓰이므로 가주어 it이 올바르게 쓰였다.
③ 기출포인트 **관계대명사** 선행사(Researchers)가 사람이고 관계절(who ~ at night) 내에서 동사 studied의 주어 역할을 하므로 사람을 가리키는 주격 관계대명사 who가 올바르게 쓰였다.

해석 최근의 연구 덕분에, 동물학자들은 이제 사자가 아닌 하이에나가 그 두 포식동물 중 더 똑똑하다는 것에 동의한다. 이것은 하이에나가 주로 야행성이라는 것이 발견되었을 때 밝혀졌다. 밤에 그 동물(하이에나)을 관찰한 연구원들은 그들이 하이에나가 사용하는 견고한 사회 구조와 정교한 언어를 눈치채지 못했었다는 것을 깨달았다.

어휘 thanks to ~ 덕분에 naturalist 동물학자, 박물학자 intelligent 똑똑한 predator 포식동물 come to light 밝혀지다, 알려지다 nocturnal 야행성의 rigid 견고한, 엄격한 sophisticated 정교한, 세련된

DAY | 20

391 밑줄 친 부분 중 어법상 가장 옳지 않은 것은?

When Alexander Graham Bell made ① the first telephone call, he could not have imagined how it would make the world ② small than it was before and transform the future of humanity. With the telephone, people were able ③ to make immediate contact over great distances, allowing them to exchange information easily, ④ as if they were in the same room.

392 빈칸에 들어갈 말로 가장 적절한 것을 고르시오.

Neuroscientists keep encountering the myth that we use only 10 percent of our brains, which makes correcting the misconception _____ impossible.

① seeming
② seems
③ seemed
④ seem

393 어법상 빈칸에 들어갈 가장 적절한 것은?

_____ a ticket to the play for me as well, since watching it has been on my bucket list for a long time.

① I wished you getting
② I wished you get
③ I wish you get
④ I wish you had gotten

391 기출포인트 비교급   정답 ②

해설 비교급 표현은 '형용사의 비교급 + than'의 형태로 나타낼 수 있는데, 뒤에 than이 왔으므로 형용사의 원급 small을 비교급 smaller로 고쳐야 한다.

오답분석
① 기출포인트 **정관사 the** 서수가 명사를 수식할 때는 정관사 the와 함께 'the + 서수(first) + 명사(telephone call)'의 형태로 쓰이므로 the first telephone call이 올바르게 쓰였다.
③ 기출포인트 **to 부정사 관련 표현** 문맥상 '즉각적인 연락을 할 수 있게 되다'라는 의미가 되어야 자연스러운데, '~할 수 있는'은 'be able + to 부정사'를 사용하여 나타낼 수 있으므로, were able 뒤에 to 부정사 to make가 올바르게 쓰였다.
④ 기출포인트 **부사절 접속사 2: 기타** 문맥상 '마치 같은 방에 있는 것처럼'이라는 의미가 되는 것이 자연스러우므로, '마치 ~처럼'이라는 의미의 부사절 접속사 as if가 올바르게 쓰였다.

해석 알렉산더 그레이엄 벨이 최초의 전화 통화를 했을 때, 그는 그것이 어떻게 세상을 이전보다 더 작게 만들고 인류의 미래를 변화시킬지 상상할 수 없었다. 전화로 인해 사람들은 먼 거리에서도 즉각적인 연락을 할 수 있게 되었고, 이는 그들이 마치 같은 방에 있는 것처럼 쉽게 정보를 교환할 수 있게 해주었다.

어휘 imagine 상상하다 transform 변화시키다 humanity 인류 immediate 즉각적인 contact 연락 exchange 교환하다

392 기출포인트 5형식 동사   정답 ④

해설 빈칸은 동사(makes)의 목적격 보어 자리이다. 문맥상 '잘못된 생각을 바로잡는 것을 불가능하게 보이도록 만든다'라는 의미가 되어야 자연스럽고, 동사 make는 '~이 -하게 만들다'라는 의미로 쓰일 때 동사원형을 목적격 보어로 취하는 5형식 동사이므로 동사원형 ④ seem이 정답이다.

해석 신경과학자들은 우리가 뇌의 10퍼센트만 사용한다는 근거 없는 믿음을 계속 마주하고 있는데, 이것이 그 잘못된 생각을 바로잡는 것을 불가능하게 보이도록 만든다.

어휘 neuroscientist 신경과학자 encounter 마주하다 myth 근거 없는 믿음 misconception 잘못된 생각, 오해

393 기출포인트 기타 가정법   정답 ④

해설 문맥상 '네가 티켓을 구했다면 좋았을 텐데'라는 의미가 되어야 자연스러운데, '~했다면 좋았을 텐데'는 과거 상황을 반대로 가정하는 I wish 가정법 과거완료 'I wish + 주어 + had. p.p.'의 형태를 사용하여 나타낼 수 있으므로 ④ I wish you had gotten이 정답이다.

해석 그 연극을 보는 것이 오랫동안 나의 버킷 리스트였기 때문에 네가 나를 위해서도 연극 티켓을 구했다면 좋았을 텐데.

어휘 bucket list 버킷 리스트(죽기 전에 해보고 싶은 일들을 적은 목록)

DAY | 20

394 밑줄 친 부분 중 어법상 가장 옳지 않은 것은?

In 1975, Gordon Moore predicted that each generation of microchip would be replaced by ① another with twice as many transistors every two years. ② Hearing Moore's prediction was probably surprising for ③ those in the technology industry, but since ④ it made the statement, the number of transistors per microchip really has doubled biennially following what is now called Moore's Law.

395 밑줄 친 부분 중 어법상 옳지 않은 것은?

Around the early 1920s, sneakers became popular and ① effective changed the way we ran. These shoes that were designed specifically for sports contained ② enough cushion in the soles ③ so as to minimize the impact we felt when our feet hit the ground. Over time, they allowed runners to make contact with the ground heel first without as ④ much damage to the joints.

396 밑줄 친 부분 중 어법상 옳지 않은 것은?

On a skiing trip in the mountains last winter, our family got lost ① during an hour. ② Not knowing the way back to the resort, we panicked. Thankfully, our dog was with us and led us to safety. ③ Had it not been for our loyal companion, our story might not have ended so ④ happily.

394 기출포인트 인칭대명사   정답 ④

해설 대명사가 지시하는 명사(Gordon Moore)가 사람이므로 사물을 가리키는 주격 대명사 it을 사람을 가리키는 주격 대명사 he로 고쳐야 한다.

오답 분석
① 기출포인트 **부정대명사: another** 앞서 언급된 명사(each generation of microchip)가 단수 가산 명사이고, 문맥상 '각 마이크로칩 세대가 2년마다 트랜지스터의 수가 두 배인 다른 것(마이크로칩 세대)으로 대체될 것이다'라는 의미가 되는 것이 자연스러우므로, '이미 언급한 것 이외의 또 다른 하나'라는 뜻의 부정대명사 another가 올바르게 쓰였다.
② 기출포인트 **동명사의 역할** 목적어(Moore's prediction)를 가지며 문장의 주어 자리에 올 수 있는 동명사 Hearing이 올바르게 쓰였다.
③ 기출포인트 **지시대명사** 뒤에서 전치사구(in the technology industry)의 꾸밈을 받으며 '~한 사람들'이라는 뜻으로 쓰이는 지시대명사 those가 올바르게 쓰였다.

해석 1975년, 고든 무어는 각 마이크로칩 세대가 2년마다 트랜지스터의 수가 두 배인 다른 것(마이크로칩 세대)으로 대체될 것이라고 예측했다. 무어의 예측을 듣는 것은 아마도 기술 산업에 있는 사람들에게 놀라운 일이었을 것이지만 그가 그 발표를 한 이후로, 마이크로칩당 트랜지스터의 수는 현재 무어의 법칙이라 불리는 것에 따라 실제로 2년마다 두 배가 되어 왔다.

어휘 generation 세대 predict 예측하다 transistor 트랜지스터 statement 발표 biennially 2년마다

395 기출포인트 부사 자리   정답 ①

해설 동사(changed)를 앞에서 수식하는 것은 부사이므로 형용사 effective(효과적인)를 부사 effectively(효과적으로)로 고쳐야 한다.

오답 분석
② 기출포인트 **혼동하기 쉬운 어순** enough는 명사를 앞에서 강조하므로 명사 cushion 앞에 enough가 올바르게 쓰였다.
③ 기출포인트 **to 부정사의 역할** 문맥상 '최소화하기 위해'라는 의미가 되어야 자연스러우므로, to 부정사가 목적을 나타낼 때 to 대신 쓸 수 있는 so as to가 올바르게 쓰였다.
④ 기출포인트 **수량 표현** 불가산 명사(damage) 앞에 불가산 명사와 함께 쓰이는 수량 표현 much가 올바르게 쓰였다.

해석 1920년대 초반쯤, 스니커즈가 인기를 얻게 되며 우리가 달리는 방식을 효과적으로 바꾸었다. 스포츠를 위해 특별히 만들어진 이 신발은 발이 땅에 닿을 때 우리가 느끼는 충격을 최소화하기 위해 밑창에 충분한 쿠션이 들어가 있었다. 시간이 지나면서, 그것은 달리는 사람들이 관절에 큰 무리 없이 뒤꿈치 먼저 땅에 닿을 수 있도록 했다.

어휘 sole 밑창, 발바닥 minimize 최소화하다 impact 충격, 영향 joint 관절

396 기출포인트 전치사 2: 기간   정답 ①

해설 숫자를 포함한 시간 표현(an hour) 앞에 와서 '얼마나 오래 지속되는가'를 나타내는 전치사는 for(~동안)이므로 명사 앞에 와서 '언제 일어나는가'를 나타내는 전치사 during을 for로 고쳐야 한다.

오답 분석
② 기출포인트 **분사구문의 형태** 분사구문의 부정형은 분사(knowing) 앞에 not이나 never를 쓰므로 Not knowing이 올바르게 쓰였다.
③ 기출포인트 **가정법 도치** 문맥상 '충성스러운 동반자가 없었더라면'이라고 하며 과거 상황을 반대로 가정하고 있고, 주절에 가정법 과거완료 '주어 + might + have p.p.' 형태가 왔으므로 if절에 if가 생략된 가정법 과거완료 Had it not been for가 올바르게 쓰였다.
④ 기출포인트 **부사 자리** 동사(ended)를 뒤에서 수식하는 것은 부사이므로 ended 뒤에 부사 happily(행복하게)가 올바르게 쓰였다. 참고로, 부사 so는 부사 happily를 앞에서 수식할 수 있다.

해석 작년 겨울에 산속 스키 여행에서, 우리 가족은 한 시간 동안 길을 잃었다. 리조트로 돌아가는 길을 몰라서 우리는 당황했다. 다행스럽게도, 강아지가 우리와 함께 있었고 우리를 안전한 곳으로 이끌었다. 우리의 충성스러운 동반자가 없었더라면, 우리의 이야기는 그렇게 행복하게 끝나지 않았을지도 모른다.

어휘 panic 당황하다, 공포에 사로잡히다 companion 동반자

DAY | 20

397 다음 빈칸에 들어갈 말로 가장 적절한 것을 고르시오.

> Aslan, the talking lion of Narnia, is a beloved character, having entertained generations of children who imagine _____ such an interesting and magical creature.

① meet
② meeting
③ to meet
④ to have met

398 밑줄 친 부분 중 어법상 옳지 않은 것은?

> Children go through many behavioral and emotional changes as they develop. For instance, ① gravitating toward their peers and away from family is quite common in ② ten-years-olds. They may also start to compare ③ themselves to friends, so it is an important time ④ to build up their confidence and self-esteem.

397 [기출포인트] 동명사를 목적어로 취하는 동사   정답 ②

[해설] 빈칸은 동사(imagine)의 목적어 자리인데, 동사 imagine은 동명사를 목적어로 취하므로 동명사 ② meeting이 정답이다.

[해석] '나니아'의 말하는 사자 아슬란은 사랑받는 등장인물로, 그러한 흥미롭고 마법 같은 생명체를 만나는 것을 상상하는 여러 세대의 아이들을 즐겁게 해왔다.

[어휘] **beloved** 사랑받는, 인기 많은   **entertain** 즐겁게 하다   **generation** 세대   **magical** 마법 같은   **creature** 생명체, 생물

398 [기출포인트] 수량 표현   정답 ②

[해설] '수사 + 하이픈(-) + 단위 표현'이 전치사(in) 뒤에 와서 명사로 사용되는 경우 의미에 따라 단위 표현은 복수형이 될 수 있는데, 단위 표현 year-old의 복수형은 years-olds가 아닌 year-olds이므로 ten-years-olds를 ten-year-olds로 고쳐야 한다.

[오답 분석]
① [기출포인트] **주어 자리** 명사 역할을 하며 문장의 주어 자리에 온 동명사구(gravitating toward ~ family)를 이끄는 동명사 gravitating이 올바르게 쓰였다.
③ [기출포인트] **재귀대명사** 문맥상 '그들 자신을 비교하기 시작할 수도 있다'라는 의미로, 동사(compare)의 목적어가 지칭하는 대상이 문장의 주어(They)와 동일하므로 재귀대명사 themselves가 올바르게 쓰였다.
④ [기출포인트] **to 부정사의 역할** '형성하는 데 (중요한) 시기'는 형용사처럼 명사(time)를 수식하는 to 부정사를 사용하여 나타낼 수 있으므로 명사 time 뒤에 to build up이 올바르게 쓰였다.

[해석] 아이들은 성장하면서 많은 행동 및 정서적 변화를 겪는다. 예를 들어, 그들의 또래에 끌려서 가족들에게서 멀어지는 것은 열 살인 아이들 사이에서 상당히 흔하다. 그들은 또한 그들 자신을 친구들과 비교하기 시작할 수도 있으므로, 이는 그들의 자신감과 자존감을 형성하는 데 중요한 시기이다.

[어휘] **go through** 겪다, 경험하다   **behavioral** 행동의, 행동에 관한   **gravitate toward** ~에 끌리다   **peer** 또래   **build up** 형성하다

DAY | 20

적중 예상 문제

399 밑줄 친 부분 중 어법상 가장 옳지 않은 것은?

> Diet ① has been shown to play a major role in overall health. Research indicates that a diet planned properly can build the immune system, help ② boosting mental well-being, and promote long-term vitality ③ while providing necessary vitamins, minerals, and other important nutrients without the need for artificial supplements. However, everyone has specific nutritional needs, so every diet plan should ④ be designed with its intended follower in mind.

400 밑줄 친 부분 중 어법상 잘못된 것은?

> I ① have lived in Yakutsk for seven years now, but I still remember how shocked I ② was at first. It seemed ③ unthinkable that I could survive temperatures below -20 degrees Celsius for six months a year. I really felt like I needed to ④ leaving, but eventually I acclimated to the temperature and it seems normal to me now.

399 기출포인트 원형 부정사를 목적격 보어로 취하는 동사 정답 ②

해설 준 사역동사 help는 목적어로 원형 부정사 또는 to 부정사를 취하므로 동명사 boosting을 원형 부정사 boost 또는 to 부정사 to boost로 고쳐야 한다.

오답 분석
① 기출포인트 **현재완료 시제 & 능동태·수동태 구별** 문맥상 '식단은 전반적인 건강에 중요한 역할을 한다는 것이 밝혀져 왔다'는 과거의 일이 현재의 결과에 영향을 미치는 것을 표현하고 있으므로, 현재완료 시제가 와야 한다. 또한, 동사(show) 뒤에 목적어가 없고, 주어(Diet)와 동사가 '식단이 (중요한 역할을 한다는 것이) 밝혀지다'라는 의미의 수동 관계이므로 현재완료 시제 수동태 has been shown이 올바르게 쓰였다.
③ 기출포인트 **부사절 접속사 1: 시간** 문맥상 '다른 중요한 영양소를 제공하는 동안'이라는 의미가 되어야 자연스러우므로, '~하는 동안'이라는 의미의 부사절 접속사 while이 올바르게 쓰였다.
④ 기출포인트 **능동태·수동태 구별** 동사(design) 뒤에 목적어가 없고, 주어(every diet plan)와 동사가 '모든 식단 계획은 설계되어야 한다'라는 의미의 수동 관계이므로 수동태 be designed가 올바르게 쓰였다.

해석 식단은 전반적인 건강에 중요한 역할을 한다는 것이 밝혀져 왔다. 연구는 적절하게 계획된 식단은 인공적인 보충제의 필요 없이 필수 비타민, 미네랄, 그리고 다른 중요한 영양소를 제공하는 동안 면역 체계를 구축하고, 정신 건강을 증진하는 데 도움을 주며, 장기적인 활력을 촉진할 수 있다는 것을 나타낸다. 그러나, 모든 사람은 특정한 영양적 요구 사항을 가지고 있으므로, 모든 식단 계획은 겨냥된 (식단을) 따르는 사람을 염두에 두고 설계되어야 한다.

어휘 overall 전반적인, 종합적인 properly 적절하게 immune system 면역 체계 boost 증진하다 mental 정신적인 promote 촉진하다 vitality 활력 nutrient 영양소 artificial 인공의 supplement 보충제, 보충물

400 기출포인트 조동사 관련 표현 정답 ④

해설 조동사처럼 쓰이는 표현 need to(~해야 한다) 뒤에는 동사원형이 와야 하므로 동명사 leaving을 동사원형 leave로 고쳐야 한다.

오답 분석
① 기출포인트 **시제 일치** 현재완료 시제와 자주 함께 쓰이는 'for + 시간 표현(seven years)'이 왔고, 문맥상 '7년 동안 살고 있다'라는 과거에서 현재에 이르는 경험을 나타내고 있으므로 현재완료 시제 have lived가 올바르게 쓰였다.
② 기출포인트 **시제 일치** 과거를 나타내는 표현 at first(처음에)가 왔으므로 과거 시제 was가 올바르게 쓰였다.
③ 기출포인트 **보어 자리** seem(~처럼 보이다)은 주격 보어를 취하는 동사인데, 보어 자리에는 명사나 형용사 역할을 하는 것이 와야 하므로 형용사 unthinkable이 올바르게 쓰였다.

해석 나는 현재 야쿠츠크에서 7년 동안 살고 있지만, 처음에 내가 얼마나 충격을 받았는지를 여전히 기억한다. 1년에 6개월 동안 섭씨 영하 20도 이하의 기온에서 내가 생존할 수 있다는 것은 상상할 수 없는 일인 것처럼 보였다. 나는 정말 떠나야 한다고 느꼈지만, 결국 그 기온에 적응했고 이제는 그것이 나에게 평범하게 보인다.

어휘 shocked 충격을 받은 unthinkable 상상할 수 없는 survive 생존하다 temperature 기온 acclimate 적응하다

MEMO

2026 최신개정판

해커스공무원
영어
적중문법
400제

개정 3판 1쇄 발행 2026년 1월 2일

지은이	해커스 공무원시험연구소
펴낸곳	해커스패스
펴낸이	해커스공무원 출판팀
주소	서울특별시 강남구 강남대로 428 해커스공무원
고객센터	1588-4055
교재 관련 문의	gosi@hackerspass.com
	해커스공무원 사이트(gosi.Hackers.com) 교재 Q&A 게시판
	카카오톡 채널 [해커스공무원 노량진캠퍼스]
학원 강의 및 동영상강의	gosi.Hackers.com
ISBN	979-11-7404-079-4 (13740)
Serial Number	03-01-01

저작권자 ⓒ 2026, 해커스공무원

이 책의 모든 내용, 이미지, 디자인, 편집 형태에 대한 저작권은 저자에게 있습니다.
서면에 의한 저자와 출판사의 허락 없이 내용의 일부 혹은 전부를 인용, 발췌하거나 복제, 배포할 수 없습니다.

공무원 교육 1위,
해커스공무원 gosi.Hackers.com

해커스공무원

· 공무원 보카 어플, 단어시험지 자동제작 프로그램 등 공무원 시험 합격을 위한 다양한 무료 학습 콘텐츠
· 정확한 성적 분석으로 약점 극복이 가능한 **합격예측 온라인 모의고사**(교재 내 응시권 및 해설강의 수강권 수록)
· 해커스 스타강사의 **공무원 영어 무료 특강**
· **해커스공무원 학원 및 인강**(교재 내 인강 할인쿠폰 수록)

한경비즈니스 2024 한국품질만족도 교육(온·오프라인 공무원학원) 1위

해커스공무원 **단기 합격생**이 말하는
공무원 합격의 비밀!

해커스공무원과 함께라면
다음 합격의 주인공은 바로 여러분입니다.

**대학교 재학 중,
7개월 만에 국가직 합격!**
김*석 합격생

영어 단어 암기를 하프모의고사로!

하프모의고사의 도움을 많이 얻었습니다. **모의고사의 5일 치 단어를 일주일에 한 번씩 외웠고**, 영어 단어 **100개씩은 하루에** 외우려고 노력했습니다.

**가산점 없이
6개월 만에 지방직 합격!**
김*영 합격생

국어 고득점 비법은 기출과 오답노트!

이론 강의를 두 달간 들으면서 **이론을 제대로 잡고 바로 기출문제로 들어갔습니다.** 문제를 풀어보고 기출강의를 들으며 **틀렸던 부분을 필기하며 머리에 새겼습니다.**

**직렬 관련학과 전공,
6개월 만에 서울시 합격!**
최*숙 합격생

한국사 공부법은 기출문제 통한 복습!

한국사는 휘발성이 큰 과목이기 때문에 **반복 복습이 중요하다고 생각**했습니다. 선생님의 강의를 듣고 나서 바로 **내용에 해당되는 기출문제를 풀면서 복습**했습니다.

해커스공무원 **gosi.Hackers.com**

더 많은 합격수기가 궁금하다면 ▶